古文獻整理與研究

第五輯

陝西省社會科學院古籍整理研究所 編
吴敏霞 主編

鳳凰出版社

圖書在版編目（CIP）數據

古文獻整理與研究. 第五輯 / 陝西省社會科學院古籍整理研究所編 ; 吴敏霞主編. -- 南京 : 鳳凰出版社, 2020.12
ISBN 978-7-5506-3372-8

Ⅰ. ①古… Ⅱ. ①陝… ②吴… Ⅲ. ①古籍整理－中國－文集②古籍研究－中國－文集 Ⅳ. ①G256.1-53 ②G256.22-53

中國版本圖書館CIP數據核字(2020)第271319號

書　　名	古文獻整理與研究(第五輯)
編　　者	陝西省社會科學院古籍整理研究所
主　　編	吴敏霞
責任編輯	徐珊珊
裝幀設計	陳貴子
出版發行	鳳凰出版社(原江蘇古籍出版社)
	發行部電話025-83223462
出版社地址	江蘇省南京市中央路165號,郵編:210009
出版社網址	http://www.fhcbs.com
照　　排	南京凱建文化發展有限公司
印　　刷	揚州皓宇圖文印刷有限公司
	江蘇省揚州市食品工業園連心路68號,郵編:225002
開　　本	787毫米×1092毫米　1/16
印　　張	20.75
字　　數	391千字
版　　次	2020年12月第1版
印　　次	2020年12月第1次印刷
標準書號	ISBN 978-7-5506-3372-8
定　　價	120.00圓
	(本書凡印裝錯誤可向承印廠調换,電話:0514-87825262)

《古文獻整理與研究》編委會

目　　録

傳統文獻研究

新出與稀見文獻研究

域外漢籍研究

學術論衡

校勘札記

學術縱橫

《西北大學圖書館善本書目》校正

楊繩信

【編者按】此文爲楊繩信先生哲嗣楊晰先生提供，生前未曾發表。原稿包括標題、摘要、關鍵詞、正文、注釋及附表一、二，已經是一篇非常成熟的文章了。文中徵引最晚的資料爲出版於 2004 年的《冀淑英文集》，結合文末所言“打破三十年來古籍善本書編目的停滯局面”一語，該文應該作於自 1980 年全國各藏書單位上報古籍善本書目之後三十年左右的 2010 年前後，可能是作者生平所寫的最後一篇文章。需要説明的是，文中提及的冀大姐即著名古籍版本學家冀淑英先生，作者在北京進修時曾接受其指導；附注中提及的賈館長爲西北大學圖書館副館長賈希鳴先生。本次刊發時，出於學術規範的需要，由西北大學歷史學院講師王馨振華（王振華）先生對原稿做了技術性處理，修改了數處顯見的筆誤，將原文最後一個注釋改爲附注，同時對部分文字稍作潤色，但整體文風及學術觀點基本保持原貌。

西北大學圖書館古籍部（現已撤銷）編印的《西北大學圖書館善本書目》類目設置不合理，圖書分類錯誤，誤改書名、作者和著録内容等諸多問題，給讀者造成不應有的錯覺。它多處臆造書名和人物簡介，如説唐人柳宗元撰《龍稱録》、宋代文學家蘇軾是蘇洵子字“子瞻”等，造成一些不必要的失誤。它印發全國各地，産生了不少負面影響，因之有必要糾正。

一、書名及收録範圍

“善本書目”是圖書館衆多書目之一，而“善本”又有古籍善本和新善本的區别。《西北大學圖書館善本書目》（以下簡稱《書目》）在卷首“編例”首條就説“該書目所收善本基本上是我館一九七九年上報國家古籍善本編輯委員會的館藏善本”，因之書名應爲《西北大學圖書館古籍善本書目》。另,“國家古籍善本編輯委員會”應爲“中國古籍善本書目編輯委員會”[①]。上報時間不是“一九七九年”,而是“一九八〇年第一季度全國各藏書單位將目録卡報送至北京”[②]。

西北大學是歷史名校,古籍收藏較多,截至1980年初,共核定古籍善本書458種,用繁體字刻印目録卡片,除上報北京外,留置工務目録五套,即書名目録、著者目録、分類目録、排架目録及備用目録。若編制書本目録,只需將含有子目的分類目録抄寫一遍即可,而一九八五年成立的古籍部却對此“盡縝整理,對編制善本書目打下良好基礎”(見《書目》序),令人費解。

在1980年報送北京的西大古籍善本書中,《中國古籍善本書目》(以下簡稱《總目》)收録了166種(見附表1),數量居陜西地區高校之冠,其中孤本達34種。1980年至1984年古籍部成立前,原工作人員還核定了準備編入古籍善本的善本乙庫書124種、“大庫書擬作善本”者401種、“特藏”及未編號者92種,合計617種(見移交清單)。時至今日,該館贈送貴賓的《西北大學圖書館》介紹還説館藏“458部善本圖書尤爲珍貴”,可見古籍部未否認原編的458種善本書,同時也説明他們經過三年還未整理準備編入善本的617種圖書。但《書目》在《西北大學圖書館善本書目序》中却説“此編”“共得甲級善本三百三十二種四千九百三十册”,根據何在?“甲級善本”其名源自何處?《序》中又説:此編計有“宋刻宋元明遞修本一種三十二册”,實則《書目》在史部收録宋刻宋元明遞修本三種六十八册(善058、善059、善061)。更有甚者,在《總目》收録西大166種圖書中,《書目》竟漏録六部,即經部3668、4828,子部9851,集部146、8541及20720。

圖書的索書號是管理圖書的重要手段之一,西北大學圖書館善本書的索書號冠字是“善”,“善”後排三位數,即“善＊＊＊”。善本乙庫是善本書的初選,準備編入善本,其冠字是“善乙”。《書目》編者誤“善”爲“甲”,鬧出了“甲級善本”的笑話。[③]

經統計,《書目》共收録西大圖書館古籍善本書360種。西大古籍善本書的索書號即排架號。根據排架號分析,《書目》收録圖書集中在374號以前,以後僅收7種。375至443號共69種而一部未收,其書不够善本擬或編者疏忽?總之,《書目》收録360種圖書僅占西大古籍善本書458種的78.6%(見附表2),其收録範圍根據何在?

---

① 《中國古籍善本書目前言》,載《中國古籍善本書目·經部》卷首,上海:上海古籍出版社,1989年。

② 《中國古籍善本書目後記》,載《中國古籍善本書目·叢部》,上海:上海古籍出版社,1990年,第761—776頁。

③ 振華按:“甲級善本”,原稿爲“甲種善本”,據前引《西北大學圖書館善本書目·序》改。

二、僞造并混亂類目

《書目·編例》二説"該書目以《全國古籍善本總目録分類表》爲編制體系",但《書目》却對其恣意篡改、僞造。《書目》經部漏"樂類",集部奪"楚辭類",史部僞造"考工類",子部僞造"宗教類",把"小説類"從子部移置集部,并多處倒置《中國古籍善本書目》分類類目。現對各部誤置類目簡述於下:

甲、經　部

(一)類目設置:

1. 漏"樂類"及"小學類·彙編"。

2. 把"禮類·雜禮書"誤爲"雜禮"。

(二)分類錯誤:

1. "易類"所收《易林補遺》十二卷(見《書目》P2),應入子部"術數類"(見《總目·子部》P361)。

2. "小學類·韻書"所收清朱昆田輯《摭韻》六卷(見《書目》P7),應入子部"類書類"(見《總目·子部》P875)。

3.《通志堂經解》應入"經部·總類"(見《總目·經部》P13),誤入"群經總義類"(見《書目》P5)。

4.《五雅》四十一卷,應入"小學類·彙編"(見《總目·經部》P378),誤入"小學類·訓詁"(見《書目》P5)。①

5.《六書賦音義》應入"小學類·字書"(見《總目·經部》P442),却誤入"小學類·韻書"(見《書目》P7)。

乙、史　部

(一)類目設置:

1. 僞造"考工類"(見《書目》P14)。

2. "紀事本末類"漏二級類目"通代"。

---

① 振華按:"四十一卷",《書目》作"三十七卷"。

3. “政書類・邦計”漏三級類目“鹽法”,“政書類”又漏二級類目“考工”。

4. “詔令奏議類”漏二級類目“奏議”。

5. “雜史類”後各類目次序全誤。

(二) 分類錯誤:

1. 史部“雜史類”所收《曲洧舊聞》(見《書目》P10)應入子部“雜家類・雜學雜説”(見《總目・子部》P534)。

2. 史部“地理類”所收《玉山名勝集》(見《書目》P15)應入集部“總集類・地方藝文”(見《總目・集部》P1780)。

3. 清人劉健撰《庭聞録》應入“雜史類”(見《總目・史部》P319),却誤入“紀事本末類”(見《書目》P10)。

4.《弇州史料前集》應入“雜史類”(見《總目・史部》P253),却誤入“傳記類・總傳”(見《書目》P11)。

5.《藏書》《續藏書》應入“紀傳類・通代”(見《總目・史部》P32),却誤入“史評類”(見《書目》P12)。

6.《菩陀峪萬年吉地工程輯要》應入“政書類・考工”(見《總目・史部》P1357),却誤入僞造的“考工類”(見《書目》P14)。

7.《籌海圖編》應入“地理類・雜志”(見《總目・史部》P996),却誤入“地理類・外紀”(見《書目》P16)。

8.《史拾》應入“叢部・彙編叢書”(見《總目・叢部》P260),却誤入“史部・史評類”(見《書目》P12)。①

丙、子　部

(一) 類目設置:

1. 奪《總目》“釋家類”而僞造“宗教類・佛教・經、律”(見《書目》P25)。

2. 在保留“道家類”(見《書目》P20)的同時,僞造“宗教類・道教・經論著作”(見《書

① 《史拾》一書,明清史志缺載,《四庫全書總目》在《史評類存目》僅録“《史拾載補》無卷數”,并疑“似乎先著一書名《史拾》而此補之者”(見《四庫全書總目》,北京:中華書局,1965年,第764頁)。余爲西大核定古籍善本書時發現此書,書簽原題《史拾載補》,而《史拾》全帙不缺,故正其名曰《史拾》,於1980年將書目卡片上報北京,并撰《〈史拾〉與〈史拾載補〉》一文,發表於《西北大學學報》(哲學社會科學版)1984年第3期。書雖正名,然分類則因循《四庫全書總目》而誤,此吾之過也。冀大姐在《中國古籍善本書目後記》中定論:“此書書名應作《史拾》,改入叢書部。”(《冀淑英文集》,北京:北京圖書館出版社版,2004年,第186頁)是完全正確的。

目》P26）。

3. 在“藝術類”下僞造“音樂・樂制”（見《書目》P22）。

4. 在“譜録類”下僞立二級類目“飲食”（見《書目》P23）。

5. 在“醫家類”下漏二級類目“方論”（見《書目》P21）。

（二）分類錯誤：

1.《樂律全書》應入經部“樂類”（見《總目・經部》P228），却誤入子部“藝術類”僞造的“音樂・樂制”（見《書目》P22）。

2.《李卓吾先生批評三大家文集》應入集部“總集類”（見《總目・集部》P1523），却誤入子部“雜家類”（見《書目》P23）。

3.《李氏焚書》應入集部“明别集類”（見《總目・集部》P712），却誤入子部“雜家類”（見《書目》P24）。

4.《快書》應入“叢部・彙編叢書”（見《總目・叢部》P270），却誤入“子部・雜家類”（見《書目》P24）。

5.《一切如來心秘密全身舍利寶篋印陀羅尼經》及其他六種敦煌寫經應入“釋家類”（見《總目・子部》P924 等），却誤入僞造的“宗教類・佛教・經、律”（見《書目》P25、26）。

6.《梵音斗科》應入“道家類”（見《總目・子部》P1068），却誤入僞造的“宗教類・道教・經論著作”（見《書目》P26）。

7.《群芳譜》應入“譜録類・叢編”，却誤入“譜録類” 僞造的“飲食”（見《書目》P23）。[1]

8.《學範》應入“雜家類・雜纂”，（見《總目・子部》P698），却誤入“儒家類”（見《書目》P19）。

9.《筆叢》應入“雜家類・雜學雜説”（見《總目・子部》P575），却誤入“雜家類・雜考”（見《書目》P24）。

10.《古言》應入“雜家類・雜學雜説”（見《總目・子部》P566），却誤入“雜家類・雜記”（見《書目》P25）。

11.《齊東野語》應入“雜家類・雜學雜説”（見《總目・子部》P552），却誤入“雜家類・雜記”（見《書目》P25）。

12.《太平廣記》應入“小説類・筆記”，（見《總目・子部》P738），却誤入“類書類”（見《書目》P28）。

---

① 此書《總目》未收。《四庫全書總目》在子部“譜録類存目”稱：“《群芳譜》三十卷，明王象晋撰……是書凡天譜三卷，歲譜四卷，穀譜一卷，蔬譜二卷，果譜四卷，茶竹譜三卷，桑麻葛苧譜一卷，藥譜三卷，木譜三卷，花譜三卷，卉譜二卷，鶴魚譜一卷，略於種植而詳於療治法與典故藝文……”可見係叢編之屬。“天譜”“歲譜”豈可“飲食”？

丁、集　部

(一) 類目設置

1. 抛棄了《總目》設置的"楚辭類"。

2. 誤將子部"小説類"移至集部。

3. 把"漢魏六朝别集類""唐五代别集類""宋别集類""金别集類""元别集類""明别集類"及"清别集類"七個大類誤并爲一個大"别集類",在二級類目中將明代并入元代,即有"元"而無"明"。

4. 類目次序混亂。

(二) 分類錯誤:

1.《世説新語》(三種版本)和《桯史》應入子部"雜家類"(見《總目·子部》P636、637、652),却誤入集部僞造的"小説類"(見《書目》P49、50)。

2.《穆天子傳》《水滸傳》應入子部"小説類"(見《總目·子部》P729、766),却誤入集部"小説類"(見《書目》P50)。

3.《新刻出像增補搜神記》六卷,應入子部"小説類",却誤入集部僞造的"小説類"(見《書目》P49)。①

4.《宋人小集》應入"總集類·叢編"(見《總目·集部》P1442),却誤置"叢編"之前(見《書目》P29)。

5.《唐音》應入"總集類·斷代"(見《總目·集部》P1664),却誤置"叢編"之前(見《書目》P29)。

6.《梁昭明太子文集》應入"漢魏六朝别集類"(見《總目·集部》P37),却誤入"總集類·叢編"(見《書目》P30)。

7.《離騷辯》不分卷應入"楚辭類"(見《總目·集部》P12),却被《書目》漏收。

8. 下列二書應入"總集類·通代",《書目》誤入"總集類·叢編":

《文體明辨》,見《總目·集部》P1619 及《書目》P30。

《樂府詩集》,見《總目·集部》P1571 及《書目》P30。

---

① 此書《總目》未收。《四庫全書總目》子部"小説家類三"載:"《搜神記》二十卷,舊本題晋干寶撰。……《隋志》、新舊《唐志》俱著録三十卷。《宋志》作《搜神總記》十卷,亦云寶撰。《崇文總目》則云《搜神總記》十卷,不著撰人名氏,或亦云寶撰,非也。此本爲胡震亨《秘册匯函》所刻,後以其版歸毛晋,編入《津逮秘書》者……" 可見此書應屬子部"小説類",而六卷明萬曆金陵三山對溪唐富春刻本則不爲紀曉嵐所見,誠可貴也。

9. 下列各書應入“總集類・叢編”,《書目》誤入“總集類・斷代”:

《前唐十二家詩》二十四卷,見《總目・集部》P1405 及《書目》P33。

《李杜詩選》十一卷,見《總目・集部》P1439 及《書目》P36。①

《唐四家詩》八卷,②見《總目・集部》P1394 及《書目》P37。

《元人集十種》(二部),③見《總目・集部》P1504 及《書目》P37。

10. 下列三部圖書應入“總集類・通代”,《書目》誤入“總集類・斷代”:

《秦漢文》四卷,見《總目・集部》P1615 及《書目》P34。

《新鍥翰林精選注釋左國評苑》十二卷,見《總目・集部》P1624 及《書目》P34。

《六朝文絜》四卷,見《總目・集部》P1641 及《書目》P37。

11. 《新鎸焦太史匯選中原文獻》應入“總集類・通代”,(見《總目・集部》P1624),《書目》P37 誤入“總集類・地方藝文”。

12. 《閩中三宋人集》三卷,應入“總集類・地方藝文”(見《總目・集部》P1815),《書目》P35 誤入“總集類・斷代”。

13. 《書目》中《滄溟先生集》至《緱山先生集》等 25 部明人别集,誤入“别集類・元”,實應入“明别集類”(見《書目》P43 至 46)。

14. 《牧齋初學集》應入“清别集類”(見《總目・集部》P897),《書目》P43 誤入“别集類・元”。

15. 《詞律》應入“詞類・詞譜”(見《總目・集部》P2013),誤入“詞類・總集”(見《書目》P48)。

16. 《再生緣》應入“曲類・傳奇”(見《總目・集部》P2157),《書目》P48 誤置“曲類”二級類目前。

17. 《譜定紅香傳》應入“曲類・傳奇”(見《總目・集部》P2155),《書目》P48 誤入“曲類・雜劇”。

18. 《雅趣藏書》應入“曲類・雜劇”(見《總目・集部》P2047),《書目》P51 却誤入“詩文評類”。

---

① “叢,衆也”。叢編非個人專集,故應既録書名又列子目,如:
李杜詩選十一卷　明張含編明楊慎等評 明刻朱墨套印本
李詩選五卷　唐李白撰
杜詩選六卷　唐杜甫撰(見《總目・集部》P1439)
《書目》多处未列子目,似亦欠缺。

② 振華按:“《唐四家詩》”,《書目》作“《唐四家詩集》”。

③ 振華按:“《元人集十種》(二部)”,《書目》作“《元人十種》六十卷”。

《書目》共收録圖書360種,分類錯誤達86種,差錯率是23.75%,即萬分之二三七五。

三、訛誤百出的著録

《書目》在卷首“編例”第三條説:“本書目的著録方法,是按照《全國古籍善本書總目著録條例》進行,即在各項著録基礎上加著行款。”中國古籍善本書及其他古籍《著録條例》從無這種規則。“行款,别稱行格。指書中正文的行數和字數。……通常是以半頁(葉)爲計算單位,所以著録時,多記每半頁若干行,行若干字。”[①]在版本項多著録行款,而在書名項和著者項的“基礎上”如何著録“半頁若干行,行若干字”?由於《書目》編者不懂行款是什麽,所以鬧出很多笑話,如著録《大般涅槃經》時有“五〇〇行行十七字”(《書目》P26)、“四三五行行七十字”(《書目》P26)等記載,古今中外哪有半頁“長八六〇厘米”(《書目》P26)的手工紙?其實這就是通常所説的“六行十七字本寫經”。由於《書目》編者成名心切,所以對1980年按《條例》著録的卡片恣意篡改,訛誤百出。初步統計,被改致誤的圖書達170種(經部25、史部28、子部41、集部75、叢部1),占《書目》收録360種圖書的46.96%,即萬分之四六九六。

甲、誤改書名例

1. 把明吴勉學刻《十三經》子目順序顛倒,《春秋公羊傳》《春秋穀梁傳》均漏“春秋”二字(見《書目》P1)。

2. 把明刻本《春秋胡傳》(見《總目·經部》P265)略爲《春秋傳》(見《書目》P4)。

3. 在明嘉靖顧氏世德堂刻《六子書》子目中,把《荀子》改爲《旬子》,把《中説》改爲《中子》(見《總目·子部》P4及《書目》P17、18)。

4. 把清抄本《宋人小集》十六卷改名爲《宋人小集十種》(見《總目·集部》P1443及《書目》P29),把子目中《雪磯叢稿》改名《雪機叢稿》,把《臞翁詩集》改名《矅翁詩集》,并把《芸隱倦游稿》和《横舟稿》一分爲二。(見《書目》P29)。

5. 把清刻朱墨套印本《六朝文絜》(見《總目·集部》P1641)改名《六朝文潔》(見《書目》P37)。

---

① 見瞿冕良編著《中國古籍版刻辭典》,濟南:齊魯書社,1999年,第153頁。

6. 把《中州名賢文表》(見《總目・集部》P1793)改名爲《中州命賢文表》(見《書目》P37)。

7. 把唐柳宗元撰《龍城録》(見《總目・集部》P126)改名爲《龍稱録》(見《書目》P38)。

8. 把唐《温庭筠詩集》(見《總目・集部》P163)改名爲《温廷筠過集》(見《書目》P39)。

9. 把《集千家注杜工部詩集》(見《總目・集部》P70)改名爲《集前家注杜工部詩集》并在其《附録》前贅加“集千家注杜工部詩集”九字。(見《書目》P39、P38)。

10. 把《箋釋梅亭先生四六標準》(見《總目・集部》P377)改名爲《簽釋梅亭先生四六標準》(見《書目》P41)。

11. 把宋岳珂《桯史》(見《總目・子部》P652)改名爲《程史》,并誤入“集部・小説類”(見《書目》P50)。

12. 把明湯顯祖撰《玉茗堂四種傳奇》(見《總目・集部》P2113)改名爲《玉茗堂四夢》,四種子目前均删去“湯義仍先生”五字,并將《湯義仍先生邯鄲記》改名《邯鄲夢記》、把《湯義仍先生南柯記》改名《南柯夢記》(見《書目》P49)。

13. 誤漏書名、亂改卷帙者不勝枚舉。

乙、誤改著者例

1. 《十三經》校刊人吴勉學,“明,歙人。字肖愚。”[①]《書目》P1 誤爲“吴勉學字肖遇”。

2. 《東坡先生書傳》著者是“蘇軾,宋,洵子。字子瞻”(見《人名大辭典》P1781)。《書目》P2 誤爲“蘇軾,宋洎子。字子澹”。

3. 《禮記集説》的作者是元人陳澔(見《總目・經部》P194),《書目》P3 誤爲“元陳浩撰”,還介紹説“浩字可大,號雪莊,又號北山”。實則“陳澔,元,大猷子。字可大。號雲莊,又號北山……有《禮記集説》”(見《人名大辭典》P1100)。陳浩則清諸生,與澔非一人。

4. 《春秋集注》的著者是宋人張洽(見《總目・經部》P269),《書目》P4 誤爲“宋張治撰”。[②]

5. 《爾雅翼》是元洪焱祖音釋的(見《總目・經部》P394),《書目》P5 誤爲“元洪炎祖音釋”。“焱(yàn 焰),光華;火花”(見《辭海》P1892)。“炎(yán)……”(見《辭海》P1886),蓋“焱”“炎”二字不能通用。

---

① 見《中國人名大辭典》,上海:上海書店,1980 年,第 316 頁。以下在正文後僅注《人名大辭典》及頁碼。

② 振華按,此條《書目》不誤。

6.《五雅》所收《爾雅》乃"晋郭璞注"(見《總目·經部》P378),《書目》P5、6 誤書名爲《五雅全書》,并誤《爾雅》係"晋郭樸注"。按:"璞,(pú 僕……②)比喻人的天真質樸狀態……"(見《辭海》P1475),"樸,(一)【樸】(pǔ 譜,①樹皮……)"(見《辭海》P1509),可見"璞""樸"不通用。

7.《説文引經考》係"清程際盛撰"(見《總目·經部》P411),《書目》P6 誤爲"清程琰撰"。《中國人名大辭典》P1190 載:"程際盛,清長洲人。原名炎,字焕若,號東冶。"若著録"程炎撰"亦可,而"程琰撰"則誤。"炎"不通"琰"。

8.《韻譜本義》"原題'丹徒茅溱平仲甫輯,休寧范料斗文甫校'……",[①]《書目》P7 則誤"料"爲"科",作"范科敘"。

9.《訂正通鑒綱目》的編輯人是"南軒,明,渭南人,字叔後"(見《人名大辭典》P633),《書目》P9 誤爲"字叔后"。

10.《宋元通鑒》是"明薛應旂撰"(見《總目·史部》P127),《書目》P9 誤爲"明薛應旗撰"。

11.《小腆紀年附考》"清徐鼒撰"(見《總目·史部》P300),《書目》P10 誤書名爲《小覥紀年附考》又誤著者爲"清徐鼐撰"。

12.《國語》,三國吴韋昭注。韋昭,"字弘嗣"(見《人名大辭典》P722),《書目》P11 誤爲"字宏嗣";宋宋庠補音,宋庠,"英宗時封鄭國公"(見《人名大辭典》P351),《書目》誤爲"封莒國公"。

13.《史拾》原題"明陳子龍卧子鑒,仁和吴弘基栢持箋,門人鍾禾士宏先校",卷首郎壁金《敘〈史拾〉》稱:"同盟栢持……兹更手輯《史拾》一編……。"(見西北大學藏《史拾》。冀大姐撰《中國古籍善本書目後記》引用編撰者名亦爲"吴弘基",見《總目·叢部》P766),《書目》P12 則誤爲"明吴宏基撰"(應爲"輯"或"編",非"撰"),并誤"字栢摶"。

14.《曹振鏞奏稿》的作者"字儷笙,又字懌嘉"(見《人名大辭典》P989),《書目》P13 誤爲"又字惲嘉"。

15.《日涉編》爲"明陳堦輯"(見《總目·史部》P718),《書目》P14 誤爲"明陳階輯"。

16.《【咸淳】臨安志》清咸豐許氏堪喜齋抄本,有許乃普批校并録朱彝尊、厲鶚跋(見《總目·史部》P851),《書目》P15 誤"厲鶚"爲"曆鶚"者 3 處,并誤許氏跋語"足證"爲"足征",誤"具注未鈔"爲"懼注未鈔"。

17.《歷代鐘鼎彝器款識》,宋薛尚功撰。尚功"紹興中以通直郎僉定江軍節度判官廳

① 見王重民撰《中國善本書提要》,上海:上海古籍出版社,1983 年,第 69 頁。

事”（見《人名大辭典》P1665）。《書目》P16 誤書名爲《歷代鍾鼎彝器款識》，并誤“通直郎”爲“通直耶”。

18.《明太學經籍志》是羅氏稿本，羅振玉批校并跋。羅振玉“字叔蘊……生於江蘇淮安”（見《辭海》P2033），《書目》P17 誤爲“字叔薀”，“後遷居江蘇淮安”，并誤羅氏堂號“心井庵”爲“心中庵”。

19.《鹽鐵論》，漢桓寬撰。“桓寬，漢汝南人。……官至廬江太守丞”（見《人名大辭典》P812），《書目》P18 誤爲“官至廬州太守丞”。

20.《中説》，題隋王通撰（見《總目・子部》P49），《書目》P19 誤爲“隨王通撰”。

21.《養正圖解》，明焦竑輯蕭雲從繪，《書目》P19 誤蕭雲從爲“肖雲從”。又，焦竑“字弱侯”（見《人名大辭典》P1175），《書目》誤爲“字弱候”。

22.《谷園印譜》，清許榮篆刻，清胡介祉輯（見《總目・子部》P438），《書目》P22 誤爲“清胡介祉藏許容篆”。

23.《方氏墨譜》，明方于魯撰（見《總目・子部》P466），《書目》P23 誤爲“明方於魯撰”。

24.《容齋隨筆》，宋洪邁撰（見《總目・子部》P538），“洪邁，宋，遵弟。字景盧”（見《人名大辭典》P672），《書目》P24 誤爲“字景廬”。

25.《快書》，明閔景賢編何偉然訂（見《總目・叢部》P270—272），《書目》P24 誤爲“明閩景賢撰”，并將何偉然的“字仙臞”改爲“字仙矐”。

26.《詩雋類函》的作者“俞安期，明吴江人。初名策，字公臨。更名後，改字羨長”（見《人名大辭典》P627），申時行萬曆中《刻唐類函序》中亦稱“余友俞羨長以布衣篤志好學”之語。《書目》P27 説“俞安期，字公臨”似不完整。

27.《山堂肆考》作者“彭大翼，明揚州人，字雲舉”（見《人名大辭典》P1149），《書目》P28 誤爲“字雲學”。

28.《漁洋説部精華》的作者“王士禛（1634—1711）……字子真，一字貽上”（見《辭海》P1445），《書目》P29 誤爲“清王士禎撰”，又誤其字爲“貼上”。

29.《衡門集》的作者“鄭履淳，明，曉子，字叔初……嘗編其父《鄭端簡年譜》及《衡門集》”（見《人名大辭典》P1570），《書目》P30 誤其爲“字叔和”。

30.《唐百家詩》的編者是明人朱警，而《唐詩品》係明徐獻忠撰（見《總目・集部》P1426），《書目》P30 誤二者皆“明朱警輯”，奪“徐獻忠”名。

31.《古今詩删》的作者李攀龍，“明歷城人，字于鱗”（見《人名大辭典》P454），《書目》P31 誤爲“字子鱗”。

32.《文選梁蕭統選》，《書目》解題説“蕭統，梁武帝上子”（見《書目》P31），《人名大辭典》P1653 則云“蕭統,梁武帝長子”。《書目》誤。

33.《古竹圃文選詩抄》爲清宋犖所選,“宋犖,清,權子……又號西坡”(見《人名大辭典》P356),《書目》P32 誤爲“又號西波”。

34.《古詩源》作者沈德潛“號歸愚……及成進士,年已將七十,高宗稱爲老名士”(見《人名大辭典》P499),《書目》P32 誤爲“號歸遇”。

35.《詩歸》,明鍾惺、明譚元春輯(見《總目・集部》P1590),《書目》P32、34 將其重置分録於“總集類・通代”和“斷代”兩處。P32 將“鍾惺”誤爲“徐惺”。

36.《唐人百二十名家詩鈔》中,誤“盧照鄰”爲“虞照鄰”,誤“祖咏”爲“祖诔”,“咏”是“詠”的簡化字,《書目》P35 生造簡化“言”旁“诔”。

37.《閩中三宋人集》的輯者未及詳審,編目時以“佚名輯”代之,《書目》P35 誤爲“佚明輯”。

38.《李杜詩選》係明張含編明楊慎等批點,《書目》P36 漏“明張含編”。

39.《唐四人詩》爲清汪立名編,[①]“汪立名,清婺源人”(見《人名大辭典》P474),《書目》P37 誤爲“汪立名,清源人”,漏“婺”字。

40.《新鐫焦太史匯選中原文獻》的選編人“焦竑……號澹園”(見《人名大辭典》P1175),《書目》P37 誤爲“淡園”。

41.《直講李先生文集》乃宋李覯撰,其外集及年譜、門人録却爲别人撰輯(見《總目・集部》P210),《書目》P40 却誤爲“宋李覯撰”。

42.《姜堯章先生集》乃清姜熙輯刻,《書目》P41 誤爲“清姜悉輯”,該書卷首姜氏自序謂“熙且垂垂老”,可證。

43.《景迂生集》的作者“晁説之,宋,端彦子,字以道……自號景迂”(見《人名大辭典》P803),《書目》P42 誤爲“字一道”。

44.《苕溪集》的作者“劉一止,宋,歸安人……登宣和進士,爲秘書郎”(見《人名大辭典》P1429),《書目》P42 誤爲“登宣和進士,爲書郎”,奪“秘”字。

45.《蘇文忠詩合注》是清人馬應榴輯注(見《總目・集部》P254),《書目》P42 誤爲“清馬應留輯”,誤“榴”而奪“注”。

46.《愁言》的著者項著録“明葉紈紈撰” 而解題則稱“葉小紈,明,紹袁次女”(見《書目》P44)。作者名應以誰爲准?

47.《弇州先生五言律選》是明胡應麟批選的,“胡應麟,明,蘭谿人”(見《人名大辭典》

---

① 振華按,“《唐四人詩》”,《書目》作“《唐四家詩集》”。

P699),《書目》P46 誤爲“金華人”,并誤“少室山人”爲“少寶山人”。

48.《息齋集》的作者“金之俊,清,吴江人,字豈凡”(見《人名大辭典》P607),《書目》P46 誤爲“字豈夫”。

49.《吕晚村先生文集》的作者“吕留良……乃削髮爲僧,取名耐可,字不昧”(見《人名大辭典》P341),《書目》P48 誤爲“字不味”。

丙、誤改版本項例

1. 西大藏《十三經注疏》是明嘉靖李元陽刻隆慶二年重修本(見《總目・經部》P10),《書目》P1 誤爲“明嘉靖刻南明隆武二年重修本”。

2. 西大藏《周易集注》是“明萬曆三十八年張惟任刻本”(見《總目・經部》P69),《書目》P2 誤爲“明萬曆三十九年重刻本”。

3. 西大藏《周禮》十二卷是“明潘恩刻萬曆十六年潘允端印本”(見《總目・經部》P168),《書目》P3 誤爲“明翻宋刻本”。

4. 西大藏《春秋集注》是“明嘉靖四十三年朱睦㮮聚樂堂刻本”(見《總目・經部》P269),《書目》P4 誤爲“明嘉靖四十三年聚樂堂刻本”。

5. 西大藏明胡廣等輯《春秋集傳》是“明永樂内府刻本”(見《總目・經部》P275),《書目》P4 誤爲“明刻本”。

6. 西大藏《六書本義》是“明正德十五年胡東臯刻本”(見《總目・經部》P440),《書目》P6 誤爲“明刻本”。

7. 西大藏《宋史》是“明成化七年至十六年朱英刻嘉靖萬曆南京國子監遞修本”(見《總目・史部》P80),《書目》P9 誤爲“明成化七年至十六年朱英刻明嘉靖遞修本”。

8. 西大藏《訂正通鑒綱目》版本項漏“展卷堂”三字(見《總目・史部》P121 及《書目》P9)。

9. 西大藏《古言》《今言》是“明嘉靖四十四年項篤壽刻本”(見《總目・子部》P566,而《總目・史部》P253 著録的《今言》則稱“明嘉靖四十五年項篤壽刻本”),《書目》在 P10 著録《今言》、P25 著録《古言》均漏“項篤壽”三字。

10. 西大藏《宋朱晦庵先生名臣言行録》是“明崇禎十一年張采、宋學顯等刻本”(見《總目・史部》P421),《書目》P11 僅著録“明崇禎十一年張采刻本”。

11. 西大藏《閩鹺外紀》是“清語蘭室抄本”(見《總目・史部》P1326),《書目》P13 誤爲“清話蘭室抄本”。

12. 西大藏《雍録》是明吴琯刻本,《書目》P15 漏“琯”字。

13. 西大藏《籌海圖編》是“明天啓四年胡維極刻本”(見《總目・史部》P996),《書目》P16 誤爲“明嘉靖四十一年刻本”。

14. 西大藏《讀書敏求記》是“清乾隆十年沈尚傑雙桂草堂刻本”(見《總目・史部》P1394),《書目》P17 漏“沈尚傑雙桂草堂”七字。

15. 西大藏《南華真經旁注》是“明萬曆二十二年刻本”(見《總目・子部》P1020),《書目》P20 作“明萬曆家刻本”。

16. 西大藏《老子翼》是“明萬曆十六年王元貞刻本”(見《總目・子部》P1000),《書目》P20 漏“王元貞”三字。

17. 西大藏《古今律曆考》是“明萬曆二十七年徐安刻本”(見《總目・子部》P266),《書目》P22 漏“二十七年徐安”六字。

18. 西大藏《方氏墨譜》是“明萬曆方氏美蔭堂刻本”(見《總目・子部》P466),《書目》P23 作“明萬曆十六年刻本”。

19. 西大藏《李卓吾先生批評三大家文集》是“明葉敬池刻本”(見《總目・集部》P1523),《書目》P23 將其誤置“子部”,版本項誤著爲“明書種堂刻本”。

20. 西大藏《穀山筆麈》是“明萬曆四十一年于緯刻本”(見《總目・子部》P572),《書目》P23 誤書名“穀”爲“谷”,并誤版本項爲“明萬曆四十一年黄石山堂刻本”。

21. 西大藏《淮南鴻烈解》是“明緝柳齋刻本”(見《總目・子部》P502),《書目》P24 作“明末刻本”。

22. 西大藏《何氏語林》是“明嘉靖二十九年何氏清森閣刻本”(見《總目・子部》P660),《書目》P25 作“明嘉靖三十年刻本”。

23. 西大藏《文體明辨》是“明萬曆游榕銅活字印本”(見《總目・集部》P1619),《書目》P30 誤作“明萬曆元年建楊游榕銅活字印本”,“建楊”應爲“建陽”。

24. 西大藏《詩紀》是“明萬曆吴琯、謝陛、陸弼、俞策刻本”(見《總目・集部》P1583),《書目》P32 誤爲“明萬曆吴琯重刻本”。

25. 西大藏《前唐十二家詩》是“明鄭能瑯嬛齋刻本”(見《總目・集部》P1405),《書目》P33 誤爲“明萬曆三十一年鄭能重刻本”。

26. 西大藏《謝宣城集》是“清康熙四十六年郭威釗甓軒刻本”(見《總目・集部》P34),《書目》P38 漏“甓軒”二字。

27. 西大藏《白氏長慶集》是“明嘉靖十七年伍忠光龍池草堂刻本”(見《總目・集部》P141),《書目》P39 僅著“明刻本”。

28. 西大藏《元氏長慶集》是“明嘉靖三十一年董氏茇門别墅刻本”(見《總目・集部》

P135),《書目》P40 誤爲"明翻宋建安劉麟刻本"。

29. 西大藏《直講李先生文集》是"明正德十年孫甫刻本"(見《總目·集部》P210),《書目》P40 漏"孫甫"二字。[①]

30. 西大藏《歐陽文忠公文集》是"明天順六年程宗刻弘治、正德、嘉靖遞修本"(見《總目·集部》P228),《書目》P41 漏"程宗"二字。

31. 西大藏《伊川擊壤集》是"明成化畢亨刻十六年劉尚文重修本"(見《總目·集部》P222),《書目》P41 僅著"明成化刻本"。

32. 西大藏《箋釋梅亭先生四六標準》是"明萬曆四十四年唐鯉飛刻本"(見《總目·集部》P377),《書目》P41 漏"唐鯉飛"三字。

33. 西大藏《柳待制文集》是"清順治十一年范養民張以邁刻本"(見《總目·集部》P472),《書目》P42 漏"范養民張以邁"六字。

34. 西大藏《槐野先生存笥稿》是"明萬曆三十四年黄陞王九敘刻本"(見《總目·集部》P684),《書目》P43 著録"明萬曆陝西渭南刻本"。

35. 西大藏《牧齋初學集》是"明崇禎十六年瞿式耜刻本"(見《總目·集部》P897),《書目》P43 漏"十六年瞿式耜"六字。

36. 西大藏《世經堂集》是"明萬曆徐氏刻本"(見《總目·集部》P660),《書目》P45 作"明末刻本"。

37. 西大藏《蠛蠓集》是"明萬曆三年竇寶泉刻本"(見《總目·集部》P727),《書目》P45 作"明萬曆二年張佳胤刻本"。

38. 西大藏《歇庵集》是"明萬曆三十九年真如齋刻本"(見《總目·集部》P772),《書目》P45 作"明萬曆刻本"。

39. 西大藏《蘇老泉文集》是"明凌濛初刻朱墨套印本"(見《總目·集部》P236),《書目》P42 誤"濛"爲"蒙"。

40. 西大藏《圭齋文集》是"明成化七年劉釪刻本"(見《總目·集部》P471),《書目》P42 漏刻書人"劉釪"名。

41. 西大藏《皇明近體詩抄》是"明陸穩刻本"(見《總目·集部》P1705),《書目》P35 誤爲"明陸隱校刻本"。"按:陸穩(1517—1581)明嘉靖間人,字伯川,刻印過謝東山輯《皇明近體詩抄》不分卷(半頁 9 行,行 18 字)。"[②]即指此也。

---

① 振華按,《書目》作"明正德十三年刻本。"

② 見《中國古籍版刻辭典》,第 317 頁。

42. 西大藏《許文穆公集》是“明萬曆許立言許立禮刻本”(見《總目・集部》P720),《書目》P45 誤爲“明萬曆三十九年許立言刻本”,漏“許立禮”。

43. 西大藏《敬軒薛先生文集》是“明弘治十六年李越刻遞修本”(見《總目・集部》P573),《書目》P46 漏“李越”名。

44. 西大藏《水經注疏證》《書目》P16 原著録爲“清鈔本”,應改爲“稿本”。

《書目》除在《編例》中給“中國古籍善本書目編輯委員會”改名外,在《序》中也有諸多不實之辭。書籍是文字發明後的産物,“帛書”和紙質文獻距今不過二、三千年,《書目序》説“古籍産生於日月運行,滄桑之變中”,不亦玄乎!没有生物哪來的“古籍”?全國各地藏書單位於 1980 年將其目録卡片是上報給中國古籍善本書目編委會的,《書目序》却説是“上報中央”!周恩來總理的遺願是“要儘快地把全國善本書總目録編出來”,而《書目序》却把其中“書”“録”二字删奪。

《書目》中錯字太多,難以就讀。《序》中“則無旁貸”應爲“責無旁貸”;“北魏寫經墨本”“墨本”二字係訛加;“唐人寫經一種三卷”應爲“四卷”;“回項”應爲“回行”。P4“而子録之”,“子”應爲“予”;“學稱東山先生”,“學”後漏“者”。P6“顔曰説文引經考”,“顔”應爲“額”;“芷書印”,係“藏書印”之誤。P11“有關入的”,“入”應爲“人”。P15“足征此書”,“征”應爲“證”;“懼注未鈔”,“懼”應爲“具”。P16“八微”應爲“八徵”。P17“心中庵”應爲“心井庵”。P18“擬嘉靖”應爲“疑嘉靖”;“正觀”應爲“貞觀”。P21“復廬居氏”應爲“復廬居士”。P22“陳錫序”應爲“陳仁錫序”。P26“硬黄紙”應爲“藏經紙”;“行七十字”應爲“行十七字”。P39“秘笈”應爲“秘籍”。P40“秀草堂”應爲“秀野草堂”。P41“後有移朱筆”,“移”後脱“庵”字。P42“嘉佑”應爲“嘉祐”;“延佑”應爲“延祐”等。

生造字是不能容忍的錯誤,《書目》P5 及 P45 的“访”、P22 的“婉”、P23 的“銲”、P27 的“鑑”,P34 的“潒”和“缵”,P35 及 P38 的“诛”,P36 的“踈”,P38 的“抵”,P41 的“跰”,P42 的“輞”,P46 的“椒”等字都是生造字。

《書目》對於干支紀年也多有訛改,如 P11“戊戎”,P45“庚戎”“戊戎”的“戎”應爲“戌”,“戎午”應爲“戊午”,P40“壬戍”、P46“丙戍”的“戍”應爲“戌”,P34“辛已集”應爲“辛巳集”,P45“萬曆己卯”應爲“萬曆乙卯”等。

四、結論與建議

《書目》的分類差錯率是 23.76%,著録差錯率是 46.96%,二者相加是 70.72%即萬分之七〇七二,是國家新聞出版總署規定標準萬分之二的 3500 倍。因之達不到公開出版的標準。

《書目》收録西大已編古籍善本書 458 種中的 360 種是不完整的，且原著録卡片已被古籍部破壞殆盡，加上待編的 617 種及方志庫中的孤本和善本以及火災之餘還約有善本書 500 種左右待編，應該以搶救的方式請版本、目録方面的專家盡快編目，打破三十年來古籍善本書編目的停滯局面，編制出一套完整的《西北大學圖書館古籍善本書目》。

略述管見，求正於方家、讀者。

附表 1:《中國古籍善本書目》收録西北大學藏善本書目明細表

部别	《中國古籍善本書目》書名編號
經部 32 種	18、**28**、157、276、437、**795**、1501、1640、**1691**、**2047**、**2262**、**2484**、2564、2797、**2834**、2863、2863、2873、2922、**3405**、3668、4009、4014、**4241**、**4269**、**4442**、4590、4615、4677、4828、4974、5041
史部 28 種	290、295、698、853、1191、1228、1235、1286、2175、2227、2719、2724、2725、3820、4390、4454、**5148**、7996、**9485**、11190、11208、12144、12527、12888、**13194**、**13533**、**13974**、**14619**
子部 36 種	12、417、1481、1697、**2580**、2777、**3742**、**3830**、3960、**4552**、4900、 5211、**5352**、5630、6100、6468、6551、6588、7392、7417、7702、8192、8306、9019、9241、9326、9614、9851、9870、9958、**10199**、**10202**、**10695**、11542、11736、11788
集部 69 種	146、426、462、855、951、1316、1479、1556、1634、2472、2532、2617、2774、2787、**3210**、4445、5626、6938、7256、7436、7602、8032、8035、8351、8491、8541、8647、8795、8882、8883、8968、9283、9416、9633、10783、10854、**11479**、16462、16484、16506、**16528**、16609、16897、17106、17116、17157、**17223**、17274 17301、17305、17311、17462、17520、**17579**、**18186**、**18192**、18578、18817、18908、19674、19676、**19913**、20720、21595、**21599**、21695、22033、22041、22234
叢部 1 種	136
説明	1. 《中國古籍善本書目》共收録我校古籍善本書 166 種，其中孤本 34 種(經部 11 種，史部 6 種，子部 8 種，集部 9 種)。黑體加粗字是孤本。 2. 漏收不少，其中有争論者如《水經注疏證》。有些是卡片丟失，如《史拾》是我校最早發現的，未被收録。

附表 2:《西北大學圖書館善本書目》收書狀况分析表(以索書爲序)

三 001	1 002	一 003	1 004	一 005	一 006		1 008		四 010	一 011		一 013	1 014	一 015
1 016	1 017	一 018	1 019	一 020	一 021	1 022	一 023	1 024	3 025	3 026	3 027	3 028	3 029	3 030
一 031	一 032	一 033	1 034	1 035	一 036	一 037	一 038	1 039	一 040	1 041	1 042	1 043	一 044	1 045
一 046	1 047	一 048	1 049	一 050	一 051	1 052	一 053	一 054	1 055	1 056	1 057	二 058	二 059	

續表

二 061	2 062	2 063	二 064	二 065	二 066	2 067	2 068	2 069		二 071	2 072	2 073	3 074	二 075
二 076	3 077	三 078		三 080		二 082		二 084	2 085	二 086	二 087	二 088	三 089	二 090
二 091	二 092	2 093	2 094	二 095	二 096	3 097	2 098	2 099	二 100	2 101		二 103	二 104	2 105
2 106	二 107	二 108	1 109	一 110		3 112	一 113	二 114	3 115	三 116	3 117	3 118	三 119	三 120
3 121	三 122	3 123	三 124	3 125	三 126	三 127	三 128	三 129	四 130	三 131	四 132	4 133	四 134	3 135
五 136	3 137	3 138	四 139	3 140	四 141	3 142	三 143	3 144	三 145	4 146	四 147	4 148	四 149	四 150
3 151	4 152	三 153	二 154	4 155	二 156	四 157	4 158	四 159	4 160	3 161	四 162	4 163	3 164	4 165
四 166	4 167	四 168	4 169	3 170	三 171	三 172	三 173	三 174	三 175	三 176	3 177	3 178	三 179	3 180
3 181	三 182	3 183	3 184	3 185	2 186	三 187	三 188	三 189	4 190	四 191	三 192	三 193	3 194	2 195
3 196	4 197	4 198	四 199	4 200	2 201	4 202	4 203	四 204	4 205	4 206	4 207	4 208	4 209	四 210
4 211	三 212	4 213	四 214	三 215	3 216	4 217	4 218	三 219	4 220	4 221	三 222	四 223	二 224	三 225
2 226	4 227	四 228	2 229	四 230	四 231	四 232	四 233	四 234		四 236	4 237	4 238	4 239	四 240
二 241	四 242	1 243	4 244	4 245	四 246	四 247	四 248	四 249	四 250	3 251	四 252	四 253	四 254	4 255
四 256	4 257	四 258	4 259	4 260	四 261	四 262	4 263	4 264	四 265	四 266	四 267	四 268	4 269	四 270
4 271	4 272	四 273	2 274		四 276	4 277	4 278	4 279		四 281		二 283	4 284	4 285
四 286	四 287	四 288	四 289	四 290	四 291	四 292	四 293	四 294	4 295		四 297	四 298	4 299	4 300
四 301	4 302	四 303	三 304	4 305	四 306	四 307	四 308	4 309	四 310	四 311	4 312	4 313	4 314	三 315

續表

四 316	4 317	4 318	4 319	4 320	4 321	4 322	4 323	三 324	三 325	二 326	二 327	5 328	二 329	2 330
三 331		4 333	四 334	四 335	四 336	4 337	四 338	3 339	2 340	2 341	四 342	4 343	4 344	四 345
3 346	2 347	二 348	4 349	4 350	二 351					3 356	4 357	二 358	4 359	四 360
3 361	三 362	2 363	4 364	2 365		二 367	三 368	2 369	一 370	二 371	四 327	四 373	五 374	
								4 444	1 445					
			四 454	四 455	三 456	二 457	二 458							
説明	1. 排列順序按索書號(即固定排架號)爲準。 2. 索書號上方的數字代表部類;經部(一. 1)、史部(二. 2)、子部(三. 3)、集部(四. 4)、叢部(五. 5)。漢字是正常編目,阿拉伯碼代表此書編目有誤。													

附注:此文曾經西大圖書館賈館長過目,并經李筆浪女士三審糾謬,特致謝意。

【作者簡介】楊繩信(1932—2013),男,陝西西安人,中國圖書館學會會員。1959 年畢業於西北大學歷史系,長期在西北大學任職,主要從事中國古籍版本方面的研究。生前發表學術論文三十餘篇,已出版個人專著《中國版刻綜録》(西安:陝西人民出版社,1987 年)、《事物异名校注》(太原:山西古籍出版社,1993 年)、《清末陝甘概况》(西安:三秦出版社,1997 年)等百三十六萬言。其中,《中國版刻綜録》享譽學界,身後增訂再版(西安:陝西人民出版社,2014 年),顯示出作者長久的學術生命力。

《國語》傳本及其關係略述*

郭萬青

目前可知的版刻前時代的《國語》傳本包括慈利竹簡本、肩水金關漢簡本和敦煌殘卷本三種。慈利竹簡本是目前所見的《國語》傳本中最早的文本，也是保留字數較多的形式。該簡出土於 1987 年，時共出土 4371 件，較完整的簡大約存字二萬多，《國語》僅保有《吴語》殘片。其中《吴語》部分大約存有 300 字左右。根據蕭毅研究，該殘片一共 307 個字，其中包括語句中本來有字而脱漏的 27 個字。實有 280 字。慈利竹簡本是目前存世最早的《國語》傳世殘本。此後一段時間内的《國語》傳本，目前可見的則爲肩水金關漢簡本。此本目前所見者只有 12 個字，估計是其他典籍中的引文，也或者是《國語》殘簡。肩水金關漢簡本的字數更少，對於今傳《國語》文本很難談到價值。此後可見的傳本爲今甘肅敦煌研究院藏敦煌殘卷寫本。此本爲《周語下》部分内容，包括正文 802 字，注文 1081 字。該本早在 20 世紀 60 年代就有蘇鎣輝的研究文章對之進行了初步的研究，此後饒宗頤、王利器都進行過專門的研究，張以仁、陳鴻森的論文中也都涉及該殘卷。拙稿《甘肅藏敦煌殘卷寫本〈國語・周語下〉校記》即在上述幾家説法的基礎上，參照今傳本《國語》多本進行勘校疏理。[①] 這個寫本的價值具有以下幾個方面：（一）用以與今傳《國語》各本比勘；（二）豐富了《國語》舊注的内容；（三）爲韋注的比較研究提供了參照。

《國語》的刻刊一直持續到二十世紀三十年代，比較有價值的刻本和印本大致如下：

1. 遞修本。目前所知的《國語》遞修本有宋刻宋元遞修本、宋刻元明遞修本，其中宋刻宋元遞修本只有一部，張元濟曾予著録，今藏在北京國家圖書館。2006 年，北京國家圖書館出版社輯印《中華再造善本工程》第二輯，即收入該本，此後又出版《中華再造善本總目提要》，李致忠對此本進行了著録[②]。關於此本詳細情況，拙著《小學要籍引〈國語〉研

---

* 本文爲國家社科基金項目“日本《國語》研究史”（17BZW080）階段性成果。

① 郭萬青《甘肅藏敦煌殘卷寫本〈國語・周語下〉校記》，《敦煌研究》2009 年第 3 期。

② 中華再造善本工程編纂出版委員會編著《中華再造善本總目提要・唐宋編》，北京：國家圖書館出版社，2013 年，第 239—242 頁。

究》及《〈國語補音〉异文研究》有詳盡考辨，此處不贅。[①] 宋刻元明遞修本，目前可知至少有三部。其中之一即北京大學圖書館收購的日本大倉文庫藏本，該本的明補部分有確切紀年，爲弘治十七年(1504)南監補刊。原爲晚清日照丁少山舊藏，後流入日本，歸入大倉文庫。日本學者尾崎康《日本現在宋元版解題・史部(上)》有對該本的詳細著録。[②] 北京大學圖書館購入該本後，組織專家學者編寫了《北京大學圖書館藏大倉文庫書志》，也對該本進行了著録。[③]《書志》所提供的信息未如尾崎康詳細。另外一個本子爲日本静嘉堂文庫所藏，這個本子尾崎康也有著録。從尾崎康的著録來看，静嘉堂文庫本和大倉文庫本并不完全相同。此外，吉林圖書館藏宋刻元明遞修公文紙本《國語補音》一部，這個本子原爲朱筠所藏，後輾轉入藏吉林圖書館。該本只有《補音》，《國語》已經佚去。對於這個本子，錢保塘、繆荃孫、傳增湘都有著録。該本應該和大倉文庫本是同一版本。另外，臺灣"國家圖書館"藏有一部宋紹興十九年(1149)刊、明弘治間南監修補本，該本爲殘本，只有十九卷，缺卷一、卷二。這個藏本行款、版式等與大倉文庫本同。

2. 明德堂本。明德堂爲明代的刻書坊。瞿冕良《中國古籍版刻辭典》(增訂本)云："明德堂，明浙江海寧人許相卿的室名。相卿字伯臺，號雲村，正德十二年丁丑科進士進士，仕至兵科給事中。正德十二年丁丑科進士(1517)刻印過宋宋庠《國語補音》2 卷(半頁 11 行，行 21 字)。嘉靖十五年(1536)刻印過自撰《史漢方駕》35 卷。卒後，子聞造刻印過其遺稿《雲村先生文集》14 卷《年譜》1 卷《遺事》1 卷《賁隱存編》4 卷(9 行 18 字)。"[④]瞿氏提供資料較詳。實際上，許相卿《補音》二卷是附諸《國語》之後的，該本《國語》分爲七卷，合《補音》共九卷。《中國善本書總目》有著録。安徽省圖書館藏有該本，爲章伯鈞贈書，書中多處有朱筆校改，根據明道本進行文字改易，實爲一個校宋本。北京國家圖書館藏有明德堂本《補音》二卷，爲孔繼涵跋本，中間經孔廣栻過録陳樹華《國語補音訂誤》全部條目。另外，南京圖書館藏有丁丙跋之《國語》二十一卷，該本所貼浮簽云："明刊大字本。"并謂"殆明正德翻宋刻本也"。後附《補音》三卷，缺《越語》部分。《國語》本文缺頁也頗多。筆者經過校對該本《補音》與正德十二年刻《補音》二卷發現，二本除了分卷上不同之外，并無其他差异。則許相卿明德堂本有兩種刻本，一種《國語》二十一卷(附《補音》三卷)，一種爲《重刊國語》七卷(附《補音》二卷)。又上海國際商品拍賣有限公司 2000 年 12 月 13 日曾

---

① 郭萬青《小學要籍引〈國語〉研究》，新北：花木蘭文化出版社，2014 年，第 14 頁；郭萬青《〈國語補音〉异文研究》，臺北：蘭臺出版社，2015 年，第 132—135 頁。

② (日)尾崎康《日本現在宋元版解題・史部(上)》，《斯道文庫論集》第 27 輯(1993 年)，第 235—290 頁。

③ 《北京大學圖書館藏大倉文庫書志》，北京：中華書局，2014 年，第 300 頁。

④ 瞿冕良《中國古籍版刻辭典》(增訂本)，蘇州：蘇州大學出版社，2009 年，第 553 頁。

經在上海國際貴都大飯店上牌一部明德堂刻本《國語》七卷(附《補音》二卷),爲白皮紙,裝爲十册,鈐有"堇堂""汪由敦""九峰舊廬藏書記""綬珊六十以後所得書畫""綬珊考藏善本""杭州王氏九峰舊廬藏書之章""琅園秘笈""泉塘耀松楊祉昌經眼"等印。書前有弘治十五年(1502)李士實序文。這個本子和國家圖書館藏孔繼涵跋本《國語補音》是同一個本子。該本當即以弘治十五年李士實序本爲底本。今所参有南京圖書館藏丁丙跋本、北京國家圖書館藏顧廣圻校本。顧廣圻校本詳見下。

3. 朝鮮經筵校本。該本的具體刊刻年代不可考。根據書中識語,該本是朝鮮經筵於正統庚申(1440)夏開始校訂的,這段識語也見於《朝鮮王朝實録・世宗實録》,李紀勳《朝鮮時代〈國語〉之流通》引述之。[①] 這個本子的詳細情况,拙撰《〈國語〉考校——以明本四種校勘材料爲對象》《明清時期〈國語〉明道本的鈔校與刊刻》有較詳細考辨與著録,可參。[②] 需要特别指出的是,這個本子屬於《國語》明道本系統,雖然在校訂過程中依據公序本進行了改易,但就其主體特徵而言,該本仍然是《國語》明道本系統的本子,而且應該是《國語》明道本系統中存世最早的版本,只是不够醇正。該本也是目前可知最早把《補音》散入《國語》正文之下的《國語》傳本。

4. 百家類纂本。浙江圖書館藏明隆慶元年(1567)含山縣儒學刻本《百家類纂》本,明沈津編纂《百家類纂》,其中收《國語》若干篇章,在《百家類纂》卷二"儒家類"中。除了《鄭語》未録之外,其他各語皆有收録。《百家類纂》本《國語》録有注文 86 處,大多采自韋注。但由於該本是明本中刊刻較早的,仍具一定參照價值。

5. 許宗魯本。許宗魯嘉靖四年(1525)宜静書堂刻本,該刻本在衆多《國語》刻本中獨樹一幟。全書采用所謂"古字",實際上有很多是形聲字去掉形符以膺之。其版刻字形爲篆書直接楷化字。這樣就使得有些本來易認的文字難以被辨識,因此閩中王鎏(曾任刑部郎中)爲之作《國語古文音釋》,對該書中的 525 個字進行了辨識。該書不刻《補音》,只是把《補音敘録》、《補音》各語前國家世系摘録附於書前。這個本子和明弘治本、明德堂本有些地方是相同的,尤其和明德堂本之間相同之處甚多,恐怕就是以明德堂本爲底本刊刻而成的。關於其詳細,可参拙撰《〈國語〉考校——以明本四種校勘材料爲對象》、拙稿《宜静書堂本〈國語〉考略》。[③]

6. 顧校明本。該本今藏國家圖書館,四册,前三册爲《國語》,後一册爲《補音》。四週

① (朝鮮)李紀勳《朝鮮時代〈國語〉流通》,《東方漢文學》第 42 輯,第 279—356 頁。

② 郭萬青《〈國語〉考校——以明本四種校勘材料爲對象》,新北:花木蘭文化出版社,2015 年,第 8 頁;郭萬青《明清時期〈國語〉明道本的鈔校與刊刻》,《華夏文化論壇》2017 年第 2 輯。

③ 《〈國語〉考校——以明本四種校勘材料爲對象》,第 8—9 頁;郭萬青《宜静書堂本〈國語〉考略》,《國學週刊》总第 35 期,第 B11 版,2013 年 11 月 28 日。

雙邊,雙黑魚尾。半頁十行,行二十字。《國語》部分書眉録有顧廣圻校語46條。《補音》書後有瞿熙邦題識一行,云:"癸酉秋分,以顧千里影宋鈔校本過録。熙邦記。"瞿冕良《中國古籍版刻辭典》謂"熙邦"是瞿鏞的字。而蔡貴華編著之《中國文獻學資料通檢》則謂瞿熙邦是瞿鏞的曾孫,未知孰是。檢瞿鏞《鐵琴銅劍樓藏書目録》卷九"雜史類"下著録有《國語》一部。云:"《國語》二十一卷,《補音》三卷(明刊本)。題韋氏解,有序。《補音》則宋庠以唐人舊本補輯。書中注明,《補音》者,乃宋氏增也。明人刻《國語》,散附各條下,多脱誤。此正德刊本,尚仍宋本之舊。惟校讐未善,間有謬字。如《魯語》'踦跂'注云:'賈本作跛,布我反。'注云:'跛,蹇也。'舊爲賴古堂藏本。(卷首有'櫟園周氏藏書'朱記)。"[①]仲偉行、吴雍安、曾康編著《鐵琴銅劍樓研究文獻集·瞿氏校跋書目·瞿鳳起校并跋之書》下云:"《國語解》明刻本臨顧廣圻校。"[②]此本實爲明德堂本之一。

7. 正學本。爲嘉靖五年(1526)陝西正學書院刻本,附有《國語補音》三卷。該本半頁九行,行二十字。左右雙邊,白口。版心中書"國語X",下書本卷頁碼。全書依次爲韋昭《國語解敘》、唐龍《國語序》、《國語》全書、趙伸後序。傅增湘《藏園群書經眼録》卷四云:"《國語解》二十一卷(吴韋昭撰,缺卷五至九),《補音》三卷(宋宋庠撰)。明嘉靖五年陝西刊本,九行二十字,白口,左右雙闌。前有嘉靖五年唐龍序,言侍御史雨山郭公自微以是書布之學官。序後有'華州學正吴嘉祥、韓城縣教諭魏琦同校'二行。是知爲秦中刻本也。(邢贊亭藏書,甲戌)"[③]今檢上海圖書館所藏正學書院本,唐序之後并無傅氏所録二行文字。嘉靖五年(1526)十一月,唐龍由陝西按察使司副使晋遷山西按察使,撰寫此序當即在陝西任上。"檄華州吴學正嘉祥、韓城縣魏教諭琦枕,於正學書院黜聰覃力,逾三月而始校成"。清葉昌熾《緣督廬日記抄·戊子十二月》云:"廿九日,……前在廠肆得明刻《國語》,再同有二本,出以對勘。再同一本前有嘉靖五年孟冬初吉蘭溪漁石子唐龍序,云:'侍御史郭公自微觀風於秦,推其緒於是書,而布諸學官。'後有嘉靖丙戌冬十二月東萊趙伸序。又一本無序跋,似明初本,行款與嘉靖本同,疑即爲嘉靖本所自出。兩本皆附宋公序釋音,别刻在後。余本則釋音附入當條之下,且有删節,非其舊矣。"恐傅增湘所謂二行文字在趙伸序後也未可知。經過比對可知,該本實出明德堂本。而該本又當是張一鯤本的底本。

8. 姜恩刻本。瞿冕良《中國古籍版刻辭典》(增訂本)云:"姜恩,明四川廣安州人,字君錫,嘉靖二年進士,任武功縣令。嘉靖四年(1525)刻印過焦延壽《焦氏易林》2卷(半頁

① 瞿鏞《鐵琴銅劍樓藏書目録》,《續修四庫全書》第926册,第182頁。
② 仲偉行、吴雍安、曾康編著《鐵琴銅劍樓研究文獻集》,上海古籍出版社,1997年,第135頁。
③ 傅增湘《藏園群書經眼録》,北京:中華書局,2009年,第235頁。

12 行,行 24 字)。"[1]姜恩刻本《國語》在明代《國語》刊刻史上具有比較特殊的地位。該本全録《國語》正文,韋注則删削較多。另外,該本吸納明道本成分較多,比《摛藻堂四庫全書薈要》本還早,但該本似乎影響較低。嘉靖以前,《國語》傳本未見有韋注删削本。《國語》傳本對韋注進行删削改易,或自姜恩刻本始。此後的盧之頤本、陳仁錫本、鍾人傑本等即便没有受到姜恩本的直接影響,但論《國語》刊刻史上這種編録體例的先導之舉,姜恩刻本可謂居首。

9. 金李本。拙著《小學要籍引〈國語〉研究》《〈國語〉考校——以明本四種校勘條目爲對象》已經涉及,此處不贅。文獻載籍中關於金李及其澤遠堂的記載較少。蘇瑩輝《敦煌寫本國語解殘卷》謂:"據昌瑞卿先生見告,此澤遠堂刊本係出自宋紹興監本;亦即四部叢刊所據以影印者。然則此南宋監本,既非自明道本出,豈别有所本歟? 抑又有進者,澤遠堂本國語解不僅正文多與寫本同(如'故聖人樹德於民'之'人'作'王'),即注文亦有同於寫本(如'以遂八風'句注云:'遂,猶順也。')者。是尤足供研究斯學者之考索矣。"[2]昌瑞卿即昌彼得,湖北孝感人。歷任"中央圖書館特藏組"主任、臺北"故宫博物院圖書文獻處"處長、副院長等。其云金李本出自宋紹興監本,當有依據。檢許培基《蘇州的刻書與藏書》云:"金李,蘇州人。其'澤遠堂'於嘉靖七年(1528)覆宋刻的韋昭注《國語》二十一卷,宋體字摹刻精妙,宋諱都缺筆,惟淳字不缺,因其源出於南宋初本。"[3]有的學者以金李澤遠堂爲藏書樓,故以澤遠堂本《國語》爲家刻本。[4] 清人臨校、校宋有用金李本者,如沈寶研校宋本、黄丕烈臨校本等即以金李本爲底本。後來商務印書館輯印《四部叢刊》,其中《國語》底本即用金李澤遠堂本。關於這一點,有學者曾做過解讀。汪家熔云:"《四部叢刊》以古本相號召,用宋、元、明古本是長處,但也是弱點所在。古本雖是宋、元、明刻本,并非原作者(注疏者、校勘者)認定的初刻本。我們講'書貴初刻',并非主張書貴'古'刻。先秦著作,宋代刻版時離漢代原注疏已很遠,開始刻書大都未經校訂。自原注疏人至刻版這段時間,這些書是靠傳抄延續,傳抄時魚魯豕亥是免不了的,更何况元明翻刻本。至於明代刻本,除作者本人自刻,有擅自改動古書的毛病。正是宋、元、明代刻書的這些毛病,爲清代樸學家提供了衆多研究課題。乾嘉學派的樸學成果是公認的,它基本補救了宋、元、明本的缺陷,回復了先秦典籍原貌……《四部叢刊》要以古本相號召,就拒絶了清代人的研究成果,實用性就稍微差些……這就是《四部叢刊》講究古刻帶來的致命弱點。""因講究古本,

① 《中國古籍版刻辭典》(增訂本),第 445 頁。

② 蘇瑩輝《敦煌寫本國語解殘卷》,見載於氏著《敦煌論集》,臺北:學生書局,1969 年,第 301—303 頁。

③ 許培基《蘇州的刻書與藏書》,《文獻》1985 年第 4 期,第 211—236 頁。

④ 見江澄波等編著《江蘇刻書》,南京:江蘇人民出版社,1993 年,第 129 頁。

商務的《四部叢刊》未能用最好本子。如《國語》，到清嘉慶年間，已清楚只有宋代天聖、明道間的一個刻本最好，當時僅有一本爲黄丕烈所有。黄校正後按原樣翻刻，并附校記。當時的學者錢大昕、段玉裁在序裏都充分肯定黄丕烈翻刻本因爲附有校勘記而不動原貌，其學術價值超過了天聖明道原本。商務的《四部叢刊》因黄刻本是清嘉慶刻本，在它的采收規格裏'不入流'而不被采用，而用講不清楚的所謂'明金李澤遠堂刊本'！中華《四部備要》就用黄丕烈本排印。"[1]實際上是汪氏對《國語》金李本、黄刊明道本并不真正了解而誤下斷言。金李本的價值雖然未必高於黄刊明道本，但絶對不低於黄刊明道本。而且經過清初、中期的學者對明道本的推崇與追捧，整個清代的公序本《國語》刻本極少，學者最方便利用的還是明代張一鯤本的翻刻本。而黄刊明道本則出現了很多覆刻本。相對而言，公序本并無精刻本供學者使用。商務印書館《四部叢刊》影印金李本肯定有這方面的考慮。當然，商務印書館《四部叢刊》本和金李本原本是不同的，《四部叢刊》本由於所據底本不佳，有些地方根據明道本作了更動。

10. 童思泉本。思泉爲董文舉的字，明吴興人，其書坊名涵春樓。於萬曆六年(1578)刊刻《國語》。關於該本，拙撰《〈國語〉考校——以明本四種比勘條目爲對象》曾進行過著録，彼文可參，兹不贅述。[2] 該本由於是萬曆年間的坊刻本，其版本來源也不太詳細，文獻價值一般。

11. 張一鯤本。張一鯤本在整個《國語》版刻史上具有相當大的影響。關於這一點，拙撰《張一鯤本〈國語〉及其系統考述》有比較詳盡的論證，可參。[3] 此處不贅。

12. 李克家本。爲新建李克家刻本。該本是以張一鯤本爲底本刻成。關於這一點，拙撰《張一鯤本〈國語〉及其系統考述》有比較詳盡的論證，可參。此處不贅。此後，劉懷恕輯合穆文熙等評語，在以張一鯤本爲底本刊刻《國語》時，即采用了李克家本的一些成分。

13. 鄭以厚本。此本爲萬曆二十年(1592)福建鄭以厚光裕堂刊《國語評苑》。該本以劉懷恕本爲底本，合21卷爲六卷。《福建古代刻書》云："明代以宗文堂(或稱宗文書堂、宗文書舍)爲名號刻書有鄭希善(喜齋)、鄭以厚(望雲)、鄭世魁(雲齋)、鄭世容(雲林)、鄭世豪(雲竹)。他們有時也用别的堂號刻書，如鄭以厚望雲樓、鄭世豪雲竹齋等。"[4]又云："光裕堂主人未詳何名，所刻僅知一種：《莊子通》10卷，明沈一貫撰，萬曆二十四年(1596年)

① 汪家熔《近代出版人的文化追求：張元濟、陸費逵、王雲五的文化貢獻》，南寧：廣西教育出版社，2003年，第256—258頁。

② 《〈國語〉考校——以明本四種比勘條目爲對象》，第10頁。

③ 郭萬青《張一鯤本〈國語〉及其系統考述》，《海岱學刊》2016年第2期。

④ 謝水順、李珽《福建古代刻書》，福州：福建人民出版社，1997年，第306頁。

八閩書林鄭氏光裕堂刻本。"[①]未言光裕堂刻過《國語評苑》,且只云"鄭氏光裕堂",亦未言爲鄭以厚光裕堂。然《四庫存目叢書》第163册所收《春秋左傳評苑》尾頁有牌記云:"《春秋左傳評苑》《國語評苑》《戰國策評苑》,增補評注,名世文宗,合并太史文華博議是五書。本堂敦請名士精校之,以爲見華舉業之一助耳。書成而識者佳悦之,皆曰不當私也。故梓之而公之四方,與同志者共也。志青雲者,幸其鑒諸! 萬曆壬辰秋月望雲鄭以厚謹識。"[②]則《福建古代刻書》於光裕堂刻書有失收者。該本刻印較精。所輯各家評點置於上欄,其中録穆文熙評語149條,劉懷恕5條,程子、石星各1條,柳宗元50條。日本道春點本和《國語評苑》同。

14.《國語鈔評》。《國語鈔評》有萬曆十二年(1584)傅光宅刻本、萬曆十八年(1590)朱朝聘《四史鴻裁》本、萬曆年間金陵胡東塘刻本。《鈔評》幾乎不録韋昭注解,於《國語》各篇正文亦有不同程度省略。爲鈔輯評點而保留《國語》正文以及相關注文,從這一點上看,《國語鈔評》倒是名副其實。胡東塘刻本上欄行3字,《四史鴻裁》本上欄行5字,由於胡東塘刻本評點行3字,故文字、條目偶有脱漏錯訛。《四史鴻裁》本由於後出,評點文字錯訛較少。從《國語》文獻版本的角度來看,該本的版本文獻價值極低。

15. 吴勉學本。吴勉學字肖(一作"有")愚,又字師古,明安徽歙縣豐南人。精通醫學,家富藏書,勤於刻書。關於這一點,賈晉珠《吴勉學與明朝的刻書世界》有較詳細梳理,可參。[③] 吴勉學本在《國語》版刻史上的特殊價值在於,它是《國語》諸多傳本中僅有的一部白文本。該本當以張一鯤本或其翻刻本爲底本。整體而言,吴勉學本刊刻精審,字體美觀,在明後期《國語》刊本中堪稱精品。

16. 閔齊伋本。明烏程閔齊伋萬曆四十七年(1619)刊刻《國語裁注》九卷,即約略韋昭注解、宋庠《補音》,標注宋庠《補音》於書眉,注解置於篇末。書中亦時引各家評點。除《晋語》分上下兩卷外,其他七國語各爲一卷,合爲九卷。閔齊伋本當以劉懷恕本或劉懷恕本之翻刻本爲底本而成。閔本在《國語》版刻史上的價值有限。但閔氏在中國印刷史上的名氣極大,套印刊刻,是閔氏的一大特色。僅以其《國語裁注》爲例,就有二色、三色套印本等。具體詳細,可參拙稿《閔齊伋裁注〈國語〉考論》。

17. 陳仁錫本。崇禎七年(1634),陳仁錫評選《奇賞齋古文彙編》二百三十六卷刻成,該書卷五十四至卷五十九收録《國語》全書。於每語之前臚列各篇目録,目録往往摘録該

---

① 《福建古代刻書》,第311頁。

② 四庫全書存目叢書編纂委員會編《四庫全書存目叢書》子部第163册,濟南:齊魯書社,1997年,第727頁上。

③ 賈晉珠《吴勉學與明朝的刻書世界》,見載於米蓋拉、朱萬曙主編《徽州:書業與地域文化——法國漢學》第13輯,北京:中華書局,2010年,第20—49頁。

篇第一句話而成，其中《周語》爲一卷，《魯語》《齊語》爲一卷，《晋語》《鄭語》分三卷，《楚語》《吴語》《越語》爲一卷。其目録和二乙堂本《國語》的目録基本相同。正文全録，注文則約減韋注而成，偶有評語置於眉端，其中《周語》50 條，《魯語》10 條，《齊語》15 條，《晋語》41 條，《鄭語》1 條，《楚語》3 條，《吴語》10 條，《越語》9 條，共 139 條。點評用語都比較短，甚至有的僅有一字，字數最多的也不過二三十字而已，没有穆文熙、鐘惺等人那種字數較多的評點。由於所參本爲《四庫存目叢書》影印本，該影印本時間較早，技術上可能存在一些缺陷，清晰度不够，有些評點文字并不清晰。該本也是張一鯤本的支系。

18. 二乙堂本。二乙堂當是明末清初的書坊。書坊主人名爲夏璋，是陳仁錫的門生。[1] 此本正名當爲《國語合評》，周中孚《鄭堂讀書記》卷三五有著録，云："《國語合評》二十一卷，《國策合評》十二卷，原刊本。明陳仁錫、鍾惺合評(仁錫，字明卿，長洲人。天啓壬戌，賜進士第三，官至國子監祭酒，追謚文蔣。惺字伯敬，竟陵人，萬曆戊戌進士，官至福建提舉僉事)。是編蓋明人取《國語》、《國策》二書而合刻之，并取明卿評語置之行間，伯敬評語列于簡端，蓋各據兩家評本采入，而圈點悉依伯敬之舊。所有注釋，《國語》用韋昭注、宋庠《補音》，《國策》用鮑彪注，參以吴師道補正。均略有取删補，非其原文。蓋明人凡刻古書例皆如是，謂必如是，然後見其有所改定，非徒翻刻舊文也。但兩書正文絶不删節，尚可以供童蒙之誦習云。前有凡例，題曰二乙堂識。真坊本也。并于《國語》前載宋庠序，《國策》前載劉歆、耿延禧、姚宏、曾鞏、鮑彪、吴師道、陳祖仁七序。"[2]就二乙堂本前三卷來看，陳仁錫的評語很少，和陳仁錫《奇賞齋古文彙編》中《國語》評點較少這一特徵也是完全吻合的。

19.《國語髓析》。這部書是公鼐、吕邦燿所撰。公鼐字孝與，蒙陰人。爲萬曆二十九年(1601)進士，曾任禮部右侍郎，死後贈禮部尚書，謚文介。有詩文集行世。王士禎《池北偶談》謂公鼐"詩文淹雅，絶句尤工"。王春華《沂蒙儒學史》第七章"明清(鴉片戰争以前)時期沂蒙地區儒學的傳播與發展"第二節"若干傑出人物對儒學的傳承與踐行"有"公鼐的思想"一節[3]，概括公鼐思想有如下幾點：(1) 求真務實的理念；(2) 熱愛家鄉、熱愛祖國的濃厚意識和對"豺狼當道"的憤懣之情；(3) 反對模擬復古的變革思想；(4) 重民愛民思想。并謂"理學是公鼐思想的主流"。吕邦燿是公鼐的外甥，字玄韜，原爲麗水縣人，後入錦衣衛，隸籍順天。萬曆二十五年(1597)中舉，萬曆二十九年中進士，曾任通政司參議。中共麗水市蓮都區委宣傳部、麗水市蓮都區文學藝術界聯合會編著《蓮都歷史人物》中有《詩人

---

① 見陳先行主編《伯克萊加州大學東亞圖書館中文古籍善本書志》，上海：上海古籍出版社，2005 年，第 44 頁。

② 周中孚《鄭堂讀書記》，上海：商務印書館，1937 年輯印《萬有文庫》本，第 652 頁。

③ 王春華《沂蒙儒學史》，北京：中央文獻出版社，2012 年，第 430—435 頁。

吕邦燿》一篇,記載吕邦燿生平事迹較詳,可以參閲。[①] 二人所撰《國語髓析》卷首即標有"東蒙公鼐、古燕吕邦燿同批評,崑山葛錫璠、勾甬董光宏同校正,開封府推官唐暉校刻"。書前有董光宏《序公孝與吕玄韜〈國語髓析〉》一篇,云:"予同年吕玄韜與其舅公孝與,于書無所不窺,于古人之法度無所不蒐獮而爬剔。所讀《國語》節有評、句有剖。凡一切開闔剥换照應串插之妙,肌分理析,黎然目中,壹似聞人搦管時,若爲之貿其神而相其筆者。壬子之冬,玄韜與予有入汴之役,行篋中偶出以示予。予戲謂玄韜:'《國語》以子甥舅,身無完肌,亦家無賸賫矣。抑《國語》不靳以其秘公之子,而子乃以靳公之天下耶?'乃固請梓之。因請名之曰《國語髓析》。"交待原始頗詳,可參。《國語髓析》唯録《國語》正文,其底本當爲張一鯤本之類。公、吕評點録於欄外,其中吕邦燿評點 169 條,包括《周語》30 條,《魯語》17 條,《齊語》7 條,《晋語》75 條,《鄭語》6 條,《楚語》17 條,《吴語》7 條,《越語》10 條;公鼐評點 61 條,包括《周語》11 條,《魯語》2 條,《齊語》3 條,《晋語》25 條,《楚語》6 條,《吴語》7 條,《越語》7 條。評點章旨、討論注釋、以《内傳》參證、述説柳評是非,又時於字裏行間進行文句點評,確乎下了一定的功夫,對於《國語》的理解與深入研究不無裨益。

20. 詩禮堂本。詩禮堂爲孔廟中建築之一,始建於宋代,爲宋真宗拜謁孔廟的駐蹕之所。金章宗時重建。弘治十七年(1504)又重新修建,以相傳孔子教其子孔鯉以"不學詩,無以言;不學禮,無以立",遂定名爲詩禮堂,沿用至今。各圖書館所藏詩禮堂本《國語》多謂爲乾隆丙戌(1766)孔繼汾所刊本。各種文獻中對於詩禮堂本《國語》記載頗爲少見。首見於永瑢、紀昀主持修纂之《四庫全書總目・史部・雜史・國語》中,云:"此本爲衍聖公孔傳鐸所刊。"且謂爲户部員外郎章銓家藏本。又黄丕烈《士禮居藏書題跋記》卷二云:"是書爲山東孔氏校刊本,書中確有改正處,特校未盡耳。"黄氏用爲校宋本之匯校本。詩禮堂本實兩次刊刻,第一次刊刻當在康熙年間,與乾隆丙戌刊本不盡相同。汪由敦《松泉集》卷十五云:"年來覓韋昭《國語解》於京師書肆,迄不可得。今年秋,衍聖公廣棨入覲,餉以家刻《國語》。發而讀之,韋氏之名没矣,而注則全裝成。適有知武舉之命,乃攜之棘闈,以公餘爲之句讀。其訛字及篇段之不當屬而屬者,舛誤不少,惜不得善本是正,率以意改之。浹日而卒業,喜天之假以日而愜所願也。書諸末簡以志幸。"孔廣棨,字京立,號石門。孔傳鐸之孫,孔繼濩之子,孔昭焕之父。雍正九年(1731)襲封衍聖公。可見孔廣棨送給汪由敦的家刻本《國語》絶非後來孔繼涵於乾隆丙戌(1766)年刊刻而成的,而是孔傳鐸兄弟三人校刻成的《國語》。今檢乾隆丙戌刻詩禮堂本所載孔繼汾識云:"右《國語》二十一卷,吴高

① 中共麗水市蓮都區委宣傳部、麗水市蓮都區文學藝術界聯合會編著《蓮都歷史人物》,北京:中國文史出版社,2009 年,第 132—134 頁。

陵亭侯韋昭注，先公同吴注《戰國策》重刻。汾偕從弟繼涵補校此版，魚豕字少於《國策》，蓋彼版全未及校，而此則校而未畢者也。喜其易施功，故初校自《國語》始，閒有可疑處，苦無善本訂證，久而弗就。《國策》得吴注舊刻，先校完可印。此版雖補削粗完，而疑竇尚闕如焉。又有注無音，欲增刻宋庠《補音》，分附於各卷之末，顧未能得其原本。現有明侍御張一鯤所刻者，既多譌字，且有所增損，非復宋氏本書，不足依據。搜刻亦尚須俟諸异日。乃歎天下事，視爲難者匪難，視爲易者大不易也。乾隆丙戌夏四月闕里孔繼汾識。"可知詩禮堂本之孔毓圻本與孔傳鐸本刊刻原委。當然也有評價較高者，如李慈銘即云："過倉橋以三百錢買得孔傳鐸詩禮堂所刻韋注《國語》一部。傳鐸字振路，襲封衍聖公，顨軒檢討之祖父也。《國語》經明代坊刻，譌脱甚多，此本雖無所校訂，較之後日吴中黄蕘圃所刻，相去懸殊，然誤字尚少，亦近刻之佳者。蓋孔氏自振路好爲古學，聚書甚多，至其子户部主事繼汾與其從子户部主事繼涵，皆研精著書，各有師法。至其孫檢討，遂爲漢學大家。繼涵號葒谷，所刻《微波榭叢書》，中有宋庠《國語補音》，蓋以補是刻之所未及者也。"[①]今審二本，僅《周語》就有 81 處异文。就比對而言，孔傳鐸本優於孔毓圻本。

21. 薈要本。即《摛藻堂四庫全書薈要》本。乾隆三十八年(1773)五月，四庫館開始編纂《摛藻堂四庫全書薈要》。薈要本《國語》爲乾隆四十二年(1777)校呈。

22. 文淵閣本。即《文淵閣四庫全書》本。乾隆四十四年(1779)，文淵閣《四庫》本《國語》校呈。關於《摛藻堂四庫全書薈要》與《文淵閣四庫全書》，吴哲夫已予總體比較，認爲二者：(1) 據以謄録之版本不同；(2) 校勘詳略互殊；(3) 圖書目録及歸類有别；(4) 書前提要内容繁簡不一。[②] 今以《國語》之薈要本《提要》與文淵閣四庫本《提要》相比對，恰可證明吴氏第四點之説，薈要本《國語提要》"昭自立義者不過六七十事"，文淵閣本《國語提要》"者""不"之間有"《周語》凡服數一條、國子一條、虢文公一條、常棣一條、鄭武莊一條、仲任一條、叔妘一條、鄭伯南也一條、請隧一條、瀆姓一條、楚子入陳一條、晋成公一條、共工一條、大錢一條、無射一條；《魯語》朝聘一條、刻桷一條、命祀一條、郊禘一條、祖文宗武一條、官寮一條；《齊語》凡二十一鄉一條、士鄉十五一條、良人一條、使海于有蔽一條、八百乘一條、反胙一條、大路龍旂一條；《晋語》凡伯氏一條、不懼不得一條、聚居异情一條、貞之無報一條、轅田一條、二十五宗一條、少典一條、十月一條、嬴氏一條、觀狀一條、三德一條、上軍一條、蒲城伯一條、三軍一條、錞于一條、吕錡佐上軍一條、新軍一條、韓無忌一條、女樂一條、張老一條；《鄭語》凡十數一條、億事一條、秦景襄一條；《楚語》聲子一條、懿戒一條、武

① 李慈銘著，由雲龍輯《越縵堂讀書記》，上海：上海書店出版社，2000 年，第 412—423 頁。

② 吴哲夫《四庫全書纂修之研究》，臺北："國立故宫博物院"，1990 年，第 199—209 頁。

丁作書一條、屏攝一條;《吴語》官帥一條、錞于一條、自剄一條、王總百執事一條、兄弟之國一條、來告一條、向檐一條;《越語》乘車一條、宰嚭一條、德虐一條、解骨一條、重禄一條”一段文字,這段文字薈要本無之。就總體而言,四庫薈要本每隔兩卷或數卷之後附有校勘記,共有43條,文淵閣本、文津閣本無之。後來王太岳所輯《四庫全書考證》,於《國語》則僅寥寥數條,所得甚少。薈要本、文淵閣本、文津閣本,書前有提要、韋注序,文淵閣本書首并有《御制讀〈齊語〉》一篇。薈要本每卷後有總校官、校對官、謄録監生的署名,文淵閣四庫本則無。比較之下,則發現薈要本和文淵閣本尚存在多種差异,包括:(1)用字不同,用字不同的情況又分爲二字爲异體字、二字爲同義詞兩種;(2)字序不同;(3)一本有之字,另一本無;(4)一本字譌。二本雖然提要相同,皆云所據爲詩禮堂刊本《國語》,然其中仍有諸多不同在焉。其實四庫本是以詩禮堂本之孔毓圻本爲底本,同時參照了明道本傳本以及其他公序本的。這一點,在《摛藻堂四庫全書薈要總目》中有説明。檢《四庫全書薈要總目·史部七·别史一》“國語”下云:“《國語》二十一卷,吴中書僕射、雲陽韋昭注。今依前户部尚書臣王際華所上國朝孔傳鐸刊本繕録,據南北宋本、明槧本張一鯤本、許宗魯本恭校。”[①]《薈要目録》的説法和《四庫全書總目提要》不盡相同,《四庫全書總目提要》“國語二十一卷”下即注云:“户部員外郎章銓家藏本。”今檢章銓字拊延,號湖莊,清歸安人。乾隆三十六年(1771)進士,由翰林改户部主事升郎中,又曾任寧夏知府,終於廣東糧儲道。著有《吴興舊聞補》《湖莊詩集》等。王際華,字秋瑞,號白齋,錢塘人。乾隆十年(1745)乙丑科進士。官至户部尚書兼刑部尚書。關於四庫所用底本的進呈流程等,我們并不瞭解其詳。《摛藻堂四庫全書薈要》所用《國語》底本爲王際華藏本,或許和王際華以總裁身份負責《四庫全書薈要》的編纂有關係。至於《四庫全書總目》何以在“雜史”類《國語》下又改用“户部員外郎章銓家藏本”,難得其詳。張升《四庫全書館研究》云:“《薈要》有自成系統的參修人員(還有自己的一套謄録及供事),其中雖多與《四庫》任事諸臣相同,但也有與《四庫》任事諸臣不同的。和聚珍館與四庫館的關係相似,薈要處與四庫館的關係,也是既有從屬,又有相對獨立的關係。”[②]但是張氏又總結了四庫薈要以及四庫各本的抄録流程,[③]如下:

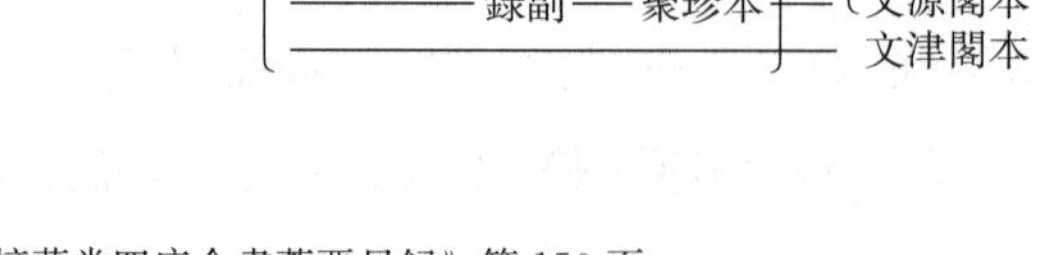

① 臺灣世界書局《景印摛藻堂四庫全書薈要目録》,第150頁。

② 張升《四庫全書館研究》,北京:北京師範大學出版社,2012年,第56頁。

③ 《四庫全書館研究》,第113頁。

這樣看來，薈要本《國語》和《四庫薈要總目》所云《國語》應該一致才是。張升引録吴哲夫《四庫全書薈要纂修考》，吴氏認爲：在辦《薈要》時，第一份《四庫》也在抄，爲求速度，將來源不同的書一同發下繕録了事，所以，閣本與《薈要》著録來源會不同①。則《摛藻堂四庫全書薈要》與《四庫全書總目》所據《國語》底本來源的不同，正是吴氏這一觀點的具體體現。

23. 文津閣本。即《文津閣四庫全書》本。文津閣本《國語》乾隆四十九年(1784)九月校呈。《國語》之薈要本、文淵閣本、文津閣本三本中，文津閣本文字錯訛最多。顧頡剛云："四庫書校對甚不可恃。袁詩亭君以鈔本袁易《静春居集》覆校，四庫本殊不及知不足齋本，誤字甚多。或館臣校勘，專於文淵閣一本，而此外以不易爲皇帝所見，遂甚輕忽歟？現存京師圖書館一部，係熱河文津閣中物。"②然張政烺《清代〈四庫全書〉的編纂》云："文津閣在熱河避暑山莊，建築完好。民國初年，熊希齡任熱河都統，將文津閣本搬至北京，撥歸北京圖書館。就質量而言，此部爲最佳。因爲清帝每年有半年住於熱河，春末夏初即去，秋末圍獵後方才回京。文津閣藏本即專供皇帝翻閲之用。清高宗讀《四庫》，好從中挑錯，以炫其淵博。所以這一部鈔寫特别認真，有些書是紀昀親自校改。可惜三十年代印《四庫全書珍本》，所選印者不是文津閣本，而是文淵閣本。"③通過對文津閣本《國語》的校勘，看不出張氏所謂"就質量而言，此部爲最佳"的特徵。如《越語下》"助天爲虐者不祥"之"助天爲"，文津閣本誤作"者不祥"；"莫知其所終極"，文津閣本誤作"終"。這類都是極爲明顯的錯誤。另從文津閣本《國語》"伐"常誤作"代"等明顯錯誤上來看，或許正是由於乾隆皇帝"好從中挑錯，以炫其淵博"，所以這一部《國語》倒的確"鈔寫特别認真，有些書是紀昀親自校改"，恐怕是爲了討皇帝歡心，故意留了一些比較明顯的文字錯誤而已。就《國語》而言，二説相較，顧説或許更合事實。

24. 道春點本。即日本漢學家林信勝圈點的本子。絶大多數尤其是無版刻信息的道春點本《國語》，每册封簽上都有"道春點"三字，故以爲名。筆者個人藏有寶曆辛巳(1761)永田調兵衛刊本《國語》四册，其實即道春點本，但是封簽上無"道春點"三字。另外，常見道春點本或十册、或五册，四册裝較少見。要之，道春點本是日本最早的《國語》刊本，此無异議。林道春在其文集中對此有過記述，其《〈國語〉〈戰國策〉跋》云："《國語》《戰國策》加倭點者，本朝自古未有之。今初口誦，使侍側者加訓點也。"④從林氏的跋文可知，《國語》

① 轉引自《四庫全書館研究》，第 113 頁。
② 顧頡剛《顧頡剛讀書筆記》第一卷，北京：中華書局，2011 年，第 141 頁。
③ 張政烺《古史講義》，北京：中華書局，2012 年，第 415 頁。
④ (日)林信勝撰，京都史跡會編《羅山先生林文集(下册)》，日本平安考古學會，1918 年，第 188 頁。

的訓點是由林羅山口授,其門人完成的。道春點本所用的底本是劉懷恕本,除了加上日文的訓點之外,其他和劉懷恕刻本完全一致。道春點本的意義在於:(1) 是第一個日本刊本。此前日本没有本土刊刻的《國語》,所用本子都是從中國本土或朝鮮引入的。此後無論是本土刊刻還是進行《國語》研究,日本學者都有了可以依據的本土刻本。此後千葉玄之刊刻的《韋注國語》就是以道春點本爲底本。(2) 日本江户早期學者進行《國語》研究所可依據的本子。如渡邊操《國語解删補》、關脩齡《國語略説》等的研究對象都是以道春點本爲對象。又日本内閣文庫藏道春點本,由山田直温、依田利和、猪飼傑、野村温、横山樵等在文化二年(1805)仲春初三至初九七天之内校閲一遍,并録有校語。日本京都大學圖書館藏有"皆川淇園先生私見書",實爲皆川淇園等批校本,亦以道春點本爲底本。

25. 千葉玄之本。千葉玄之本《國語》書牌題"韋注國語",右有"原本明兵部左侍郎石星校閲重刻東都蕓閣千葉先生再校",日本平安景古堂藏板。書前有千葉氏《讀國語》一篇,半頁六行,行十六字。全書四周雙邊,《國語解敘》及《國語補音敘録》分上下欄,下欄半頁九行,行二十字。上欄録千葉氏箋注,小字半頁十八行,行六字。《國語》正文則分三欄,中欄録各家評點,行三字,其他兩欄與《國語解敘》同。《國語解敘》末録王應麟《困學紀聞》、晁以道等論議《國語》性質的語段,書末有《重刻國語附注》,收録柳宗元、蔣之翹論《國語》的語段,實際上渡邊操《國語解删補》已經予以徵引,恐千葉玄之即襲渡邊操《删補》。千葉玄之箋注主要四個方面内容:(1) 引述評點。除了劉懷恕本、道春點本原有的評點之外,千葉玄之又徵引了大量的評點,包括劉懷恕本没有引録的柳宗元《非國語》中的内容、鐘惺、王世貞、黄二馮以及日本本土學者的點評資料。少數評點之後還附有點評;(2) 校勘异文。千葉玄之每每用盧之頤本相校,以"盧本×作×"或"華本×作×"出之。由於其底本是道春點本,故除了對《國語》正文、韋注、補音校勘外,還對柳宗元《非國語》以及道春點本原附篇題進行勘校;(3) 糾正補音。道春點本是張一鯤本的支系。而張一鯤本對《補音》反切音注作了一定程度的更動,千葉玄之根據小學書等又對更動過的或認爲《補音》有問題的音注進行了考辨;(4) 考辨韋注。考辨韋注包括辨正韋注、提示韋昭引文出處等,考辨韋注時,往往徵引太宰純、渡邊操等人之説。今檢全書箋注共 1250 條,包括《國語解敘》16 條、《國語補音敘録》20 條、《周語》287 條、《魯語》163 條、《齊語》47 條、《晋語》486 條、《鄭語》36 條、《楚語》92 條、《吴語》56 條、《越語》47 條。又全書最後有《重刻國語跋》一篇,爲千葉玄之的弟子日光防火使隊長監野光迪所撰寫。至於校訂原因及基本格式,千葉玄之已經在《讀國語》中作了交代,云:"此書版刻年久,磨滅訛闕,故參考華本及我邦諸儒所校正之數本,次第改易,至十數過。又上方横畫絲欄,分爲二局訂校。舊評脱誤,標明中局。又參酌華人及我邦諸老成評論,拓充上局,以廣見聞,不敢臆斷。"千葉玄之本《國語》

在日本《國語》版刻史上具有承上啓下的作用。

26. 黄刊明道本。此本全稱爲"黄丕烈讀未見書齋嘉慶庚申重雕天聖明道本《國語》",當是黄丕烈全權委托顧廣圻刊刻而成,其底本即黄丕烈校宋本,參照本爲黄丕烈、顧廣圻所收影鈔本殘卷。顧廣圻云:"此蕘圃所收影鈔本,即據之重雕者,余别得首三卷,較之寫手尤精,故用以上板,而仍留此,他時儻别得之本以下復出,遂可轉爲補全,竹頭木屑,正未必無用也。已未冬至前一日,澗蘋書。第六、第十、第十九、廿、廿一,共五卷,此類余以爲寫手不佳,故重摹付刊,而此遂剩,合釘爲一本存之,俾他日有攷焉。澗蘋書。"[①]四庫館臣修纂《四庫全書》時,所鈔《國語》已經參照到了明道本的影宋本,薈要本《國語》校勘記以"宋本"稱之,43 條校勘記中,"據宋本"改易者 39 條。可是《四庫薈要》本、《文淵閣四庫全書》本《國語》有些依從明道本之處和黄刊明道本的文字并不相同。這樣看來,黄刊明道本恐怕和錢鈔、毛鈔以及明道本原本也還有一定的文字差别。只能説黄丕烈最大程度上還原了明末以來明道本的實際面貌而已,但黄刊明道本并不是真正的天聖明道本原本,學者在依據黄刊明道本探討明道本《國語》問題的時候還需要謹慎一些。由於黄丕烈名氣甚隆,黄刊明道本又經錢大昕、段玉裁兩位乾嘉時期的著名學者作序鼓吹,故後之刻《國語》書者、研究者皆以黄刊明道本爲宗。另外,自明末至嘉慶庚申將近二百年,明道本并無刻本行世。黄刊明道本的刊刻,使得明道本化身千萬,使得研究者和讀者有了可以據依的固定的版本形態與文本形態,可見黄丕烈對於《國語》明道本的廣泛傳播,貢獻是巨大的。黄丕烈之後仿刻者甚多,各個坊刻本之間差别都不太大,當然,還是可以分得出不同的版本來源的。關於這一點,拙撰《從"菓""菓"之异試談黄刊明道本〈國語〉及其覆刻本的版本系統》[②]已經揭出,此處不贅。

27. 上善堂本。根據嚴紹璗《日藏漢籍善本書録》所記,日本《商舶載來書目》記録,日本光格天皇享和二年(1802),中國商船"天字號"載天聖明道本《國語》一部抵日本。[③] 日本葛氏上善堂刊本恐即根據此本刊印。日本文化元年(1804),江户葛氏上善堂覆刻黄刊明道本,文化三年(1806)京都矢代仁兵衛等重印,題"宋天聖明道本韋注國語"。上善堂覆刻本完全依照黄刊明道本的行款格式,唯在全書之末黄丕烈讀未見書齋牌記之後刻有"文化甲子仲冬江户葛氏上善堂藏版"的牌記,另文中加有圈點與訓點,其圈點多采道春點本、千葉玄之校本。該本仿刻幾與黄刊一致,訛誤尤少。頗疑此葛氏即葛西質。另外,日本早

---

① 王欣夫輯《顧千里集》,北京:中華書局,2007 年,第 286 頁。

② 郭萬青《從"菓""菓"之异試談黄刊明道本〈國語〉及其覆刻本的版本系統》,《安徽文獻研究集刊》第 6 輯,第 13—18 頁。

③ 嚴紹璗《日藏漢籍善本書録》,北京:中華書局,2007 年,第 459 頁。

稻田大學圖書館收藏有上善堂刊本《陶説》一部,爲葛西質譯解,可爲佐證。又檢葛西質《國語序》云:“吾於《國語》有意而得者幾條焉。吾亦作札記,附之黄氏之後。”①葛西氏的這一記載和上善堂本後附“考證補遺續刻”是相合的。此外,桂湖村《國語國字解》第十二章《國語の注解及論議書類》、大野峻《國語・解題・國語の研究書》即著録葛西質《國語考證補遺》,桂湖村并謂:“此の書は未だ見お。”②也可以作参證。同時,葛西質本爲大阪人,徙居江户,遂以終老,和“江户葛氏”也對應得上。概言之,“江户葛氏”即葛西質。但記載葛西質的材料中,未見有葛西質翻刻黄刊明道本的相關記述。故只是推測,不敢斷言。

28. 冢田本。即冢田虎所撰《增注國語》。冢田虎,號大峰,江户後期儒學家。日本高瀨代次郎著有《冢田大峰》一書,東京光風館書店日本大正八年(1919)出版。該書對於冢田虎家世、游學、著述等考述頗詳。據該書記載,冢田虎曾孫冢田翠麓對冢田虎一生著述進行過總結考查,計有《學庸國字解》《論語講録》《解愠》《孝經》《大學注》《中庸注》《冢注論語》《冢注六記》《皇極和談》《孝經和字訓》《聖道合語》《滑川談》《聖道得門》《冢注家語》《大峰詩集》《發字便覽》《學語》《冢注孔叢子》《補注尚書》《增注國語》《冢注毛詩》《大峰文集》《戰國策略注》《老子道德經》《管子牋注》《昇平日新録》《增注春秋左氏傳》《李伯紀忠義編》《史漢裨解》《冢注周易》《作詩質的》《冢田氏國風草》《畫錦行》《江尾往還蹤》《論語群疑考》《禮記贅説》《爲政講義》《弟子職補解》《正朔斷惑編》《大峰詩集》《大峰文集讀篇》《大峰文集遺篇》《隨意録》《大峰詩集遺稿》《聖道辨物》《孟子斷》《歷史綱覽》《入官第一義》《用字格》《見聞録》《唐宋類題》《禮記正義》《隨意録讀篇》《春秋左氏傳正文》《冢史孝經正文》《冢氏毛詩正文》《周易正文》等。③ 據載,《增注國語》成於冢田虎五十七歲之時,寬政十二年(1800)十月著,亨和元年(1801)九月梓。冢田氏自序云:“弘嗣篤學,在鼎足争競邦,而博覽群籍,旁擇諸説,以作之解,督察大義,可謂勉矣。然而虎之固陋,與同志每讀斯書,於韋氏解未能發矇者,往往猶有焉。且斯版數本,魚魯謬誤,亦不鮮也。宋庠《補音》亦又有缺失,故講習之餘,訂文字之謬誤,補音韻之缺失,又間加愚見焉,以爲《增注》,以貽後生。”《增注國語》全書依次爲《增注國語序》《國語解敘》《國語補音敘録》、正文。冢田氏在《國語解敘》和《國語補音敘録》中都有校勘文字,小字注出之,該本偶有與明道本相同之處。正文中以“增注”出之。審其增注内容,即如冢田氏序中所言“訂文字之謬誤,補音韻之缺失”,研討韋注得失,但冢田氏到處增補音注,甚至有些常見字如“下”字,也在多處補“遐嫁切”的音注,反顯冗贅。秦鼎《春秋外傳國語定本》往往徵引冢田虎《增注國

① (日)竹中邦香編《天香樓叢書》本《因是文稿》卷上,本卷第 19 頁。

② (日)見桂湖村《國語國字解》,早稻田大學出版部,1917 年,第 225 頁。

③ (日)高瀨代次郎:《冢田大峰》,東京:光風館書店,1919 年,第 217—222 頁。

語》爲説。由於冢田氏《增注國語》是全本，故冢田虎《增注國語》和千葉玄之校本一樣，既是日本江户時期重要的《國語》研究著作，同時也是日本《國語》版刻史上重要的《國語》刊本。

29. 秦鼎本。即秦鼎所撰《春秋外傳國語定本》。秦鼎字士鉉，尾張藩人，是江户後期日本著名的漢學家。秦鼎氏撰有《世説箋本》二十卷、《今世説》八卷、《春秋外傳國語定本》二十一卷、《春秋左氏傳校本》三十卷、《千字文約説》一卷、《古詩紀》十卷、《文選》六十卷、《楚辭燈》四卷、《補義莊子因》六卷、《韓文起》十卷等相關著作，其中於《春秋左氏傳校本》用力最勤。秦鼎氏《春秋外傳國語定本》於日本文化六年刊行，此後多次刊刻，流通頗廣，今日本各種圖書館以及研究機構藏有《定本》刊本頗多。在中國，近代很多書店也曾經出售過《定本》的印本，雷夢水《古書經眼録》也有過著録。根據筆者個人考查，秦鼎的《春秋外傳國語定本》一共有兩個版本系統，一個就是秦鼎的《定本》，日本文化六年（1809）年刊行，此後文化七年（1810）、文政二年（1819）、文政六年（1823）、天保十三年（1842）、嘉永七年（1854）、明治十七年（1884）續有刊行，多爲日本大阪、名古屋等地的書鋪刻本，皆依據秦氏滄浪居原刊翻刻。著者懷疑《春秋外傳國語定本》當初版於日本文化五年，因日本文化六年（1809）刊本即題爲“新鎸”，既是“新”，則恐有“舊”相承，而日本佐野市鄉土博物館即藏有文化五年（1808）本《定本》，可以爲佐證。書前有秦鼎撰寫於文化六年己巳夏六月的《國語定本題言》，又有文化七年撰就的《上國語定本牋》，書末附有秦鼎弟子神野世猷於文化六年己巳夏六月所撰寫的《國語定本跋》以及書最末所附版刻信息。全書包括《上國語定本牋》《國語定本題言》《韋昭略傳》《國語解敍》《國語補音敘録》《國語定本目録》、定本正文、村瀨誨輔識語、神野世猷《國語定本跋》等幾個部分。秦鼎定本打破版本壁壘，吸納了很多黄刊明道本的成分，又自爲改字。是張一鯤支系統在日本公序本系統的一個支系。又日本愛知縣圖書館藏有批校本一部，即以秦鼎《定本》爲底本，批校多録關脩齡《國語略説》之語，偶爾亦有獨立見解。

30. 董增齡本。董增齡《國語正義》二十一卷，完成具體時間不詳。日本東京大學人文研究所根據其自序推斷董氏《正義》大約在嘉慶十九年（1814）完成。根據董增齡自序，《國語正義》當在董增齡四十多歲以後，用了五年的時間寫成的。今檢上海圖書館所藏董增齡《國語正義》手稿上有王引之敘，云：“兹先於董君之書志數語而歸之，道光二年五月戊寅高郵王引之敘。”式訓堂刻本、《王伯申文集》所録王引之敘皆無本句。從稿本中的簽條所載時間以及王引之敘可知，《國語正義》的完成時間恐怕應該在 1819—1822 之間。徐養原《與董慶千論撰〈國語正義〉書》曰：“承示大著《國語正義》，此書爲《春秋外傳》，治古文者必兼綜焉。而韋注孤行，未有爲之疏者。吾兄此作，洵屬不可少之書。捧讀數過，疏解詳明,條流淹貫,深合體製,必傳無疑,佩服佩服。"[①]今檢刊本《國語正義》共1425條,可謂蔚爲大觀。董增齡以張一鯤本之翻刻本爲底本,參照黄刊明道本,又時時臆改而不作説明。對於韋昭注,董增齡并不一味維護,往往提出反對意見,故徐養原亦謂:"既依注作疏,則注義不可輕駁。"(同上)又施國祁也對董增齡《國語正義》有所評價。其《國語新疏説(與董壽群)》云:"蒙示大著《國語·周語》上、中二卷新疏,訓詁精,援引博,可與邵氏《爾雅疏》、王氏《廣雅疏》并列爲參。且可度越尊先世所製《尚書大傳》《識小編》而上之。允乎不朽之作也。"[②]通過比較可知,徐養原、施國祁所見《正義》并非定稿,因爲今式訓堂刊本《正義》是吸取了徐養原、施國祁的改訂建議的。今審湖南圖書館有董增齡《國語正義》清抄本一部四册,上海圖書館有稿本一部,如果通過比對稿本和刻本的异同,或可尋繹其定稿之迹。今常見者爲會稽章壽康式訓堂光緒庚辰(1880)刊本,巴蜀書社1985年影印本、《續修四庫全書》所收影印本所用的底本,都是這個本子。如福建圖書館藏謝章鋌校本《國語正義》,也用式訓堂本。

31. 高木本。即高木熊三郎所著《(秦鼎定本、中井履軒彫題、高木熊三郎標注)標注國語定本》。根據許春艷《二種の〈全體新論訳解〉》,高木氏輯纂編著訓點有《全體新論訳解》《勸善新編》《重鐫文家必用附録》《新撰幼學詩韻》《新撰詩語粹金》《修身要言》《隨園文粹》《古文孝經標注》《增補元明史略》《標注國語定本》等。[③] 高木氏的《標注國語定本》,桂湖村亦予以著録,謂中井履軒彫題置於上欄,而引述龜井昱《國語考》則見於高木氏標注之中。菊池純《增注國語定本序》即謂:"先是,尾張秦士鉉著《左國校本》,并梓行於世,而《左氏校本》獨擅其場,《國語》則弗甚顯也。夫門望地位相持不少遜也,敘事簡潔、措詞謹嚴相持不少遜也,而顯晦异地、盛衰易位,此識者所深慨。安得起俠烈義勇,折强救弱,如郭隗、季布其人者,攘臂而振之乎哉? 浪華高木君夙慨《左氏》與《國語》星淵异位,欲起而振之。自度非單身獨力所措辯,乃借助前龜井元鳳氏所著《國語考》以爲根據。與秦氏《定本》參錯交互,以補正韋解誤謬。"(見於《標注國語定本》書前)審高木氏《例言》亦謂:"獨築前龜井元鳳翁所著《國語考》,識見高邁,辨析微意,固足以駁擊士鉉,亦足以使世之讀《國語》者驟自掩卷,拭其鬢眉,擊節三歎矣。吁後進之士,若能據龜、秦二家之説以解本文,則大路坦然,街衢洞達,而其兩輪之所運轉者,不必借指南車而自至矣。"(見於《標注國語定本》書前)則高木氏《標注》是以龜井昱《國語考》爲基礎的。今審高木本正文三欄,是在秦鼎本二欄的基礎上别加一欄以存己説。其書有以"校"字爲别的注語,共427條。這427條恐即

① 徐養原《頑石廬文集》卷十,《清代詩文集彙編》第453册,第740頁。

② 施國祁《禮耕堂叢説》,《國語研究文獻輯刊》第五册,北京:國家圖書館出版社,2012年,第25頁。

③ 許春艷《二種の〈全體新論訳解〉》(《北海道大學大學院文學研究科研究論集》第10號,第1—16頁。

如桂湖村所說，是高木熊三郎引録中井積德《國語雕題》之言。

32. 綠蔭堂本。該本是蘇州綠蔭堂刊刻。有兩種。一種爲《國語國策合編》本，一本爲《國語》單行本。拙撰《國語考校——以明本四種校勘條目爲對象》已經予以著録。這個本子和明末清初的文盛堂本以及後來的三餘堂本、文成堂本、書業堂本是一個本子，這套本子的主要特徵，就是冒充南宋鮑彪校本，割掉韋昭《國語解敘》末句與張一鯤《刻國語凡》首句，合爲一篇。清代的很多學者進行學術研究時，所參照的《國語》版本基本以這種本子爲主，同時也是董增齡本所依據的底本。

33. 寶善堂本。清代自黄丕烈刊刻天聖明道本之後，很少出現以硬體字重刊天聖明道本者。光緒二年(1876)，吴棠主政四川，張之洞任四川學政，成都尊經書院重新刊刻明道本《國語》，是黄刊明道本有硬體字刻本之始。此後經綸元、寶善堂皆據此刊刻。形成黄刊明道本系統中的一個子系統。

34. 吴曾祺本。吴曾祺《國語韋解補正》初版於宣統元年(1909)。該書以黄刊明道本及其覆刻本爲底本，參照董增齡《國語正義》以及清代的《國語》研究成果。按照吴氏自己的說法："書中所箋注者約近八九百條，取之前人者居十之三四，自出己意者居十之六七。又有校對异本者亦百餘條，統計總在千條以外。"(《國語韋解補正・凡例》)大體可信。該本在文字上也做了更動，有些地方依從公序本。是近代《國語》印本中的主要版本。拙著《近百年來〈國語〉校詁研究》於吴氏之書有所評議，讀者可參，[①]此處不贅。

35. 沈鎔本。沈鎔《國語詳注》，上海文明書局中華民國五年(1916)初版。沈氏《詳注》在體例上進行了比較大膽的革新。采用張一鯤本系統的方式，把《補音》關於八國世系的注解置於每語之下。每卷分章，每章按數字編號。先録正文，正文之後臚列注釋。雖名爲詳注，但是注釋要言不煩，比較簡明，適合初讀。就其内容而言，是以吴曾祺《補正》爲底本，在此基礎上修訂而成的。此書發行量也比較大，是影響僅次於吴曾祺本的近代《國語》印本。拙著《近百年來〈國語〉校詁研究》於沈氏之書有所評議，讀者可參，[②]此處不贅。

36. 叢刊本。即上海商務印書館輯印的《四部叢刊》本。該本以金李本爲底本，但是在文字上做了一些更動，和金李本并不完全一致，有照着黄刊明道本改字之處，甚至有些地方文字改錯了。商務印書館編《縮本四部叢刊初編書録》云："《國語》自士禮居影刻宋天聖明道本，宋公序本遂微。兩本互有短長，實未可甲彼而乙此。"[③]故而在嘉慶庚申(1800)之後，明道本大受歡迎的時代，商務印書館以金李本爲底本，輯印《四部叢刊》本《國語》。

① 郭萬青《近百年來〈國語〉校詁研究》，南京：鳳凰出版社，2016 年，第 33—106 頁。

② 《近百年來〈國語〉校詁研究》，第 106—121 頁。

③ 商務印書館編《縮本四部叢刊初編書録》，上海商務印書館，1936 年，第 24 頁。

2015 年,上海古籍出版社出版了號稱以金李本爲底本的《國語》點校本,這大約是《國語》有新點校本以來,《國語》公序本系統首次被點校行世,但該本點校勘對似非佳善,校語亦有可商之處。

37. 徐元誥本。徐元誥《國語集解》由上海中華書局初版於 1930 年。該書是清代《國語》研究成果的匯集之作,比較常見的清代《國語》研究成果如董增齡《國語正義》、汪遠孫《國語校注本三種》、陳瑑《國語翼解》、王引之《經義述聞》、俞樾《群經平議》等,徐氏《集解》均予以收録。徐仁甫、王樹民對這部書的整體評價不高,認爲該書屬於草創,立義、版本等都比較輕率。戎輝兵、蕭旭從傳統訓詁的角度,對徐元誥的諸多解釋提出批評。但是,作爲集大成之作,該書代表着 20 世紀 30 年代《國語》的最新成就。2002 年,北京中華書局出版了王樹民、沈長雲的點校本,2006 年修訂重版。這個點校本糾正了徐元誥原本的一些問題,也受到讀者的歡迎。由於王、沈二位是歷史學家,對《國語》版本系統以及相關內容恐怕缺乏系統認識,故校勘做得比較粗疏,且產生了一些新的問題。拙著《近百年來〈國語〉校詁研究》於徐氏之書有評議探討,讀者可參,[①]此處不贅。

上述公序本系統諸本中,遞修本是存世最早的刊本,有些文字和今黃刊明道本有共同之處,而异於其他公序本。但其主體特徵則是公序本,這是毫無疑問的。正學本、金李本都和遞修本有很深的淵源關係。從版本源流上來看,遞修本以及陳樹華《春秋外傳考正》中所提及的元大德本、明弘治本應該是明代《國語》公序本系統的主要源頭。拙撰《國語匯校集解輯評(《周語》卷)》所對照的明本中,以明德堂本爲最早,而許宗魯本、正學本、金李本都和明德堂本有很多相似之處,尤其許宗魯本、正學本和明德堂本相同之處更多,可以肯定明德堂本就是許宗魯本和正學本的底本。而金李本雖然相比許宗魯本和正學本,和明德堂本有許多不同之處。但這些不同之處恐怕也是在以明德堂本爲底本的基礎上參校其他版本改訂的結果。通過比對發現,正學本、張一鯤本都避"桓"字,恐怕張一鯤本的底本就是正學本。

至於黃刊明道本及其覆刻本的基本情況,拙稿《明道本〈國語〉的鈔校與刊刻》已經基本交待清楚,兹不贅述。[②] 而黃刊明道本的覆刻本包括同治己巳(1869)湖北崇文書局重雕天聖明道本《國語》、光緒三年(1877)上海斐英館《士禮居叢書》本、光緒三年(1877)永康退補齋本、上海錦章書局石印本、上海會文堂書局石印本、上海鴻寶齋石印本、上海博古齋石印本、上海掃葉山房石印本。此外,還包括上海中華書局的《四部備要》本、上海商務印

① 《近百年來〈國語〉校詁研究》,第 121—141 頁。

② 郭萬青《明道本〈國語〉的鈔校與刊刻》,《華夏文化論壇》2017 年第 1 期。

書館的《叢書集成初編》本、北京商務印書館的《國學基本叢書》本、上海師範大學古籍整理組點校本、鮑思陶點校本等。

版刻時代的《國語》傳本由於分類標準不同，故而系統類别亦不相同。如果從寫本與刻本的角度而言，則版刻時代的《國語》傳本可以分爲寫本和刻本。寫本主要爲清代四庫館臣編纂的《四庫全書》系列本，現在比較容易見到的爲《摛藻堂四庫全書薈要》《文淵閣四庫全書》《文津閣四庫全書》和《文瀾閣四庫全書》等四種叢書中的《國語》。刻本則從宋代開始一直到晚清，代不乏精刻本。其中刻本又可以分爲活字本和雕版刻本兩種。活字本目前所見唯有日本國立國會圖書館所藏的朝鮮集賢殿校本《國語》，這個本子是明道本在明早期的傳本，可藉以與黄刊明道本相比勘，發現并解决黄刊明道本的諸多問題。另外還有朝鮮哲宗十年（咸豐九年）活字本，該本是張一鯤本的覆刻本。此外就是雕版刻本，包括今存最早的宋刻宋元遞修本以至於清末的寳善堂重刻明道本等。從字體的角度，雕版刻本又分爲軟體字刻本和硬體字刻本。軟體字刻本包括國家圖書館藏宋刻宋元遞修本、日本静嘉堂藏宋刻元明遞修本、北京大學圖書館藏大倉文庫原藏宋刻元明遞修本、明金李刻本、明許宗魯本、黄刊明道本及其覆刻本，硬體字本則包括李克家本、文盛堂本、緑蔭堂本、寳善堂本等。

如果從版本系統的角度而言，則包括兩大版本系統，即公序本和明道本。明道本的版本系統比較單純，包括集賢殿校本、抄本、校宋本和雕版刻本。抄本即毛鈔本、錢抄本、傳抄本。校宋本比較複雜，包括陸敕先校本、何焯校本、惠棟校本、顧之逵校本、顧廣圻校本、段玉裁校本、黄丕烈臨校本、顧廣圻臨校本、安徽圖書館藏校本、丁少山校本等，其中以陸敕先校本較早且學術價值較高。刻本即黄丕烈讀未見書齋重刊天聖明道本以及後來的覆刻本、重刻本等，覆刻本如日本上善堂本、崇文書局刻本、永康退補齋刻本、蜚英館石印本、博古齋石印本、掃葉山房石印本、錦章書局本、會文堂本、鴻寳齋本等，重刻本則爲光緒二年（1876）尊經書院本、光緒乙未（1895）寳善堂刻本。抄本目前無緣得見，而且其中錢鈔本的下落不明，毛鈔本則經由陸心源的皕宋樓舶載而東，藏在日本静嘉堂文庫。日本學者河田羆編訂的《静嘉堂秘笈志》對毛鈔本有著録，但是著録文字較簡單，所提供的信息有限。

公序本的版本系統則相對較爲複雜一些，尤其明代早期公序本各本之間的關係及其版本來源問題，綫索比較模糊。從文本内容上看，可以分爲韋注本、韋注補音合刊本、白文本、評注本、選本或删注本、注疏本等，韋注本包括明弘治本、明正德本、許宗魯本、金李本、詩禮堂本、《摛藻堂四庫全書薈要》本、《文淵閣四庫全書》本、《文津閣四庫全書》本等；韋注補音合刊本分爲兩類，其一爲《補音》附於《國語》之後，如宋刻宋元遞修本、宋刻元明遞修本、明德堂本、正學書院本、《文淵閣四庫全書》本、《文津閣四庫全書》本等；另外一種爲《補音》散入《國語》正文各相應位置,如朝鮮集賢殿校本、張一鯤本、李克家本、緑蔭堂本、文盛堂本、成文堂本、朝鮮哲宗十年本、書業堂本、緑蔭堂本、秦鼎本、高木本等;白文本,目前所見刊本中只有吴勉學本一種;評注本則包括穆文熙評本及其系列版本,如《國語鈔評》、劉懷恕本、鄭以厚本、道春點本、千葉玄之本等,此外還包括公鼐、吕邦燿的《國語髓析》,但《國語髓析》不録注文,和穆評系列不同;選本或删注本則包括《百家類纂》本、姜恩本、二乙堂本、閔齊伋本、陳仁錫本、盧之頤本、孫琮本、徐興喬本、高嵣本等;注疏本只有一種,即董增齡《國語正義》,且董增齡也并未完全遵循"疏不破注"的成例,對韋昭注頗多研討。從版本形態上,可以分爲鈔本、雕版刻本和活字刻本,抄本則唯《摛藻堂四庫全書薈要》本、《文淵閣四庫全書》本、《文津閣四庫全書》本,其他皆爲雕版刻本和活字刻本。如果從版本系統上進行分類,則可以分爲遞修本、弘治本、明德堂本、張一鯤本、《四庫全書》本等子系統。弘治本、明德堂本下可以有許宗魯本、金李本、童思泉本、詩禮堂本、《國語鈔評》等;張一鯤本下則可以分爲張一鯤本及其覆刻本、李克家本、劉懷恕本、文盛堂本、緑蔭堂本等,劉懷恕本下又可以分爲鄭以厚本、道春點本、千葉玄之本、秦鼎本、高木熊三郎標注定本等;《四庫全書》本下則包括《摛藻堂四庫全書薈要》本、《文淵閣四庫全書》本、《文津閣四庫全書》本及其他幾大閣的本子。《國語》的流傳脈絡,大體可以以下表標識:

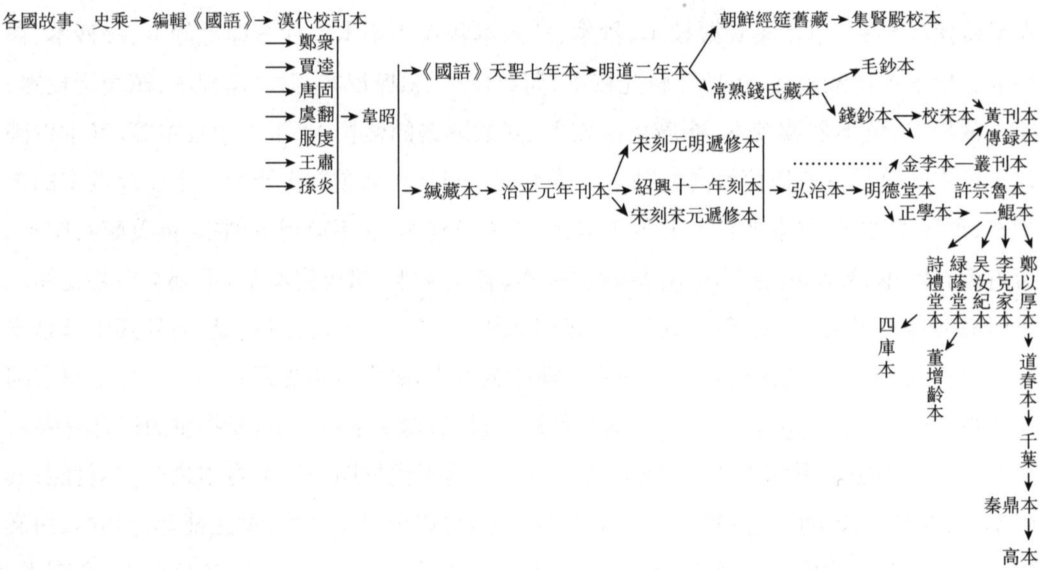

就版刻時代的《國語》版本系統而言,是單純的,因爲《國語》只有明道本和公序本兩個版本系統。但是就《國語》公序本内各本之間的前後承襲關係而言,正如上文所言,問題比較複雜。首先,今傳遞修本和明道本之間有許多地方是相同的,包括許宗魯本也存在着這樣的現象。那麽就有一個早期公序本、公序本和明道本之外的其他《國語》各本、明道本的前後承襲問題；其次，公序本内部各本的關係問題。如果籠統地分類，我們可以提出幾個關鍵人物，比如宋庠、許宗魯、張一鯤、穆文熙、秦鼎。但是就今天是否有真正的宋庠校本存在這一點而言，恐怕還難以下肯定的結論。至少從現存最早的宋刻宋元遞修本上還無法做出這一推斷。第三，各國語之後首録《補音》對各國的解釋。此前中國本土學者一直以爲是張一鯤本開其端緒。通過日本國立國會圖書館藏朝鮮集賢殿校本，才知道在明正統年間(1436—1449)已有此例。從所參據到的《國語》傳本上，我們知道以朝鮮集賢殿校本爲最早，而且朝鮮集賢殿校本隸屬於明道本系統。而在中國本土，直到沈鎔的《國語詳注》，才借鑒到公序本方式，在八國語各語之下引録《補音》釋文；第四，鄭以厚所刻穆文熙《國語評苑》雖然以劉懷恕本爲底本，其細端也還不同，劉懷恕刻本的底本是張一鯤本，但是劉懷恕本和張一鯤本也并不完全相同，因爲劉懷恕刻本某些地方參考了李克家本；日本的道春點本和千葉玄之本肯定不同，因爲千葉玄之在道春點本的基礎上有所改易；道春點本和鄭以厚本、劉懷恕刻本也肯定不完全相同，借鑒了上善堂覆刻黄刊明道本的秦鼎本、高木熊三郎本和千葉玄之本、冢田本就更有諸多不同之處；清代的公序本中，孔氏詩禮堂本有康熙間刻本和乾隆丙戌(1766)刻本的區别，這兩次印本不完全相同，即便同署爲乾隆丙戌刊刻的詩禮堂本各本也還存在差别。明代姜恩刻《監本音注國語解》實開公序本借鑒明道本優長之處的先河，只是該本影響似乎不大。此後《四庫全書》本中的《摛藻堂四庫全書薈要》本則在以詩禮堂本爲底本的基礎上進一步吸納了包括明道本、張一鯤本、許宗魯本在内的諸多版本的優長之處。但是《四庫全書》本各本之間吸納明道本以及其他《國語》版本成分多少并不相同，以《摛藻堂四庫全書薈要》本吸納最多，《文淵閣四庫全書》本、《文津閣四庫全書》本次之，故而《摛藻堂四庫全書薈要》本、《文淵閣四庫全書》本、《文津閣四庫全書》本《國語》文本之間存在着差异，此三本和其底本詩禮堂本也存在着諸多不同。又集賢殿校本“經筵所藏《國語》與《音義》一本”中的《音義》和《補音》究竟是什麽關係？凡此，仍然需要通過仔細尋繹《國語》各本之間的關係，進行進一步深入研究。

【作者簡介】郭萬青，1975 年生，文學博士，唐山師範學院中文系教授，主要從事古典文獻學與訓詁學研究。

《韻語陽秋》(卷一)校注

譚 燚

●卷 二

一

"謝朝華之已披,起夕秀於未振"①[1],學詩者尤當領此。陳腐之語,固不必涉筆,然求去其陳腐不可得,而飜爲恠恠奇奇不可致詰之語以欺人,不獨欺人,而且自欺,誠學者之大病也。詩人首二謝,靈運在永嘉,因夢惠連,遂有"池塘生春草"之句[2];元暉在宣城②,因登三山,遂有"澄江静如練"之句[3]。二公妙處,蓋在於鼻無堊、目無膜爾。鼻無堊,斤將曷運?目無膜,篦將曷施?[4]所謂混然天成,天球不琢者歟?靈運詩,如"矜名道不足,適己物可忘"[5]"清暉能娱人,游子憺忘歸"[6];元暉詩,如"春草秋更緑,公子未西歸"[7]"大江流日夜,客心悲未央"等語[8],皆得三百五篇之餘韻,是以古今以爲奇作,又曷嘗以難解爲工哉!東坡跋李端叔詩卷云:"暫借好詩消永夜,每逢佳處輒參禪。"[9]蓋端叔作詩,用意太過,參禪之語,所以警之云。

【校記】

①〔起夕秀於未振〕:"起"《詩話》本作"啓",《文選》亦作"啓"。

②〔元暉在宣城〕:据《南齊書》卷四十七《謝朓傳》,"元"应作"玄",宋避聖祖諱作"元"。

【注】

[1] 句出陸機《文賦》。朝華已披,謂古人已用之意,謝而去之。夕秀未振,謂古人未

述之旨,開而用之。

[2] 句出謝靈運《登池上樓》,見《謝康樂集》卷三。〔靈運〕:謝靈運,陳郡陽夏人,東晋名將謝玄之孫。父瑍,蚤亡。靈運幼便穎悟,博覽群書,文章之美江左莫逮。襲封康樂公,以國公例除員外散騎侍郎,不就。爲琅邪王大司馬行參軍,後爲臨川郡守,爲有司所糾,徙付廣州,遂令趙欽等要合鄉里健兒于三江口篡取謝,要不及,有司奏依法收罰,詔于廣州,行棄市刑。傳見《宋書》卷六十七、《南史》卷十九。〔惠連〕:謝方明子,謝靈運族弟。幼而聰敏,年十歲能屬文。本州辟主簿,不就。元嘉七年方爲司徒、彭城王義康法曹參軍。其《雪賦》亦以高麗見奇。文章并傳於世,卒時年二十七。傳見《宋書》卷五十三、《南史》卷十九《謝方明傳》附。《南史・謝方明傳》云:"(惠連)年十歲能屬文,族兄靈運加賞之,云'每有篇章對惠連,輒得佳語'。嘗於永嘉西堂思詩,竟日不就。忽夢見惠連,即得'池塘生春草',大以爲工。嘗云'此語有神助,非吾語也'。"

[3] 句出謝朓《晚登三山還望京邑》,見《謝宣城集》卷三。〔元暉〕:謝朓,字玄暉,陳郡陽夏人。少好學,文章清麗。齊隨王子隆鎮荆州,以爲文學。未幾求還都,除新安王記室。尋兼尚書殿中郎,轉中書郎,出補宣城太守。後遷至吏部郎,兼衛尉。永元初,江祏謀立始安王遥光,引以爲黨,不從。敕下獄死。傳見《南齊書》卷四十七、《南史》卷十九。〔三山〕:《六臣注文選》:"善曰:三山:南朝宋山謙之《丹陽記》云:'江寧縣北十二里濵江有三山相接,即名爲三山,舊時津濟道也。'"齊明帝建武二年春,朓出任宣城太守,自金陵逆江西行,路過三山。

[4] [斤將曷運]:典出自《莊子・徐無鬼》:"郢人堊漫其鼻端,若蠅翼,使匠石斫之。匠石運斤成風,聽而斫之,盡堊而鼻不傷,郢人立不失容。"篦將曷施:篦,通"鎞",《大涅槃經》卷七:"有盲人爲治目,故造詣良醫。是時良醫即以金錍刮其眼膜。"二句喻二謝之詩渾然天成,無迹可求。

[5] 句出謝靈運《游赤石進帆海》,見《謝康樂集》卷三,一作"矜名道不足,適己物可忽"。

[6] 句出謝靈運《石壁精舍還湖中作》,見《謝康樂集》卷三,一作"清暉能娱人,游子憺忘歸"。

[7] 句出謝朓《酬王晋安》,見《謝宣城詩集》卷三。

[8] 句出謝朓《暫使下都夜發新林至京邑贈西府同僚詩》,見《謝宣城詩集》卷三。

[9] 句出蘇軾《夜直玉堂攜李之儀端叔詩百餘篇讀至夜半書其後》,見《蘇文忠公全集・東坡集》卷十七。《詩眼》云:"東坡'暫借好詩'二句,蓋端叔用意太過,'參禪'之句,所以儆之云。"[李端叔]:李之儀,字端叔,滄州無棣人。元豐中登進士,從蘇軾於定州幕府,歷樞密院編脩,官通判原州。元符中,監内香藥庫。被劾詔勒停。徽宗初,提舉河南常平,

坐爲范純仁作遺表,編管太平,遂居姑孰,自號姑溪老農。詔知唐州,終朝請大夫。有《姑溪前後集》二十卷。傳見《宋史》卷三四四。

【小識】

歷代詩論主张詩貴自然,作詩不可語句怪奇、晦澀難解由來已久,撮其要者如下:

锺嶸《詩品下·序》:於是士流景慕,務爲精密,擗績細密,專相凌架。故使文多拘忌,傷其真美。余謂文製,本須諷讀,不可蹇礙。但令清濁通流,口吻調利,斯爲足矣。

裴度《寄李翺書》:然皆不詭其詞而詞自麗,不异其理而理自新……雖大彌天地,細入無間,而奇言怪語,未之或有。……故文之异,在氣格之高下,思考之淺深,不在其磔裂章句,隳廢聲韻也。

皎然《詩式》:詩有六迷:……以詭怪而爲新奇……詩有六至:至險而不僻,至奇而不差,至麗而自然,至苦而無迹。

張表臣《珊瑚鈎詩話》卷一:篇章以含蓄天成爲上,破碎雕鎪爲下。如楊大年西昆體,非不佳也,而弄斤操斧太甚,所謂七日而混沌死也。以平夷恬淡爲上,怪險蹶趨爲下。如李長吉錦囊句,非不奇也,而牛鬼蛇神太甚。所謂施諸廊廟則駭矣。

戴復古《論詩十絶》:雕鎪太過傷于巧,樸拙惟宜怕近村。

何汶《竹莊詩話》卷一《講論》:(《漫齋語録》)又云:有意中無斧鑿痕,有句中無斧鑿痕,有字中無斧鑿痕,須要體認得。

方回《跋遂初尤先生尚書詩》:誠齋時出奇峭,放翁善爲悲壯,然無一語不天成,公與石湖冠冕佩玉,度騷媲雅,蓋皆胸中貯萬卷書,今古流動,是惟無出,出則自然。近世乃有刻削以爲新,組織以爲麗,怒罵以爲豪,譎觚以爲怪,苦澀以爲清,塵腐以爲熟者,是不可與言詩也。

宋濂《宋學士文集》卷五十五《芝園後集》卷五:予竊怪世之爲文者,不爲不多,騁新奇者,鉤摘隱伏,變更庸常,甚至不可句讀,且曰,不佶曲聱牙,非古文也。樂陳腐者,一假場屋委靡之文,紛揉龐雜,略不見端緒,且曰不淺易輕順,非古文也。予皆不知其何説。

【謹按】

立方开篇即提出詩貴自然之主张,盛贊靈運、謝朓之詩風"渾然天成""得三百五篇之餘韻"。但對靈運、謝朓之詩,歷代評價不盡相同。如鍾嶸《詩品·上》云:"(謝靈運詩)故尚巧似,而逸蕩過之。頗以繁蕪爲累。"《詩品·中》:"(謝朓詩)微傷細密,頗在不倫。一章之中,自有玉石,然奇章秀句,往往警遒。"(詳見曹昇之《詩品集注》)。張溥《汉魏六朝百三家集·謝康樂集題辭》云:"(靈運)詩冠江左,世推富艷,以予觀之,吐言天拔,政繇素心獨絶耳。"清沈德潛《古詩源》云:"謝詩經營慘澹,鉤深索隱,而一歸自然,山水閒適,時遇理趣;匠心獨運,少規往則。"當然立方之評價具有其時代原因,乃是相對於當時江西詩派盛行錯彩鏤金、用典晦澀、刻意求奇之風而言。

另,東坡評端叔"暫借好詩消永夜,每逢佳處輒參禪",立方認爲"用意太過"以致僻澀。觀之儀詩,確有造作佶屈之感,如"雖非腰重真騎鶴,猶勝途窮强泣麟"(《和人見寄》);"恃險戰争休想舊,憑高臨眺且論今"(《金陵懷古》二首);"氣候相催雖迅速,笑歌贏得暫招攜"(《失題九首》);"未必縈回能擢勝,却疑平遠解供愁"(《堤上閒步二首》)等句。故元方回《瀛奎律髓》云:"李之儀詩得意趣,頗深晦,非東坡不之察。故有是佳句,以孟浩然待之,非誇也。"然軾亦曾謂其詩"入刀筆三昧"(《宋史》本傳),謂"好詩""佳處"爲贊許之意。《四庫全書總目》稱其詩"雖魄力雄厚不足敵軾,然大抵軒豁磊落,實無郊、島鉤棘艱苦之狀",似無"用意太過"之弊。

立方并不反對作詩詩句雕琢,只是不喜因雕琢而晦澀,因求新而難解。本書卷三第七云:"作詩貴雕琢,又畏有斧鑿痕;貴破的,又畏粘皮骨。此所以爲難。"可與本則詩話相佐參照。

二

陶潛、謝朓詩皆平澹有思致①,非後來詩人怵心劌目雕琢者所爲也。老杜云"陶謝不枝梧,風騷共推激。紫燕自超詣,翠駮誰翦剔"是也[1]。大抵欲造平澹,當自組麗中來,落其華芬,然後可造平澹之境,如此則陶謝不足進矣。今之人多作拙易詩,而自以爲平澹,識者未嘗不絶倒也。梅聖俞《和晏相詩》云:"因今適性情,稍欲到平澹。苦詞未圓熟,刺口劇菱芡。"②[2]言到平澹處甚難也。所以《贈杜挺之詩》有"作詩無古今,欲造平澹難"之句[3]。李白云:"清水出芙蓉,天然去雕飾。"[4]平澹而到天然處,則善矣。

【校記】

①〔謝朓〕:"朓"宋本原作"眺",明本作"朓",今據明本及《南齊書》《南史》改之。

②〔因今適性情〕:"今",宋本原作"令",明本、庫本、《詩話》本皆作"今",《宛陵先生集》爲"吟","今"爲"吟"通假,宋本蓋形誤,今據明本改之。

【注】

[1] 句出杜甫《夜聽許十一(一作許十損)誦詩愛而有作》,見《杜工部集》卷一。[陶

謝]:仇兆鼇注乃指陶淵明、謝靈運,此處立方借用指陶淵明、謝朓。此二句原爲杜甫贊美許十一詩,立方引此説明好詩應出於自然,非刻意雕琢者所爲。[陶潛]:陶潛,字元亮,一字淵明,入宋名潛。潯陽柴桑人。曾祖侃。少有高趣,嘗著《五柳先生傳》以自况。隆安中爲鎮軍參軍,遷建威參軍。未幾,求爲彭澤令,後解綬歸,終其身不仕。顔延年誄之,謚曰靖節先生。傳見《宋書》卷九十三。[謝朓]:見卷一注釋[3]。

[2] 句出梅堯臣《依韻和晏相公》,見《宛陵先生集》卷二八。[梅聖俞]:梅堯臣,字聖俞,宣城人。工詩。以蔭爲河南主薄,歷鎮安判官。仁宗召試,賜進士出身。累遷都官員外郎,預修唐書,卒。傳見《宋史》卷四一三。[晏相]:晏殊,字同叔,臨川人。七歲能屬文,景德二年以神童召試,賜進士出身。累擢知制誥、翰林學士。慶曆中拜集賢殿學士,同中書門下平章事兼樞密院使。出知永興軍,徙河南,以疾歸京師,留侍經筵,卒。贈司空兼侍中,謚元獻。爲文温純應用,尤長於詩,抒情寓物,辭多曠達。范仲淹、歐陽修等名臣皆出其門。有《臨川集》《紫微集》。傳見《宋史》卷三百一十一。

[3] 句出梅堯臣《讀邵不疑學士詩卷杜挺之忽來因出示之且伏高致輒書一時之語以奉呈見》,見《宛陵先生集》卷四六。

[4] 句出李白《經亂離後天恩流夜郎憶舊游書懷贈江夏韋太守良宰》,見《李太白集》卷十。

【小識】

此處平澹自然之論,并非反對詞采絢麗,而是當時詩壇上有刻意雕琢之風,有"拙易爲平淡"之論,而立方則認爲二者均有失偏頗。今集歷代相似之論如下:

陸機《文賦》:或清虚以婉約,每除煩而去濫。闕大羹之遺味,同朱絃之清泛。雖一唱而三嘆,固既雅而不艷。

皎然《詩式》:詩有六迷:……以緩慢而爲淡濘……以氣劣而爲容易。……詩有六至:至險而不僻,至奇而不差,至麗而自然,至苦而無迹。

蘇轍《追和陶淵明詩引》:(東坡)書來告曰:"(淵明)其詩質而實綺,癯而實腴,自曹、劉、鮑、謝、李、杜諸人,皆莫及也。"(見《東坡續集》卷三)

蘇軾《東坡題跋》卷二《評韓柳》詩:獨韋應物、柳子厚發纖穠于簡古,寄至味于澹泊……所貴乎枯澹者,謂其外枯而中膏,似澹而實美,淵明、子厚之流是也。若中邊皆枯澹,亦何足道!

黄庭堅《與王觀復書三》首其二:平淡而山高水深,似欲不可企及。文章成就更无斧鑿痕,乃为佳作耳。

趙令畤《侯鯖録》卷八：蘇二處見東坡先生與侄書云："二郎侄：得書知安，并議論可喜，書字亦進，文字亦若無難處。止有一事與汝説：凡文字，少小時令氣象崢嶸。彩色絢爛，漸老漸熟，乃造平淡；其實不是平淡，絢爛之極也。汝只見伯爺而今平淡，一向只學此樣，何不取舊日應舉時文字看，高下抑揚，若龍蛇捉不住，當且學此，只書字亦然，善思吾言。"云云。此一帖乃斯文之秘，學者宜深味之。據寂潮先生《袁枚續詩品詳注·矜嚴》注考證："此書今本《東坡七集》失收，僅見于此及宋張鎡《仕學規範》卷三十二。宋周紫芝《竹坡詩話》卷二、元王構《修辭鑒衡》卷二引《東坡集》皆引而不完，故全録之。周引而推論之云：'余以不但爲文，作詩者尤當取法于此。'"

陳應行《吟窗雜録》卷十：詩有五不得……二曰不得以緩漫爲淡泞。

范温《潛溪詩眼》：故巧麗這者發之于平澹，奇偉有餘者行之于簡易，如此之是類也。自《論語》、《六經》，可以曉其辭，不可以名其美，皆自然有韻。

胡仔《苕溪漁隱叢話後集》卷三：《龜山語録》云："淵明詩所不可及者，冲淡深粹，出于自然；若曾用力學，然後知淵明詩非著力之所能成也。"

陸游《示子遹》：我初學詩日，但欲工藻繪；中年始少悟，漸若窺宏大。見《劍南詩稿》卷七八。

包恢《答傅當可論詩》：以为詩家者流，以汪洋澹泊爲高。其體有似造化之未發者，有似造化之已發者，皆歸于自然，不知其所以然而然也。

王若虚《文辨》："凡爲文章須是典實過於浮華，平易多於奇險，始爲知本。"見《滹南遺老集》卷三十七。

魏際瑞《魏伯子文集》卷一《删詩序》云：凡博而之約，峥嵘絢爛而之平淡，蓋已非一朝一夕之故，而所以致此者，可思也。

王士禛《然燈紀聞》：爲詩先從風致入手，久之要造于平淡。

潘德輿《養一齋詩話》卷三：一唱三歎，由于千錘百鍊，今人都以平淡爲易，知其未吃甘苦來也。

袁枚《隨園詩話》卷五：詩宜樸不宜巧，然必須大巧之樸；詩宜淡不宜濃，然必須濃後之淡。譬如大貴人，功成宦就，散髮解簪，便是名士風流。若少年紈袴，遽爲此態，便當笞責。當家雕金琢玉，别有規模，然後竹几藤床，非村夫貧相。

前人前書卷八：《漫齋語録》曰："詩用意要精深，下語要平淡。"余愛其言，每作一詩，往往改至三五日，或過時而又改。何也？求其精深，是一半功夫；求其平淡，又是一半功夫。非精深不能超超獨先，非平淡不能人人領解。朱子曰："梅聖俞詩，不是平淡，乃是枯槁。"何也？欠精深故也。郭功甫曰："黄山谷詩，費許多氣力，爲是甚底？"何也？欠平淡故也。

前人《續詩品·矜嚴》:博極而約,淡蘊于濃。

【謹按】

立方之平澹論,平澹非拙易,絢爛至極乃得平澹,平澹至天然處則善,類于《論語》之“繪事後素”,亦爲我國崇尚簡樸恬淡之道家思想與封建道德觀念長期影響之所致。立方詩學思想既接受江西詩派之“奪胎換骨”,極力稱贊其“點化”工夫,又受葉夢得“興會自然”之影響,對江西詩派之流弊多有批評。此則詩話當與本卷第一則詩話結合理解,互爲補充,反對刻意求奇,提倡平澹自然。立方不僅對詩歌要求“自然”,對其他藝術形式亦是一以貫之,如本書卷十四第十八則東坡評張顛懷素草書云“則二人筆法固亦出於自然”。

三

老杜寄身於兵戈騷屑之中,感時對物,則悲傷係之,如“感時花濺淚”是也[1]。故作詩多用一“自”字。《田父泥飲詩》云:“步屧隨春風,村村自花柳。”[2]《遣懷詩》云:“愁眼看霜露,寒城菊自花。”[3]《憶弟詩》云:“故園花自發,春日鳥還飛。”[4]《日暮詩》云:“風月自清夜,江山非故園。”[5]《滕王亭子》云:“古牆猶竹色,虚閣自松聲。”[6]言人情對境,自有悲喜,而初不能累無情之物也。

【注】

[1] 句出杜甫《春望》,見《杜工部集》卷九。
[2] 句出杜甫《遭田父泥飲美嚴中丞》,見《杜工部集》卷五。
[3] 句出杜甫《遣懷》,見《杜工部集》卷十。
[4] 句出杜甫《憶弟两首》其二,見《杜工部集》卷十。
[5] 句出杜甫《日暮》,見《杜工部集》卷十。
[6] 句出杜甫《滕王亭子两首》其二,見《杜工部集》卷十三。

【小識】

立方此則詩話探討情景關係。情景之關係分也合也,难以定論。以上詩論似情景分而論之,然而景中含情,情中寓景,至于托物起興更是多見,持情景不可分者亦頗多,如:

陸機《文賦》:遵四時以嘆逝,瞻萬物而思紛。悲落葉于勁秋,喜柔條于芳春。心懔懔以懷霜,志眇眇而臨雲。

劉勰《文心雕龍·物色篇》:“歲有其物,物有其容;情以物遷,辭以情發。一葉且或迎意,蟲聲有足引心。”“古來辭人,异代接武,莫不參伍以相變,因革以爲功,物色盡而情有餘者,曉會通也。”

姜夔《白石道人詩説》:意中有景,景中有意。

都穆《南濠詩話》:鄉先生陳太史嗣初嘗云:“作詩必情與景會,景與情合,始可與言詩矣。如‘芳草伴人還易老,落花隨水亦東流’,此情與景合也;‘雨中黄葉樹,燈下白頭人’,此景與情合也。”

謝榛《四溟詩話》卷三:作詩本乎情景,孤不自成,兩不相背。凡登高致思,則神交古人,窮乎遐邇,係乎優樂,此相因偶然,著形于絶迹,振響于無聲也。夫情景有异同,模寫有難易,詩有二要,莫切于斯者。觀則同于外,感則异于内,當自用其力,使内外如一,出入此心而無間也。景乃詩之媒,情乃詩之胚,合而爲詩,以數言而統萬形,元氣渾成,其浩無涯矣。

黄宗羲《景州詩集序》云:詩人萃天地之清氣,以月露風雲花鳥爲其性情,其景與意不可分也。月露風雲花鳥在天地間,俄頃滅没,而詩人能結之不散;常人未嘗不有月露風雲花鳥之詠,非其性情,極雕繢而不能親也。(見《南雷文案》卷一)

王夫之《詩繹》:關情者景,自與情相珀芥也。情景雖有在心在物之分,而景生情,情生景,哀樂之觸,榮悴之迎,互藏其宅。天情物理,可哀而可樂,用之無窮,流而不滯,窮且滯者不知爾。(見《薑齋詩話》卷一)

王夫之《薑齋詩話》卷二:情景名爲二,而實不可離。神于詩者,妙合無垠。巧者則有情中景,景中情。景中情者,如“長安一片月”,自然是孤棲憶遠之情;“影静千官裏”,自然是喜達行在之情。情中景尤難曲寫,如“詩成珠玉在揮毫”,寫出才人翰墨淋漓、自心欣賞之景。凡此類知者遇之,非然,亦鶻突看過,作等閑語爾。……不能做景語,亦何能作情語耶?古人絶唱多景語,如“高臺多悲風”“胡蝶飛南國”“池塘生春草”“亭皋木葉下”“芙蓉露下落”,皆是也,而情寓其中矣。以寫景之心理言情,則身心中獨喻之微,輕安拈出。謝太傅于《毛詩》取“訏謨定命,遠猷辰告”,以此八字如一串珠,將大臣經營國事之心曲,寫出次第,故與“昔我往矣,楊柳依依;今我來思,雨雪霏霏”同一達情之妙。

李重华《貞一齋詩説》:詩有情有景,且以律詩淺言之,四句兩聯,必須情景互换,方不複沓,更要識景中情,情中景,二者循環相生,即變化不窮。

王國維《人間詞話》卷下:“昔人論詩詞,有景語、情語之别。不知一切景語,皆情語也。”

另,杜詩用語之工,“自”字多有體現,既變化多端又各有其妙,除立方之論,他人亦有論,如:

葉夢得《石林詩話》卷中:詩人以一字爲工,世固知之,惟老杜變化開闔,出奇無窮,殆不可以形迹捕。如"江山有巴蜀,棟宇自齊梁",遠近數千里,上下數百年,只在"有"與"自"兩字間,而吞納山川之氣,俯仰古今之懷,皆見于言外。《滕王亭子》"粉牆猶竹色,虚閣自松聲",若不用"猶"與"自"兩字,則餘八言凡亭子皆可用,不必滕王也。此皆工妙至到,人力不可及,而此老獨雍容閑肆,出於自然,略不其用力處。今人多取其已用字模仿用之,偃蹇狹陋,盡成死法。不知意與境會,言中其節,凡字皆可用也。

范晞文《對床夜語》卷二:虚活字極難下,虚死字尤不易,蓋雖是死字,欲使之活,此所以爲難。老杜"古牆猶竹色,虚閣自松聲"及"江山有巴蜀,棟宇自齊梁",人到于今誦之。

洪邁《容齋續筆》卷五《杜詩用字》:律詩用"自"字,"相"字,"共"字,"獨"字,"誰"字之類皆是實字,及彼我所稱,當以爲對,故老杜未嘗不然。

薛雪《一瓢詩話》:老杜善用"自"字,如"村村自花柳"、"花柳自無私"、"寒城菊自花"、"故園花自發"、"風月自清夜"、"虚閣自松聲"之類,下一"自"字,便覺其寄身離亂感時傷事之情,掬出紙上。不獨此也,凡字經老杜筆底,各有妙處,若止"自"字,則義山"青樓自管弦","秋池不自冷","不識寒郊自轉蓬"之類,未始非無窮感慨之情,所以直登老杜之堂,亦有由矣。

此則詩話"言人情對境,自有悲喜,而初不能累無情之物也"之句,乃探討情景之關係。關於杜詩中情景關係之論頗多,要者如下:

范晞文《對床夜話》:老杜詩:"天高雲去盡,江迥月來遲。衰謝多扶病,招邀屢有期。"上聯景,下聯情;"身無却少壯,迹有但羈棲。江水流城郭,春風入鼓鼙。"上聯情,下聯景;"水流心不競,雲在意俱遲。"景中之情也;"卷簾唯白水,隱几亦青山。"情中之景也;"感時花濺淚,恨别鳥驚心。"情景相觸而莫分也;"白首多年疾,秋天昨夜凉。""高風下木葉,永夜攬貂裘。"一句情一句景也。固知景無情不發,情無景不生,或者便謂首首當如此作,則失之甚矣。

仇兆鼇《杜詩詳注》卷二十三:杜詩五律,有景到之語,如"落雁浮寒水,飢烏集戍樓""星垂平野闊,月湧大江流"是也;有情到之語,如"勝絶驚身老,情忘發興奇""一時今夕會,萬里故鄉情"是也;有景中含情者,如"感時花濺淚,恨别鳥驚心""岸花飛送客,檣燕語留人"是也;有情中寓景者,如"影著啼猿樹,魂飄結蜃樓""正愁聞塞笛,獨立見江船"是也;有情景相融不能區别者,如"水流心不競,雲在意俱遲""片雲天共遠,永夜月同孤"是也;有一句説景,一句説情者,如"悠悠照邊塞,悄悄憶京華"是也;有一句説情,一句説景者,如"白首多年病,秋天昨夜凉"是也;有一景一情兩層迭敘者,如"野寺江天豁,山扉花竹幽。詩應有神助,吾得及春游。徑石相縈帶,川雲自去留。禪枝宿衆鳥,漂轉暮歸愁"是也。其雋語名句,不勝枚舉,名家詩集中未有如此之獨勝者。

【謹按】

情景關係作爲詩學範疇,南朝劉勰《文心雕龍》之"睹物興情""情由物興",鐘嶸《詩品》"氣之動物,物之感人,故摇盪性情,形諸舞詠"等,爲情景美學關係之雛形;唐王昌齡正式提出"情景"之詩學範疇,宋代情景詩論大量出現,對情景進一步細緻探討。明清情景交融説定型,王夫之、王國維爲"情景論"之集大成者。立方之"言人情對境,自有悲喜,而初不能累無情之物也",似將情景分裂,實并非如此,而是"通過對詩人具體詩句的語言結構方式的把握,揭示詩人在立格命意方面的創作特點和個性風格"(張毅《宋代文學思想史》第四章)。仇兆鼇《杜詩詳注》中"情""景"分析用意亦同。本書卷十六第二十一則云:"人之悲喜,雖本於心,然亦生於境。心無系累,則對境不變,悲喜何從而入乎? ……蓋心中有中外枯菀之不同,則對境之際,悲喜隨之爾。啼鳥之聲,夫豈有二哉?"則爲景情結合之論,可與本則詩話互爲補充。

細究杜詩五處"自"字,其義不盡相同:"步屧隨春風,村村自花柳""愁眼看霜露,寒城菊自花",其"自"對"隨",應爲"自己、自主"之意;而,"故園花自發,春日鳥還飛","風月自清夜,江山非故園","古牆猶竹色,虚閣自松聲","自"與"還""非""猶"相對,意爲"仍舊、仍然"之意,花鳥自然之物依舊,江山社稷却已殘破,更增顛沛離亂之傷感。

四

杜甫《觀安西過兵詩》云:"談笑無河北,心肝奉至尊。"[1]故東坡亦云:"似聞指揮築上郡,已覺談笑無西戎。"[2]蓋用左太冲《詠史詩》"長嘯激清風,志若無東吴"也[3]。王維云"虜騎千重只似無"句則拙矣[4]。

【注】

[1] 句出杜甫《觀安西兵過赴關中待命二首》其二,見《杜工部集》卷十。

[2] 句出蘇軾《聞洮西捷報》,見《東坡續集》卷二。

[3] 句出左思《詠史》八首之一。[左太冲]:左思,字太冲,齊國臨淄人,貌寢口訥,而辭藻壯麗,不好交游,惟以閑居爲事。造《齊都賦》,一年乃成,復欲賦三都。會妹棻入宫,移家京師,乃詣著作郎。十年賦成,豪貴競傳寫,洛陽爲之紙貴。賈謐請講《漢書》,謐誅,退居宜春里,專意典籍。齊王命爲記室督,辭疾不就。舉家適冀州,以疾終。傳見《晋書》

卷九十二。

[4] 句出王維《少年行》四首其二。見《王摩詰文集》卷一。

【謹按】

此則詩話贊杜詩"無"字之句式。《九家集注杜詩》卷二十:趙云:"思明據相州河北一帶,素以陷没,今言安西兵之精鋭,主將於談笑之間,可以蔑無河北,左太冲《詠史詩》'長嘯激清風,志若無東吴',坡云:'已覺談笑無西戎',則又出於杜也。"王彦輔《麈史》論杜詩:"子美善用故事及常語,多倒其句而用之,蓋如此則語峻而體健。"杜、蘇句祖太冲句"二一二"句式,"無"字置句中,王句"二二二一"句式,"無"字置句末,柔弱緩散,氣勢全無,故"拙"矣。

五

杜子美《曹將軍丹青引》云:"將軍魏武之子孫,於今爲庶爲清門。"[1]元微之《去杭州詩》亦云:"房杜王魏之子孫,雖及百代爲清門。"[2]則知老杜於當時已爲詩人所欽伏①如此。殘膏賸馥,霑丐後代[3],宜哉!故微之云:"詩人以來,未有如子美者。"[4]

【校记】

①〔欽伏〕:"伏",《詩話》本、庫本作"服"。

【注】

[1] 句出杜甫《丹青引贈曹將軍霸》,見《杜工部集》卷四。[曹将军]:曹霸,魏曹髦之後。髦畫稱於後代。開元中已得名。天寶末,每詔寫御馬及功臣,官至左武衛將軍。高宗末年得罪,削籍爲庶人。事見《明皇雜録》、《歷代名畫記》卷十。

[2] 句出元稹《去杭州送王師範》。[元微之]:元稹,字微之,河南人。元和初應制策第一,除左拾遺,歷監察御史,坐事貶江陵士曹參軍,徙通州司馬。歷祠部郎中知制誥、中書舍人,承旨學士進工部侍郎同平章事等。未幾,罷相,出爲同州刺史,改越州刺史兼御史大夫、浙東觀察使。太和初,入爲尚書左丞檢校户部尚書,兼鄂州刺史、武昌軍節度使。年五十三卒。贈尚書右僕射。稹自少與白居易倡和,并稱元白,號爲"元和體"。有《元氏長慶集》二十八卷。傳見《舊唐書》卷六十六、《新唐書》卷一七四。

[3] 語出《新唐書》卷二百一《杜甫贊》:"至甫渾涵汪茫,千匯萬狀,兼古今而有之。他

人不足,甫乃厭餘,殘膏賸馥,沾丐後人多矣。”

[4] 语出元稹《唐故檢校工部員外郎杜君墓係銘并序》,見《元氏長庆集》卷五。胡應麟《詩藪内編》四云:“凡唐末宋元人不皆學杜,其體則杜集咸備,元微之謂:‘自詩人來,未有如子美者。’要爲不易之論。至輕俊學流,時相詆駁,累亦坐斯,然益足見其大也。”

【小識】

杜華《雜言寄杜拾遺》:“杜拾遗,名甫,第二,才甚奇。……昨日人誦得數篇黄絹詞,吾怪异奇特借問,果然稱是杜二之所爲。……昔在帝城中,盛名君一個。諸人見所作,無不心膽破。”

元稹《唐故檢校工部員外郎杜君墓係銘并序》:“至于子美,蓋所謂上薄風、騷,下該沈、宋,古傍蘇、李,氣奪曹、劉,掩顔、謝之孤高,雜徐、庾之流麗,盡得古今之體勢,而兼人人之所獨專矣。……苟以爲能所不能,無可不可,則詩人以來,未有如子美者。是時山東人李白,亦以奇文取稱,時人謂之李、杜。予觀其壯浪縱恣,擺去拘束,摹寫物象及樂府歌詩,誠亦差肩於子美矣。”

樊晃《杜工部小集序》:“曾不知君有大雅之作,當今一人而已。”

郭受《杜員兄外垂示詩因作此寄上》:“(甫)新詩海内流傳遍,舊德朝中屬望勞。”

韋迢《潭州留别杜員外院長》:“(甫)大名詩獨步,小郡海西偏。”

元稹《酬李甫見贈》十首之二:“杜甫天材頗絶倫,每尋詩卷似情親。憐渠直道當時語,不著心源傍古人。”《敘詩寄樂天書》:“得杜甫詩數百首,愛其浩蕩津涯,處處臻到,始病沈、宋之不存寄興,而訝子昂之未暇旁備矣。”

白居易《與元九書》:“詩之豪者,世稱李杜之作。李詩,才矣奇矣,人不逮矣。索其風雅比興,十無一焉。杜詩最多,可傳者千餘首,至于貫穿古今,覼縷格律,盡工盡善,又過于李。”

【謹按】

歷代以來雖李杜并論,然孰優孰劣却一直争論不休。唐代時雖已崇杜,如元稹《杜甫墓志銘》對其評價極高,但未抑李。至宋始尊杜抑李,羅大經《鶴林玉露》云:“宋朝諸公始知推尊少陵。”至江西詩派尊杜最盛,立方之論亦不出宋人尊杜之窠臼。明清時又有所發揮。本書卷一第十一則與卷三第三則爲李杜之具體比較,可相互參照。

杜甫詩歌“殘膏賸馥,霑丐後代”,非虚言也。北宋初年孫僅讀《杜工部詩集序》説:“公之詩支而爲六家,孟郊得其氣焰,張籍得其簡麗,姚合得其清雅,賈島得其奇僻,杜牧薛能得其豪健,陸龜蒙得其贍博,皆出公之奇偏爾,尚軒軒然自號一家,赫世煊俗。”杜甫詩歌也影響了古文。昌黎《送温處士赴河陽軍序》實以少陵《送長孫侍御赴武威判官詩》作骨,此公輸服老杜,乃至於是。皇浦湜也推崇杜甫,其《題浯溪石》:“李杜才翻海,高下非可概。”清厲志《白華山人詩説》卷二云:“少陵多馬詩,昌黎愛之,變而爲文,亦見古人善學處。”

六

老杜詩以後二句續前二句處甚多。如《喜弟觀到詩》云:“待爾嗔烏鵲①,拋書示鶺鴒。枝間喜不去,原上急曾經。”[1]《晴詩》云:“啼烏争引子,鳴鶴不歸林。下食遭泥去,高飛恨久陰。”[2]《江閣卧病》云:“滑憶雕胡飯,香聞錦帶羹。溜匙兼暖腹,誰欲致杯罌。”[3]《寄張山人詩》云:“曹植休前輩,張芝更後身。數篇吟可老,一字買堪貧。”[4]如此類甚多。此格起於謝靈運《廬陵王墓下詩》云:“延州協心許,楚老惜蘭芳。解劍竟何及,撫墳徒自傷。”[5]李太白詩亦時有此格,如“毛遂不墮井,曾参寧殺人！虚言誤公子,投杼惑慈親”是也[6]。

【校記】

①〔待爾嗔烏鵲〕:“嗔”,明乙本、《詩話》本作“嗚”。

【注】

[1] 句出《杜甫喜觀即到復題短篇》二首其二。《杜詩詳注》卷十八:黄生曰:“前半喜其至而又怨其不即至,皆引領延佇時無可奈何之語。‘嗔烏鵲’之不靈已妙矣,‘拋書示鶺鴒’尤覺怪得奇。三四是解上,不是承上,上意已明,是承上意未完,則須解也。”見《杜工部草堂詩箋補遺》卷八。

[2] 句出杜甫《晴二首》其二。見《杜工部集》卷十四。

[3] 句出杜甫《江閣卧病走筆寄呈崔盧兩侍御》,見《杜工部草堂詩箋》卷三十七。

[4] 句出杜甫《寄張十二山人彪三十韻》,見《杜工部集》卷十一。《杜詩鏡銓》卷六注:“四句分承”。

[5] 句出謝靈運《廬陵王墓下作》,見《謝康樂集》卷三。[謝靈運]:見本卷第一則注釋[2]。

[6] 句出李白《繫尋陽上崔相涣三首》其二,見《李太白集》卷十。

【謹按】

“以後二句續前二句”之句式,即后兩句對前兩句句意加以承接,第三句接首句,第四句接第二句。《杜詩鏡銓》卷六《寄張十二山人彪三十韻》處注:“四句分承”。明胡應麟《唐音癸籤》卷四“續句對:律詩如老杜‘待爾嗚烏鵲,拋書示鶺鴒。枝間喜不去,原上急曾經’,排律如老杜‘神女峰娟妙,昭君宅有無。曲留明怨惜,夢盡失歡娛’之類。一順續,一倒續。又如贈張山人:‘草書應甚苦,詩興不無神。曹植休前輩,張芝更後身。數篇吟可老,一字買堪貧。’續至三聯。白樂天以爲,詩有連環文藻隔句相解者,起於鮑照之‘擾擾游宦子,營營市井人。懷金近從利,負劍遠慈親’。其來有自云。”立方此處僅稱“以後二句續前二句”,未名此格,按《唐音癸籤》細究,應爲“續句對”之“順續”,胡奇光《中國古代語言藝術史》中稱爲“隔句順接法”。立方稱此格起於靈運,而應麟稱起於鮑照,孰是孰非待考。

杜詩中多有模仿謝靈運詩中字句格式者。《杜詩詳注·解悶》十二首之七云:“熟知二謝將能事。”清方東樹《昭昧詹言》卷五云:“杜詩時時用康樂意與字。”“杜公詩有學大謝體者。”由此亦可見唐人對謝詩之推崇。然白詩對謝詩之推崇要在“興多才高”之模仿,杜詩則多在句式和篇章結構。

七

梅聖俞云:“作詩須狀難寫之景於目前,含不盡之意於言外。”[1]真名言也。觀其《送蘇祠部通判洪州詩》云“沙鳥看來没,雲山愛後移”[2],《送張子野赴鄭州》云“秋雨生陂水,高風落廟梧”之類[3],狀難寫之景也。《送馬殿丞赴密州》“危帆淮上去,古木海邊秋”[4],《和陳秘校》“江水幾經歲,鑑中無壯顔”之類[5],含不盡之意也。

【注】

[1] 句出歐陽修《六一詩話》。[梅聖俞]:見本卷第二則注釋[2]。

[2] 句出梅堯臣《蘇祠部通判洪州》,見《宛陵先生集》卷三。

[3] 句出梅尧臣《張子野赴官鄭州》。見《宛陵先生集》卷三。[張子野]:張先,字子野,湖州人,康定初進士,知吴江縣。詩格清麗,尤長于樂府,時號“張三影”。仕至都官郎中,卒年八十九。傳見《兩宋名賢小集》卷四十八。

[4] 句出梅尧臣《馬殿丞通判密州》,見《宛陵先生集》卷三。

[5] 句出梅尧臣《依韻和陳秘校見寄》,見《宛陵先生集》卷五。

【小識】

卜商《子夏易傳》:子曰:書不盡言,言不盡意。……夫意無窮也。言,形之質也,言豈

盡於意乎？書,質之限也,書豈盡於言乎？(見《周易》卷七)

陸機《文賦》:每自屬文,尤見其情。恒患意不稱物,文不逮意。蓋非知之難,能之難也。

劉勰《文心雕龍·隱秀篇》:隱也者,文外之重旨者也;秀也者,篇中之獨拔者也。隱以復意爲工,秀以卓絶爲巧。斯乃舊章之懿績,才情之嘉會也。夫隱之爲體,義主文外,秘響旁通,伏采潜發,譬爻象之變互體,川瀆之韞珠玉也。……贊曰:深文隱蔚,餘味曲包。辭生互體,有似變爻。言之秀矣,萬慮一交。動心驚耳,逸響笙匏。

皎然《詩式》:但見情性,不睹文字,蓋詩道之極也。

司空圖《詩品·含蓄》:不著一字,盡得風流。語不涉己,若不堪憂。是有真宰,與之沉浮。如淥滿酒,花時返秋。悠悠空塵,忽忽海漚。淺深聚散,萬取一收。

歐陽修《六一詩話》:聖俞嘗語余曰:"詩家雖率意,而造語亦難。若意新語工,得前人所未道者,斯爲善也。必狀難寫之景,如在目前;含不盡之意,見于言外,然後爲至矣……"余曰:"狀難寫之景,含不盡之意,何詩爲然?"聖俞曰:"作者得于心,覽者會以意,殆難指陳以言也。雖然,亦可略道其髣髴。若嚴維'柳塘春水漫,花塢夕陽遲',則天容時態,融和駘蕩,豈不如在目前乎？又若温庭筠'雞聲茅店月,人迹板橋霜',賈島'怪禽啼曠野,落日恐行人',則道路辛苦,羈愁旅思,豈不見于言外乎?"(此語亦見於《白石詩話》《滹南詩話》。)

司馬光《温公詩話》:古人爲詩,貴于意在言外,使人思而得之,故言之者無罪,聞之者足以戒也。(亦見於《迂叟詩話》《苕溪漁隱叢話前集》卷六。)

張表臣《珊瑚鉤詩話》卷一:篇章以含蓄天成爲上,破碎雕鎪爲下。(亦見於《竹莊詩話》。)

范温《潜溪詩眼》:必也備衆善而自韜晦,行于簡易閒淡之中,而有深遠無窮之味,觀于世俗,若出尋常。至于識者遇之,則暗然心服,油然神會,測之而益深,究之而益來,其是之謂矣。

張戒《歲寒堂詩話》卷上沈約云:"相如工爲形似之言,二班長于情理之説。"劉勰云:"情在詞外曰隱,狀溢目前曰秀。"梅聖俞云:"含不盡之意見于言外,狀難寫之景如在目前。"三人之論其實一也。(注:沈約之語出自《宋書謝靈運傳》,而劉勰之語在今《文心雕龍隱秀篇》中亦不存,蓋爲散佚之句。)

姜夔《白石道人詩説》:語貴含蓄。東坡云:"言有盡而意無窮者,天下之至言也。"山谷尤謹于此。清廟之瑟,一唱三歎,遠矣哉！后之學詩者,可不務乎？若句中無餘字,篇中無長語,非善之善者也;句中有餘味,篇中有餘意,善之善者也。

嚴羽《滄浪詩話·詩辯》:盛唐詩人,惟在興趣。羚羊掛角,無迹可求。故其妙處,透徹玲瓏,不可湊泊。如空中之音,相中之色,水中之月,镜中之象,言有盡而意無窮。

何汶《竹莊詩話》卷一《講論》:(《漫齋語録》)又云:詩文皆要含蓄不露便是好處。古人説雄深雅健,此便是含蓄不露也。用意十分。下語三分,可幾風雅;下語六分,可追李杜,下語十分,晚唐之作也。用意要精深。下語要平易,此詩人之難。

范晞文《對床夜語》卷二:詩在意遠,固不以詞語豐約爲拘。然開元以後,五言未始不自古詩中流出,雖無窮之意,嚴有限之字,而視大篇長什,其實一也。如"舊里多青草,新知盡白頭",又"兩行燈下淚,一紙嶺南書",則久别乍歸之感,思遠懷舊之悲,隱然無窮。

胡仔《苕溪漁隱叢話後集》杜牧之條:此絶句極佳,意在言外,而幽怨之情自見,不待明言之也。詩貴夫如此,若使人一覽而意盡,亦何足道哉!

謝榛《詩家直説》卷三:凡作詩不宜逼真,如朝行遠望青山佳色,隱然可愛,其煙霞變幻,難於名狀。及登臨非復奇觀,惟片石數樹而已。遠近所見不同,妙在含胡,方見作手。

董其昌《畫旨》:攤燭作畫,正如隔簾看月,隔水看花,意在遠近之間,亦文章法也。(見《容臺集·别集》卷四)

沈德潜《説詩晬語》卷上:事難顯陳,理難言罄。每托物連類以形之,郁情欲舒,天機隨觸。每借物引懷以抒之,比興互陳,反覆唱嘆。而中藏之歡愉慘戚,隱躍欲傳,其言淺,其情深也。倘質直敷陳,絶無蘊蓄,以無情之語而欲動人之情,難矣。(亦見于《昭昧詹言》與《詩家正法眼藏》)

【謹按】

"狀難寫之景於目前,含不盡之意於言外",最早見于歐陽修《六一詩話》,除本書外,還被宋代《詩人玉屑》《歲寒堂詩話》《詩學規範》《容齋五筆》等引用,溯其源當爲劉勰文心雕龍之"隱秀","狀難寫之景於目前"即爲"秀","含不盡之意於言外"則爲"隱"。立方此處將二者分而析之,實二者相輔相成。經唐代發揮,至宋則傾向于"隱"之含蓄,重在言有盡而意無窮,對"狀難寫之景於目前"則關注甚少。語句含蓄,句意深遠,促進了意境、意象概念的産生。

八

梅聖俞五字律詩,於對聯中十字作一意處甚多。如《碧瀾亭詩》云:"危樓喧晚鼓,驚鷺起寒汀。"[1]《初見淮山》云:"朝來汴口望,喜見淮上山。"[2]送俞駕部云:"何時鷁舟上,遠見爐峰迎。"[3]《送張子野》云:"不知從此去,當見復何如。"[4]《和王尉》云:"度雁不曾下①,新文誰寄評。”[5]《晝寢》詩云:“及爾寂無慮,始知機盡空。”[6]如此者不可勝舉,詩家謂之十字格。今人用此格者殊少也。老杜亦時有此格。《放舡詩》云②:“直愁騎馬滑,故作泛舟回。”[7]《對雨》云:“不愁巴道路,恐濕漢旌旗。”[8]《江月》云:“天邊長作客,老去一霑巾。”[9]

【校記】

①〔度雁不曾下〕:“雁”,明乙本、《詩話》本、《庫》本作“鳥”。

②〔《放舡詩》〕:“舡”,明本等作“船”,异體字,今從宋本。

【注】

[1] 句出梅堯臣《寄題石埭權縣樂尉碧瀾亭》,見《宛陵先生集》卷五。[梅聖俞]:見本卷第二則注釋[2]。

[2] 詩見《宛陵先生集》卷三。

[3] 句出梅堯臣《送俞駕部江州》,見《宛陵先生集》卷五。

[4] 句出梅堯臣《送張子野祕丞知鹿邑》,見《宛陵先生集》卷五。

[5] 句出梅堯臣《依韻和雍丘尉王祕校兆見寄》,見《宛陵先生集》卷六。

[6] 詩見《宛陵先生集》卷六

[7] 見《補注杜詩》卷二五。

[8] 見《杜工部集》卷十二。

[9] 見《杜工部集》卷十五。

【謹按】

十字格爲北宋洪覺範之《天廚禁臠》中正式提出,滄浪詩話中亦沿襲,其《詩體》云:“有十字對,劉昚虚‘滄浪千萬里,日夜一孤舟’是也;有十字句,常建‘曲徑通幽處,禪房花木深’等是也;有十四字對,劉長卿‘江客不堪頻北望,塞鴻何事又南飛’是也;有十四字句,崔顥‘黄鶴一去不復反,白雲千載空悠悠’。又太白‘鸚鵡西飛隴山去,芳洲之樹何青青’是也。”胡應麟《唐音癸籤》卷四:“流水對:嚴羽卿以劉昚虚‘滄浪千萬里,日夜一孤舟’爲十字格,劉長卿‘江客不堪頻北望,塞鴻何事又南飛’爲十四字格,謂兩句只一意也,盖流水對耳。”

此則詩話之“十字格”,由梅聖俞例句看,内容上下句相承,兩句合成一意,但形式上并非全部對仗,如“朝來汴口望,喜見淮上山”“何時鷁舟上,遠見爐峰迎”“不知從此去,當見復何如”等。而嚴羽之十字句或十字對,均为对仗之句,不但内容上下句相承,還須形式上對仗。蓋初時十字格未有對仗要求亦未可知。十字格有人名之爲串對,後在曲子中亦稱“流水对”。具體可參潘善祺《詩體類説》。

老杜詩中時有十字格,如《杜詩詳注》卷一《陪李北海宴歷下亭》:“‘雲山已發興,玉佩仍當歌。修竹不受暑,交流空湧波。’張綖注:‘修竹既不受暑,則交流空自湧波。’此十字句法。”

《杜詩詳注》卷六《憶弟》:“喪亂聞吾弟,饑寒傍濟州。人稀書不到,兵在見何由。憶昨狂催走,無時病去憂。即今千種恨,惟共水東流。”上四歎亂後分離,下四傷亂初奔散,輾轉相憶,故憂結而成恨,“憶昨”二句,乃十字句法。

《杜詩詳注》卷十《得廣州張判官叔卿書使還以詩代意》:“‘却寄雙愁眼,相思淚點懸’,公所寄者詩而云:‘却寄雙眼’,出語甚奇,盖寫詩時淚點沾紙,則淚眼與詩同去矣。此十字句。”

《杜詩詳注》卷十二《放船詩注》:“葛常之曰:五律於對聯中作一意,詩家謂之十字格。如《放船詩》‘直愁騎馬滑,故作放舟迴’,《對雨詩》‘不愁巴道路,恐濕漢旌旗’,《江月詩》‘天邊長作客,老去一霑巾’是也。王嗣奭曰:此聯却是流水對。公别有十字句法,如‘子規詩渺渺,春風見蕭蕭。’夜色凄是也。”

九

杜甫《客夜詩》云:“客睡何曾著,秋天不肯明。”[1]《陪王使君泛江詩》云:“山豁何時斷,江平不肯流。”[2]“不肯”二字,含蓄甚佳,故杜兩言之。與淵明所謂“日月不肯遲,四時相催迫”同意。[3]

【注】

[1] 見《杜工部集》卷十二。《杜詩詳注》云:“《杜臆》:‘何曾’‘不肯’四字,愁懷畢露,所謂愁人知夜長也。”

[2] 句出杜甫《陪王使君晦日泛江就黄家亭子二首》其一,見《杜工部集》卷十二。

[3] 句出陶潛《雜詩》十二首其七,見《陶淵明集》卷第四。

【小識】

龔頤正《芥隱筆記·古人用字》:“日月不肯遲。”(《雜詩》)“晨雞不肯鳴。(《飲酒詩》)”老杜有“秋天不肯明”“江平不肯流”“兵戈不肯休”“王室不肯微”。

張萱《疑耀》卷三：楊用修妄改杜詩：……用修又以杜詩“江平不肯流”，謂意求工而句反拙，不及李群玉“水深難急流”，《巴渝竹枝詞》“大河水長漫悠悠”爲勝於杜。余謂《竹枝詞》此何等語，可以擬杜？即難急流，不亦淺而俚乎？杜之妙處，全在“不肯”二字。蓋本陶淵明“日月不肯遲”“晨雞不肯鳴”来，故“不肯”二字，杜嘗四用之。“秋天不肯明”“干戈不肯休”“王室不肯微”，而惟“江平不肯流”最佳。余家有小樓臨長江，每於夏漲時，憑闌輒思杜之“不肯流”句，乃詩中畫也。

《補注杜詩》卷二四：希曰葉挺嘗云：“‘客睡何曾著？秋天不肯明’。工在‘不肯’二字。”

十

退之贈崔立之前後各一篇，皆譏其詩文易得。前詩曰：“才豪氣猛易語言，往往蛟螭雜螻蚓。”[1]後詩曰：“文如翻水成，初不用意爲。”[2]二詩皆數十韻，豈非欲衒博於易語言之人乎？①前詩曰：“深藏篋笥時一發，戢戢已多如束笋。”[3]後詩曰：“每旬遺我書，竟歲無差池。”[4]有以知崔於韓情義之篤如此也。

【校記】

①〔欲衒博於易語言之人乎〕：明本、及《詩話》本、《庫》本均無“言”字，今從宋本。

【注】

[1][3] 句出韓愈《贈崔立之評事》，見《昌黎先生文集》卷四。［崔立之］：崔立之，字斯立，博陵第二房醴泉令潤之之子弟。進士。元和初爲大理評事，屢言得失，黜再轉爲藍田丞，韓愈爲作《藍田記》，又贈以詩，事見《詳注昌黎先生文集》卷四。《東雅堂昌黎集注》卷十六《答崔立之書》：“立之，字斯立。貞元四年進士。唐進士禮部既登第，後吏部試之，中其程度，然後命之官。公貞元八年第進士，至是三試吏部不售。斯立以書勉之，而公以書答之也。”亦可知“崔於韓情義之篤”。

[2][4] 句出韓愈《寄崔二十六立之》，見《韓昌黎先生文集》卷五。

【小識】

計有功《唐詩紀事》卷四十三：退之《贈崔立之評事》詩云“崔侯文章苦敏捷，高浪駕天輪不盡”，意殊憫其窮。

洪邁《容齋隨筆・容齋續筆》卷十二：崔立之，字斯立。在唐不登顯仕，他亦無傳。而韓文公推獎之備至……又登科記：立之以貞元三年第進士，七年中宏詞科，正與詩合。觀韓公所言，崔作詩之多可知矣，而無一篇傳於今，豈非螻蚓之雜，惟敏速而不能工耶？

【謹按】

韓愈與立之情義甚篤，然立方似持有异議。本書卷十八第十二則退之對崔立之"未有慰薦之意"，爲相互參照，今録如下：韓退之於崔立之厚矣。立之所望於退之者宜如何！然集中所答三詩，皆未有慰薦之意，何邪？其曰："幾欲犯嚴出薦口，氣象硉兀未可攀。"又云："東馬嚴徐已奮飛，枚臯即召窮且忍。"知識當要路，正賴汲引，隱情惜己，殆同寒蟬，古人之所惡也。

十一

杜甫、李白以詩齊名，韓退之云："李杜文章在，光焰萬丈長。"[1]似未易以優劣也。然杜詩思苦而語奇，李詩思疾而語豪。杜集中言李白詩處甚多，如"李白一斗詩百篇"[2]，如"清新庾開府，俊起①鮑參軍"[3]，"何時一尊酒，重與細論文"之句[4]，似譏其太俊快。李白論杜甫，則曰："飯顆山頭逢杜甫，頭戴笠子日卓午。爲問因何太瘦生，只爲從來作詩苦。"[5]似譏其太愁肝腎也。杜牧云："杜詩韓筆愁來讀，似倩麻姑癢處抓②。天外鳳凰誰得髓，何人解合續絃膠。"[6]則杜甫詩，唐朝以來一人而已，豈白所能望耶！

【校記】

①〔俊起鮑參軍〕："起"，他本皆作"逸"，今從宋本。

②〔似倩麻姑癢處抓〕："抓"，他本皆作"搔"，今從宋本。

【注】

[1] 句出韓愈《調張籍》，見《昌黎先生文集》卷五。

[2] 句出杜甫《飲中八仙歌》，見《杜工部集》卷一。

[3][4] 句出杜甫《春日憶李白》，見《杜工部集》卷九。

[5] 句出李白《戲贈杜甫》。此詩最早見於唐代孟棨《本事詩》，亦見于《唐摭言》《唐詩紀事》。

[6] 句出自杜牧《讀韓杜集》，見《樊川詩集注》卷二。[杜牧]：杜牧，字牧之，善屬文，

第進士。復舉賢良方正,歷黄、池、睦三州刺史。入爲司勳員外郎、史館修撰,轉吏部員外郎,授湖州刺史。入拜考功郎中知制誥,遷中書舍人。牧詩情豪邁,人號爲小杜,與李商隱并稱小李杜。傳見《舊唐書》卷一百四十七、《新唐書》卷一百六十六。

【小識】

宋人抑李揚杜之風最盛,尤其以江西詩派"一祖三宗"達到頂峰。宋後亦不乏尊杜之論。今尊杜之語略輯如下:

《舊唐書·杜甫傳》:天寶末詩人杜甫與李白齊名,而白自負文格放達,譏甫齷齪而有"飯顆山"之嘲誚。元和中詞人元稹論李杜之優劣曰:"予讀詩至杜子美而知小大之有所總萃焉"。則詩人以來未有如子美者。是時山東人李白亦以奇文取稱。時人謂之"李杜"。余觀其壯浪縱恣,擺去拘束,模寫物象及樂府歌詩,誠亦差肩於子美矣。

宋濂《答章秀才論詩書》:杜子美上薄風雅,下該沈、宋,才奪蘇、李,氣右曹、劉,掩顔、謝之孤高,雜徐、庾之流麗,真所謂集大成者,而諸作皆廢矣。

蘇軾《書吴道子畫後》:"故詩至于杜子美,文至于韓退之,書至于顔魯公,畫至于吴道子,而古今之變,天下之能事畢矣。"

蘇轍《欒城集》卷八《詩病五事》:唐詩人李杜稱首,今其詩皆在。杜甫有好義之心,白所不及也。漢高祖歸豐沛作歌曰:"大風起兮雲飛揚,威加海内兮歸故鄉;安得猛士兮守四方!"高祖豈以文字高世者哉!帝王之度固然發於中而不自知也。白詩反之曰:"但歌大風雲飛揚,安用猛士守四方。"其不達理如此。老杜贈白詩有"細論文"之句,謂此類也哉!

羅大經《鶴林玉露》:李太白當王室多難、海宇横潰之日,作爲歌詩,不過豪俠使氣、狂醉于花月之間耳。社稷蒼生,曾不係其心膂。其視杜少陵之憂國憂民,豈可同年語哉!唐人每以李杜并稱,韓退之識見高邁,亦惟曰"李杜文章在,光焰萬丈長",無所優劣也。至宋朝諸公始知推尊少陵,東坡云:"古今詩人多矣,而惟稱杜子美爲首。"豈非以其饑寒流落,而一飯未嘗忘君也歟?又曰:"北征詩識君臣大體,忠義之氣與秋色争高,可貴也。"

陸時雍《詩鏡總論》云:"宋人抑太白而尊少陵,謂是道學作用。"

然宋代揚李抑杜者亦有之:

劉攽《中山詩話》:揚大年不喜杜工部詩,謂爲村夫子。……歐公亦不甚喜杜詩……然于李白而甚賞愛。(此亦一家之言,宋陳巖肖《庚溪詩話》則認爲歐公愛好杜詩。)

歐陽修《筆説·李白杜甫詩優劣》説:"落日欲没峴山西,倒着接籬花下迷。襄陽小兒齊拍手,大家争唱白銅鞮"此常言也。至於"清風明月不用一錢買,玉山自倒非人推",然後見其横放,其所以警動千古者,固不在此也。杜甫於白,得其一節,而精强過之。至於天才自放,非甫可到也。

李杜不可優劣論如下:

周紫芝《竹坡詩話》:元微之作《李杜優劣論》謂:"太白不能窺杜甫之藩籬,况堂奥乎!"唐人未嘗有此論,而稹始爲之。至退之曰:"李杜文章在,光焰萬丈長。不知群兒愚,那用故謗傷。"則不復爲優劣矣。洪慶善作《韓文辯証》著魏道輔之言謂:"退之此詩爲微之作也。"微之雖不當自作優劣,然指稹爲'愚兒',豈退之之意乎?"

黄庭堅《黄山谷文集》:予評李白詩,如黄帝張樂於洞庭之野,無首無尾,不主故常,非墨工槧人所可議擬。吾友黄介讀《李杜優劣論》曰:"論文正不當如此子。"以爲知言。

嚴羽《滄浪詩話》:李杜二公正不當優劣。太白有一二妙處,子美不能道;子美有一二妙處,太白不能作。子美不能爲太白之飄逸,太白不能爲子美之沉鬱。太白《夢游天姥吟》《遠别離》等,子美不能道;子美《北征》《兵車行》《垂老别》等,太白不能作。論詩以李杜爲準,挾天子以令諸侯也。又少陵詩法如孫吴,太白詩法如李廣。少陵如節制之師,少陵詩憲章漢魏而取材於六朝,至其自得之妙,則前輩所謂集大成者也。觀太白詩者,要識真太白處。太白天材豪逸,語多率然而成者,學者于每篇中,要識其安身立命處可也,太白發句謂之開門見山。

趙次公《杜工部草堂記》:李杜號詩人之雄,而白之詩多在於風月草木之間,神仙虚無之説,亦何補於教化哉!惟杜陵野老負王佐之才,有意當世而骯髒不偶,胸中所蕴一切寫之於詩。

明、清尊杜之风有所下降,多認爲二人各有特色,對其特徵比較總結之論如下:

王世貞《藝苑卮言》卷四:李杜光焰千古,人人知之,滄浪并極推尊,而不能致辨。元微之獨重子美,宋人以爲談柄。近時楊用修爲李左袒,輕俊之士往往傳耳。要其所得,俱影響之間。五言古、選體及七言歌行,太白以氣爲主,以自然爲宗,以俊逸高暢爲貴;子美以意爲主,以獨造爲宗,以奇拔沈雄爲貴。其歌行之妙,詠之使人飄揚欲仙者,太白也;使人慷慨激昂,歔欷欲絶者,子美也。選體太白多露語率語;子美多穉語累語。置之陶謝間,便覺傖父面目,乃欲使之奪曹氏父子位耶?五言律,七言歌行,子美神矣;七言律、五七言絶,太白神矣。七言歌行聖矣,五言律絶次之。太白之七言律,子美之七言絶,皆變體,間爲之可耳,不足多法也。

方以智《通雅》:清新俊逸,子美嘗稱太白,自謂不如也耶。太白得古詩之奇放,專效之者久則索然,老杜以平實叙悲苦,而備衆體,是以平實無奇而得自在者也。

【謹按】

白《戲贈杜甫》之句,最早見於孟棨《本事詩》:“李白才逸氣高,與陳拾遺齊名,先后合德……故陳、李二集,律詩殊少。嘗言:‘寄興深微,五言不如四言,七言又其靡也,況使束于聲調俳優哉!’故戲杜曰‘飯顆山頭逢杜甫,頭戴笠子日卓午。爲問因何太瘦生,只爲從前作詩苦’,蓋譏其拘束也。”此詩又見《摭言》《唐詩紀事》云。《舊唐書・杜甫傳》云:“天寶末詩人,甫與李白齊名,而白自負文格放達,譏甫齷齪,有‘飯顆山頭’之嘲誚。”《酉陽雜俎前集》卷十二:“衆言李白惟戲杜考功‘飯顆山頭’之句,成式偶見李白祠亭上宴别杜考功詩,今録首尾曰:‘我覺秋興逸,誰言秋興悲。山將落日去。水共晴空宜。煙歸碧海夕,雁度青天時。相思各萬里,茫然空爾思。’”清王琦注曰:“成式此則謂杜考功即子美也。然子美未嘗爲考功,且與太白同游時,尚爲布衣,未登仕籍,而詩題所見又微有不同,疑成式所見另是一本。”《容齋隨筆》卷三《李杜往來詩》:“李太白、杜子美在布衣時,同游梁、宋,爲詩酒會心之友。以杜集考之,其稱太白及懷贈之篇甚多……凡十四五篇。至於太白與子美詩略不見一句。或謂堯祠亭别杜補闕者是已。乃殊不然,杜但爲右拾遺,不曾任補闕,兼自諫省出爲華州司功,迤邐避難入蜀,未嘗復至東州,所謂‘飯顆山頭’之嘲,亦好事者所撰耳。”

李、杜于天寶三年初次見面后,一直保持深厚情誼。“杜集中言李白詩處甚多”,杜贈李之詩流傳下來十五首之多(據《李太白詩集注》卷三二),而李贈杜詩甚少。宋代尊杜之風漸盛,因此有《戲贈杜甫》一詩論二人優劣。如羅大經《鶴林玉露》云:“太白贈子美云:‘借問因何太瘦生,只爲從前作詩苦。’‘苦’之一辭,譏其太愁肝腎也。子美寄太白云:‘何時一尊酒,重與細論文。’‘細’之一字,譏其欠縝密也。”如此看来,李杜頗有文人相輕的不睦之感。立方爲宋代尊杜之代表,因此爲杜鳴不平:“杜甫詩,唐朝以來一人而已,豈白所能望耶!”明胡應麟《詩藪外編》云:“太白于子美甚疏,子美惓惓,自是愛才之故。”然而亦有認爲李杜情感甚篤,白詩僅爲戲言,非譏誚之語也。清人仇兆鳌稱二人:“千古交情,惟此为至。”(見《杜詩詳注》)

關於李杜詩之特點,歷代評價太多,限於篇幅無法一一列出。客觀來看,李杜詩歌各有千秋,實未易以優劣論之。立方之“杜詩思苦而語奇,李詩思疾而語豪”,杜贈李詩“似譏其太俊快”,李贈杜詩“似譏其太愁肝腎也”,實爲指出二人不同特點。江西詩派尊杜爲祖,尊杜達到頂峰。明陸時雍《詩鏡總論》云“宋人抑太白而尊少陵,謂是道學作用”,實不無道理。立方雖非完全贊成江西詩派,而受大環境影響,難免落入窠臼。李杜優劣之論本書卷一第五則已有所涉,卷三第三則亦談李杜之詩源流遠矣,可互相參照。

十二

《選》詩駢句甚多,如:"宣尼悲獲麟,西狩涕孔丘。"[1]"千憂集日夜,萬感盈朝昏。"[2]"萬古陳往還,百代勞起伏。"[3]"多士成大業,群賢濟洪績"之類[4],恐不足爲後人之法也。

【注釋】

[1] 句出劉琨《重贈盧諶》,見《六臣注文選》卷二五。

[2] 句出謝靈運《入彭蠡湖口》,見《六臣注文選》卷二六。

[3] 句出顔延之《始安郡還都與張湘州登巴陵城樓作》,據《六臣注文選》卷二七。

[4] 句出盧諶《答魏子悌》,見《六臣注文選》卷二五。

【小識】

此處選詩駢句實爲對仗之正對,後人將這稱之爲"合掌對"。此類詩句六朝爲多,唐、宋以後較少。

劉勰《文心雕龍·麗辭》:故麗辭之體,凡有四對:言對爲易,事對爲難,反對爲優,正對爲劣。言對者,雙比空辭者也;事對者,并舉人驗者也;反對者,理殊趣合者也;正對者,事异義同者也。

胡應麟《詩藪·内編·近體》云:作詩最忌合掌,近體猶忌,而齊梁人往往犯之。如以朝對曙,將遠屬遥之類。……沈、宋二君,始加洗削,至盛唐盡矣。

前人前書卷四云:嚴維"柳塘春水漫,花塢夕陽遲",字與意俱合掌,宋人擊節佳句,何也?秦系"流水閑過院,春風與閉門",小見幽楚,此外絶無足采。唐人謂勝過劉長卿,時論不足憑如此。

前書《外編·六朝》又云:"采菱調易急,江南歌不緩",雖合掌,猶虚字也。"揚帆采石華","掛席拾海月",則實語矣。在康樂固爲佳句,非初學所當效颦。又云:"千慮集日夜,萬感盈朝昏","早聞夕飆出,晚見朝日暾",康樂此類甚夥,雖六朝人例爾,然諸謝不盡然也。休文"夕行聞夜鶴,晨征聽曉鴻",當句自犯,尤爲語病。用修復以爲工,惟六朝故,若出宋人,不知何等掊擊矣!

王世懋《藝圃擷餘》云:"郎士元詩起句云:'暮蟬不可聽,落葉豈堪聞',合掌可笑。"

張潛《詩法醒言》卷四云:詩之對法,多不出古人二十四格。之外又合掌對一格,余所妄增也。後世皆議合掌爲非,此特爲不善詩者言之耳。善作者自有妙法,雖合掌何病?

【謹按】

合掌對爲對仗之一種,出句和對句講的是同一個意思,叫合掌,或合盤,是詩病的一種,爲詩家大忌。《文心雕龍》所謂"反對爲優,正對爲劣","若斯重出",同義詞相對,似工而實拙。然六朝時詩人不以爲劣,唐宋漸少。胡應麟稱"沈、宋二君,始加洗削,至盛唐盡矣"。因此,立方稱"恐不足爲後人之法也"。清費經虞《雅倫》卷二引立方此條云:"錫璜案:此後人所謂合掌,古人不以爲疵。"

然正對亦有佳作,將一切正對都目爲合掌,亦是極端。如《六一詩話》云:"若嚴維'柳塘春水漫,花塢夕陽遲',則天容時態,融和駘蕩,豈不在目乎?"詳參潘善祺《詩體類説》一書。

十三

近時論詩者,皆謂偶對不切,則失之麄;太切,則失之俗。如江西詩社所作,慮失之俗也,則往往不甚對,是亦一偏之見爾。老杜《江陵詩》云:"地利西通蜀,天文北照秦。"[1]《秦州詩》云:"水落魚龍夜,山空鳥鼠秋。"[2]"叢篁低地碧,高柳半天青。"[3]《豎子至》云:"柤梨且綴碧,梅杏半傳黄。"[4]如此之類,可謂對偶太切矣,又何俗乎?如"雜蕊紅相對,他時錦不如"[5],"磨滅餘篇翰,平生一釣舟"之類[6],雖對不求太切,而未嘗失格律也。學詩者當審此。

【注】

[1] 句出杜甫《江陵望幸》,見《杜工部集》卷十七。
[2] 句出杜甫《秦州雜詩》二十首其一,見《杜工部集》卷十。
[3] 句出杜甫《秦州雜詩》二十首其九,見《杜工部集》卷十。
[4] 見《杜工部集》卷十四。
[5] 句出杜甫《將别巫峽贈南卿兄瀼西果園四十畝》,見《杜工部集》卷十七。
[6] 句出杜甫《秋日寄題鄭監湖上亭》三首其一,見《杜工部集》卷十五。

【小識】

范温《潛溪詩眼》:老杜詩凡一篇皆工拙相半,古人文章類如此。皆拙固無取,使其皆工,則峭急而無古氣,如李賀之流是也。

王直方《王直方詩話》:荆公云:"凡人作詩,不可泥於對屬。"

吴可《藏海詩話》:凡詩切對求工,必氣弱。寧對不工,不可使氣弱。

蔡啓《蔡寬夫詩話》:詩語大忌用工太過,蓋煉句勝則意必不足。語工而意不足,則格力必弱,此自然之理也。"紅稻啄餘鸚鵡粒,碧梧棲老鳳凰枝",可謂精切,而在其集中,本非佳處;不若"暫止飛烏將數子,頻來語燕定新巢"爲天然自在。其用事若"宓子彈琴邑宰日,終軍棄繻英妙年",雖字字皆本出處,然比"今日朝廷須汲黯,中原將帥憶廉頗",雖無出處一字,而語意自到。故知造語用事雖同出一人之手,而優劣自异,信乎詩之難也。

吴沆《環溪詩話》:詩之工不在對句,然亦有時而用;第泥於對而失詩之意,則不可耳。

【謹按】

對仗是律詩的重要法則,唐代"詩格"中歸納了對偶的類型。宋人於對仗更深意鍛造。"近時論詩者,皆謂偶對不切,則失之麄;太切,則失之俗。"可見時人用心程度。宋詩對仗要麽以"的對"爲工,因難見巧;要麽不避偏枯之對,或打破自然語序,以錯綜句法達到奇崛之效。而江西詩派以杜甫爲宗,黄庭堅要求"無一字無來歷",但又要"點鐵成金""奪胎换骨",力主創新。陳師道主張"寧拙毋巧,寧樸毋華,寧粗毋弱,寧僻毋俗",因此,爲"避熟就生",刻意講究對仗,則過猶不及,因此立方認爲"慮失之俗也,則往往不甚對,是亦一偏之見爾",表達了對極力模仿杜詩刻意工巧處之不滿。本書卷二第一則亦涉及對仗問題,可相參照。

十四

許渾《呈裴明府詩》云:"江村夜漲浮天水,澤國秋生動地風。"[1]《漢水傷稼》亦全用此一聯。[2]《郊居春日詩》云:"花前更謝依劉客,雪後空懷訪戴人。"[3]《和杜侍御》云:"因過石城先訪戴,欲朝金闕暫依劉。"[4]又送林處士云:"鏡中非訪戴,劍外欲依劉。"[5]《寄三川守》云:"花深稚榻迎何客,月在膺舟醉幾人?"[6]《陪崔公讌》又云:"賓館盡開徐稚榻,客帆空戀李膺舟。"[7]《題王隱居》云:"隨蜂收野蜜,尋麝采生香。"[8]《呈李明府》云:"洞花蜂聚蜜,嵓柏麝留香。"[9]《松江詩》云:"晚色千帆落,林聲一雁飛。"[10]《深春詩》云:"故里千帆外,深春一雁飛。"[11]又寄盧郎中并《贈閑師》皆以"庾樓"對"蕭寺"[12]。見於其它篇詠,以"楊柳"對"蒹葭",以"楊子渡"對"越王臺"者甚多[13]。蓋其源不長,其流不遠,則波瀾不至於汪洋浩渺,宜哉。杜甫云:"讀書破萬卷,下筆如有神。"[14]欲下筆,當自讀書始。

【注】

[1] 句出許渾《酬郭少府先奉使巡澇見寄兼呈裴明府》,見《丁卯集箋注》卷六。[許渾]:許渾,字用晦,丹陽人,故相圉師之後。太和六年進士第。爲當塗、太平二縣令,以病免。起潤州司馬,大中三年,爲監察御史,歷虞部員外郎,睦、郢二州刺史。潤州有丁卯橋,渾別墅在焉,因以名其集。集二卷今編詩十一卷。事見《唐才子傳》。

[2] 見《丁卯集箋注》卷七。

[3] 句出許渾《郊居春日有懷府中諸公并柬王兵曹》,見《丁卯集箋注》卷八。

[4] 句出許渾《酬和杜侍御》,見《丁卯集箋注》卷八。

[5] 句出許渾《送林處士自閩中道越由霅抵西川》,見《丁卯集箋注》卷一。

[6] 句出許渾《寄獻三川守劉公》,見《丁卯集箋注》卷八。

[7] 句出許渾《將爲南行陪尚書崔公宴海榴堂》,見《丁卯集箋注》卷七。

[8] 句出許渾《寄題商洛王隱居》,見《丁卯集箋注》卷二。

[9] 句出許渾《曉過鬱林寺戲呈李明府》,見《丁卯集箋注》卷四。

[10] 句出許渾《松江渡送人》,《全唐詩》卷五三三又作《松江懷古》。此詩未見于《丁卯集》。

[11] 句出自許渾《深春》,見《全唐詩》卷五三二。此詩未見于《丁卯集》。

[12] 指其許渾《夜歸孤山寺寄盧郎中》:"醉別庾樓山色,滿夜歸蕭寺月光斜。"《贈閑師》:"詩到庾樓紅葉墜,夜投蕭寺碧雲隨。"二詩均見《丁卯集箋注》卷八。

[13] [以"楊柳"對"蒹葭"]:如《泊松江渡》:"楊柳北歸路,蒹葭南渡舟。"見《丁卯集箋注》卷三。《送上元王明府赴任》:"日照蒹葭明楚塞,烟分楊柳見隋堤。"見《丁卯集箋注》卷七。如《王秀才自越見訪不遇題詩而回因以酬寄》:"烟深楊子宅,花斷越王臺。"見《丁卯集箋注》卷四。《冬日登越王臺懷歸》:"河畔雪飛楊子宅,海邊花盛越王臺。"見《丁卯集箋注》卷五。

[14] 句出杜甫《奉贈韋左丞丈二十二韻》,見《杜工部集》卷一。

【小識】

立方對許渾之評價:"蓋其源不長,其流不遠,則波瀾不至於汪洋浩渺,宜哉。"其他人對其評價有褒有貶,具體如下:

韋莊《題許渾詩卷》:江南才子許渾詩,字字清新句句奇。十斛明珠量不盡,惠休虛作碧雲詞。

陸游《跋許用晦丁卯集》:許用晦居於丹陽之丁卯橋,故其詩名丁卯集,在大中以後,亦可爲傑作。

辛文房《唐才子傳》:渾樂林泉,亦慷慨悲歌之士。登高懷古,已見壯心,故其格調豪麗,猶强弩初張,牙淺弦急,懼無留意耳。至今慕者極多,家家自謂得驪龍之照夜也。

鄭傑《丁卯集序》:體制嚴厲,筆力精神……誠盛唐之氣象,詩家之法程。

胡應麟《詩數外編》:俊爽若牧之,藻綺若庭筠,精深若義山,整密若丁卯,皆晚唐錚錚者。

高棅《唐詩品彙》:而開成以後,則有杜牧之之豪縱,温飛卿之綺靡,李義山之隱僻,許用晦之偶對,他若劉滄、馬戴、李頻、李群玉輩,尚能黽勉氣格埒邁時流,此晚唐變態之極。

楊慎《升庵詩話》卷九:唐詩至許渾,淺陋極矣。

王世貞《藝苑卮言》卷四:許渾、鄭谷,厭厭有就泉下意。

黄子雲《野鴻詩的》:許(渾)、趙(嘏)諸人,專以字句取媚,而氣體日卑弱。

【謹按】

立方"欲下筆,當自讀書始"之語,實同江西詩派"以學問爲詩"之觀點。黄庭堅《答洪駒父書》云:"自作語最難。老杜作詩,退之作文,無一字無來處,蓋後人讀書少,故謂韓、杜自作此語耳。古之能爲文者,真能陶冶萬物。雖取古人之陳言入於翰墨,如靈丹一粒,點鐵成金也。"其《論作詩文》云:"詞意高勝,要從學問中來爾。後來學詩者,時有妙句,譬如合眼摸象,隨所觸體得一處,非不即似,要且不是。若開眼,則全體見之,合古人處,不待取證也。……作文字須摹古人,百工之技,亦無有不法而成者也。"《與徐師川書》云:"詩政(正)欲如此作。其未至者,探經術未深,讀老杜、李白、韓退之詩不熟耳。"許渾詩中重複之句如此之多,故立方認爲蓋因其讀書不够,給人以詞窮之感,故有"蓋其源不長,其流不遠,則波瀾不至於汪洋浩渺"之歎。

十五

韋應物詩平平處甚多,至於五字句,則超然出於畦逕之外。如《游溪詩》:"野水煙鶴唳,楚天雲雨空。"[1]《南齋詩》:"春水不生煙,荒崗筠翳石。"[2]《詠聲詩》:"萬物自生聽,太空常寂寥。"[3]如此等句,豈下於"兵衛森畫戟,燕寢凝清香"哉。[4]故白樂天云:"韋蘇州五言詩,高雅閑淡,自成一家之體。"[5]東坡亦云:"樂天長短三千首①,却愛韋郎五字詩。"[6]

【校記】

①［三千首］:“三”,宋本原作“二”,今據明本、《詩話》本及《東坡集》改之。

【注】

［1］見《韋刺史詩集》卷七。［韋應物］:韋應物,京兆人,周逍遥公之後。其詩言天寶時扈從游幸事,疑爲三衞。永泰中,任洛陽丞、京兆府功曹。大曆十四年,自鄠縣令制除櫟陽令,以疾辭不就。建中二年,由比部外郎出刺滁州,改刺江州,追赴闕,改左司郎中。貞元初,罷任蘇州刺史,寓蘇臺永定精舍,有《韋蘇州集》。事見《唐詩紀事》。今可參傅璇琮《韋應物繫年考證》。

［2］句出韋應物《游南齋》,見《韋刺史詩集》卷七。

［3］見《韋刺史詩集》卷八。

［4］句出韋應物《郡齋雨中與諸文士燕集》,見《韋刺史詩集》卷一。

［5］句出白居易《與元九書》,見《白氏長慶集·白氏文集》卷二十八。

［6］句出蘇軾《觀淨觀堂效韋蘇州詩》,見《蘇文忠公全集·東坡集》卷八。

【小識】

白居易《吴郡詩石記》:貞元初韋應物爲蘇州牧,房孺復爲杭州牧,皆豪人也。韋嗜詩,房嗜酒,每與賓友一醉一詠,其風流雅韻多播於吴中,或目韋、房爲詩酒仙……韋在此州,歌詩甚多,有郡宴詩云“兵衞森畫戟,燕寢凝清香”最爲警策。今刻此篇于石,傳貽將來。

白居易《與元九書》:韋蘇州歌行才麗之外,頗近興諷。其五言詩又高雅閑澹,自成一家之體。今之秉筆者,誰能及之。然當蘇州在時,人亦未甚愛重,必待身後然人貴之。(見《白氏長慶集·白氏文集》卷第二十八)

蘇軾《觀淨觀堂效韋蘇州詩》:弱羽巢林在一枝,幽人蝸舍兩相宜。樂天長短三千首,却愛韋郎五字詩。(見《蘇文忠公全集東坡集》卷八)

劉克莊《林子顯序》:五言如孟浩然、劉長卿、韋蘇州、柳子厚,皆高簡要妙。(見《後村先生大全集》卷九十八)

胡仔《苕溪漁隱叢話前集》卷十五:韓子蒼云:韋蘇州少時以三衞郎事玄宗,豪縱不羈。玄宗崩始折節務讀書。然余觀其人爲性高潔,鮮食寡欲,所居掃地焚香而坐,與豪縱者不類。其詩清深妙麗,雖唐詩人之盛亦少其比,又豈似晚節把筆學爲者?豈蘇州自序之過與?然天寶間不聞蘇州詩,則其詩晚乃工,爲無足怪……《蔡寬夫詩話》云:蘇州詩律深妙,白樂天輩固皆尊稱之，而行事略不見《唐史》爲可恨。以其詩語觀之其人物，亦當高勝不凡。

何良俊《四友齋叢説》：左司性情閑遠，最近風雅，其恬淡之趣不減陶靖節。唐人中五言古詩有陶、謝餘韻者，獨左司一人。

鍾惺《唐詩歸》：韋蘇州等詩，胸中腕中，皆先有一段真至深永之趣，落筆自然清妙，非專以淺淡擬陶者。徐獻忠唐詩品：蘇州詩氣象清華，詞端閒雅，其源出於靖節。……雖不足以嬉春弄物，要之心靈跨俗，自致上列，不與濁世争長矣。

喬億《劍溪説詩》：韋左司詩，澹泊寧静，居然有道之士。國史補稱韋"性高潔，鮮食寡欲"，今讀其詩，益信其爲人。

施補華《峴傭説詩》：後人學陶，以韋公爲最深，蓋其襟懷澄澹，有以契之也。

宋育仁《三唐詩品》：(韋)源出於淵明，在當時已有定論，惟其志潔神疏，故能淡言造古。

【謹按】

韋應物詩五古最佳，其詩閒淡簡遠，歷來備受稱道，後世多將其與陶潛并稱韋陶。本書卷四第七則談韋詩擬陶然終不近，第二十則亦談韋詩，可相互參照。

十六

孟郊詩"楚山相蔽虧，日月無全輝"[1]，"萬株古柳根，拏此磷磷溪"[2]，"太行橫偃春①，百里芳崔嵬"等句[3]，皆造語工新，無一點俗韻。然其他篇章，似此處絶少也。李觀評其詩云②："高處在古無上，平處下觀二謝。"[4]許之亦太甚矣。東坡謂："初如食小魚，所得不償勞。又似食蟛蜞，竟日嚼空螯。"[5]貶之亦太甚矣。

【校记】

①〔太行〕："太"，明本作"大"，同。

②〔李觀〕："觀"，《詩話》本作"李翱"，誤。

【注】

[1] 句出孟郊《夢澤行》，见《孟東野詩集》卷六。[孟郊]：孟郊，字東野，湖州武康人。少隱嵩山，性介少諧合。年五十得進士第，調溧陽尉縣。郊日賦詩，曹務多廢。令白府以

假尉代之,分其半奉,卒。私謚曰"貞曜先生"。郊爲詩有理致,最爲愈所稱。然思苦奇澀,人謂"郊寒島瘦"。事見《唐詩紀事》卷三十五。

[2] 句出孟郊《與王二十一員外涯游枋口柳溪》,見《孟東野詩集》卷五。

[3] 句出孟郊《濟源春》,见《孟東野詩集》卷五。

[4] 句出計有功《唐詩紀事》卷三五。[李觀]:李觀,字元賓,李華從子,趙州贊皇人。貞元中舉進士,宏詞連中,授太子校書郎,卒,年二十九。善屬文,不沿襲前人,時調與韓愈相上下。韓愈撰《李元賓墓銘》云:"其先隴西人也。始來自江之東,年二十四舉進士,三年登上第。又舉博學鴻詞,得太子校書一年,年二十九客死于京師。"并稱其"才高於當世,而行出於古人"。傳見《新唐書》卷二百三《李華傳》附。

[5] 句出自蘇軾《讀孟郊詩》二首,見《東坡詩集注》卷二五。

【小識】

韓愈《醉贈張秘書》:東野動驚俗,天葩吐奇芬。(見《昌黎先生文集》卷二。)

劉克莊《林子顯序》:雖郊、島才思拘狹,或安一字而斷數髭,或先得上句,經歲始足下句,其用心之苦如此,未可以唐風少之。(見《後村先生大全集》卷九十八)

前人《蒲領衛詩》:史稱退之木强,非苟下人者。余嘗論唐詩人,自李杜外,萬竅互鳴,千人一律。忽有月蝕等作,退之自是驚异,非謔之也。如東野諸詩,自出機杼,無一字犯唐人格律。如鶡弁短衣中見古人衣冠,如盆盎中見彝洗。退之豈陽尊而謬歌之哉!(見《後村先生大全集》卷一百一十)

計有功《唐詩紀事·孟郊》:李翺《薦郊於張建封》云:茲有平昌孟郊,正士也。伏聞執事舊知之。郊爲五言詩,自前漢李都尉、蘇屬國及建安諸子,南朝二謝,郊能兼其體而有之。李觀《薦郊與梁肅補闕書》曰:"郊之五言詩,其有高處,在古無上;其有平處,下顧兩謝。"韓愈送郊詩曰:"作詩三百首,杳默咸池音。"彼二子皆言知也,豈欺天下之人哉?

嚴羽《滄浪詩話·詩評》:李杜數公,如金雞擘海,香象渡河。下視郊、島輩,直蟲吟草間耳。高、岑之詩悲壯。讀之使人感慨;孟郊之詩刻苦,讀之使人不歡。孟郊之詩,憔悴枯槁,其氣局促不伸。退之許之如此,何耶?詩道本正大。孟郊自爲之艱阻耳。

張戒《歲寒堂詩話》:退之於籍、湜輩皆兒子畜之。獨於東野極口推重,雖退之謙抑,亦不徒然。世以配賈島而鄙其寒苦,蓋未之察也。郊之詩寒苦則信矣,然其格致高古,詞意精確.其才亦豈可易得?

費衮《梁溪漫志·孟東野詩》:自六朝詩人以來,古淡之風衰流爲綺靡,至唐爲尤甚,退之一世豪傑,而亦不能自脱於習俗,東野獨一洗衆陋,其詩高妙簡古,力追漢魏作者。正如倡優雜沓前陳,衆所趨奔,而有大人君子垂紳正屹然中立,此退之所以深嘉屢歎,而謂其不可及也。然亦恨其太過。蓋矯世不得不爾。當時獨李習之見與韓退之合。後世不解此意,但見退之稱道東野過實,争先譏誚東野,反爲退之所累,惜乎無有原其本意者也。

蘇天爵《西林李先生詩集序》:自漢、魏以降,言詩者莫盛于唐。方其盛時,李杜擅其宗,其他則韋、柳之冲和,元、白之平易,温、李之新,郊、島之苦,亦各能自名其家,卓然一代文人之製作矣。(見《滋溪文稿》卷五。)

跟以上諸家觀點不同,貶低之論如下:

蘇軾《讀孟郊詩》二首其一:夜讀孟郊詩,細字如牛毛。寒燈照昏花,佳處時一遭。孤芳擢荒穢,苦語餘詩騷。水清石鑿鑿,湍激不受篙。初如食小魚,所得不償勞。又似煮彭蠘,竟日持空螯。要當鬬僧清,未足當韓豪。人生如朝露,日夜火消膏。何苦將兩耳,聽此寒蟲號。不如且置之,飲我玉卮醪。

張表臣《珊瑚鉤詩話》卷一:詩以意爲主。又須篇中煉句,句中煉字,乃得工耳。以氣韻清高深眇者絶,以格力雅健雄豪者勝。元輕白俗,郊寒島瘦,皆其病也。

范晞文《對床夜語》卷四:東坡《讀孟東野詩》乃云:"孤芳擢荒穢,苦語餘詩騷。水清石鑿鑿,湍激不受篙。初如食小魚,所得不償勞。又似煮蟛蠘,竟日嚼空螯。要當鬬僧清,未足當韓豪。人生如朝露,日夜火消膏。何苦將兩耳,聽此寒蟲號。"退之進之如此,而東坡貶之若是,豈所見有不同耶?然東坡前四句可謂巧與形似。

翁方綱《石洲詩話》卷三:孟東野詩寒削太甚,令人不歡。刻苦之至,歸於慘慄,不知何苦而如此。坡公《讀孟郊詩》二首,真善爲形容。尤妙在次首,忽云"復作孟郊語",又摘其詞之可者而述之,乃以"感我羈旅"跋之,則益見其酸澀寒苦,而無復精華可挹也。其第一首目以"蟲號",特是正面語,尚未極深致耳。葛常之云:"坡貶孟郊詩亦太甚。"因舉孟詩"楚山相蔽虧,日月無全輝""萬株古柳根,拏此磷磷溪",以爲造語之工。下二句誠刻琢,至於"日月無全輝",是何等言語乎!

【謹按】

孟郊之詩評價褒貶不一,對其褒揚自韓愈始。但後世也若干貶低之論。客觀來説,郊詩"苦吟"别成一格,但確實氣度不够宏大。郊年過四旬方中進士,终生穷困潦倒,詩中多倾诉个人孤愁寒苦,亦確是有感而發。本則詩話對郊之評價,堪稱"持論公正"。另范晞文《對床夜語》之評價亦是客觀之論。本卷第二十四則稱郊"居貧賤者工於説饑寒",亦不無道理。另本書卷四第二十五則亦是談郊詩之言貧,可相互參照。

十七

《太平廣記》載，宋之問於靈隱寺①夜吟，詩未就，聞有人云："何不道'樓觀滄海日，門對浙江潮'。"[1]莫知何人。人有識之者曰："此駱賓王也。"是時賓王與徐敬業隱名同逃[2]，已莫②年矣。而集中有江南送之問詩云："秋江無緑芷，寒汀有白蘋。采之將何遺？故人漳水濱。"[3]兖州餞之問詩云："淮陽泗水北，梁甫汶陽東。別路青驪遠，離尊緑蟻空。"[4]其相習如此，不應暮年相遇於靈隱而云不相識也。蓋是賓王逃難之時，之問不欲顯其姓名爾。

【校記】

①［靈隱寺］："隱"，明甲本、明乙本無"隱"字，唯南京藏明甲本"隱寺"二字合占一格，蓋爲補版。

②［莫］："莫"，《詩話》本作"暮"，同。

【注】

[1] 句出駱賓王《靈隱寺》，見《駱賓王文集》卷四。［宋之問］：宋之問，字延清，一名少連，虢州弘農人(《新唐書》云爲汾州人)。弱冠知名，尤善五言詩，與沈佺期并稱"沈宋"。高宗上元二年進士，武后朝授洛州參軍，累轉尚方監丞、左奉宸内供奉。神龍元年，坐諂附張易之兄弟，左遷隴州參軍，未幾逃還。又諂事武三思，起爲鴻臚主簿。景龍中，遷考功員外郎兼修文館學士，復諂事太平公主，及安樂權盛，遷越州長史。睿宗立，以舊附張、武，配徙欽州，先天中賜死。傳見《舊唐書》卷一百九十、《新唐書》卷二百二。

[2]〔賓王〕：駱賓王，字觀光，婺州義烏人。七歲能賦詩，少善屬文，尤妙於五言詩，嘗作帝京篇，當時以爲絶唱。高宗末，爲長安主簿。坐贓，左遷臨海丞，怏怏失志，棄官而去。文明中，與徐敬業於揚州作亂，爲敬業傳檄天下，斥武后罪。敬業敗，伏誅。傳見《舊唐書》卷一百九十、《新唐書》卷二百一。［徐敬業］：唐開國名將李勣孫。李勣本徐氏子，后賜姓李。坐贓，貶柳州司馬。則天臨朝，敬業在揚州起兵聲討。事敗后乘船入高麗，途中阻風，爲部下所殺。傳見《舊唐書》卷六十七、《新唐書》卷九十三《李勣傳》附。

[3] 句出駱賓王《在江南贈宋五之問》，見《駱賓王文集》卷二。

[4] 句出駱賓王《在兖州餞宋五》，見《駱賓王文集》卷四。

【小識】

本則《太平廣記》所載之問事,蓋自孟棨《本事詩》中來。《本事詩》云:宋考功以事累貶黜,後放還至江南。游靈隠寺,夜月極明,長廊吟行,且爲詩曰:"鷲嶺鬱岧嶤,龍宫隱寂寥。"第二聯搜奇思,終不如意。有老僧點長明燈,坐大禪床,問曰:"少年夜夕久不寐,而吟諷甚苦何耶?"之問答曰:"弟子業詩,適偶欲題此寺,而興思不屬。"僧曰:"試吟上聯。"即吟與之。再三吟諷,因曰:"何不云'樓觀滄海日,門聽淛江潮。'"之問愕然,訝其遒麗,又續終篇曰:"桂子月中落,天香雲外飄。捫蘿登塔遠,刳木取泉遥。霜薄花更發,冰輕葉未凋。待入天台路,看余度石橋。"僧所贈句,乃爲一篇之警策。遲明更訪之,則不復見矣。寺僧有知者曰:"此駱賓王也。"之問詰之,曰:"當敬業之敗,與賓王俱逃,捕之不獲。將帥慮失大魁,得不測罪。時死者數萬人,因求戮二人者,函首以獻。後雖知不死,不敢捕送。"故敬業得爲衡山僧,年九十餘乃卒。(出趙魯《游南嶽記》)賓王亦落髮,徧游名山,至靈隱,以周歲卒。當時雖敗,且以匡復爲名,故人多護脱之。(亦見於計有功《唐詩紀事》)

葉夢得《石林詩話》云:舊説徐敬業敗,與駱賓王俱不死,皆去爲浮屠以免。賓王居杭州靈隱寺,因續宋之問詩,人始知之,而《新唐書》不載。今宋詩乃見賓王集中,惟破題"鷲嶺鬱岧嶤,龍宫隱寂寥"兩句是之問作,自"樓觀滄海日,門對浙江潮"以後五韻,皆賓王所續。方武后初革命,天下所共嫉,敬業與賓王首唱義,則世哀之而爲隱藏,理或有之。此詩不知後人因其傳而録之賓王集耶,或本集固自爲賓王作而收之也?然賓王集乃古本,非後人所裒次者,若此詩當時已自録於集中,則賓王之不死,亦一證也。(亦見於《苕溪漁隱叢話前集》《詩話總龜》等。)

辛文房《唐才子傳·駱賓王》:(賓王)及敗,亡命不知所之。後宋之問貶,還道出錢塘,游靈隱寺,夜月行吟長廊下,曰"鷲嶺鬱岧嶤,龍宫隱寂寥。"未得下聯。有老僧燃燈坐禪,問曰:"少年不寐而吟諷甚苦,何耶?"之問曰:"欲題此寺而思不屬。"僧笑曰:"何不道'樓觀滄海日,門對浙江潮。'"之問終篇曰:"桂子月中落,天香雲外飄。捫蘿登塔遠,刳木取泉遥。雲薄霜初下,冰輕葉未凋。待入天台寺,看余渡石橋。"僧一聯篇中警策也。遲明訪之,已不見。老僧即駱賓王也。傳聞桴海而去矣。

【謹按】

駱賓王兵敗之後去向,史書有不同之論,《舊唐書》《資治通鑑》謂其兵敗被誅,《新唐書》謂"敬業敗,賓王亡命,不知所之。"《朝野僉載》《唐實録》等謂隨敬業亡海濱,或曰爲部下所殺,或曰"投江而死"。唐孟棨《本事詩》則謂敬業、賓王逃亡爲僧。今已未知孰是孰非。然此則事件更有道聽途説之感,以此作爲賓王逃難之證,似不可信。

十八

杜荀鶴、鄭谷詩,皆一句内好用二字相疊[1]。然荀鶴多用於前後散句,而鄭谷用於中間對聯。荀鶴詩云"文星漸見射台星"[2],"非謁朱門謁孔門"[3],"常仰門風繼國風"[4],"忽地晴天作雨天"[5],"猶把中才謁上才"[6],皆用於散聯。鄭谷①"那堪流落逢摇落,可得潸然是偶然"[7],"身爲醉客思吟客,官自中丞拜右丞"[8],"初塵芸閣辭禪閣,却訪支郎是老郎"[9],"誰知野性非天性,不扣權門扣道門"[10]。皆用於對聯也。

【校記】

①〔鄭谷〕:"谷",宋本原作"光",今據明甲本、明乙本及《歷代詩話》本及《鄭守愚文集》改。

【注】

[1][杜荀鶴]:杜荀鶴,字彦之,池州石埭人,自號九華山人。早有才名,屢試不第,大順二年第一人擢第。以世亂旋歸山。後朱温以其才,表授翰林學士,主客員外郎、知制誥。天祐初卒。有《杜荀鶴文集》。事見辛文房《唐才子傳》第九。[鄭谷]:鄭谷,字守愚,袁州人,七歲能作詩。光啓三年進士,任京兆鄠縣尉。遷右拾遺補闕。乾寧四年任都官郎中,詩家遂稱"鄭都官"。又因其《鷓鴣詩》聞名當時,號"鄭鷓鴣"。事見辛文房《唐才子傳》第九。

[2] 句出杜荀鶴《獻長沙王侍御》首聯,見《杜荀鶴文集》卷一。

[3] 句出杜荀鶴《投長沙裴侍郎》首聯,見《杜荀鶴文集》卷一。

[4] 句出杜荀鶴《投從叔補闕》首聯,見《杜荀鶴文集》卷一。

[5] 句出杜荀鶴《春登樓遇雨》首聯,見《杜荀鶴文集》卷一。

[6] 句出杜荀鶴《投江下崔尚書》首聯,見《杜荀鶴文集》卷一。

[7] 句出鄭谷《江際》頷聯,見《鄭守愚文集》卷二。

[8] 句出鄭谷《寄獻狄右丞》頷聯,見《鄭守愚文集》卷三。

[9] 句出鄭谷《重訪黄神谷策禪者》首聯,見《鄭守愚文集》卷二。

[10] 句出鄭谷《自遣》頷聯,"非"詩中作"直",見《鄭守愚文集》卷三。

【小識】

鄭谷詩除了上下兩聯均用疊字較多,也有散句中用疊字,如:

雨後無端滿窮巷,買花不得買愁來。(《苔錢》)

舞蝶歌鶯莫相誚,老郎心是老僧心。(《春陰》)

鷺飛失勢粉牆高,好個聲音好羽毛。(《山鳥》)

散賦冗書高且奇,百篇仍有百篇詩。(《贈楊夔二首》其一)

時無韓、柳道難窮,也覺天公不至公。(《贈楊夔二首》其二)

人間疏散更無人,浪兀孤舟酒兀身。(《送張逸人》)

火力不能銷地力,亂前黄菊眼前開。(《初還京師寓止府署偶題屋壁》)

相門相客應相笑,得句勝於得好官。(《静吟》)

【謹按】

"一句内好用二字相疊",乃一種間隔重用同字的對偶法,既句中對,又上下句相對,系當句對中的掉字對格,也即掉字法,也稱"掉字疊"。冒春荣《葚原詩说》卷二稱:"掉字句法,如'桃花細逐楊花落,黄鳥時兼白鳥飛',李商隱'座中醉客延醒客,江上晴雲雜雨雲'之類。"

疊字法包括有句中疊,有隔字單疊,有是隔字雙疊等。即一聯中掉(調)換一個字。語詞疊用,是詩歌語義建構中比較重要的一種手法。清陸鎣《問花樓詞話》云:"疊字之法最古。"《詩經》中疊字已較普遍,疊字篇章約占三分之二。唐宋時疊用得到了進一步的發展。王維《送方尊師歸嵩山》頷聯:"山壓天中半天上,洞穿江底出江南。"杜甫是運用叠字高手。"中巴之東巴東山""瀼東瀼西一萬家"是在散句中運用,而"春去春來洞庭闊,白藏愁煞白頭人","即從巴峽穿巫峽,便下襄陽向洛陽","桃花細逐楊花落,黄鳥時兼白鳥飛"則是在一聯中上下兩句用叠字。劉禹錫《竹枝詞》"江上何人唱竹枝,前聲斷咽後聲遲","東邊日出西邊雨,道是無晴却有晴"等均是疊字。白居易《寄韜光禪師》:"一山門作兩山門,兩寺原從一寺分。東澗水流西澗水,南山雲起北山雲。前臺花發後臺見,上界鐘清下界聞。遥想吾師行道處,天香桂子落紛紛。"前六句在相同的位置重用同字,一句中前後相映,兩句問上下相對,回環貫帶,筆勢飄逸,如珠走玉盤,流動自然,顯示了圓熟的技巧,被稱爲七言律的創新之格。蘇軾《天竺寺》詩大加稱贊,有云"空詠連珠吟疊壁",故又稱"連珠體"。鄭谷詩、杜荀鶴詩運用重字手法,顯然受杜甫、劉禹錫、白居易等影響。

叠字手法亦爲宋人所喜歡。明楊慎《升庵詩話》卷十曰:"梅聖俞詩'南隴鳥過北隴叫,高田水入低田流’,山谷詩‘野水自添田水滿,晴鳩却唤雨鳩來’,李若水詩‘近村得雨遠村同,上圳波流下圳通’,其句法皆自杜子美‘桃花細逐楊花落,黄鳥時兼白鳥飛’之句來。”

在先秦兩漢時期,疊字位置多在句首或句尾;唐宋時期,疊字位置比較靈活,不僅局限句首和句尾。元曲中疊字運用更廣泛,甚至出現通篇疊字之作。

十九

梅聖俞早有詩名,故人士能詩者,往往寫卷投擲,以質其是非。梅各有報章,未嘗輕許之也。讀黄莘詩卷則云:“鳳凰養雛飛未高,雞鶩成群翅終短。”[1]讀蕭淵詩卷則云:“野雉五色且非鳳,知時善鳴雞若何。”[2]讀孫直言詩卷則曰:“汲井欲到深,磨鑑欲盡塵。”[3]讀張令詩卷則云:“讀之不敢倦,十未能一曉。”[4]讀邵不疑詩卷則曰:“既觀坐長歎,復想李杜韓。”[5]皆因其短而教誨之也。東坡喜獎與後進,有一言之善,則極口褒賞,使其有聞於世而後已。故受其獎拂者,亦踴躍自勉,樂於修進,而終爲令器。若東坡者,其有功於斯文哉,其有功於斯人哉!

【注】

[1] 句出梅堯臣《讀黄莘秘校卷》,見《宛陵先生集》卷四五。[梅堯臣]:見本卷第二則注釋[2]。

[2] 句出梅堯臣《答蕭淵少府卷》,見《宛陵先生集》卷四五。

[3] 句出梅堯臣《答孫直言都官卷》,見《宛陵先生集》卷四五。

[4] 句出梅堯臣《答張令卷》,見《宛陵先生集》卷四五。

[5] 句出梅堯臣《讀邵不疑學士詩卷杜挺之忽來因出示之且伏高致輒書一時之語以奉呈》,見《宛陵先生集》卷四六。

【小識】

蘇軾《與魯直》二首:晁君寄騷,細看甚奇。信其家多异材耶?然有少意,欲魯直以己意微箴之。凡人文字,務使平和,至足之餘溢爲奇怪,蓋出於不得已也。晁文奇怪似差早,然不可直云耳,非謂避諱也,恐傷其邁往之氣。當爲朋友講磨之語乃宜,不知公謂然否?(見《蘇文忠公全集東坡續集》卷四)

蘇軾《答李昭玘書》一首:“每念處世窮困,所向輒值牆谷,無一遂者。獨于文人勝士多獲所欲,如黄庭堅魯直、晁補之無咎、秦觀太虚、張耒文潛之流,皆世之未知,而軾獨先知

之。”(見《蘇文忠公全集東坡集》卷三十)

葉燮《原詩》卷三:蘇軾於黄庭堅、秦觀、張耒等諸人,皆愛之如己,所以好之者無不至。蓋自有天地以來,文章之能事,萃於此數人,决無更有勝之而出其上者。及觀其樂善愛才之心,竟若歉然不自足。此其中懷濶大,天下之才皆其才,而何娼疾忌忮之有?

二十

律詩中間對聯,兩句意甚遠,而中實潛貫者,最爲高作。如介甫示平甫詩云:“家世到今宜有後,士才如此豈無時。”[1]答陳正叔云:“此道未行身有待,古人不見首空回。”[2]魯直答彦和詩云:“天於萬物定貧我,智效一官全爲親。”[3]上叔父夷仲詩云:“萬里書來兒女瘦,十月山行冰雪深。”[4]歐永叔送王平甫下第詩云:“朝廷失士有司耻,貧賤不憂君子難。”[5]送張道州詩云:“身行南雁不到處,山與北人相對閑。”[6]如此之類,與規規然在於媲青對白者,相去萬里矣。魯直如此句甚多,不能概舉也。

【注】

[1] 句出自王安石《寄闕下諸父兄兼示平父兄弟》,见《王荆公詩注》卷三十六。〔平甫〕:王安國,字平甫。安石、安禮弟。幼敏悟,於書無所不通,數舉進士,又舉茂材异等,以母喪不試,廬于墓三年。熙寧初賜及第,除西京國子教授,官滿至京師,授崇文院校書,後改秘閣校理,屢以新法力諫安石,及安石罷相,惠卿事陷安國,坐奪官,放歸田里。卒,年四十七。傳見《宋史》卷三百二十七《王安禮傳》附。

[2] 句出王安石《次韻荅陳正叔二首》其二,见《王荆公詩注》卷三十八。

[3] 句出黄庭堅《次韻戲荅彦和》,《山谷外集》卷六。〔魯直〕:黄庭堅,字魯直,洪州分寧人。幼警悟,舉進士,爲葉縣尉,又爲大名府國子監教授。歷集賢校理,除祕書丞。紹聖初,貶涪州别駕、黔州安置。後召爲吏部員外郎。與秦觀、張耒、晁補之皆游蘇軾之門,號四學士。江西君子以庭堅配蘇軾,謂之蘇黄。傳見《宋史》卷四四四。

[4] 句出黄庭堅《寄上叔父夷仲》三首,《山谷内集詩注》卷八。

[5] 句出歐陽修《送王平甫安國下第》,见《歐陽文忠公集·居士集》卷十三。

[6] 句出歐陽修《送道州張職方》,见《歐陽文忠公集·居士集》卷十四。

【小識】

范温《潛溪詩眼》:古人律詩亦是一片文章語,或似無倫次,而意若貫珠……後之騷人亦多此意。……然所謂意若貫珠,非唯文章,書亦如是。歐陽文忠言:“用筆當使指遠,而腕不知,方其遠也,左右前後,不免欹側,及其定也,上下如引繩,此之謂筆正。”山谷稱:“公主擔夫争道,其手足肩背皆有不齊,而輿未嘗不正。”指與擔夫,則如遣詞;腕與輿,則如命意。故唐文皇稱右軍書云:“煙霏雲斂,狀若斷而還連,鳳翥龍盤,勢如斜而反直。”與文章真一理也。今人不求意處關紐,但以相似語言爲貫穿,以停穩筆劃爲端直,豈不淺近也哉!

蘇轍《詩病五事》:哀江頭詞氣得詩人遺法:事不接,文不屬,如連山斷嶺,雖相去絶遠,而氣象聯絡,觀者知其脈理之爲一也。蓋附離不以鑿枘,此最爲文之高致耳。老杜陷賊時有詩曰:“少陵野老吞聲哭,春日潛行曲江曲。”予愛其詞氣如百金戰馬,注坡驀澗,如履平地,得詩人之遺法。如白樂天詩詞甚工,然拙於紀事,寸步不移,猶恐失之,此所以望老杜之藩垣而不及也。

費衮《梁谿漫志》卷四《東坡教人讀檀弓》:山谷謹守其言,傳之後學。《檀弓》誠文章之模範……或數句書一事,或三句書一事,至有兩句而書一事者,語極簡而味長,事不相涉而意脈貫穿,經緯錯綜,成自然之文,此所以爲可法也。

胡應麟《詩藪》:七言律,對不屬則偏枯,太屬則極弱。二聯之中,必使極精切而極渾成,極工密而極古雅,極整嚴而極流動,乃爲上則。

【謹按】

“律詩中間對聯,兩句意甚遠”此句法理論并非立方不是獨創,而是“以文爲詩”,詩歌章法句法以意爲主,借鑒散文的“命意曲折”,縱横舒展,語斷而意連,曲折流動。律詩中間兩聯對仗,上下句不粘不滯,各領風騷又互存血脈,方爲上則。若“媲青對白”,對仗雖然工整,但意思接近,因而不能造成跳躍,形成藝術張力。錢鍾書《談藝録》謂“愈能使不類爲類,愈見詩人心手之妙”,“譬如秦晋世尋干戈,竟結婚姻;胡越天限南北,可爲肝膽”。

二一

韓愈以瀑布爲“天紳”,所謂“懸瀑垂天紳”是也[1]。孟郊以簷溜爲“天紳”,所謂“簷溜擲天紳”是也[2]。東坡《次韻王定國倅潁》詩,亦有“餘波猶足挂天紳”之句[3]。

【注】

[1] 句出韓愈《送惠師》,見《昌黎先生文集》卷二。

[2] 出處不詳。孟郊集中未見。[孟郊]:見本卷第十六則注釋[1]。

[3] 句出蘇軾《次韻王定國得穎倅二首》其一，見《蘇文忠公全集·東坡集》卷十五。

【小識】

韓愈後以瀑布爲“天紳”詩句，可謂并不少見，如：

蘇轍《陳彭漈》：蒼壁立精鐵，縣泉瀉天紳。(見《欒城集》卷十六)

曹勛《瑞巖仰老見和復酬前韻》：請得忙中物外身，要看飛瀑瀉天紳。(見《松隱集》卷八)

葛立方《響應山》：玉響碧潭鳴地籟，瀑垂蒼嶺挂天紳。(見《歸愚集》卷八)

方崧卿《送惠師》：“天紳”，宋之問詩“雨巖天作帶，雲壑樹披衣”，孟東野與坡公詩皆嘗用天紳。(見《韓集舉正》卷一)

劉克莊《徐洪二公再和二詩余亦隨喜》其三：松風地籟瀑天紳，下有苔磯著老身。(見《後村集》卷三十五)

陸游《夜夢與數客觀畫，有八幅龍湫圖特奇。客請予作詩其上，書數十字而覺，不復能記。明旦乃追補之，亦髣髴夢中意也》：奇峰峭立插地軸，飛瀑崩瀉垂天紳。(見《劍南詩稿》卷十六)

楊時《南康值雨》：飛泉漱瀑垂天紳，平生未識廬山面。(見《龜山集》卷三十九)

焦周《焦氏説楛》卷七：韓退之詩“懸瀑垂天紳”，孟郊詩“簷溜擲天紳”，東坡詩“餘波猶足挂天紳”，子由詩“蒼壁立積鐵，懸泉瀉天紳”，謂瀑布爲天紳甚奇。

【謹按】

以“天紳”比瀑布，在宋頗多。唐宋之問《早入清遠峽》云：“傳聞峽山好，旭日棹前沂。雨色摇丹嶂，泉聲聒翠微。兩岊天作帶，萬壑樹披衣。秋菊迎霜序，春藤礙日輝。翳潭花似織，緣嶺竹成圍。”未知“天紳”比喻是否由此出，二者有异曲同工之妙。至于孟郊之以簷溜爲“天紳”亦非獨創，贾岛《郊居即事》：“葉書傳野意，簷溜煑胡茶。”范成大《正月九日雪霰後大雨》二首：“黄昏簷溜垂瀑，清曉屐聲滿門。”等。

二二

“水田飛白鷺，夏木囀黄鸝。”李嘉祐詩也[1]。王摩詰衍之爲七言曰：“漠漠水田飛白鷺，陰陰夏木囀黄鸝。”[2]而興益遠。“九天宫殿開閶闔，萬國衣冠拜冕旒。”[3]王摩詰詩也。杜子美删之爲五言曰：“閶闔開黄道，衣冠拜紫宸。”[4]而語益工。近觀山谷《黔南十絶》，七篇全用樂天《花下對酒》《渭川舊居》《東城》《尋春》《西樓》《委順》《竹窻》等詩,餘三篇用其詩略點化而已。樂天云:“相去六千里,地絶天邈然。十書九不到,何以開憂顔。”[5]山谷則云:“相望六千里,天地隔江山。十書九不到,何用一開顔。”[6]樂天云:“霜降水反壑,風落木歸山。苒苒歲時晏,物皆復本原。”[7]山谷云:“霜降水反壑,風落木歸山。苒苒歲華晚,昆虫皆閉關。”[8]樂天詩云:“渴人多夢飲,饑人多夢餐。春來夢何處?合眼到東川。”[9]山谷云:“病人多夢醫,囚人多夢赦。如何春來夢,合眼見鄉社。”[10]葉少藴云:“詩人點化前作,正如李光弼將郭子儀之軍,重經號令,精彩數倍。”[11]今觀三公所作,此語殆誠然也。

【注】

[1]〔水田飛白鷺,夏木囀黄鸝〕:世傳《李嘉祐集》中并無此句。明胡應麟在《詩藪·内編》云:“摩詰盛唐,嘉祐中唐,安得前人預偷來者?此正嘉祐用摩詰詩。”[李嘉祐]:李嘉祐,字從一,趙州(另一説袁州)人。天寶七載進士,授祕書正字,坐事謫鄱江令,調江陰,入爲中臺郎。上元中,出爲台州刺史。大曆中復爲袁州刺史,爲詩麗婉,有齊梁風。傳見《唐才子傳》卷三。

[2] 句出王維《積雨輞川莊作》,見《王右丞集箋注》卷十。[王摩詰]:王維,字摩詰,王維字摩詰,太原祁人。工書畫,與弟縉俱有俊才。開元九年進士擢第,調太樂丞,坐累爲濟州司倉參軍。歷右拾遺、監察御史、庫部郎中,拜吏部郎中。天寶末爲給事中。安禄山陷兩都,維爲賊所得,服藥陽瘖,拘于菩提寺。賊平皆下獄,時縉位已顯,請削官贖維罪。肅宗亦自憐之,下遷太子中允、中書舍人,復拜給事中,轉尚書右丞。傳見《舊唐書》卷一百九十、《新唐書》卷二百二。

[3] 句出王維《和賈舍人早朝大明宫之作》,見《王右丞集箋注》卷十,作“九天閶闔開宫殿,萬國衣冠拜冕旒”。

[4] 句出杜甫《太歲日》,見《杜工部集》卷十七。

[5][9] 句出白居易《寄行簡》,見《白氏文集》卷第十。

[6] 句出黄庭堅《謫居黔南十首》其一,見《山谷内集詩注内集》卷十二。[山谷]:見本卷第二十則注釋[3]。

[7] 句出白居易《歲晚》,見《白氏文集》卷第十一。

[8] 句出黄庭堅《謫居黔南十首》其二,見《山谷内集詩注内集》卷十二。

[10] 句出黄庭堅《謫居黔南十首》其十,見《山谷内集詩注内集》卷十二。

[11] 此語出處待查,未見于葉少藴集中。[葉少藴]:葉夢得,字少藴,號石林居士,蘇州吴縣人,後居烏程。嗜學,蚤成多識。紹聖四年登進士第,尉丹徒。歷翰林學士、吏部尚

書、龍圖閣直學士。能詩工詞,詞風早年婉麗,中年學東坡,南渡後多感懷國事,轉向簡淡宏闊,晚年簡潔,十八年卒於湖州。著有《石林詞》等。傳見《宋史》卷四四五。

【小識】

釋惠洪《冷齋夜話》卷一《换骨奪胎法》:山谷云:"詩意無窮,而人之才有限。以有限之才,追無窮之意,雖淵明、少陵,不得工也。然不易其意而造其語,謂之换骨法。窺入其意而形容之,謂之奪胎法。"

黄庭堅《再答洪駒父書》云:老杜作詩,退之作文,無一字無來處,蓋後人讀書少,故謂韓、杜自作此語耳。古之能爲文章者,真能陶冶萬物,雖取古人之陳言入於翰墨,如靈丹一粒,點鐵成金也。

陳善《捫虱新話上集》云:文章雖不要蹈襲古人一言一句,然古人自有奪胎换骨等法。所謂靈丹一粒,點鐵成金也。

蔡正孫《詩林廣記前集》卷五:石林詩話云:詩下雙字極難,須是七言五言之間除去五字、三字外,精神興致全見於兩言,方爲工妙。唐人謂"水田飛白鷺,夏木囀黄鸝"爲李嘉祐詩,摩詰竊取之,非也。此兩句好處正在添"漠漠""陰陰"四字,此乃摩詰爲嘉祐點化以自見其妙。如李光弼將郭子儀軍,一號令之,精采數倍。不然,嘉祐本句但是詠景耳,人皆可到。要之當使如老杜"無邊落木蕭蕭下,不盡長江滚滚來"與"江天漠漠鳥飛去,風雨時時龍一吟"等句,乃爲超絶。近世王荆公有云"新霜浦溆綿綿白,薄晚林巒往往青",與蘇子瞻云"浥浥爐香初泛夜,離離花影欲摇春",此可以追配前作也。(亦見于胡仔《苕溪漁隱叢話前集》卷十五等)

楊慎《升庵集》卷六十:唐詩不厭同。唐人詩句不厭雷同,絶句尤多。試舉其略,如:"忽見陌頭楊柳色,悔教夫壻覓封侯。"王昌齡《春閨怨》也。而李頎《春閨怨》亦云:"紅粉女兒窗下羞,畫眉夫壻隴西頭。自怨愁容長照鏡,悔教征戍覓封侯。"王勃《九日詩》云:"九月九日望鄉臺,他席他鄉送客杯。人今已厭南中苦,鴻雁那徙北地来。"而盧照鄰九日詩亦云:"九月九日眺山川,歸心歸望積風烟。他鄉共酌金花酒,萬里同悲鴻雁天。"杜牧《邊上聞胡笳》詩云:"何處吹笳薄莫天,塞垣高鳥没狼烟。游人一聽頭堪白,蘇武曾禁十九年。"胡曾詩云:"漠漠黄沙際碧天,問人云此是居延。停驂一顧猶魂斷,蘇武争消十九年。"戎昱《湘浦曲》云:"虞帝南巡不復還,翠娥幽怨水雲間。昨夜月明湘浦宿,閨中環珮度空山。"高駢云:"帝舜南巡不復還,二妃幽怨水雲間。當時珠淚垂多少,只到而今竹尚斑。"白樂天詩:"緑浪東西南北水,紅欄三百九十橋。"劉禹錫云:"春城三百九十橋,夾岸朱樓隔柳條。"杜工部詩:"新春看又過,何日是歸年?"李太白云:"萬重關塞斷,何日是歸年。"《鶯鶯詩》:

"自從銷瘦減容光,萬轉千廻懶下床。不爲傍人羞不起,因郎憔悴却羞郎。"歐陽詹《太原妓》詩:"自從銷瘦減容光,半是思郎半恨郎。欲識舊時雲髻樣,開奴床上鏤金箱"李賀詠竹云:"無情有恨何人見,露壓烟籠千萬枝。"皮日休詠白蓮云:"無情有恨何人見,月曉風清欲墮時。"陸龜蒙送棋客詩云:"滿目山川似弈棋,况當秋雁正斜飛。金門若召楊玄保,賭取江東太守歸。"温庭筠《觀棋詩》云:"閑對弈秋傾一壺,黄羊枰上幾成都。他時謁帝銅池水,便賭宣城太守無。"(亦見于《丹鉛總録》卷十九)

楊萬里《誠齋集》卷第一百十四:庾信《月詩》云"渡河光不濕",杜云"入河蟾不没";唐人云"因過竹院逢僧語,又得浮生半日閑",坡云"慇懃昨夜三更雨,又得浮生一日凉";杜《夢李白》云"落月滿屋梁,猶疑照顔色",山谷簟詩云"落日映江波,依稀比顔色";退之云"如何連曉語,祗是説家鄉",吕居仁云"如何今夜雨,秖是滴芭蕉"。此皆用古人句律,而不用其句意。以故爲新,奪胎换骨。杜《蜀山水圖》云"沱水流中座,岷山赴此堂。白波吹粉壁,青嶂插彫梁",此以畫爲真也。曾吉父云"断崖韋偃樹,小雨郭熙山"此以真爲畫也。

王士禛《香祖筆記》卷一:《唐國史補》謂:"漠漠水田飛白鷺,陰陰夏木囀黄鸝。"乃右丞竊取李嘉祐語。論者或爲王諱,以爲增"漠漠"四字,便是點鐵成金手段。此亦囈語。然此事往往有之。(亦见于《帶經堂詩話》卷十五)

【謹按】

此"點化"之法,乃黄庭堅之"奪胎换骨""點鐵成金"。"奪胎换骨"指師前人之意;"點鐵成金",指師前人之辭。二者本有所區别,但後人往往將二者一統而論。黄庭堅奪胎换骨有兩類:一"不易其意而造其語",即完全按照前人的詩意面自造新語;二"規摹其意而形容之",即模仿前人詩意而又加進新意,引申發展。《陳輔之詩話》云:"荆公嘗言:'世間好語言,已被老杜道盡。世間俗言語,已被樂天道盡。'然李贊皇云:'譬之青風明月,四時常有,而光景常新,又似不乏也。'"由于詩歌題材、意境及各種修辭已被唐人開拓殆盡,为做到"陳言務去",黄庭堅爲代表的江西詩派独辟蹊径,取古人之"陳言",通過"奪胎换骨""點鐵成金"之法,重新熔鑄,爲我所有。本書卷二第十則亦談"奪胎换骨"之點化法,可相互參佐。

"水田飛白鷺,夏木囀黄鸝"之句,出處不詳。李肇《國史補》:"維有詩名,然好取人文章嘉句。'行到水窮處,坐看雲起時',《英華》集中詩也。'漠漠水田飛白鷺,陰陰夏木囀黄鸝',李嘉祐詩也。"胡應麟《詩藪·内編》中云:"摩詰盛唐,嘉祐中唐,安得前人預偷來者?此正嘉祐用摩詰詩。"《四庫全書提要》云:"《國史補》三卷……所載如謂王維取李嘉祐水田白鷺之聯,今李集無之。"王士禛《帶經堂詩話》卷十五:"宗柟附識:《别裁集》論老杜《登高》

作云:前人謂中聯俱可截去二字,以此爲病。試思'落木蕭蕭下,長江滚滚來',復何語耶?不成議論如是。愚按:'水田'聯固非此比,然味'漠漠''陰陰'四字,覺情景如畫,下五字栩栩欲活想見。《積雨輞川》:'此翁會心自别耳。'又案李嘉祐天寶七年進士,視右丞開元登第時後二十載。然考右丞之殁,在上元初年,固非渺不相及也。《石林燕語》謂:'摩詰爲嘉祐點化,以自見其妙,亦何不可之有?'"考王維和李嘉祐所處的時代有重合,無法分辨誰先誰後,故难判断孰是孰非。

二三

《歸叟詩話》載《鼾睡詩》一篇,以爲韓退之遺文,其實非也。所謂"有如阿鼻尸,長唤忍衆罪""鐵佛聞皺眉,石人戰摇腿"等句[1],皆不成語言,而厚誣退之,不亦冤乎?歐永叔有《謝人送枕簟詩》,因及喜睡,其曰:"少壯喘息人莫聽,中年鼻鼾尤惡聲。癡兒掩耳謂雷作,竈婦驚窺疑釜鳴。"[2]與前詩不侔矣。

【注】

[1] 句出韓愈《嘲鼾睡》二首其一,見《朱文公校昌黎先生集遺文》。〔歸叟詩話〕:宋王直方撰。直方字立之,號歸叟,汴州城南(今河南開封)人,王棫子。事見宋晁説之《王立之墓志銘》《宋詩紀事》卷三三。《歸叟詩話》有《類説》本一卷,凡五十二條。郭紹虞《宋詩話輯佚》本,有三百六條。《宋詩話全編》將郭本收入,均未見此條目,蓋已佚。

[2] 句出歐陽修《有贈余以端谿緑石枕與蘄州竹簟皆佳物也余既喜睡而得此二者不勝其樂奉呈原父舍人聖俞直講》,見《歐陽文忠公集·居士集》卷第八。

【小識】

周紫芝《竹坡詩話》:世所傳退之遺文,其中載《嘲鼾睡》二詩,語極怪譎。退之平日未嘗用佛家語作詩,今云"有如阿鼻尸,長唤忍衆罪",其非退之作决矣。又如"鐵佛聞皺眉,石人戰摇腿"之句,大似鄙陋。退之何嘗作是語?小兒輩亂真如此者甚衆,烏可不辨。

《朱文公校昌黎先生集遺文》:《嘲鼾睡》二首。[洪曰]李希声家有退之遺詩數十篇,希声云:"皆非也,獨嘲鼾睡一篇似之。"録于末。

【謹按】

虽立方及紫芝皆认为《嘲鼾睡》非退之作,《全唐詩》卷三百四十五中仍列之爲退之作。

二四

人言居富貴之中者,則能道富貴語,亦猶居貧賤者工於説饑寒也。王岐公被遇四朝[1],目濡耳染,莫非富貴,則其詩章雖欲不富貴得乎?故岐公之詩,當時有“至寶丹”之喻[2]。如“寶藏發函金作界,仙醪傳羽玉爲臺”[3],“夢回金殿風光别,吟到銀河月影低”等句甚多[4]。李慶孫《富貴曲》云:“軸裝曲譜金書字,樹記花名玉篆牌。”[5]晏元獻云:“太乞兒相。若諳富貴者,不爾道也。”[6]元獻詩云:“梨花院落溶溶月,柳絮池塘淡淡風。”[7]此自然有富貴氣。吾曾伯祖侍郎諱宫,雖起於寒微,而論富貴若固有之[8]。嘗有詩云:“翩翻燕子朱門静,狼籍梨花小院閑。”又云:“西樓月上簾簾静,後苑花開院院香。”[9]其視晏公真不愧矣。若孟郊“借車載家具,家具少於車”[10],陶潛“敝襟不掩肘,藜羹常乏斟”[11],杜甫“天吴與紫鳳,顛倒在短褐”[12]皆巧于説貧者也。

【注】

[1][王岐公]:王珪,字禹玉,華陽人。慶曆二年進士甲科及第。熙寧三年拜參知政事,九年拜同中書門下平章事、集賢殿大學士。元豐官制行,由禮部侍郎超授銀青光禄大夫。五年,拜尚書左僕射兼門下侍郎。哲宗即位,封岐國公,是年五月卒於位,年六十七,贈太師,謚文恭。傳見《宋史》卷三一二。著有《華陽集》一百卷,又有《王岐公宫詞》一卷,已佚。今本《華陽集》六十卷,乃自《永樂大典》中輯出。

[2]句出宋蔡正孫《詩林廣記後集》卷九:《王直方詩話》云:“王禹玉詩,世號‘至寶丹’,以其多使珍寶,如‘黄金’必以‘白玉’爲對。”《苕溪漁隱叢話前集》:《後山詩話》云:“公詩喜用金璧珠碧,以爲富貴,而其兄謂之‘至寶丹’也。”事亦見于《詩話總龜》《菊坡叢話》等。

[3]句出王珪《依韻和宋次道龍圖館閣暴書》,见《華陽集》卷三。

[4]句出王珪《寄公闢》,见《華陽集》卷四。

[5][李慶孫]:李慶孫,泉州惠安人。咸平元年進士。官水部郎。元盛如梓《庶齋老學叢談》云:“李慶孫有文名,時謂‘洛陽才子安鴻漸,天下文章李慶孫’。”

[6]事見吴處厚《青箱雜記》卷五:“晏元獻公雖起田里,而文章富貴出於天然。嘗覽李慶孫《富貴曲》云:‘軸裝曲譜金書字,樹記花名玉篆牌。’公曰:‘此乃乞兒相,未嘗諳富貴者。故余每吟詠富貴,不言金玉錦繡,而唯説其氣象。若‘樓臺側畔楊花過,簾幕中間燕子飛’‘梨花院落溶溶月,柳絮池塘淡淡風’之類是也。故公自以此句語人曰:‘窮兒家有這景

致也無?'"胡仔《苕溪漁隱叢話前集》卷二十六:"《漫叟詩話》云:江爲有詩《吟登蕭寺》'旃檀閣醉倚,王家玳瑁筵',或謂'作此詩者决非貴族',或人評'軸裝曲譜金書字,樹記花名玉篆牌'乃乞兒口中語。苕溪漁隱曰:《青箱雜記》亦載此事,乃元獻云此詩乃乞兒相,未嘗識富貴者。"蔡正孫《詩林廣記後集》卷九與此同。事亦見于祝穆《事文類聚别集》卷九《評富貴詩》、江少虞《新雕皇朝類苑》卷三十五、及單宇《菊坡叢話》卷九等。

[7] 句出晏殊《寓意》,見蔡正孫《詩林廣記後》集卷九及陳思《兩宋名賢小集》卷一百十。晏殊,見本卷第二則注釋[2]。《元獻遺文》題爲《無題》。

[8]〔吾曾伯祖侍郎諱宫〕:葛宫,字公雅,江陰人。大中祥符元年進士,授忠正軍掌書記。善屬文,上《太平雅頌》十篇,真宗嘉之。召試學土院,進兩階。又獻《寶符閣頌》,爲楊億所稱知。出知南充縣,移知資、昌、南劍州。歷知滁、秀二州,後官至秘書監、太子賓客。治平中,轉工部侍郎。熙寧五年卒年八十一……宫弟密……子書思踵登第,調建德主簿……子勝仲,孫立方。"可知,立方曾伯祖为葛宫。傳見《宋史》卷三三三。

[9] 出處不詳,因其集佚,已不可考。

[10] 句出孟郊《借車》,見《孟東野詩集》卷九。

[11] 句出陶淵明《詠貧士七首》其三,見《陶淵明集》卷四。

[12] 句出杜甫《北征》,"短"原句作"裋",見《杜工部集》卷二。

【小識】

晏元獻之富貴氣象評如下:

曾慥《類説》卷四《論富貴》:晏元獻覽李慶孫《富貴曲》云:"軸裝曲譜金書字,樹記花名玉篆碑。"公曰:"乞兒相,未諳富貴者。"公詩有云:"樓臺側畔楊花過,簾幕中間燕子飛。""梨花院落溶溶月,柳絮池塘淡淡風。"公曰:"窮兒家有此景致也無?"公不喜肉食,尤嫌肥羶。每愛韋蘇州詩,曰:"全没些脂膩氣。"(亦見於江少虞《新雕皇朝類苑》卷三十五、胡仔《苕溪漁隱叢話前集》卷二十六,吴處厚《青箱雜記》卷五亦載,詳見注[5],及蔡正孫《詩林廣記後集》卷九、祝穆《事文類聚别集》卷九《評富貴詩》及單宇《菊坡叢話》卷九等均載。)

江少虞《新雕皇朝類苑》卷三十五:晏元獻公喜評詩。嘗曰:"'老覺腰金重,慵便枕玉凉'未是富貴語,不如'笙歌歸院落,燈火下樓臺',此善言富貴者也。"人皆以爲知言。

何汶《竹莊詩話》卷二十四:"梨花院落溶溶月,柳絮池塘淡淡風。"《漁隱叢話》云:《青箱雜記》載:元獻每言富貴,不及珠玉錦繡,惟説氣象若云云之類是也。公自以此句語人曰:"窮人家有此景否?""珠簾繡户遲遲月,柳絮梨花寂寂春。"又云《雲齋廣録》載近時人詩一聯云云。雖用珠繡,其氣象豈不富貴?不害爲佳句也?

許光凝《華陽集序》云:"夫賢者之處世,所可貴於天下者,不過事業、文章而已,然鮮或兼之。……岐國王公,弱冠登甲科,不出都城,致位宰相。當熙寧、元豐之際,翊戴聖主,比隆堯舜。蓋自嘉祐之初,與歐陽永叔、蔡君謨更直北門,聲名振于一時,學者尤所師慕。每一篇出,四方傳誦之。後雖當軸處中,朝廷有大典册,必命公爲之,則事業文章,可謂兼之矣。公少登顯途,未嘗遷謫。故平生著述,多代言應制之文,而無放逐無聊感憤之作。"

孟郊"巧於説貧"之論:

歐陽修《六一詩話》:孟郊、賈島皆以詩窮至死,而平生尤自喜爲窮苦之句。孟有移居詩云:"借車載傢俱,傢俱少於車。"乃是都無一物耳。又《謝人贈炭》云:"暖得曲身成直身。"人謂非其身備嘗之不能道也。

計有功《唐詩紀事》卷三十五《孟郊》:郊《下第詩》曰:"棄置復棄置,情如刀劍傷。"又《再下第詩》曰:"兩度長安陌,空將淚見花。"而後及第有詩曰:"昔人齷齪不足嗟,今朝曠蕩恩無涯。青春得意馬蹄疾,一日看盡長安花。"一日之間花即看盡,何其速也? 果不達。

張鎡《仕學規範》卷三十八:樂天賦性曠達,其詩曰:"無事日月長,不羈天地闊。"此曠達者之詞也。孟郊賦性褊狹,其詩曰:"出門即有礙,誰謂天地寬。"此褊狹者之詞也。然則天地又何嘗礙郊,孟郊自礙耳。

阮閱《詩話總龜前集》卷六:《歐公詩話》:"孟郊、賈島皆以詩窮至死……不能道此句。賈云:'鬢邊雖有絲,不堪織寒衣。'就令堪織,得能幾何?《朝饑》又云:'坐聞東床琴,凍折兩三絲。'人謂其不止忍饑而已,其寒亦何可忍也!"

魏慶之《詩人玉屑》卷十五:孟東野賈閬仙:唐之晚年,詩人類多窮士,如孟東野、賈閬仙之徒,皆以刻琢窮苦之言爲工。或謂:"郊、島孰貧?"曰:"島爲甚也。"曰:"何以知之?""以其詩知之。"郊曰:"種稻耕白水,負薪斫青山。"島曰:"市中有樵山,客舍寒無煙;井底有甘泉,釜中嘗苦干。"孟氏薪米自足,而島傢俱無,以是知之耳。然其至也,清絶高遠,殆非常人可到。唐之野詩,稱此兩人爲最。至於奇警之句,往往有之。

辛文房《唐才子傳》卷五:郊拙於生事,一貧徹骨。裘褐縣結,未嘗俛眉爲可怜之色。然好義者更遺之。工詩,大有理致,韓吏部極稱之,多傷不遇。年邁家空,思苦奇澁,讀之每令人不懽。如"借車載家具,家具少於車",如《謝炭》云"吹霞弄日光不定,煖得曲身成直身",如"愁人獨有夜燭見,一紙鄉書淚滴穿。"如下第云"棄置復棄置,情如刀劍傷"之類,皆哀怨清切,窮入冥搜。其《初登第》吟曰:"昔日齷齪不足嗟,今朝曠蕩恩無涯。春風得意馬蹄疾,一日看盡長安花。"當時議者亦見其氣度窘促,卒漂淪薄宦。詩讖信有之矣,天實爲之,謂之何哉!

【謹按】

王珪詩以喜言富貴著稱,其《恭和御制上元觀燈》最爲人稱道,立方本書卷二第十九則稱之"典實富豔"。本書卷三亦有"本朝王岐公亦作宫詞百篇"。事實上,王珪七律也有樸實勁健、清麗秀美之作。如其《聞種鍔米脂川大捷》,許印芳認爲:"起筆得勢,以下如破竹矣。通體俱作壯語,却無粗豪病,而且渾灝流轉,神完氣足。此宋詩之最出色者。置之唐人集中,亦推高唱。"

對於葛宫之詩,後人亦有提及,然皆似由此條出。如明姜南《蓉塘詩話》卷十五《擬晏元獻詩》:"宋葛常之以其曾伯祖侍郎宫之'翩翻燕子朱門静,狼籍梨花小院閑'之句,對晏元獻'梨花院落溶溶月,柳絮池塘淡淡風'之句,似不牟矣。又以其'西樓月上簾簾静,後梨花開院院香'之句擬之,不惟不倫,而不及遠矣。"

二五

歐公一世文宗,其集中美梅聖俞詩者,十幾四五。稱之甚者,如:"詩成希深擁鼻謳,師魯卷舌藏戈矛。"[1]又云:"作詩三十年,視我猶後輩。"[2]又云:"少低筆力容我和,無使難追韻高絶。"[3]又云:"嗟哉我豈能知子,論詩賴子能指迷。"[4]聖俞詩佳處固多,然非歐公標榜之重,詩名亦安能至如此之重哉!歐公後有詩云:"梅窮獨我知,古貨今難賣。"[5]而聖俞《贈滁州謝判官詩》亦云:"吾詩固少愛,獨爾太守知。"[6]皆言識之者鮮矣。張芸叟評其詩云:"如深山道人,草衣捆屨,王公大人見之屈膝。"[7]

【注】

[1] 句出歐陽修《哭聖俞》,見《歐陽文忠公集・居士集》卷九。[梅聖俞]:見本卷第二則注釋[2]。

[2] 句出歐陽修《水谷夜行寄子美聖俞》,見《歐陽文忠公集・居士集》卷二。

[3] 句出歐陽修《病中代書奉寄聖俞二十五》兄,見《歐陽文忠公集・居士集》卷二。

[4] 句出歐陽修《再和聖俞見答》,"能知子"原詩作"敢知子","能指迷"原詩作"初指迷"。見《歐陽文忠公集・居士集》卷五。

[5] 見歐陽修《六一詩話》。

[6] 句出梅堯臣《方在許昌幕内弟滁州謝判官有書邀余詩送近聞歐陽永叔移守此郡爲我寄聲也》,見《宛陵先生集》卷二十六。

[7]〔張芸叟〕:張舜民,字芸叟,邠州人。舉進士,爲襄樂令。元豐中,朝廷方討西夏,遵裕敗,謫監郴州酒税。會赦得原。元祐初除監察御史,后左遷判登聞鼓院,後通判虢州。徽宗即位,歷任諫議大夫、吏部侍郎兼侍讀。以龍圖閣待制復守潁,徙虢州。自號浮休居士,有《畫墁集》一百卷。傳見《宋史》卷三百四十七。〔王公大人見之屈膝〕:句出蔡正孫《詩林廣記》後集卷七。亦見于《苕溪漁隱叢話後集》卷三十三、《錦繡萬花谷》卷二十一、《賓退録》卷二。

【小識】

歐陽修《六一詩話》:聖俞、子美齊名於一時,而二家詩體特异,子美筆力豪儁,以超邁横絶爲奇。聖俞覃思精微,以深遠閑淡爲意。各極其長,雖善論者不能優劣也。余嘗于《水谷夜行詩》略道其一二云:"梅窮獨我知,古貨今難賣。"語雖非工,謂粗得其髣髴,然不能優劣之也。

歐陽公《序梅氏詩集》云:予聞世謂詩人少達而多窮,夫豈然哉?窮則愈工,非詩能窮人,殆窮者而後工也。予友梅聖俞少以廕補爲吏,累舉進士,輒抑於有司,困于州縣,凡十餘年。年今五十,猶從辟書,爲人之佐,鬱其所蓄,不得奮見于事業。聖俞亦自以其不得志者,樂於詩而發之。故其平生所作,于詩尤多,世既知之。

蔡正孫《詩林廣記後集》卷七《梅聖俞》:劉後村云:"本朝詩惟宛陵爲開山祖師,宛陵出,而後桑濮之哇淫稍息,風雅之氣脈復續,其功不在歐、尹下。詩話云:'梅聖俞詩,如深山道人,草衣葛屨,王公大人見之,不覺屈膝。'胡苕溪云:'梅聖俞日課一詩,寒暑不易。聖俞詩名滿世,蓋身試此説之效耳。……曜翁詩評云:'梅聖俞詩如關河放溜,瞬息無聲。'"

胡仔《苕溪漁隱叢話後集·張芸叟》:《復齋漫録》云芸叟嘗評詩云:"梅聖俞之詩,如深山道人,草衣葛屨,王公見之,不覺屈膝。……世以爲知言。"余謂:"芸叟之論公否,未敢必然。觀東坡所記芸叟西征途中詩止云'張舜民通練西事,稍能詩'而已,則東坡蓋不以善詩待芸叟邪!"

【謹按】

梅堯臣一生不達,困於下僚,凡十餘年。《宋史·梅堯臣傳》云:"工爲詩,以深遠古淡爲意,間出奇巧,初未爲人所知。"堯臣與歐陽修、蘇舜欽齊名,并稱梅歐、蘇梅。聖俞去世後,修將其詩稿編成《梅聖俞詩集》,并撰序,提出"窮而後工"之論,對梅詩大力推重,認爲聖俞對宋初浮豔詩風有矯正之功。歐陽修重才,推重之人不獨聖俞。《宋史·歐陽修傳》稱其:"獎引後進,如恐不及。賞識之下,率爲聞人。曾鞏、王安石、蘇洵、洵子軾、轍,布衣屏處,未爲人知,修即游其聲譽,謂必顯於世。"

二六

蔡君謨娶余祖姑清源君,已而赴漳南幕。[1]余曾祖通議嘗贈之詩曰:"藻思舊傳青管夢,哲科新試碧雞才。乍依仲寶蓮花幕,更下温郎玉照臺。"[2]可謂佳句矣。韓退之送陸暢詩云:"一來取高第,官佐東宫軍。迎婦丞相府,誇映秀士群。鳴鸞桂樹間,觀者何繽紛。"[3]此二詩,事相類而語皆奇也。

【注】

[1] [蔡君謨]:蔡襄,字君謨,興化仙游人。天聖八年進士,累官龍圖閣學士,知開封府,徙知泉州,召爲翰林學士,乞爲杭州,拜端明殿學士以往。丁母憂,治平四年以疾卒,年五十六。贈禮部侍郎。工於書,人得其字,以爲珍藏,乾道中謚"忠惠"。傳見《宋史》卷三二〇。[赴漳南幕]:《宋史·蔡襄傳》未載。

[2]〔通議〕:立方曾祖葛密。葛密,字子發,宫之弟,江陰人。密以進士爲光州推官,仕至太常博士,知泉州安溪縣,五十即請老,號草堂逸老,年八十四乃終。平生爲詩慕李商隱,有西崑高致。子書思,調睦州建德簿,請迎養,不許,遂投劾侍奉積十餘年。傳見《宋史》卷三三三《葛宫傳》附。〔藻思〕之句,題目已不可考。厲鶚《宋詩紀事》卷九十六:"葛通議,丹陽人,侍郎立方之曾祖。失其名。"應爲葛密。本卷二十四注釋[8]與此條可相參佐。

[3] 句出韓愈《送陸暢歸江南》,見《昌黎先生文集》卷五。

【小識】

宋謝維新《事類備要》前集卷六十《婚禮門·貴婚》:鳴鸞桂樹:舉士江南子,各以能詩聞。一來取高第,官佐東宫軍。迎婦丞相府,誇映秀才群。鳴鸞桂樹間,觀者何紛紛。韓送陸暢詩:《碧雞蓮幕》:蔡君謨娶葛常之祖姑清源君,已而赴漳南幕。常之曾祖通議贈詩曰:藻思舊傳青管夢,哲科新試碧雞才。乍依仲寶蓮花幕,更下温郎玉照臺。

【謹按】

據《宋史》卷三三三《葛宫傳》:葛宫,字公雅,江陰人。宫弟密,亦以進士爲光州推官。即退居號"草堂逸老",年八十四。子書思踵登第,調建德主簿。卒年七十三,特謚曰清孝。子勝仲,孫立方,皆以學業至侍從,世爲儒家,勝仲自有傳。密子書思,書思子勝仲,勝仲子立方。可知,立方曾祖为葛密。葛勝仲《丹陽集》附録《宋左宣奉大夫顯謨閣待制致仕贈特進謚文康葛公行狀》云:"祖密,故任承議郎致仕,贈通議大夫。祖母陳氏、胡氏,皆碩人。父書思,故任朝奉郎致仕,贈少師謚清孝。"亦可證密爲勝仲祖父,立方曾祖。因贈"通議大夫",故稱之"通議"。

【作者簡介】譚燚,女,1977年生,文學博士,上海師范大學圖書館副研究員,主要從事文獻整理、圖書館學等領域的研究。

首圖及陜師圖所藏《(嘉靖)華嶽全集》考訂[*]

高葉青

西嶽華山位於陝西省渭南市下轄的華陰市境内，爲天下名山，“坐挹三公，抗衡四嶽，終南、太白却立而屏息，首陽、王屋不敢以争雄”。山勢峻峭，素有“奇險天下第一山”的美譽。人文传统深厚，是道教文化的發祥地之一。據統計，與華山相關的志書有數十種之多，本文是在對《(嘉靖)華嶽全集》校點的基礎上撰寫的，力圖理清其編纂因由、刊刻情況以及史料價值等相關問題。

一、《(嘉靖)華嶽全集》的版本

《(嘉靖)華嶽全集》十一卷，明李時芳纂。是書僅此一刻，刊於明嘉靖四十二年(1563)。李時芳時爲華陰知縣，此書修纂刊刻甚速，而版刻風格亦較粗率，可推知或即刊於陝西。是本傳本甚罕，今見於著録者僅首都圖書館、北京大學圖書館和陝西師範大學圖書館數家而已。其書白口，單黑魚尾，書名位於版心上方，四周單邊，半葉 10 行行 20 字，具明中期以後雕版風格。内文依次爲:《重刊華嶽全集序》(裴紳)、《華嶽全集古序》(劉大用)、《唐玄宗御製碑序略》、華嶽圖四幀、《華嶽全集目録》、卷之一華山古蹟、卷之二碑記、卷之三御祭文、卷之四歌、卷之五賦、卷之六五言絶句、卷之七五言律詩、卷之八五言古詩、卷之九五言排律、卷之十七言絶句、卷之十一七言律詩、附跋(李時芳)。本次考訂以陝西師範大學圖書館藏本(綫善 683.15/155，下省稱“陜師本”)爲主要研究對象。

首都圖書館藏本(下省稱“首圖本”)，入選第二批《國家珍貴古籍名録》(編號 04193)。首圖本頁次錯亂比較嚴重，尤其是卷之二、卷之三，有卷内錯訂者，有雜入它卷者。試舉幾

* 本文爲國家社科基金西部項目“西嶽華山道教文獻整理與研究”(18XZJ009)階段性成果。

例。首圖本卷之一第一頁“食之令人羽化”之後,直接“太上山”條内容,缺少“遂爲之頌曰……永寧其所”與“西嶽廟碑有銘”篇内容。卷之一“三公山石室”條“故號三公燕”之後頁碼錯亂,接“感應封廣潤侯”,實則應與次頁“濟字子微”相接。卷之二“唐進士李商隱撰”篇之後,無“皇明洪武三年釐正名號詔”篇,直接與“宋尚書楊昭儉撰”相連。“宋翰林楊廷秀撰”篇“凡禱輒應疇……與山罔極”之後至“周洪謨重修西嶽廟記”篇“西嶽華山在……宗輦奏允”内容缺失,直接與卷之三“永樂四年祭文”篇“右太祖高皇帝夢游西嶽”相接。卷之三有兩個第四頁,“洪武三十年明太祖夢游西嶽御製”篇后接内容有异,觀其字體亦不同,顯繫補配。卷之三第四頁“臣應鰲至陝……仰惟我”之後,有兩個第五頁,其一爲“洪武三十五年遣道士……”,其二與第四頁内容銜接,爲“皇祖嘗神游……”。卷之三又出現卷之二“宋翰林楊廷秀撰”篇“敢不敬……與山罔極”以及“周洪謨重修西嶽廟記”篇内容。另亦有與陝師本互有短長之處,如卷之二“李夢陽游華山記”篇“數道其下欲”之後“登輒不果……朱卅溪學醫”,陝師本缺頁,首圖本則銜接。卷之二缺少“重脩西嶽廟竹檻記”篇,陝師本則不缺。卷之三第五頁“右高祖皇帝夢游西嶽”之後,有缺文,陝師本則不缺。“洪武三十五年祭文”,陝師本無,首圖本則有。其後“洪熙元年祭文”,緊接“永樂四年祭文”,顯然係編排有誤,陝師本無“洪熙元年祭文”。永樂四年祭文,僅有“永樂四年遣道士……爰自即位”,後面内容殘缺。亦無永樂五年、九年祭文,陝師本則有。卷之七、八,首圖本補充了若干首詩。

總之,與陝師本相比,首圖本文字保存較好,可補陝師本漫漶不清之處。頁次裝訂錯亂,二者類同,篇章多寡各异。陝師本藏于陝西師範大學圖書館古籍特藏部,由於管制嚴格,没能見到原書,只能以古籍部的複印之本爲據。所據首圖本,藏于首都圖書館,因入選國家珍貴古籍名録(第二批),館里爲妥善保存,製作了掃描文件,原件則不再提供閱覽。因爲複印本和掃描本頁碼裝訂均嚴重錯亂(尤其是卷之二、卷之三),加之版心頁碼無法準確辨識,給整理工作帶來了不少的困擾。在整理時,參照其它資料,盡量將内容拼接完整。陝師大與首圖所藏,卷十一蔚元康《謁嶽廟》詩之後,均有“華嶽全集卷之十一終”數字。《謁嶽廟》詩之後,有《登華嶽》《春日游華山》等十八首詩,依據其體例及字形,應係後人所補,且所補均爲明詩,詩人所生活的年代下限均在明萬曆年間。因此可以判定,原本和首圖本均爲明本,而非清補刻本。另外,據其中内容編排及舛誤之處可知,陝師本雖内容较全,然仍非完足之本,若他日有緣得見廬山真面,再行補訂。

二、《(嘉靖)華嶽全集》的編纂者及編纂緣起、刊刻時間、卷數等問題

(一) 李時芳

《(嘉靖)華嶽全集》編纂者李時芳,山西臨汾人,舉人,嘉靖三十八年擔任華陰縣知縣①。在任期間,興廢補綴,政績堪贊。嘉靖三十四年(1555),陝西等地發生大地震,因震源在華州,故又稱爲華州大地震。在這次嚴重的自然災害中,華山原有建築及碑石等"一時傾毁俱盡","然以大工方興,未暇禁治"。李時芳上任之後,親自前往華山勘查西嶽廟,憂慮非常,於是"命芟其荆棘,袪去瓦礫,起□其餋,引水以潤其枯,周圍護以欄杆"。李時芳的這些舉措,極大地改善了西嶽廟等處的復建情况,邑教諭吴夢吉在《嘉靖庚申闕名碑》文中稱贊給予了很高的評價:"其視昔日之榮,諒有過焉者。……公□治作者之謂乎！公下車未期而□□□□於上下,其仁民愛物之施,將有不止如此竹者矣。"②此碑立于嘉靖三十九年(1560)三月。嘉靖三十九年(1560)六月,李時芳爲華山青柯館落成,豎碑一通,名爲《華山始建青柯館記》,碑陰落款爲"華陰縣令臨汾小溪主人李時芳立"③。據《重修駐馬橋記》記載④,嘉靖四十一年(1562),李時芳曾命人從華山張超谷口采集石材,對駐馬橋進行修繕,"墜者起之,缺者補之,兩旁爲欄杆,爲石獅",修成之後,焕然可觀。同年仲秋(農曆八月),李時芳還重刻了《宋修西嶽金天王廟碑銘》⑤。九月,重刻《唐玄宗御製西嶽華山碑銘》⑥。嘉靖四十三年(1564)秋,裴紳命李時芳組織人員重建雲臺觀,由於災後"再生之民匱憊且極",人力物力均無法保證,於是"令有志道士鳩施四方"⑦,籌集經費。此項工程

① 《(嘉靖)華嶽全集》卷首《華嶽全集目録》:"華陰縣知縣臨汾李時芳編梓。"《(嘉靖)華嶽全集》卷末李時芳所撰《跋》:"華陰縣知縣臨汾後學李時芳謹跋。"《(萬曆)華陰縣志》卷之五《官師》:"李時芳,舉人,山西臨汾人。"《(乾隆)華陰縣志》卷七《職官》:"李時芳,山西臨汾人,舉人。三十八年任。"《華山碑石・重修駐馬橋記》:"時臨汾小溪李公時芳來尹是邑。"張江濤編著《華山碑石》,西安:三秦出版社,1995年,第284頁。

② 《華山碑石》,第282頁。

③ "蓮峰弄色"四字在《華山始建青柯館記》碑陰,下款爲"華陰縣令臨汾小溪主人李時芳立"。《華山碑石》第51頁。

④⑤ 《華山碑石》,第284頁。

⑥ 《華山碑石》,第252—253頁。

⑦ 《華山碑石》,第289頁。

竣工于萬曆四年(1576)春,前後約十二年之久。可見,李時芳在任期間,勤于政務,除修廢起墜之外,還非常重視文化建設,編纂《華嶽全集》即爲此舉。李時芳從嘉靖三十八年至四十二年期間,擔任華陰縣知縣。此前爲李冲漢(嘉靖三十五年任),此後,由何祥接任(嘉靖四十三年任)[①]。因爲關於李時芳行迹的記載較少,所以有些研究者不審其詳,對於其籍貫及行迹多有妄度之處。例如《首都圖書館藏國家珍貴古籍名録》在《重刊華嶽全集》的説明文字中,授引《(民國)同安縣志》卷三十五《人物録》:"李時芳,號新溪,明代廣西人。"然考其鄉貫因及事迹,恐是另一同時同名者而已。

(二) 裴紳簡介

裴紳(1513—1567),字子書,號右山[②],原籍山西聞喜縣,後定居於蒲州,遂爲蒲人。嘉靖十三年(1534)舉人,嘉靖十七年(1538)進士,授行人,擢監察御史。嘉靖四十年(1561),擔任巡撫陜西都御史[③],以謗致仕歸。嘉靖四十年(1561)秋八月,裴紳奉命代祀西嶽,及至華陰縣,取舊志閲讀,發現因歲久殘闕,不可卒讀,於是囑咐知縣李時芳重新修纂。其實,依據李時芳所撰寫的《跋》,早在此之前,李時芳就已經着手此事了。故嘉靖四十一年(1562)冬初,李時芳就不辱使命,將新刊刻的《華嶽全集》呈送給裴紳。裴紳則對此給予了高度的評價:"夫兹舉也,豈獨誇峻極、揚鴻休,以慰山靈已耶?……飭其已蠹,增其未備,則斯文真不朽矣。"[④]

(三) 纂修《(嘉靖)華嶽全集》的相關問題

1. 纂修緣起

纂修地方志是非常重要的一項文化盛舉。在中國傳統思想中,"大上有立德,其次有立功,其次有立言"[⑤]。纂修志書即爲立言的重要形式,例如章學誠在《答甄秀才論修志第一書》中所言:"丈夫生不爲史臣,亦當從名公巨卿,執筆充書記,而因論列當世,以文章見用于時,如纂修志乘,亦其一事也。"歷來知名學者、社會名流,樂於參加志書修纂的例子不勝枚舉。這些人對於纂修志書有着强烈的歷史責任感,例如纂修《山西通志》的楊篤曾説:

---

① 《(乾隆)華嶽全集》卷七《職官》。
② 《華山碑石》,第290頁。
③ 覺羅石麟《山西通志》卷六十八,文淵閣《四庫全書》第544册,臺北:臺灣商務印書館影印,第396c頁。
④ 《(嘉靖)華嶽全集》卷首《重刊華嶽全集序》。
⑤ 杜預《左傳杜林合注》卷三十,影印文淵閣《四庫全書》第171册,第650a頁。

"一身之壽夭,命也。倘修志不成,三晋文獻由我而斷,罪不更大乎?"作爲時任華陰縣知縣的李時芳而言,於公事閒暇之際檢閱舊志,面對因"歲易人更,板籍脱落,乙卯又遭地震之毁,遂致無從考據"[①]的現狀,撫卷歎息,遂有重修之念,自在情理之中。此外,還有一個原因促使他着手此事,那就是裴紳的屢次過問。李時芳于嘉靖三十八年(1559)擔任華陰縣知縣起,就有重修華山志書之念,但由於上任伊始,事未通,人未和,自謙"才力綿薄",因此未遑編訂。及至兩年之後,政通人和,對于華陰縣的山川地理也日漸熟悉,于是捐俸翻刻,刪繁而拾略。嘉靖四十年(1561)八月,皇帝遣巡撫陝西等處地方都察院右僉都御史裴紳前往華山祭祀,再次叮囑李時芳要重視華山志書的修纂。對於裴紳在纂修華岳志這件事上的關注,李時芳也大加贊賞,例如"夫公注意于山,匪獨爲文山合德,於公必有所自。公以仁厚爲心,發諸政事,皆慈祥愷悌之績。……斯刻也,仗公曲全"[②]。

纂修華嶽志,從李時芳的角度而言,一則係地方父母官職責所在,二則與其早年所做之夢有關[③],三則與上司裴紳的多次關注督促有關,四則與我國古代修志的優良傳統有關。關於纂修華嶽志的重要意義,裴紳在與李時芳的談話中闡述得很明白:"是編所載,不獨古今之仙蹟靈應與夫奇碩之士,窮探冥搜,發舒其逸興藻思,寫之金石而已。自漢以來,歷代秩祀,桓碑彝篆,幸有存焉。至我明興,尤極崇奉。高皇帝夢游釐祀,御製諸作,以暨列聖。今上之奎章宸翰,皆所以昭精禋而垂典制,當與玆山相爲罔極,固可俾之殘闕若玆耶? 盍謀新之。"[④]簡言之,纂修華嶽志,已不僅是文化領域普通的著書立説之事,而是關乎"昭精禋而垂典制"的大事。當然,這是與西嶽華山的重要地位相關聯的。裴紳在嘉靖四十一年十二月所撰寫的《重刊華嶽全集序》中,對于李時芳所纂修刊刻的《華嶽全集》給予了高度的肯定,即"存斯文""慰山靈"。

2. 刊刻時間及卷數

《華嶽全集》系李時芳於明嘉靖年間任華陰縣令時纂輯而成,并於嘉靖四十一年自行刊刻。裴紳在《序》中提到自己於嘉靖四十年秋八月代祀嶽神時,曾交待李時芳重新修纂《華嶽全集》,并在次年十二月見到了新刊刻的《華嶽全集》。《四庫全書總目提要》:"今案時芳之本,《千頃堂書目》作十卷,迺嘉靖四十一年所修。"又如《中國古籍善本書目》著録有李時芳《華嶽全集》十一卷:"明嘉靖四十一年自刻、清補刻本。"[⑤]

---

① 《(嘉靖)華嶽全集》卷末李時芳所撰《跋》。

② 《(嘉靖)華嶽全集》卷末李時芳所撰《跋》。

③ 《(嘉靖)華嶽全集》卷末李時芳所撰《跋》:"曩者芳會試落第,俱有夢入五里關,當時亦不知爲何地何事。既而承乏玆土,登山祀神,皆夢中景象,始知功名有一定之分。"

④ 《(嘉靖)華嶽全集》卷末李時芳所撰《跋》。

⑤ 天津圖書館編《中國古籍善本書目・史部・地理類》(稿本),濟南:齊魯書社,2003年,第520頁。

關於《(嘉靖)華嶽全集》的卷數,各家著録有别。《千頃堂書目》《明史·藝文志》《(乾隆)華陰縣志》卷十五《經籍》均著録爲十卷,《萬卷堂書目》作十一卷。更有著録爲十三卷者,例如《(道光)華嶽志》李榕自序:"明李時芳纂《華嶽全集》十三卷,马明卿又增李《集》为十四卷,可谓详且尽矣。"十卷、十三卷均誤,應爲十一卷。

三、關於《(嘉靖)華嶽全集》的評價

方志發展至明代,仍舊偏重於"資治"的功能,即所謂"非傳信之可喜,而有關勸懲之足嘉""義無所系,寧弗作焉"[①]。明代所編纂的方志雖多,但"皆迷于偏方,或成于一手,非詳于古,則略于今,非失簡便,則傷于浩繁"[②]。《(嘉靖)華嶽全集》係承上啓下之作,上承金大定《西嶽華山志》,下啓明萬曆《華嶽全集》。裴紳《序》開篇所説之"舊志",從李時芳《華嶽全集》卷首《華嶽全集古序》(劉大用)以及《唐玄宗御制碑序略》判斷,當指金大定《西嶽華山志》,是在此基礎上纂修的。李時芳在《跋》中講明了自己所作的工作:"捐俸翻刻,删繁而拾。"當然,這只是謙虚之詞。《華嶽全集》卷之一,幾乎全部承襲了《西嶽華山志》,可見其密切關係。不過,此後各卷則爲李時芳所續增,但篇章結構較之《西嶽華山志》已大爲完善。《唐玄宗御制碑序略》也是全文轉録,而非如《西嶽華山志》僅爲節略。

裴紳對於《(嘉靖)華嶽全集》的評價還是比較中肯的:"飭其已蠹,增其未備。"關於這一點,比對王處一《西嶽華山志》即可明瞭。關於這部志書,張維新在《敘》中首先予以肯定:"是《集》也,無論山川人物,獵异蒐奇,溯自歷代,以洎我朝,展禮祈釐,宸藻具在,寔惟西秦文獻之領袖,詎一郡一邑之志比哉?"[③]但也明確指出其不足之處:"舊本多豖亥,且駁樂罔稱。"鑒於此,張維新遂檄華陰令馬明卿,編訂成一部新的《華嶽全集》。賈待問對於《(嘉靖)華嶽全集》的評價爲:"顧讀所爲《華山集》者,既品析之棼殽,亦蒐羅之掛漏。山靈幾涸,文獻曷徵焉?"[④]比對嘉靖、萬曆兩種《華嶽全集》卷前目録,篇章排布有諸多相似之處,不過,《(萬曆)華嶽全集》係後修,體例更爲合理,且卷一所附二十餘幅華嶽圖繪製精美,標注清晰,據圖可對華嶽諸勝景了然於胸,亦可寓目其間,神游斯山。《(嘉靖)華嶽全集》卷首所附圖與(《萬曆)華嶽全集》相比,比較粗糙。

另外,《(嘉靖)華嶽全集》尚存在幾點不足:(1)卷首著者項不統一。例如卷之一、三,無著者項,卷二、五:華陰縣知縣李時芳編集。卷四:華陰縣知縣李時芳編梓。卷六、七、

① 毛鳳韶《(嘉靖)浦江志略序》,明嘉靖刻本,第2a頁。

② 朱祁鈺《御製寰宇通志序》,葉盛《水東日記》卷三十九,北京:中華書局,1980年,第374頁。

③④ 見《(萬曆)華嶽全集》。

八、九、十、十一:華陰縣知縣臨汾李時芳編梓。(2) 内文篇目標題各异,有的篇目無標題,直接以作者爲題。例如卷之二"唐進士李商隱撰",該文(雍正)《陝西通志》收録,題爲《修華嶽廟頌》。(3) 内容編排雜亂。例如卷八卷首注明爲"五言古詩",《仙人掌》《登華山》《登太華》《登嶽》均爲七言,顯系志書作者誤排于此。(4) 部分詩文或無題或無作者。例如卷十"子晋吹簫第一峰""温泉浴罷踏歌歸"兩首詩,僅有作者。(5) 部分詩文標題、作者均誤。例如卷十一"三峰雲滿紫芝田"詩,原本誤入《登灝靈門曉望》,題爲《又》,實則此詩題爲《華山》或《華嶽》,作者爲元人張翔。

【作者簡介】高葉青,女,1978 年生,陝西涇陽人,歷史學博士,陝西省社會科學院古籍整理研究所副研究員,主要從事歷史文獻整理與研究。

天津圖書館藏《終南仙境志》考論*

劉康樂

天津圖書館古籍部現藏《終南仙境志》一書，是目前所見國内外僅存的一部故終南縣寺觀志。該書明萬曆三年(1575)盩厔進士王三聘初次刊刻，清乾隆十五(1750)盩厔縣令鄒儒因其書多有殘缺而加以補刻。《中國古籍總目・史部》"史 71452656"條列天津圖書館所藏的《終南仙境志》稱："《終南仙境志》，四卷，明趙爾守等撰，明刻，清乾隆十五年鄒儒重修本。"①中國國家圖書館"中華古籍資源庫"2018 年 9 月公佈了天津圖書館所藏的《終南仙境志》全文影像，對這部珍貴的古籍的整理和研究才得以可能。《中國古籍總目・史部》關於本書的介紹頗爲簡要，且語焉不詳，本書的編修緣起、版本源流、文獻征略及史料價值等問題，頗有深入研究的必要。

一、編修緣起與版本源流

天津圖書館藏《終南仙境志》，四卷，附外志一卷，存二册 131 葉。單色木刻，開本 11.88×14.63 cm，四周邊框單綫，部分葉面邊框雙綫，版框規格 10×7 cm，半葉 10 行，單黑魚尾，白口，大字單行，每行 18 字，小字雙行，每行 18 字。全文影像缺牌記及外志第 3 葉，故編修人員及版本信息等尚需細緻考證。

關於《終南仙境志》的編修者，據乾隆五十年(1785)邑令楊儀修《盩厔縣志・王三聘傳》稱王三聘的著作中有《終南仙境志》一書行世②，清代盩厔邑乘皆采此説。不過《中國古籍總目・史部》則稱系"明趙爾守等撰"，當據本書卷首目録之後所列的采輯、校正人員名單："采輯：解元趙守爾、舉人王旃、王正己、貢士焦秀實、監生王旂、生員王惠；校正：舉人徐臬、武烈、楊起潛、王櫝、田疇、王訢。"以此來看，《終南仙境志》是集體編修的成果。但據

* 本文爲國家社科基金項目"西嶽華山道教文獻整理與研究"(18XZJ009)階段性成果。

① 中國古籍總目編纂委員會編《中國古籍總目・史部 7》，上海：上海古籍出版社，2009 年，第 3924 頁。

② 楊儀修、王開沃纂《盩厔縣志》卷八"人物"，清乾隆五十年(1785)刻本，第 7 頁。

王三聘傳及外志序詳考，組織編修的主持人并不是趙爾守，而是王三聘。本書所附"外志"有王三聘所作的序，對本志編修之緣起所述甚詳：

> 天下談仙者多歸終南山，山東接商、鄠，西接太白，雖延繞咸、長、藍、鄠諸封，皆偏倚斜峙而勢拱盩厔之前，故盩厔境内清平軍故以終南名縣，境内寺觀最著名者又皆緣仙起，邑侯内江得齋馬公聞風而思之甚切。一日指顧余曰："是不可無志也，子志之。"余惟命諏友采輯往迹可征信者以代，序次其綱：以周有文始而爲樓觀説經臺，秦有籥史而爲仙游寺，宋有保德真君而爲太平宫，金有開化真人而爲遇仙、成道、重陽宫，其目分創繼、崇尚、寓游、記録四類。外又紀修煉之訣，得齋題曰《終南仙境外志》。草次而未及鋟也。越二年乙亥，余不能鋟，亦不忍錯，乃集前寺觀住持，各畀本土志板而分募刊之，閱月餘而事竣，因識歲月於卷首。
>
> 萬曆三年歲在乙亥秋八月桂夕兩曲居士七十五叟王三聘志。

《終南仙境志》分綱别目，一如王三聘在明嘉靖四十二年(1563)所修《盩厔縣志》十五卷(已佚，僅存序)所用的體例[①]。從王三聘的序言可以得知，此書是在明萬曆元年(1573)之前王三聘應"邑侯内江得齋馬公"所請而編修，其采輯者皆王三聘之友及門人弟子輩，雖卷首目録未署王三聘之名，但其作爲編修主持人於序言已然明瞭。"邑侯内江得齋馬公"即明盩厔知縣馬魯卿，據乾隆《盩厔縣志·職官》載："馬魯卿，四川内江進士，隆慶五年任，文詞操守爲士民所愛敬，因厭吏事，改教去。"[②]馬魯卿，字道傳，號得齋，明隆慶五年(1571)辛未科進士，任盩厔縣令，後改松江府教授，曆官鳳陽府、温州府通判、工部侍郎、雲南按察司僉事等。主持編修的王三聘(1501—1577)，字夢莘，號兩曲居士，陝西盩厔縣興仁里(今陝西周至縣富仁鄉辛家寨村)人，明嘉靖十四年(1535)乙未科進士，官歷大理寺評事、河南按察司僉事、四川按察司僉事，後辭官歸里。據邑人徐九征所作的《王三聘傳》：

> 王先生，名三聘，字夢莘，别號兩曲，盩厔城中人也。天資剛毅明爽，十齡去父，承辛太孺人訓，爲學惟求大義，不事章句之末。督學敖公异之，嘗批其卷曰"氣凌霄漢"。嘉靖辛卯虎榜第二名，乙未題龍榜。……戊戌授大理評事，讞獄明允。己亥覃恩封贈父母。癸卯擢河南僉事兼理屯驛，剔影射，省接應，時克稱厥職。甲辰丁母憂，哀毁骨

① 《盩厔縣志》卷首"舊序"，第2頁。
② 《盩厔縣志》卷六"職官"，第8頁。

立,服闋,補四川僉事。……會蠻猖獗,先生區劃安撫,而同寮者心害其能,譏先生以怯,遂浩然東歸,清風兩袖,囊無一物。然持身孝親、愛民忠君之志究未忘也。林下三紀,不輕謁有司,買田一所,左立宗祠,以奉先靈,思親不置。右立義學,以啓後進,惟問真才,前爲荷池而荷有并頭。萬曆癸酉猶子櫝、從孫正已同捷秋闈,并官邑令,人謂瑞蓮不虚。……先生平日著述有:《盩厔縣志》《字學大全》《事物考》《終南仙境志》《古今類言策髓》《小學注解》《性理字訓主意》《子史筆録》諸書行世。子旂孝廉,胞姪旂新野主簿。[①]

王三聘居鄉之間,著述之餘,喜游終南山水,爲林下之棲三年,并據故鄉縣名"盩厔"二字之本義[②],自號爲"兩曲居士"。王三聘著書豐厚,并於盩厔邑乘修纂多所貢獻。嘉靖四十二年(1563)主持修成《盩厔縣志》,萬曆元年(1573)又在邑令馬魯卿的支持下,組織同鄉的舉人、生員等同仁編修《終南仙境志》。參與前期資料采輯和書稿校正的人員,已列在卷首的目録之後:"采輯:解元趙守爾、舉人王旂、王正已、貢士焦秀實、監生王旂、生員王惠;校正:舉人徐臬、武烈、楊起潛、王櫝、田疇、王訢。"上述參與人,皆爲當時盩厔籍的儒士,并對終南道教有着深厚的情感,《終南仙境志》收録了諸人游訪終南寺觀的詩作,言辭中表達了對於道教的鍾情和信仰,而作爲主修者的王三聘和趙守爾更與終南道士往來密切,還曾應邀爲盩厔樓觀宗聖宫、東華觀等道觀重修撰文、書丹或篆額等。

據乾隆《盩厔縣志》卷七"選舉"列有以上所有參與人的履歷,"(舉人)萬曆癸卯科:趙爾守,忻侄,解元,有傳","丙午科:王旂,三聘子,善詩,好學","王正已,西溝里人,任介休知縣","焦秀實,貢生,以子蕃貴,贈奉訓大夫","(貢生)王旂,樊城主簿","王惠,辛街里人,元亨子,遼東教授","(舉人)甲子科:徐臬,辛街里人,中江知縣;武烈,興仁里人,南樂教諭。隆慶庚午科:楊起潛,西關里人,有傳;王訢,辛街里人,九同子,襄陽知府","(舉人)王櫝,興仁里人,任浮山知縣,淹貫經史,居官頗著廉惠;田疇,東關里人,清源知縣"[③]。王三聘以其德高望重,召集了當時盩厔籍的衆多儒士參與《終南仙境志》的采輯和校正工作,其中還有王三聘的兒子王旂、侄子旂和侄孫王正已,雖然不少參與者在外任官,但都心繫桑梓文化之盛事,配合王三聘的所設計的綱目完成資料采輯和校正工作。

此書取名所謂"終南"者,非廣義之秦嶺,亦非狹義之終南山,而專指盩厔境内的舊縣

---

① 王三聘《古今事物考·附録本傳》,西安:陝西通志館,1936年,第1—2頁。

② 李吉甫《元和郡縣志》卷二"京兆府盩厔縣"云:"山曲曰盩,水曲曰厔。"影印文淵閣《四庫全書》,臺北:臺灣商務印書館,1986年,第468册,第148頁。

③ 《盩厔縣志》卷七"選舉",第8—29頁。

"終南縣"[①],即王三聘序所稱"故盩厔境内清平軍故以終南名縣"。據王三聘的《終南仙境外志》序言稱,《終南仙境志》四卷、附外志一卷於萬曆元年(1573)編修完成,但因缺少資金而未能付梓。萬曆三年(1575)八月,王三聘召集志中各寺院的住持商議,由各寺院將各卷内容分别募集資金刊刻,最後彙集而成。各寺院分卷刊刻的工作進展很順利,僅僅用一個月的時間就完成了,其刻板刷印大概就在盩厔本地,但也因事促而刻功略顯粗糙。至此《終南仙境志》的編修人員、刊刻時間及刊印經歷亦了然分明了。

乾隆十五年(1750),盩厔縣令鄒儒在卸任閒居之餘,將已經當時殘缺的明刻本《終南仙境志》加以補訂重刻。據本志前所附鄒儒《補刻終南仙境志序》稱:

> 予初抵任,得《終南仙境志》一編,見其内多殘缺,又其時薄書粗粗,未暇畢覽,乃竟高閣置之不問久矣。今庚午六月,忽以罪去官,閒居無事,因携畫工,將終南諸仙境遍覽旁搜,繪爲一册,而又各以己意,綴爲長短吟,一月乃畢。既而又無所事,回憶前編,取閲之,意作消閒計耳,乃閲數過而不覺心神忽忽,爲其所動,竟爲之上考史策,下采碑銘,遍訪父老之傳聞,拾遺補亡,以成完本。時方秋暑,飯室大僅如鬥,終日汗如雨下,而亦不自知也。昔人謂神仙多英雄失踞不得志於世者爲之,此編殘缺有年矣,倘余非遭罪,讅誰爲補之、訂之而又刻之耶?足征前説非無意也。雖然編中所載多冲舉飛升之事,今果安在哉?亦見玆編多幻説而反爲終南之贅疣矣,故刻畢,余仍置之高閣而去。七月既望,前二曲令洎陽鄒儒采芝散人漫題。

據乾隆《盩厔縣志·職官》載,盩厔知縣:"鄒儒,字企嶧,江西樂平人,雍正己酉拔貢,以經義治事,例薦用,前任浙江慶元知縣,丁艱再補,於乾隆十一年任,建對峰書院,重修邑志,愛民禮士,雅擅時譽。"[②]鄒儒,字岐嶧,號歸峰、采芝散人,江西樂平(今江西省樂平市)人,清雍正七年(1729)拔貢,曾任浙江省慶元縣知縣,乾隆十一年(1746)補盩厔知縣,乾隆十四年(1749)修《盩厔縣志》十五卷、《恒州偶紀》三卷(皆佚)。乾隆十五年(1750)六月以罪免官閒居,七月見明刻本《終南仙境志》一書多有殘缺,乃考諸史策,采訪碑石并耆老傳聞,并增録鄒儒等人的詩文數篇,一并補刻於後。

---

① 北周明帝二年(558)置終南郡,治盩厔縣(在今陝西周至縣終南鎮)。雖然終南郡在天和二年(567)即廢除,但周至境内以樓觀爲中心的終南鎮,在唐宋元朝三朝都被設爲道教文化特區性質的終南縣。唐武德三年(620)析盩厔東部黑河以東澇河以西的轄地設終南縣,屬雍州,貞觀八年(634)廢。北宋大觀元年(1107)析盩厔東部設清平軍,置終南一縣,隸京兆府,軍、縣治所皆在清平鎮(後改終南鎮),終南縣的主要職責則是管理終南山上清太平宫和樓觀兩處道教宫觀,元時終南縣管轄範圍擴大到重陽宫等全真教宫觀,直至至元八年(1271)并入盩厔縣。

② 《盩厔縣志》卷六"職官",第13頁。

天津圖書館所藏《終南仙境志》現存131葉,除前附鄒儒的序文1葉是以行書寫刻,占本書大部的110葉字體爲典型的明刻本宋體字,板框用單綫,字形拙樸粗獷,但部分字形已有變形,字迹漫漶不清,不少頁面也有局部字迹被挖補的痕迹,另以寫刻體補全或增加新的内容;其餘間隔插入的20葉均以寫刻體刻寫,板框則用雙綫,字形清瘦俊雅,字迹清晰明辨。李欣宇認爲:“這部《仙境志》并非一氣刻成而是陸續增補刻成的,每增添若干詩文,即增刻若干書版,遂添遂刻。”[①]雖然注意到此書版式與字體存在的差异,但未能明辨其成因。縱覽全書版式之差异及鄒儒序言可以推斷,天津圖書館所藏的本子當爲清康熙十五年所刷印,其中宋體刻寫的110葉應是據明萬曆三年的舊板刷印,其餘的20葉和部分挖補重刻的頁面,是鄒儒在明代舊板的基礎上補刻的。鄒儒在訂補原書缺頁内容時,“上考史策,下采碑銘,遍訪父老之傳聞”,其考證是比較嚴謹的,比較完整地恢復了明刻本的原貌。從鄒儒的序文還可以獲知,除了補刻《終南仙境志》之外,鄒儒此前還命畫工繪製了終南仙境圖册一本,并附有他所作的題畫之詩。可惜這本畫册今已不存,其詩作亦不可考。

二、主要内容與文獻徵引

《終南仙境志》詳細記述了盩厔境内終南舊縣的寺觀歷史、人物、碑記、詩文等史料,其編修體例和綱目的安排,如王三聘序所言:“序次其綱:以周有文始而爲樓觀説經臺,秦有簫史而爲仙游寺,宋有保德真君而爲太平宫,金有開化真人而爲遇仙、成道、重陽宫,其目分創繼、崇尚、寓游、記録四類。外又紀修煉之訣。”(外志序)其卷次分别是:卷一樓觀説經臺,卷二仙游寺,卷三上清太平宫,卷四遇仙宫、成道宫、重陽宫。每卷下又分别設四類目:創繼、崇尚、寓游、記録,“創繼”的内容爲寺觀及其下院建修的歷史沿革,“崇尚”的内容歷代帝王對寺觀及仙真的尊崇之舉,“寓游”的内容爲寺觀歷代高道大德的小傳,“記録”的内容爲寺觀碑記、詩文等。

《終南仙境志》徵引了大量的文獻,涉及了史志、類書、文集、道經及石刻等豐富的史料,經統計,全書徵引的各類傳世文獻多達40餘種,另録時存碑文多通。徵引文獻包括(一)史志和類書9種:司馬遷《史記》、范曄《後漢書》、宋敏求《長安志》、崔鴻《十六國春秋》、王稱《東都事略》、李攸《宋朝事實》、李昉《太平廣記》、明官修《永樂大典》、趙崡《石墨鐫華》等。(二)詩文别集16種:李白《李太白文集》、王維《王右丞集》、儲光羲《唐儲光羲

① 李欣宇《陝西明清刻書舉要》,《收藏》2010年第7期,第66—67頁。

詩集》、李群玉《李群玉詩集》、岑参《岑嘉州詩集》、白居易《白香山詩集》、蘇軾《東坡詩集》、蘇轍《欒城集》、徐鉉《徐公文集》、陶宗儀《南村綴耕録》、楊奂《還山遺稿》、王惲《秋澗先生大全文集》、章玄應《章玄應集》、朱誠泳《小鳴稿》、康海《對山集》、何景明《大復集》。詩文總集 3 種:楊士弘《唐音》、洪邁《萬首唐人絶句》、李昉《文苑英華》。(三)道教經典 18 種,以神仙傳記居多:劉向《列仙傳》、沈汾《續仙傳》、謝守灝《混元聖紀》、賈善翔《猶龍傳》、張君房撰《雲笈七籤》、王欽若《翊聖保德傳》、陳葆光《三洞群仙録》、王松年《仙苑編珠》、朱象先《古樓觀紫雲衍慶集》、朱象先《終南山説經臺歷代真仙碑記》、劉志玄《金蓮正宗仙源像傳》、李道謙《甘水仙源録》、李道謙《終南山祖庭仙真内傳》、李道謙《七真年譜》、趙道一《歷世真仙體道通鑒》、陳致虚《上陽子金丹大要列仙志》、洪應明《消摇墟經》、張天雨《玄品録》。(四)終南諸寺觀藏石刻多通:《終南仙境志》所録的大部分石刻現在仍存樓觀臺碑林和重陽宫碑林,如歐陽詢《大唐宗聖觀記》、王重陽《無夢令詩碑》、許登瀛《重修吕公洞記碑》、李道謙《重修説經臺記》、王惲《尹公道行碑》、康海《上善池詩碑》等,亦收録了一些今碑與文皆已不存的重要碑記,如朱象先撰《希聲堂記》等。此外,各卷下的"記録"類還收録了不少未見載于明清詩文集的明萬曆初刻時的明人詩文及清康熙補刻時的清人詩文多篇,這些詩文對於研究明清文人與宗教的關係,具有重要研究價值。

《終南仙境志》爲周至境内現存最早的寺觀志書,在明萬曆三年初次刊刻後,爲時所重,清代編修的地方志多采録其内容,清乾隆五十年(1785)知縣楊儀所纂修的《重修盩厔縣志》(十五卷,存十四卷)采録《終南仙境志》的内容多達 18 處。

《終南仙境志》的明刻本雖經鄒儒拾遺補刻得成完本,但作爲儒家士人,其於志中所載道教"冲舉飛升之事"多所不信,認爲"兹編多幻説而反爲終南之贅疣",因此刻畢仍置此書於縣衙書閣,重印的數量想必亦不會太多,這大概也是《終南仙境志》此後未能廣爲流傳的重要原因。清末民初盩厔學人劉崑玉在其所編的《終南仙境志續編》前序謂"王兩曲先生《仙境志》既已佚失而不可不續",故此乃廣泛搜集資料而爲續編之舉,其書所徵引《終南仙境志》的資料凡 16 處,經文字比對,其與乾隆《重修盩厔縣志》所載大略相同而與《終南仙境志》原文出入較大(見下表)。劉崑玉本人未見《終南仙境志》,其在續編《自識》中稱"凡舊志已載者悉載之而不敢遺,其未載者今補之而不敢略"[1],其所言的舊志當爲乾隆《重修盩厔縣志》而非《終南仙境志》。民國十四年(1925)任肇新所修《盩厔縣志》和民國二十六年(1937)白永貞所修《鐵刹山志》中徵引的樓觀臺和仙游寺史料,同樣也是轉引自乾隆《重修盩厔縣志》所載《終南仙境志》的文字,民國二十三年(1934)《續修陝西通志・藝文》著録

① 劉昆玉《終南仙境志續編》,樊光春主編《終南仙籍》,西安:三秦出版社,2014 年,第 945 頁。

劉崑玉所撰《續終南仙境志》二卷[①]而不著録此書,也似乎表明清末民國時《終南仙境志》的原書在世人的視野中早已消失,直到2009年出版的《中國古籍總目》著録此書,佚失許久的《終南仙境志》才重新爲世人所知。

乾隆《盩厔縣志》《終南仙境續志》徵引《終南仙境志》文字一覽表

序號	《終南仙境志》原文	乾隆《重修盩厔縣志》采録的内容	《終南仙境志續編》徵引的内容
1	建殿三:曰三清,曰文始,曰玄門列祖;建樓三:曰紫雲衍慶,曰景陽,曰寶章。……宫南三里抵臺,餘猶及林木欝蒙,翹望臺閣,晻藹在空,大爲勝概之輔。(卷一　樓觀宗聖宫説經臺・創繼,頁二)	《仙境志》:前爲四子堂及文史、三清二殿,再進則望氣樓,其右殿曰景陽,有丹井;左殿曰寶章。後爲宗聖宫,宫後林莽翠繞,有臺據高岡上,曰説經臺,元至元二年重修樓殿,凌空金碧溢目。(卷三　古迹・樓觀,頁十三)	兩曲《仙境志》:前爲四子室樓及文始殿,再進則望氣樓,右曰景陽,有丹井,左曰寶章。後爲宗聖宫,宫後林莽翠繞,有臺據高岡上,曰説經臺,元至元二年重修樓殿,凌空金碧溢目。(周樓觀)
2	秦始皇立廟於樓南曰老子廟。……晋惠帝元康五年重修,蒔花木萬株,自老子廟至文始祠綿亘六七里。(卷一　樓觀宗聖宫説經臺・崇尚,頁六)	《終南仙境志》:秦始皇好神仙,於尹喜先生樓南作老子廟,晋惠帝元康五年更修,蒔木萬株,連亘七里。給户三百,供灑掃。(卷三　古迹・老子祠,頁十四)	《仙境志》:晋惠帝元康五年更修,蒔木萬株,連亘七里。給户三百,供灑掃。(文始祠)
3	漢武帝立宫於觀北曰文始祠。(卷一　樓觀宗聖宫説經臺・崇尚,頁六)	《仙境志》:漢武帝立宫於觀北曰文始祠。(卷三　古迹・尹喜祠,頁十六)	《仙境志》:漢武帝於觀北立宫曰文始祠。(文始祠)
4	元始臺在觀東一里,臺以天尊名,上有門殿方丈。(卷一　樓觀宗聖宫説經臺・創繼,頁三)	《仙境志》:在樓觀東一里,上有殿門方丈。(卷三　古迹・元始臺,頁十七)	兩曲《仙境志》云:距樓觀一里,上有殿門方丈。(元始臺)
5	玉真觀在延生西南,唐玉真公主出宫入道之所,故有玉真祠,今廢爲民田矣。(卷一　樓觀宗聖宫説經臺・創繼,頁三)	《仙境志》:玉真祠在延生觀西南,今俱廢爲民田。(卷三　古迹・玉華觀,頁十八)	王兩曲《仙境志》:玉真祠在延生觀西南。(唐玉華觀)
6	延生觀在宫西南三里後山上,有小堂,今廢爲民田。(卷一　樓觀宗聖宫説經臺・創繼,頁三)	《仙境志》:在宗聖宫西南三里。(卷三　古迹・延生觀,頁十九)	《仙境志》:在宗聖觀西南三里。(延生觀)
7	仙游寺,黑水谷入,步五里一石坪,中以潭界兩半,半依山崖東南,半依山崖西北,四面山環若屏。山南直九峰,中一峰下即玄池,隋文帝創宫峰下,故額仙	《仙境志》:入黑水谷五里一石坪,中界一潭,潭倚山崖西北,四面山環若屏,山南直九峰,一峰下即元池,隋文帝創宫峰下,舊額仙游,其後宫圮。唐咸通	王兩曲《仙境志》:入黑水谷五里一石坪,中界一潭,倚山崖西北,四面山環若屏,山南直九峰,一峰下即玄池,隋文帝創宫峰下,舊額仙游,後宫圮。

① 楊虎城、邵力子修;宋伯魯、吴廷錫纂《續陝西通志稿》卷一百八十五《藝文三》,西安:陝西通志館,1934年,第45頁。

續表

序號	《終南仙境志》原文	乾隆《重修盩厔縣志》采録的内容	《終南仙境志續編》徵引的内容
	游。後宫圮，唐咸通間廝爲三寺：一失寺額址；一在潭南建，仍宫址，改額仙游寺；一在潭北，創額中興寺。南寺由東路過寒谷，循崖而北，出谷口；北寺由西路襄陵而下，至馬召村。二寺相往來隔潭，潭水深不可涉，上横一木爲橋，人度甚恐，偶值雷雨交作，陰晴互見，漂木滚石，而水勢山色變幻萬狀，南北掩映，可望而不可即，斯大奇觀也。（卷二　仙游寺·創繼，頁二）	間析爲三寺：一失故迹；一在潭南，仍隋宫遺址，改額仙游寺；一在潭北，創額中興寺。南寺由東路過寒谷循崖而北出谷口，北寺由西路襄陵而下至馬召村，二寺往來隔潭，潭水深不可涉，偶值雷雨交作，陰晴互見，溪光山色，變幻萬狀，洵异觀也。（卷三　古迹·仙游寺，頁二十三）	唐咸通間析爲三寺：一失故址；一在潭南，仍隋宫遺址，改額仙游寺；一在潭北，創額中興。南寺由東路過韓谷循崖而北出谷口，北寺由西路襄陵而下至馬召。二寺往來隔潭，潭水深不可涉，偶值雷雨交作，陰晴互見，溪光山色，變幻萬狀，洵觀也。（唐仙游寺）
8	玉女洞，一云穆王宴會仙女奏廣樂處；一云秦公主弄玉吹簫引鳳處。（卷二　仙游寺·創繼，頁三）	《仙境志》：玉女洞，一云周穆王宴仙女奏廣樂處，一云秦公主弄玉吹碧玉笙作鳳鳴處。（卷三　古迹·玉女洞，頁二十七）	《仙境志》：周穆王宴奏廣樂於此洞，宴群仙之地也。（玉女洞）
9	讀書臺，漢馬融從摯恂曾於此讀書。（卷二　仙游寺·創繼，頁三）	《仙境志》：東漢馬融從摯恂曾學於此。（卷三　古迹·馬融石室，頁二十八）	《仙境志》：東漢馬融讀書於此，師事摯恂。（漢石室）
10	三松觀，在寺東寒谷南，後魏侯楷棲真之所，今廢。（卷二　仙游寺·創繼，頁三）	《仙境志》：在仙游寺東北，魏侯楷棲真之所，今廢。（卷三　古迹·三松觀，頁二十九）	《仙境志》：在仙游寺東北韓谷内，魏侯楷棲真之所。（三松觀）
11	觀空堂，宋樞密趙瞻建。（卷二　仙游寺·創繼，頁三）	《仙境志》：宋樞密使趙瞻建。（卷三　古迹·觀空堂，頁二十九）	《仙境志》：宋樞密使趙瞻建。（宋觀空堂）
12	重陽於南時村穴居三年，複自實之，與玉蟾子李靈陽結庵於劉蔣。大定丁亥，復自焚庵，東游寧海度七真。西同丘劉譚馬四真，至汴梁仙化。四真歸葬於劉蔣，各廬墓三年，丹陽構一廣庭，爲環居之所，手書"祖庭心死"以表其顔，祖庭之名，由此而起也。……諸方謂之祖庵。金章宗承安二年，……王玉陽真人奏立觀靈虚，賜道安冲虚大師，而祖庭造建始盛。……元乙酉，長春以法旨授隰	《仙境志》略云：重陽於南時村穴居三年，複與和玉蟾等結庵於劉蔣村。金世宗大定中東游寧海，同邱劉譚馬四真至汴梁羽化，四真歸葬於劉蔣村，馬丹陽構一廣庭，手書"祖庭心死"以顔其額，祖庭之名實昉於此，諸方謂之祖庵。章宗承安中，王玉陽真人奏立靈虚觀，元戊戌歲，成宗大德二年夏五月，邱長春請旨改靈虚觀爲重陽宫，乙巳歲，朝命贈封爲重陽萬壽宫。（卷三　古迹·重陽宫，頁三十二）	《仙境志》略：重陽於南時村穴居三年，復與和玉蟾等結庵於劉蔣村。金世宗大定中東游寧海，同邱劉譚馬四真至汴梁羽化，四真歸葬於劉蔣村，馬丹陽構一廣庭，手書"祖庭心死"以顔其額，祖庭之名實昉於此，諸方謂之祖庵。章宗承安中，王玉陽真人奏立靈虚觀，元戊戌歲，成宗大德二年夏五月，邱長春請旨改靈虚觀爲重陽宫，乙巳歲，朝命贈封爲重陽萬壽宫。（重陽宫）

續表

序號	《終南仙境志》原文	乾隆《重修盩厔縣志》采録的内容	《終南仙境志續編》徵引的内容
	帥田公……戊戌夏五月得旨,改靈虚爲重陽宫,庚子成葬事及興造之功。乙巳,朝命增封爲重陽萬壽宫。(卷四 遇仙 成道 重陽宫·創繼,頁二至頁三)		
13	�溪亭 在宫西北隅,茂林修竹,清泉白石,悠閒寥𡩋,殆非人境,於洞真居時,嘗名曰�溪,李道謙復爲堂於上,爲章詩,詠其中,積十一帙,曰《筼溪集》。(卷四 遇仙 成道 重陽宫·創繼,頁四)	《仙境志》:在重陽宫西北隅,於洞真居此,名爲筼溪,後李道謙(字和甫,元人)復爲堂於上,吟詠其中,積詩十一帙,名《筼溪集》。(卷三 古迹·筼溪亭,頁三十二)	《仙境志》:在重陽宫西北隅,於洞真居此,名筼溪,後李道謙(字和甫,元人)復爲堂於上,吟詠其中,積詩十一帙,名《筼溪集》。(筼溪亭)
14	長生靈泉,重陽宫之左右前後方廣十餘里,我祖師修煉登真之所也。煙霞昭狀,松竹參差,然地甚卑濕,而水且淺,味濇而澀,久之令人生瘻。長生仙翁劉君來寓之後,乃相形勢,擇田一規,鑿井得泉,味極甘,清澈柔滑,以之烹茶則茶乳新香,以之釀酒則酒味芳冽,以之和藥則藥力通靈,以之洗丹則丹光益明……以其仙翁之所得,目之曰長生。(卷四 遇仙 成道 重陽宫·創繼,頁四)	《仙境志》:宫之前後左右廣袤十餘里,地卑濕,水味淡而澀,飲之輒生瘻,劉真人長春來寓之後,相地脈鑿井得泉,味極甘冽,烹茶、釀酒、洗丹,無一不宜,因名爲長生泉。(卷三 古迹·長生泉,頁三十三)	《仙境志》:宫之前後左右廣袤十餘里,地卑濕,水味淡而澀,飲之輒生瘻,劉真人長春來寓之後,相地脈鑿井得泉,味極甘冽,烹茶、釀酒、洗丹,無一不宜,因名爲長生泉。(長生泉)
15	唐吴道子,得神仙術,周游人間,後改名道元,雅好畫,其妙入神。嘗至仙游寺,於逼水塔空石刻天王、鬼神、飛仙,十有六方,爲二級。東坡稱其顧瞻俯仰睢盱哆冶之狀,非吴道子不能至也。軾既歎其神妙而悲其不爲世人之所觀采,於是以墨本歸而記其上。(卷二 仙游寺·寓游,頁八)	《仙境志》:吴生挾方術周游人間,嘗至仙游,守於逼水塔,空石刻天王、鬼神、飛仙十有六方,爲二級。顧瞻俯睢盱哆冶之狀,非化工不能,蘇子瞻來游,見之既歎其神妙而悲其不爲世人所觀,於是以墨本歸記其上。(卷三 方技·吴道子,頁三十八)	
16	北有小石塔,中篏《牧牛圖偈》,下葬月珠和尚。(卷二 仙游寺·創繼,頁二)	《仙境志》:南寺北有小石塔中嵌《牧牛圖偈》,下葬月珠和尚。(卷三 方外·月珠,頁四十四)	

續表

序號	《終南仙境志》原文	乾隆《重修盩厔縣志》采録的内容	《終南仙境志續編》徵引的内容
17	後魏韋節，字處元，京兆杜陵人。幼而好古，通經傳子史，傍精占候之術。十四歲，武帝擢爲東宫侍書。孝明出守魯郡，莊帝復爲守陽夏，遂還簪紱於朝而謁嵩山隱真趙静通，受三洞靈文秘訣，復讀《樓觀先生内傳》。周武帝賜號玄中大法師，廬於華山之陽。（卷一　樓觀宗聖宫説經臺・寓游，頁十四）	《仙境志》云：節入華山，號華陽子，武帝賜號元忠大法師。（卷三　方外・韋節，頁四十八）	《仙境志》云：韋入華山，號華陽子，武帝賜號元忠大法師。（周誦經岩）
18	詔額爲太平興國宫，俗傳爲雪樣宫。或以天降瑞雪顯示宫式，宫殿位次均一异事，何信彼而疑此？但神有碑征而雪失年代，則無據耳。（卷二　上清太平宫・創繼，頁一）	《終南仙境志》云：原額太平興國宫，俗呼雪樣宫，或以天降瑞雪顯示宫式，爲好事者之説。然此與神言宫殿位次均一异事，何信彼而疑此，但神有碑征而雪失年代，則無據耳。（卷十一　藝文・上清太平官碑銘，頁十四）	故《仙境志》：原額太平興國宫，俗呼雪樣宫，或以爲天降瑞雪顯示宫式，爲好事者之説。然此與神言宫殿位次均一异事，何信彼而疑此，但神有碑征而雪失年代也。（太平興國宫）

三、史料的學術研究價值

《終南仙境志》保存了明萬曆之前盩厔縣境内的重要寺觀史料，尤其是寺觀的建築位置、規模、建修經歷等重要資訊，可補現存終南寺觀史料之不足。兹舉本志卷一爲例。卷一“創繼”部分不僅記述了樓觀歷代建修的歷史沿革，而且記載了明代樓觀的殿宇規模、位次、重要遺迹和下院等資訊，揭開了明代樓觀道教發展的重要歷史。經歷元末兵燹，宗聖宫：“樓惟紫雲衍慶殿，惟三清、文始，太宗因故就新，其餘門堂、樓殿之類，具成曠土。今本宫住持相繼募化，創建諸殿，東爲玄帝、静樂，西爲三官、藥王，北爲雷神，又西爲道院，中爲官廳，南北相向而居。”（卷一“創繼”，頁 5）明代樓觀宗聖宫道士創修玄帝、静樂、三官、藥王、雷神等殿宇，基本恢復元代宗聖宫的規模，但供奉的神仙則以真武大帝爲主，反映了明代真武信仰的廣泛流行。明代的樓觀爲關中道教叢林巨觀，擁有衆多的下院，據《終南仙境志》所載，樓觀下院主要有玉華觀、東華觀、元始臺、仰天池、延生觀、玉真觀、吾老洞、説經臺、吕公洞、會靈觀、洪廟庵、迎陽洞等。

《終南仙境志》卷一“記録”部分記載了樓觀的重要碑石及相關詩文，其中有不少佚碑文字及詩文不見於其他文獻的記載。元代茅山道士朱象先提點樓觀宗聖宫期間，編寫了

《古樓觀紫雲衍慶集》《終南山説經臺歷代真仙碑記》等。《古樓觀紫雲衍慶集》收録古樓觀唐元碑記及唐宋元人題詠,所收碑文迄元至大年間,但未收録朱象先本人所撰的《希聲堂記》。希聲堂建於元世祖中統年間,立希聲堂碑一通,朱象先撰文,杜道堅書丹,但此碑已佚,碑文亦未見其他文獻記載,僅《石墨鎸華》存其跋[①]。《終南仙境志》則完整保存了這篇重要的碑文,對於研究樓觀道教歷史具有非常重要的文獻價值,兹録全文如下:

希聲堂記　朱象先　本宫提點　三茅山人

風霆無形而有聲,植物有形而無聲,動物有形而有聲,三者固殊類矣,抑有物焉。無形無聲,大無外,微無内,块兮北兮,流行於兩儀之間,凡日星之運轉,山川之流峙,四時之代謝,萬匯之生成,渾渾然,糜不受氣覆冒也。尋其端漠爾無朕,聆其音闃然絶響,雖至聰極明,懵然而莫之覺也。然而日月雲暗,時時變現,鳶飛魚躍,物物露呈。審其幾則自然而然,似無而實有;神其歸則不知其所已然,似有而實無。無非無也,默時説;有非有也,説時默。人乎其妙,蓋不可以知知識識而言言也。嘻!是道也,老子之所謂希聲乎?希聲者,無聲之聲也。《經》曰大音希聲,言大而無所容聲也。以類而推,若《詩》之無聲無臭,魯《論》之天何言哉,殆一宗旨,是皆所謂無爲之事、不言之教也。終南福地樓觀,老子談玄之所,號説經臺,依殿建堂,廣微天師題其顏曰希聲,指此道以示人也。研其旨也,超有用無,攝迹反本,體而行之,無爲自治,清静自正,斯五千言之要旨也。是堂高明偉觀,出風煙之上,以太虚爲門庭,以八荒爲户牖,河山百二,三川八水,皆幾案物。每世士一登,猶頓清塵臆,悠然忘歸,矧真見者乎?昔玉局翁來游,掀眉一覽,大悟希聲之旨,遂有不待傳經之什。然自昔至今,得如翁者,自應不尠,特邈焉罕知爾。典刑具在,堂復更新,玄藏全彰。開萬古煙霞之國,希音不息;闡四時風月之天,言此無言。嘿!曉來者。銘曰:

奇哉希聲兮六用具歇,萬有參前兮若將鐃舌。

一言無畫兮八字多兩,以虚契虚兮玄同無别。

聽之不聞兮彊名曰希乎,鋪在萬物兮莫得而建。

玄關啓鑰兮溥令人悟而家知,睠是臺爲指南兮冠福地猗良宜。

(《終南仙境志》卷一"記録",頁35—37)

① 趙崡《石墨鎸華》卷六:"希聲堂,元建,在説經臺北下一級,今廢而建閣,獨朱象先所爲碑存,碑詞卑不足觀,而杜道堅書非隸非分,去古益遠,於法益蠫。如吾子行,所謂挑拔平硬,若折刀頭,不復可得,殊令人有韓蔡諸人之想。"影印文淵閣《四庫全書》第683册,第512—513頁。

蒙古太宗年間(1229—1241),宗聖宫宫主李志柔於説經台下創立希聲堂,據朱象先《希聲堂記》,"希聲堂"取《道德經》第四十一章"大音希聲"之義,時第三十八代天師廣微子張與材親爲題匾。希聲堂碑雖已不存,但朱象先所撰的碑記,賴《終南仙境志》得以保存,尤爲難得。元末希聲堂已廢,據《終南仙境志》載,雷神殿:"北下一級故爲希聲堂,今創藏經樓,上韞藏道經,下象七真。"(卷一創繼,頁 5)明正統十三年(1448)八月,宗聖宫獲賜道藏一部,道士於希聲堂舊址創建藏經樓以藴之。《終南仙境志》保存了英宗頒賜宗聖宫《道藏》的聖旨一道,未見其他文獻記載,玆録其文:

> 國朝正統十三年八月初十日,皇帝聖旨:朕體天地保民之心,恭承皇祖考之志,刊印道藏經典,頒賜天下,用廣流傳。玆以一藏安置陜西西安府盩厔縣終南山宗聖宫,永充供養,聽所在道官、道士看誦贊揚,上爲國家祝厘,下與生民祈福,務須祇奉守護,不許縱容閑雜之人私借觀玩,輕慢褻瀆,致有損壞遺失,違者必究治之。故諭。
>
> (《終南仙境志》卷一"崇尚",頁 9)

《正統道藏》始修於明成祖即位之初,龍虎山天師張宇初、張宇清相繼主持編修,至明英宗正統九年(1444)刊刻完畢,又令邵以正督校。正統十二年(1446)二月,"刊造道藏經畢,命頒天下道觀"①。據陳國符先生的考證,全國各地至少有 18 座名山宫觀在明正統、嘉靖之間獲賜《正統道藏》②。據《雍正陜西通志》載,明萬曆間樓觀道士姬東坡:"善鼓琴,講《南華經》,多自悟詩,時出奇句。上嘉其恬寂,錫道經二藏。"③所賜二藏應指《正統道藏》和《萬曆續道藏》。今據《終南仙境志》所載的英宗聖旨,可知樓觀宗聖宫早在正統十三年就已獲賜道藏一部,是爲樓觀歷史上的大事件,也是明代頒賜道藏的重要綫索之一。

此外,《終南仙境志》卷一"記録"部分,除了刊載唐至元代文人和道士吟詠樓觀的傳世之詩作,還記録了 17 首明代文人的游觀之詩,清乾隆中鄒儒補刻時,又補遺了明秦簡王詩作 3 首和他自己的詩作 3 首,共 23 首:明進士康海《上善池》、明太學生王傳《紫雲樓》、明翰林檢討王九思《説經臺》、明陜西參政胡松《樓觀》二首、明陜西布政程軏《説經臺》二首、明給事中王元凱《樓觀》《説經臺》、明刑部郎中陳棐《説經臺》、明陜西參政陳其學《説經臺》、明陜西提學孫應鼇《樓觀》、明翰林檢討王元正《説經臺》、明山東僉事張幾《樓觀》、明

① 《大明英宗睿皇帝實録》卷一百五十,第 10 頁,臺北:"中央研究院"歷史語言研究所 1962 年影印原北平圖書館藏紅格本。

② 陳國符《道藏源流考》,北京:中華書局,1963 年,第 189—198 頁。

③ 劉於義修《陜西通志》卷二十八,影印文淵閣《四庫全書》第 552 册,第 482 頁。

邑令馬魯卿《吕公祠》、明邑人王櫝《説經臺》二首、明秦簡王朱誠泳《説經臺》三首、清邑令鄒儒《古樓觀》《説經臺》《玉真觀》。朱誠泳的三首詩見於《小鳴稿》[①],而康海、陳棐、胡松的詩作則見於樓觀臺現存詩刻[②],其餘16首明清文人吟詠樓觀的詩作,均不見載於上述作者的詩文集和樓觀碑石。這些詩作的發現,不僅可校補樓觀現存詩刻的漫漶闕文,而且可補上述明清文人詩文集之遺闕。

目前尚未見海内外其他存藏單位的藏書目録中列有《終南仙境志》,在其他藏本公佈之前,天津圖書館的藏本爲當世孤本。此書自明萬曆三年初次刊刻以來,因種種原因未能廣泛傳播乃至消失於學者的研究視野。天津圖書館藏《終南仙境志》全文影像的公開,揭開了本書編修、刊印和補刻的隱秘歷史,而本書所保存的故終南縣寺觀早已佚失的碑記、詩文等珍貴史料,對於研究終南山道教歷史和明清文人與道教之關係,有着十分重要的文獻價值。

【作者簡介】劉康樂,男,1979年生,安徽泗縣人,哲學博士,歷史學博士后,長安大學哲學與社會發展研究所副教授,主要從事哲學、宗教史、文獻學研究。

---

① 朱誠泳《小鳴稿》卷十,影印文淵閣《四庫全書》第1260册,第350—351頁。
② 王忠信編《樓觀臺道教碑石》,西安:三秦出版社,1995年,第53、54、56頁。

《國朝先正事略》考證六則

劉國宣

清同治五年，李元度（1821—1887）撰就《國朝先正事略》六十卷，皇皇七十餘萬言，自此"風行海内，傳之不朽"，[①]允爲晚清史學巨制。然白璧微瑕，謬誤迭見，信乎良史難能。向讀是書，於《事略》諸傳紀事、年月之偶誤者，輒别紙疏記，今擇録《名儒》《文苑》二門中凡六事，悉加考證，正訛訂誤，聊充芹獻云耳。

《事略》卷二十八《高彙旃先生事略》附録："吴慎，字徽仲，歙諸生也。"[②]案施則曾《吴徽仲先生傳》："吴徽仲先生諱日慎，號敬菴，徽州歙縣人也。"[③]又吴氏《周易本義爻征》卷首冠撰者康熙甲子年自序，落款云"新安吴日慎序"，是知吴氏名作"日慎"，《事略》脱去"日"字。此誤始自彭紹升《儒行述》，江藩《宋學淵源記》、錢林《文獻徵存録》、錢儀吉《碑傳集》等并襲其誤。《事略·名儒》一門信據《儒行述》過篤，於彭紹升之舛訛多不致辨，於此可見。

《事略》卷二十八《沈求如先生事略》："自省、史殁後，書院輟垂十年，而縣人韓仁父繼之。仁父名當，求如弟子也。"[④]此本阮元《儒林傳·沈國模》："沈、史（孝咸）殁，書院輟講十年，縣人韓孔當繼之。"[⑤]"省"乃"沈"字之訛。韓仁父名孔當，《事略》又脱作"當"。《清史稿》卷二六七即襲《事略》之訛，誤作"韓當"。

《事略》卷二十九《朱柏廬先生事略》："康熙十七年，或欲以鴻博薦，固辭乃免。"[⑥]案彭定求《朱柏廬先生墓志銘》："歲己未，將以博學宏詞薦先生，固辭乃止。"[⑦]"己未"爲康熙十八年，彭紹升《儒行述》、江藩《宋學淵源記》皆同，《事略》繫年誤矣。《事略》又稱朱氏"（康熙）二十七年卒"，蓋系誤信《儒行述》，《清史列傳》卷六六《朱用純傳》亦誤，當從《墓志銘》

---

① 曾國藩《曾國藩全集》卷二十六《書劄·致許仙屏函》，長沙：嶽麓書社，1989年，第437頁。

② 李元度《國朝先正事略》，《清代傳記叢刊》影印清同治八年循陔草堂刻本，臺北：明文書局，1985年，第193册，第230頁。

③ 高廷珍等《東林書院志》卷十二，清光绪七年刻本。

④ 《國朝先正事略》，第231頁。

⑤ 阮元撰，鄧經元點校《揅經室集》，北京：中華書局，1993年，第1027頁。

⑥ 《國朝先正事略》，第245頁。

⑦ 彭定求著，黄阿明點校《彭定求詩文集》，上海：上海古籍出版社，2016年，第593頁。

作“三十七年”。

《事略》卷三十《彭南畇先生事略》附録:“(彭)紹升,字允初,乾隆己丑進士。”[①]案彭希萊《二林府君述》稱彭紹升中進士第在乾隆二十六年辛巳,檢朱保炯等編《明清進士題名碑録索引・歷科進士題名録》:“乾隆二十六年辛巳恩科,第二甲十八名,彭紹升。”二説相符,《事略》實誤。此處紀年本江藩《宋學淵源記》致訛:“乾隆己丑,成進士,例選知縣,不就。”[②]《清史列傳》卷七二、《清儒學案》卷四二皆相沿不改。

《事略》卷三十一《鄧慕濂先生事略》:“年踰冠,得宋五子書,讀之,涕泗被面下,曰:‘吾乃今日知爲人之道也。’”[③]案此條亦本《儒行述》:“年二十五,得宋五子書,讀之,涕泗被面下,曰:‘吾乃今日知爲人之道也。出入禽門,往竟不自知,何哉?’”彭紹升自稱依羅有高《鄧先生墓表》(《尊聞居士集》卷六)成文,然所述往往溢出於《墓表》之外,且偶生歧互。如鄧元昌讀宋五子書事,《墓表》謂其時“年十七”,而《儒行述》謂“年二十五”,當别有所據。《文獻徵存録》《清史列傳》《清史稿》本傳皆從《墓表》作“年十七”,與《事略》各有所從。

《事略》卷三十九《李天生先生事略》:“崑山顧亭林至關中,常主其家。甲申、乙酉間,與亭林冒鋒刃,間關至燕中,兩謁莊烈帝攢宫。”[④]案此據江藩《宋學淵源記》卷上《李因篤》:“崑山顧炎武至關中,主其家。甲申、乙酉之間,與炎武冒鋒刃,間關至燕中,兩謁湣帝攢宫。”[⑤]而記事多舛。檢吴映奎《顧亭林先生年譜》,顧炎武、李因篤相識於康熙二年癸卯,未嘗有“主家”之誼。甲申、乙酉之際,李因篤方值少年,避亂山中,顧炎武則遷家於蘇、常之間,足迹不過長江,焉得有相攜入燕之游?“乙酉”當作“己酉”,即康熙八年。《顧亭林先生年譜》康熙八年己酉:“三月,與富平李子德謁十三陵,有《謁攢宫文》。”[⑥]可相印證。

【作者簡介】劉國宣,男,1987 年生,北京大學中國語言文學系博士後,主要從事中國古典文獻學、中國學術思想史研究。

① 《國朝先正事略》,第 269 頁。
② 江藩著,鍾哲整理《宋學淵源記》,上海:上海書店出版社,1983 年,第 35 頁。
③ 《國朝先正事略》,第 297 頁。
④ 《國朝先正事略》,第 479 頁。
⑤ 《宋學淵源記》,第 6 頁。
⑥ 吴映奎《顧亭林先生年譜》,清道光十七年刻本。

長安新見隋代墓志銘劄記兩則

王其禕　周　曉

一、大業二年《柴惲墓志》

《柴惲墓志》(圖一、二)二〇〇九年十一月二十五日出土於西安南郊航天中路,今存西安市文物保護考古所。墓志資訊先後披露於《2009中國重要考古發現》與《留住文明:陝西"十一五"期間基本建設考古重要發現(2006—2010)》①。志石長三五.五、寬三六、厚七厘米;志蓋盝頂,長三三、寬三五、厚六厘米。志石與志蓋四側即志蓋四殺皆無紋飾。志文二一行,滿行二二字,正書,有方界格。蓋題"大隋開府平原公柴府君墓志"一二字,四行,行三字,陰文正書,有方界格。志文如下:

隋故開府儀同三司東宮右武衛副率平原公柴府君墓志

公諱惲,字叔文,平陽平陽人也。肇迹基於唐帝,樹鴻績於漢朝,赫弈圖篆之中,氛氳鍾鼎之上。祖慶宗,魏金(金)紫光禄大夫、定襄武公;父世烈,周上開府、冠軍公。德高惟俗,道暎彝倫,曳組垂紳,勳業光懋。公稟天地之精靈,資大和之景氣,宏才英舉,珪璋秀出,紈綺嶽跱,弱冠淵凝,佩廊廟之芳塵,振煙霞之逸羽,鴻漸霄漢,入仕承華,熏灼崇賢,鏗鏘傳望,屬以蒼精雲暮,火曆權輿,漳滏憑凌,虔劉天步。公撫劍雷息,呑噬鯨鯢,武節電舒,光膺衮服,踐兹八命,儀望三臺,受山河之盟,啓平源之國,轉司禁旅,進陟戎章,方駕前雄,齊班衛霍。皇上龍躍朱邸,鳳跱春宮,詔公羽翼重離,股

① 國家文物局《2009中國重要考古發現》,北京:文物出版社,2010年,第136頁;陝西省文物局、陝西省考古研究院《留住文明:陝西"十一五"期間基本建設考古重要發現(2006—2010)》,西安:三秦出版社,2011年,第201—203頁。

肱明兩,風神肅穆,鬱暎儲闈,謀遠之衛,東朝不之尚也。方膺陪玉鑾於太嶽,變金鼎於紫薇,豈期景没悲泉,英圖落彩。春秋五十,以大業二年九月三日薨於私第,即以其年歲次丙寅十二月廿九日葬於皇原里之山。竊以德音不朽,人世彫空,勒百齡之壯氣,偶千載之松風,乃爲銘曰:

鬱鬱鴻胄,邈邈昌源。蟬聯朱紱,舄弈華軒。騏驥超忽,秀出高門。猶冰之潔,似玉之温。濯纓樹績,雄氣激敭。儀形臺鼎,貂配鏗鏘。霞峰千仞,彩落崦光。悲哉日遠,龜筮云良。悠悠丹旐,蕭蕭白楊。刊風泉路,騰懋飛芳。

圖一　大業二年《柴惲墓志》拓本

圖二　大業二年《柴惲墓志蓋》拓本

案：據《2009 中國重要考古發現》與《留住文明：陝西"十一五"期間基本建設考古重要發現(2006—2010)》披露，仁壽三年(603)《長孫公妻周城郡君薛氏墓志》出土於西安市長安區韋曲街道辦事處東側鳳棲原，同時同地(少陵原)還出土了薛氏夫開府儀同三司、東宮右武衛副率、平原公柴惲墓志，葬在大業二年(606)，志石亦藏西安市文物保護考古所。① 此説蓋誤，薛氏墓志云爲長孫公妻，而非柴姓，且長孫公職任"魏左光禄大夫散騎常侍開府

① 國家文物局《2009 中國重要考古發現》，北京：文物出版社，2010 年，第 136 頁。陝西省文物局、陝西省考古研究院《留住文明：陝西"十一五"期間基本建設考古重要發現(2006—2010)》"西安長安鳳棲原墓葬"云：航天中路延伸段 M1 隋墓出土青石墓志一合，"根據墓志記載，墓主柴惲爲開府儀同三司、東宮右武衛副率、平原公，葬於大業二年十二月二十九日"。西安：三秦出版社，2011 年，第 201—203 頁。

儀同三司平原侯”，柴惲則任“隋故開府儀同三司東宫右武衛副率平原公”，《柴惲墓志》中亦未記其妻子，故仕於魏之薛氏夫君平原侯長孫公者或當另有其人。

柴姓皆出平陽(今山西臨汾)一房，漢初有大將軍、棘蒲侯柴武，裔孫柴文仕晋爲晋陽太守，因家焉。[①] 隋唐已降，有晋州臨汾一支，即隋唐名將柴慎、柴紹(尚唐高祖李淵第三女平陽公主并名列凌煙閣二十四功臣)父子。唐墓志又見載永徽五年柴紹長子“使持節西伊庭三州諸軍事兼安西都護西州刺史上柱國譙國公柴哲威”[②]。至五代復有邢州龍崗一支，即五代後周世宗柴榮一族。今可據補徙籍長安的隋代平陽(開皇初改爲臨汾郡)柴惲一族。再考柴紹本傳曰“祖烈，周驃騎大將軍，歷遂、梁二州刺史，封冠軍縣公。父慎，太子右内率，封鉅鹿郡公”[③]，可知柴惲“父世烈，周上開府、冠軍公”者，即柴紹祖柴烈，世烈蓋其表字，也不排除有入唐以後爲避太宗名諱而去“世”字之因素。又，柴紹父名慎與柴惲皆亦心旁爲排行字，亦可推柴惲與柴慎爲同胞兄弟，且同在煬帝爲太子時任東宫武官，而右内率爲正四品上，右武衛副率爲從四品上，以品階分析，疑柴慎或當長於柴惲。

柴惲，未見史載。其父柴世烈，見載於《舊唐書・柴紹傳》。其祖柴慶宗，《魏書・世宗宣武帝紀》載正始元年(504)“秋七月癸丑，蕭衍角城戍主柴慶宗以城來降”[④]。《魏書・崔延伯傳》附録當時可資追思有壯士功名的將帥之臣曰：“又冀州人李叔仁，叔仁弟龍瓌，以勇壯爲將統。叔仁位至車騎大將軍、儀同三司、陳郡開國公。後爲梁州刺史，歿於關西。龍瓌，正光中北征，戰死白道。其平州刺史王買奴、南秦州刺史曹敬、南兗州刺史樊魯、益州刺史邴虯、玄州刺史邢豹及屈祖、嚴思達、吕叵、崔襲、柴慶宗、宗正珍孫、盧祖遷、高智方，俱爲將帥，并有攻討之名，而事蹟不存，無以編録。然未若康生、大眼、延伯尤著也。”[⑤]由墓志適可補知慶宗之官爵謚號。柴惲卒於大業二年(606)，故志文“皇上龍躍朱邸，鳳跱春宫，詔公羽翼重離，股肱明兩，風神肅穆，欝暎儲闈，謀遠之衛，東朝不之尚也”，所指當是仁壽末年柴惲在煬帝東宫府任右武衛副率事，至於“平原公”爵位，以前舉柴慎封隋鉅鹿郡公推之，以當是郡公而非縣公。

---

① 參詳林寶撰、岑仲勉校記《元和姓纂》(附四校記)卷三“柴”，北京：中華書局，1994年，第1册第329—330頁。又，唐神龍二年《柴朗及夫人楊氏墓志》曰：“先生諱朗，字昭徹，平陽臨汾人。廿六代祖武，漢大將軍……十二代祖文，晋中庶子。公侯必復，又荒平陽，子孫因家焉，遂爲郡著姓。”胡戟、榮新江《大唐西市博物館藏墓志》，北京：北京大學出版社，2012年，中册第338頁。唐開元十四年柴朗子《柴晦墓志》亦曰：“公諱晦，字無晦，平陽臨汾人也。其先高柴之後，以王父字爲氏，故姓柴氏。初大將軍武封棘蒲侯，後中庶子文封平陽侯，因而家焉，世爲郡著姓。”毛陽光《洛陽流散唐代墓志彙編》，北京：國家圖書館出版社，2013年，上册第222頁。

② 周紹良、趙超《唐代墓志彙編續集》永徽〇二八，上海：上海古籍出版社，2001年，第71頁。

③ 劉昫《舊唐書》卷五八《柴紹傳》，北京：中華書局，1975年，第2314頁。

④ 魏收《魏書》卷八《世宗宣武帝紀》，北京：中華書局，1974年，第197頁。《魏書》卷一六《元鑒傳》所記略同。

⑤ 《魏書》卷七三《崔延伯傳》，第1639—1640頁。

墓志出土地在今西安南郊鳳棲原航天中路，可知即當時葬地"皇原里"之所在，而所謂"皇原里之山"，亦指當時都城東南的小陵原。柴氏一族定著長安蓋始於北周柴世烈一代，且以將帥傳家，故有柴慎、柴惲皆任煬帝東宫武官，而慎子紹亦嘗"任俠聞於關中"而得"少補隋元德太子千牛備身"。當隋末，"義兵將起，公主與紹并在長安，遣使密召之"。義寧元年(617)五月，"紹即間行赴太原。公主乃歸鄠縣莊所，遂散家資，招引山中亡命，得數百人，起兵以應高祖"，復"引精兵萬餘與太宗軍會於渭北，與紹各置幕府，俱圍京城，營中號曰'娘子軍'"。[1] 今以柴惲葬地分析，柴慎與柴紹父子，或亦與柴惲同葬於長安少陵原[2]。

二、大業五年《薛萬壽暨妻張氏墓志》

《薛萬壽暨妻張氏墓志》(圖三)近出西安市長安區高陽原，志石已殘爲三塊，上緣與左上角以及中部皆有損泐而傷及十餘字。志石尺寸不詳，亦未見披露，蓋流散民間。志文二三行，滿行二三字，正書，有方界格。志文如下：

隋故千牛備身薛府君墓志銘

君諱萬壽，字福祚，敦煌人。湯則仲虺作誥，周則薛侯争長。其後玉葉金枝，芬芳史牒，可略而言矣。其本河東人，曾祖仕魏，徙宦居燉煌；祖迴，大將軍、扶、涇二州諸軍事、扶州刺史、舞陰郡[開]國公。英才傑出，果毅逸群。實邦宰之棟幹，民之羽儀者也；[父]世雄，朝請大夫、右監門郎將、長江縣開國子。挺秀稱奇，驍□當世；朝夕内殿，出入軒陛。君綺年明寤，讓棗推梨；容止可□，凝脂點漆。宣尼之御，論日輪之近遠；元禮之筵，辯通家之□密。年居弱冠，譽高儕伍，飡義稷下，論文竹林。蔭此簪纓，挺[生]才望，起家爲獻皇后挽郎，仁壽三年，授朝請郎。禁闈清謐，[蘭]綺衛尊；文武貴游，方膺宿衛。乃授千牛備身。允諧斯職，天長地久，□寘周行。以大業四年，扈駕幽朔，遘疾□淹，卒乎納款塞，春秋□有五。桑梓遼敻，關河悽惻；游魂羈□，有足傷心。婦人張氏，上柱國、晋熙公之孫，朝請大夫、左千[牛]郎將之女。二姓之好靡諧，三良之哀且及。芳牢未共，朝露[先]侵。大業五年二月合葬京兆高陽之原陵，禮也。生未同居，[若]孤鸞之望影；死則同穴，等雙劍而俱沉。乃作銘曰：

---

① 《舊唐書》卷五八《柴紹傳》，第2314—2315頁。

② 陳思《寶刻叢編》卷七著録有《唐鎮國大將軍柴紹碑》，惜亡佚不存。

華嶽西峙，崑河東濬。合德蘊靈，多生才俊。舞陰濟濟，宫牆罕仞。朝請彬彬，珪璋含潤。餘慶奚已，篤生之子。聞禮閲詩，學優□仕。垂纓貝闕，執殳金扈。長轡方驅，修途遽止。蕩子河洛，倡□柳園。盈盈一水，脈脈無言。未諧伉儷，各此埋魂。薤歌兩咽，□□同援。花開隴頭，春泉吐流。鶯啼人泣，悽愴如秋。草旋風□，□□雲留。三千見日，此望悠悠。

圖三　大業五年《薛萬壽暨妻張氏墓志》拓本

案：薛萬壽不載於史籍，而其祖迴與父世雄，則在《隋書》卷六五有傳。又，薛萬壽弟《薛萬備墓志》已出土，萬備卒葬於唐龍朔二年(662)，終年六十，窆於“雍州長安縣福陽鄉之高陽原”[1]。復有拜根興《新見初唐名將薛萬備墓志考釋》一文[2]，亦可資參詳。再據隋開皇十二年(592)《薛貴珎墓志》曰：“祖寧，器業弘遠，儀容偉特。累遷尚書郎、游擊將軍、

① 胡戟《珍稀墓志百品》，西安：陝西師範大學出版總社，2016年，第68—71頁。

② 杜文玉主編《唐史論叢》第二十七輯，西安：三秦出版社，2018年，第275—294頁。

別部都將、燉煌太守，因以家焉。父回，資度宏廣，幹藝優長，總此書劍，兼斯文武。年未弱冠，案劍奮發，西清隴底，南肅荆巫。分封賜姓，累就遷陟。歷任使持節、儀同、直後、司水大夫、驃騎、開府、扶州刺史、涇州總管，頻總元戎，肅清壃埸。每董連帥，威稜夷夏。授大將軍，封舞陰郡開國公。養德怡神，懸車静志。公即舞陰公之第四子也。”[①]可知貴珎即萬壽伯父，而《薛萬壽墓志》所記“曾祖仕魏，徙宦居燉煌”者，即薛寧。另據《薛萬備墓志》，更知其曾祖薛寧“魏明帝特徵爲國子祭酒”。《隋書》薛世雄本傳言其“父回，字道弘”，又記其四子萬述、萬淑、萬鈞、萬徹，[②]失載萬壽與萬備焉。

關於薛氏一族徙籍問題，薛世雄本傳記其“本河東汾陰人也，其先寓居關中”[③]，《薛萬備墓志》亦言“河東汾陰人”。而兩唐書之薛萬徹與薛萬均本傳則皆言家族乃從敦煌徙籍京兆，則與《薛萬壽墓志》所記“敦煌人”相合。又據隋開皇十二年(592)薛萬壽伯父《薛貴珎墓志》“司州河東汾陰人，……祖寧，器業弘遠，儀容偉特。累遷尚書郎、游擊將軍、别部都將、燉煌太守，因以家焉”[④]，可知此薛氏一族乃在北魏時緣薛寧出任敦煌太守而“徙宦居燉煌”，後又寓居關中而徙籍京兆焉。與薛萬壽相關聯的家族人物墓志除薛萬備外，又有唐貞觀二十年(646)薛世雄子《薛萬述墓志》與唐永隆二年(681)薛萬述子《薛玄育墓志》亦已出土而流散民間[⑤]，如《薛萬述墓志》既不言其爲“敦煌人”，也不言其爲“河東汾陰人”，而曰“雍州咸陽縣人”[⑥]，萬述子《薛玄育墓志》復曰“河東汾陰人”，《薛萬述墓志》又記葬地爲“雍州長安縣福陽鄉脩福里之高陽原”，以及薛萬述官至濮州刺史，薛玄育“以叔父武安公(薛萬徹)獲罪自解”，“撰《綜要》一部二百卷”，皆可資綜合研討這一支汾陰薛氏在初唐時期的家族興衰與人物浮沉。

“獻皇后”即高祖楊堅文獻皇后獨孤氏，獨孤皇后崩於仁壽二年，亦即薛萬壽“年居弱冠”而“起家爲獻皇后挽郎”之時。墓志於萬壽享年殘泐，僅知“春秋□有五”，而以其“起家爲獻皇后挽郎，仁壽三年，授朝請郎”，再授“千牛備身”，“大業四年，扈駕幽朔，遘疾□淹，卒乎納款塞”而卒推之，則其享年當爲二十五歲。《隋書・煬帝紀上》載：大業四年三月“乙丑，車駕幸五原，因出塞巡長城”。夏四月“乙卯，詔曰：‘突厥意利珍豆啓民可汗率領部落，保附關塞，遵奉朝化，思改戎俗，頻入謁覲，屢有陳請。以氈牆毳幕，事窮荒陋，上棟下宇，

① 西安市文物稽查隊編《西安新獲墓志集萃》，北京：文物出版社，2016年，第23頁。

② 魏徵、令狐德棻《隋書》卷六五《薛世雄傳》，北京：中華書局，1973年，第1533—1534頁。

③ 《隋書》卷六五《薛世雄傳》，第1533頁。

④ 西安市文物稽查隊編《西安新獲墓志集萃》，第23頁。

⑤ 党斌、拜根興《唐薛萬述、薛玄育父子墓志考略——兼論薛氏家族涉及問題》，杜文玉主編《唐史論叢》第三十輯，西安：三秦出版社，2020年，第300—316頁。

⑥ 入唐之薛氏兄弟還有《舊唐書》卷六九《薛萬徹傳》曰“雍州咸陽人，自燉煌徙焉”，第2517頁。《新唐書》卷九四《薛萬均傳》亦曰“本燉煌人，後徙京兆咸陽”。北京：中華書局，1975年，第3830頁。

願同比屋。誠心懇切,朕之所重。宜於萬壽戍置城造屋,其帷帳床褥已上,隨事量給,務從優厚,稱朕意焉。'"[1]由知志文所謂"卒乎納款塞",即突厥啓民可汗"保附關塞"後而敕令"置城造屋"的"萬壽戍"(當今山西静樂縣隋長城遺址外)之地。

志云薛萬壽妻張氏爲"上柱國、晋熙公之孫,朝請大夫、左千牛郎將之女"。據《隋書·張威傳》曰:"張威,不知何許人也。父琛,魏弘農太守。威少倜儻,有大志,善騎射,膂力過人。在周,數從征伐,位至柱國、京兆尹,封長壽縣公,邑千户。……高祖受禪,歷幽、洛二州總管,改封晋熙郡公。尋拜河北道行臺僕射,後督晋王軍府事。……復拜洛州刺史,後封晥城郡公。尋轉相州刺史,卒官。有子植,大業中,至武賁郎將。"[2]則萬壽妻張氏祖蓋即張威。

【作者簡介】王其禕,男,1957 年生,西安碑林博物館研究員,主要從事中古石刻文獻與隋唐史研究。周奪,男,1981 年生,陝西師範大學外國語學院講師、歷史文化學院博士後,主要從事中外文化比較研究。

---

① 《隋書》卷三《煬帝紀上》,第 71 頁。
② 《隋書》卷五五《張威傳》,第 1379 頁。

皇權擾動與像銘消息

——試析北朝造像題記中傳達的非皇權坐大與比尊現象

王書欽

北魏初始建國于北方，與中原和西域佛教國家兩相懸隔，至于佛事自是鮮以見聞。及神元拓跋力微與魏晋通聘，遣其子沙漠汗久質洛陽。後昭成又至襄國，自是乃漸染南夏佛法之事。太祖拓跋珪平定中山，經略燕趙，所經郡國佛寺，皆嚴禁軍擾，頗禮敬之。天興元年，詔啓佛事，始作五級佛圖，北魏佛事，由兹彌漸。太武平沮渠，盡得張軌以降諸凉釋儒碩果，遂開西域釋教直驅平城之傳道，直接西來法乳，延及魏齊周隋二百餘年，雖其間兩遭破毁，然燎原之勢，不可抑制。僧法琳《辯證論·十代奉佛篇》云："自開皇之初，終于仁壽之末……造金銅、檀香、夾紵、牙石像等，大小一十萬六千五百八十軀，修治故像一百五十萬八千九百四十許軀。"①學人凡及北朝造像，皆舉此例，雖其實難以盡信，亦約略可見，隋前北朝之造像，十倍于隋文季。唐段成式《酉陽雜俎·寺塔記上》安邑坊玄法寺條亦載："初，居人張頻(張穎)宅也。嘗供養一僧，僧以念《法華經》爲業，幾十餘年。張門人譖僧通其侍婢，因以他事殺之。僧死後，闔宇常聞經聲不絶。張尋知其冤，漸悔不及，因舍宅爲寺，鑄金銅像十萬軀，金、石龕中皆滿，猶有數萬軀。"②張頻，隋人張穎之誤。張穎于隋，官至禮部尚書，竟以一人之力，鑄像十萬又數萬軀，復可見北朝造像之風，餘緒勁猛。日本學者佐藤智水在其《北朝造像銘研究》一書中統計，晋及南北朝間的造像凡 2500 餘例，其中，北朝間有紀年的題記 1360 例③；侯旭東在其《佛陀相佑——造像記所見北朝民衆信仰》一書中再以補續，北朝造像題記自北魏道武帝天賜三年(406)至北周静帝大象二年(580)間，凡 1600 例④，蔚爲大觀。而實際的數字，應該不限于此。由于石刻題記本身所具備的實證性特點，所以自趙宋以降，逐漸成爲與史相補的重要材料。自上世紀中葉以來，北朝造像記研究成果漸豐，國内有

---

① 《大正藏》第 52 卷，第 509 頁。轉引自(日)佐藤智水《北朝造像銘研究》，《日本中青年學者論中國史》，上海：上海古籍出版社，1995 年，第 57 頁。

② 段成式《酉陽雜俎》，北京：中華書局，2017 年，第 985 頁。

③ 《北朝造像銘研究》之《北朝佛教諸問題》，《日本中青年學者論中國史》，第 63 頁。

④ 侯旭東《佛陀相佑——造像記所見北朝民衆信仰》，北京：社會科學文獻出版社，2018 年，第 314—388 頁。

馬長壽、侯旭東等新老飽學,日本有佐藤智水等諸賢。馬長壽的《碑銘所見前秦至隋初的關中部族》,已成爲利用碑銘及造像題記研究北朝少數民族問題的模範之作,而佐藤智水的《北朝像銘研究》,則被公認爲北朝造像題記體例研究的發軔之作,而此著的研究貢獻遠不止于此。近年來,韓理洲整理出版的《全北魏東魏西魏文補遺(造像記部)》《全北齊北周文補遺(造像記部)》和魏宏利編著的《北朝關中地區造像記整理與研究》,也爲北朝造像記研究提供了較爲全面、便利又極爲重要的資料平臺。

佐藤智水在《北朝造像銘研究》一文中,明確地關注到"皇帝崇拜"與非皇權勢力在造像題記中的表現[①],并就其掌握的造像資料,作了重要的統計和分析:"(北朝時期)皇帝崇拜與鎮護國家的祈願共二百九十九例(重複者除外),占造像記總數的百分之三十二。就是説,北朝造像中有四分之一到三分之一的祈願是爲皇帝和國家祈願的。這個數字所表達的内容非常微妙。"這種國家關切在造像題記中的呈現,清華大學侯旭東也有進一步的論述[②]。而本文的關切所在,也正是這部分造像題記,旨在延續佐藤智水等諸賢的研究剩義,分析北朝間經歷的幾次皇權擾動及其在造像題記中的反映。

一、"比尊現象"的論點設定

佐藤氏在《北朝造像銘考》中,將造像題記體例分爲 A、B 兩種形式,于此姑且不贅述[③]。兩種體例中之"願目""奉爲"和"發願的動機、經過"三項,均有涉及代爲祈願的發願對象,這是本文所關注的範圍。攬讀這部分題記的發願對象時,我們會發現,發願對象的秩序通常有:"上爲(或仰爲)"和"下爲(或後爲、或下及)"兩個層次。如:正光五年《趙某道俗廿七人造像記》:"上爲皇帝陛下、皇太后,下爲法界衆生,離苦得□。"[④]有時則不予區分,而將"上爲"和"下爲"的對象,依次列爲祈願。如:大統六年《巨始光等造像記》:"仰爲皇帝陛下、大丞相、七世所生父母、存亡眷屬,爲一切衆生敬造。"[⑤]而本文關注的重點就在于分析"上爲"之列[⑥]和其他涉及政治的發願對象的變化。

---

① 《北朝造像銘研究》之《北朝佛教諸問題》,《日本中青年學者論中國史》,第 87—94 頁。

② 參詳侯旭東《造像記所見民衆的國家認同與國家觀念——北朝村里社會研究之一》,鄭振滿、陳春生主編《民間信仰與社會空間》,福州:福建人民出版社,2003 年,第 10—41 頁。

③ 侯旭東在《五、六世紀北方民衆的佛教信仰》中亦有其自己的發展,北京:中國社會科學出版社,1998 年,第 88 頁。

④ 韓理洲《全北魏東魏西魏文補遺》,西安:三秦出版社,2010 年,第 506 頁。

⑤ 《全北魏東魏西魏文補遺》,第 659 頁。

⑥ 亦偶有例外者,如:保定四年《王甕生造像記》,以釋界爲上,人間爲下。亦有言次爲者,例在少數。本文主要關注于其是否涉及皇權政治。

在歸納分析這部分造像題記的發願載述時,我們會發現這樣規律性的表述,即在皇帝陛下之後相綴的通常是:以泛指的皇室成員、以複數通稱的群僚百辟、與像主邑子切身功利相關的州郡令長,以及本地師僧和其生亡眷屬等等。這種慣例的聯翩重復,有時確會讓人淪于麻木,情同于王昶"愚夫愚婦相率造像,以冀佛佑,百餘年來,浸成風俗"之論調[①]。葉奕苞《金石録補》亦言:"文既簡略,書復醜惡。以一佛像而上爲天子,下接父母眷屬,殆諂佞之至而忘尊卑之分者耶。"[②]這顯然是一種失于簡單的論斷。攬觀北朝造像題記,大宗的程式跟風,是客觀事實。但是當比對史載,細緻思考時,情況就會變得不同。我們會發現當皇帝之後相綴的發願對象,出現特指的皇室成員(如皇太后、太皇太后、皇太子等)和特指的强臣(如大丞相、宗室王公等)時,這種情況就需要審慎待之了[③]。其實,這些造像題記充滿了對朝廷和後宫權變的隱喻:

一是在皇權穩定的時期,代祈對象專于皇帝本尊或泛稱皇室。群僚百官若相綴,則以群體。一般是不會出現後宫或强臣以確定的個人名分緊綴皇帝之後,鎸刻于比尊受祈之列;

二是當皇權衰微,强臣紛起時,涉于皇權政治的祈願,也會有所減少,從而專于私願,不言國是。這似乎是正反映出由于民間對帝權信心的衰減,而導致涉政熱情降温,表達了隱含不露的觀望態度;

三是當宫廷權利紛争的局面漸趨明朗,某一特定的强臣或後宫勢力脱穎而出的時候,造像題記的涉政熱情就會悄悄復燃,那個特定的角色,就會漸次出現在一些民間邑義或有朝廷文武宗室王公參與的造像題記之中。

本文所關注的就是第三種現象,且將這種現象謂之"非皇權勢力至于皇權的比尊現象",簡稱"比尊現象"。通過分析,本文將蘊藏在造像題記中的比尊勢力區分爲兩種形態:一是來自後宫者,簡稱爲"后權";二是來自宗室和强臣者,統稱爲"相權"。下面逐一論之。

二、后權的比尊現象分析

談及北魏后權,就不得不提及成于北魏道武季的"子貴母死"之制。至于此制是借法于漢武前例,還是因襲了拓跋部道武以前的舊習,田餘慶在其《拓跋史探》一書中,所闡甚

---

① 王昶《金石萃編》卷三九《王女暉等造像記》附北朝造像諸碑總論,《石刻史料新編》第1輯,臺北:新文豐出版公司,1982年,第1册第671頁。

② 葉弈苞《金石録補》卷八《北齊造銀佛像碑》,《石刻史料新編》第1輯,臺北:新文豐出版公司,1982年,第12册第9029頁。

③ 這個問題,佐藤智水在《北朝造像銘研究》之《北朝佛教諸問題》一節中已作發軔。見《日本中青年學者論中國史》,第88頁。

詳[1],此不贅言。道武身後,此制之行,于《魏書·皇后列傳》斑斑可考,其意在遏制皇帝的母族、妻族(以下通稱后族)之外戚擅權,是没有争議的。縱覽三魏(北、東、西魏)自道武皇興三年至西魏恭帝三年的一百五十八年之歷史,總的説來,外戚勢力在大部分時間得到了有效的抑制。但也有例外,那就是馮、胡二后的干政。

(一) 馮太后

馮氏爲北魏文成帝皇后,史稱"文明皇太后"。文成李夫人生獻文拓跋弘,即以弘爲太子。馮后遂以"子貴母死"舊制,逼李夫人殉之。及獻文即位,馮氏遂稱皇太后。其時,獻文年方十二,丞相乙渾謀逆,幽獻文于諒闇。馮太后密定大策,誅乙渾,于獻文有定鼎之功,遂亦以太后臨朝聽政。這也使她既免于"子貴母死"制的誅絶,又保有了太后之尊。及孝文生,她又以"子貴母死"之制,賜死孝文生母李夫人,將皇太子的撫養權利攫爲己有,進而,逼獻文于太上虚位,未幾,獻文崩。孝文繼位,尊爲太皇太后。其時,孝文年幼,軍國諸事一秉于馮氏。此季有相關造像題記如下:

太和七年《邑義信士女等五十四人造像記》:

> 上爲皇帝陛下、太皇太后、皇子,德合乾坤,威踰轉輪,神披四天,國祚永康。[2]

這是馮氏見諸造像題記的首例,也是北朝造像題記中比尊現象的發端。所言皇帝者,當爲孝文帝。太皇太后,即馮氏無疑。皇子依《魏書·高祖紀》和《孝文五王傳》,可斷爲孝文帝長子拓跋恂。

太和七年《追遠寺衆僧造像記》:

> 爲皇帝陛下、太皇太后、皇太子,敬造千佛。[3]

太皇太后,當然是馮氏,但所附"皇太子"令人不解。《魏書·孝文五王傳》載:"太和十七年七月癸丑,立恂爲皇太子。"[4]《魏書·高祖紀》亦載:"(太和十七年四月)立皇子恂爲皇太

---

① 田餘慶《拓跋史探》,北京:生活·讀書·新知三聯書店,2011年,第1—7頁。
② 《全北魏東魏西魏文補遺》,第423頁。
③ 《全北魏東魏西魏文補遺》,第424頁。現藏西安博物院。
④ 魏收《魏書》卷二十《孝文五王傳》,北京:中華書局,2017年,第661頁。

子。”[①]二者雖有月份之异,但皆載于太和十七年,當無大誤。是造像題記舛誤還是録文“七”前脱一“十”字,則不得而知。

追遠寺:據《續高僧傳》之《釋僧實傳》載,其地在長安。

太和十二年《宕昌公暉福寺碑》:

> 我皇文明自天,超世高悟……太皇太后聖慮淵詳,道心幽暢……上爲二聖造三級浮圖各一區。[②]

暉福寺在當時之澄城郡(今陕西澄城縣境内),此碑为文明太后之恩幸王遇所立,現藏于西安碑林博物館。題記明確提出“二聖”,可見其時馮氏威勢。王遇,《魏書·閹官傳》《北史·恩幸傳》皆有其傳,且有其墓志出土[③]。《魏書·文明皇后傳》載:“是以威福兼作,震動内外。故杞道德、王遇、張祐、苻承祖等拔自微閹,歲中而至王公。”[④]由此可見,爲時主崇遇超倫的恩幸,圖報私恩,罄竭丹誠,充當了扇起這股比尊之風的急先鋒。北魏造像題記涉及馮氏比尊者,凡四例。可以確定的是,《岩昌公暉福寺碑》與前述《追遠寺衆僧造像記》并爲關中地區所見馮氏比尊于帝位之例。而當時北魏都于平城尚未南遷,爲何獨獨長安郡邑對馮氏頗有響應?《魏書·外戚列傳》:“世祖平遼海,熙父朗内徙,官至秦雍二州刺史……文明太后臨朝,追贈假黃鉞、太宰、燕宣王,立廟長安。”[⑤]説明馮氏父馮朗早年歸于北魏,即掌管雍、秦二州之地,于關中一帶早有事功,其兄馮熙:“及長,游華陰、河東二郡間。性泛愛,不拘小節,人無士庶,來則納之。”[⑥]如此可見,馮氏一門于長安恩信早布,又有燕宣廟祀行于長安,此其由也。

《張道果等造像記》:

> 上爲皇帝陛下、太皇太后,後爲七世父母、因緣眷屬,普願一切衆生,咸同斯福。[⑦]

---

① 《魏書》卷七《高祖紀》,第 204 頁。

② 魏宏利《北朝關中地區造像記整理與研究》,中國社會科學出版社,2017 年,第 17 頁。縣藏西安碑林博物館。

③ 齊運通、楊建峰《洛陽新獲墓志(二〇一五)》,北京:中華書局,2017 年,第 10 頁。亦可參見周偉洲《北魏王遇墓志補考》,見《西北民族論叢》,北京:社會科學文獻出版社,2018 年,第 87—89 頁。

④ 《魏書》卷一三《皇后列傳》,第 328 頁。

⑤ 《魏書》卷八三《外戚列傳》,第 1964 頁。

⑥ 《魏書》卷八三《外戚列傳》,第 1965 頁。

⑦ 《全北魏東魏西魏文補遺》,第 429 頁。

太和廿三年《閻惠端造像記》:

千户閻惠端上爲皇帝陛下、太皇太后,下爲父母□□。①

很明顯,以上四例所題記的"太皇太后",不同于其他題記所代祈的後宫,絶非泛指的皇帝后妃,而是有特定所指,即文成帝皇后馮氏——孝文朝的太皇太后。自延興元年(471)至太和十四年(490)馮太后崩,凡二十年北魏朝政皆專于其手,想其時願祈太后者,應該遠不止此四例。至太和廿三年《閻惠端造像》,其時已是馮太后崩後十年,然其題記依然代后祈福。可見,終孝文一朝,馮太后的影響長盛不衰。

(二) 胡太后

拋開悖于人性不論,北魏"子貴母死"制對外戚干政的遏制,總體上是相當有效的。但其制度本身對皇統後繼的傷害也是相當深刻的。《魏書·皇后列傳》載:"而椒掖之中,以國舊制,相與祈祝,皆願生諸王、公主,不願生太子。"②以致宣武頻喪皇子,春秋漸高,而無一子可立。從這一點講,宣武胡后于元魏是有延祚之功的。《魏書·皇后列傳》載:"唯(胡)后每謂夫人等言:'天子豈可獨無兒子,何緣畏一身之死而令皇家不育冢嫡乎?'及肅宗在孕,同列猶以故事相恐,勸爲諸計。后固意確然,幽夜獨誓云:'但使所懷是男,次第當長子,子生身死,所不辭也。'"③胡后,初爲宣武承華世婦,及生肅宗,進爲充華嬪。肅宗踐阼,先尊太妃,後尊爲太后。以肅宗沖幼,胡氏遂臨朝聽政,下令行事。後改令稱詔,群臣上書曰陛下,自稱曰朕,其例如下:

正光三年《元悦遣賈良造像記》:

次願皇帝陛下、皇太后,使二聖欽明,□同三光。……汝南王遣太尉府長行兼參軍賈良敬修。④

正光五年《趙某道俗廿七人造像記》:

---

① 《全北魏東魏西魏文補遺》,第437頁。
② 《魏書》卷一三《皇后列傳》,第393頁。
③ 《魏書》卷一三《皇后列傳》,第394頁。
④ 《全北魏東魏西魏文補遺》,第497頁。

上爲皇帝陛下、皇太后，下爲法界衆生，離苦得□。[1]

正光五年《劉根四十一人等造像記》：

仰爲皇帝陛下、皇太后、中宫眷屬、士官僚庶、法界有形，敬造三級磚浮圖一區。[2]

《劉根四十一人等造像》現存河南省博物院，雕造精美，非一般民間造像可比。題名有"侍中、車騎大將軍、儀同三司、右衛將軍、御史中尉、領左右武陽縣開國公侯剛"，"前將軍、武衛將軍、領細作令、寧國伯乞伏寶"，"武衛將軍、景明寺都將元衍"等，皆一時權貴。侯剛，《魏書》有傳[3]，其志現存西安碑林博物館。侯剛自孝文初季入仕，歷仕文明太后、孝文、宣武、胡太后、孝明，凡三帝兩后，爲宣明兩朝重臣。孝明立爲太子，宣武高后欲以舊制用胡氏，賴有侯剛等庇護，使胡氏免于身殉舊制，所以于胡太后朝，爲一時傾信。乞伏寶即乞伏保，《魏書》亦有傳[4]，其墓志出于洛陽。元衍，《魏書》有傳[5]，爲陽平王拓跋新城子。可見，其時胡太后的擅權，是得到了大部分朝臣和宗室認可的。但是《劉根造像》造訖于正光五年，而胡太后于正光元年七月即爲元叉所幽。侯剛不顧可能引起權臣元叉的猜忌，依然糾集諸人，爲胡太后造像祈福。正光六年，胡太后二度臨朝攝政，元叉被除名爲民，侯剛也因曾爲元叉所用，于其後外放。《魏書》云，侯剛以庇護舊功，得以免死，當然有理。而《劉根造像》更顯示出，侯剛不以胡太后被幽而相棄，依然于后勢樹倒之際，代爲虔誠祈福，也應該讓胡太后心生感念吧。于此可見，造像題記往往能補史載以更爲豐富細緻的注脚。同樣，上列正光三年《元悦遣賈良造像》亦同此例。汝南王元悦爲胡太后私幸，自然雙雙有情，雖然其時胡太后爲元叉所幽，元悦依舊遣其太尉府參軍賈良造像，爲肅宗與太后二聖祈福。這也從另一個方面反映出，其時元叉雖然權傾一時，但對宗室和大臣的繩紀并不是十分森嚴。這裏，我們可以隱約地感覺到，其時胡太后雖然被幽後宫，但其影響力似乎并没有被完全遏制，這無疑是以上正光間題記洩露的消息，而這種形勢則是在相關正史的閱讀中，不易察覺到的。

孝昌二年《滎陽太守元寧造像記》：

① 《全北魏東魏西魏文補遺》，第 506 頁。
② 《全北魏東魏西魏文補遺》，第 503 頁。現藏河南博物院。
③ 《魏書》卷九三《侯剛傳》，第 2172 頁。
④ 《魏書》卷八六《乞伏保傳》，第 2035 頁。
⑤ 《魏書》卷一九上《陽平王新城傳》，第 509 頁。

大魏孝昌二年歲次丙午正月辛丑朔廿四日甲子,滎陽太守元寧仰爲二聖,敬造石像一區。願主上萬祚,臣僚盡忠,后宫皆潤。①

孝昌二年《郭法洛造像記》:

伏願皇帝聖姤□□宜守□下。②

《合右邑子七十人等造像記》:

仰爲二聖建造石像一區,上願二聖重光。③

至正光六年(同年改元孝昌元年)四月,胡太后勢力再起,二度臨朝攝政,元乂被除名爲民。如此,胡太后紛紛再現于孝昌季造像題記,自在情理之中。從這一季現存的造像題記看,胡太后出現其中,皆在正光以後,説明胡太后正光之前臨朝輔政時,元魏帝權秩序并未紊亂。

初,孝文寬仁,又以"子貴母死"之制,早喪生母。嘗欲廢其制,終以馮太后堅持而不行。貞皇后林氏,亦以生廢太子拓跋恂,不免于此制。"胡后則是肅宗生母,在對舊制挑戰中生育、保全皇儲,逐步排除舊制,才得以走向權利高峰。"④舊制幸于胡后而不行,却反釀出后權坐大,以致亂政的局面,頗具反諷之意味。馮后擅權在北魏王朝的上升期,其才亦幹練,强力助推了鮮卑政權的華化和南遷。而胡后干政的時期,元魏已瀕欲僵之年,胡后雖有小才,却無大智,直接導致了河陰之變和爾朱勢力的崛起。之後,高歡東起以爾朱,宇文西霸以高歡,强臣僭越的大幕徐徐拉開。而題記中的比尊現象亦隨之甚囂塵上。

三、相權比尊現象分析

上文分析了北魏中後期造像題記中出現的后權比尊現象,后權坐大也成爲北魏朝孝

① 施蟄存《北山金石録》,上海:華東師範大學出版社,2012年,第385頁。現存洛陽龍門石窟。

② 魏宏利《北朝關中地區造像記整理與研究》,第116頁。現藏涇陽縣文廟。

③ 魏宏利《北朝關中地區造像記整理與研究》,第160頁。此造像無紀年。韓偉、李淞皆依造像風格和題記内容斷爲北魏肅宗季物。現藏藥王山博物館。

④ 田餘慶《拓跋史探》,北京:生活·讀書·新知三聯書店,2011年,第41頁。書中誤爲"胡后則是宣武生母","宣武"當爲"肅宗"之誤。

明以前，非皇權實力坐大的顯著特點。其實，在二後之間，還有一尊造像及其題記，雖不在此例，但也需要引起注意，即正始二年《僧暈造像記》：

> 太和十六年，道人僧暈爲七帝建三丈八彌勒像，二菩薩□□丈造素，至景明二年造鎸訖竟。正始二年歲次乙酉二月壬寅朔四日銘。至三州教化大像用赤金三十六萬六千四百斤，黄金兩千一百斤。二菩薩用赤金四萬六千金，黄金一千一百斤。大魏今上皇帝陛下，忠穆玄追，孝誠通敏。……前定州刺史、彭城王元勰。定州刺史、城陽王元鸞。①

從《僧暈造像》的題記看，此造像應該是北魏中期少數特别巨大的造像之一。其主尊彌勒，高三丈八尺。協侍二菩薩，其形制于銘載泐損，應該是大抵仿佛而略小之，如此，其氣場鉅麗，可以想見。自太和十六年(492)，至景明二年(501)，近十祀方造訖。又至正始二年(505)，凡四載，重敷以赤金四十一萬兩千四百斤、黄金三千二百斤，可謂金碧輝煌。《魏書・釋老志》載："興光元年秋，敕有司于五級大寺内，爲太祖以下五帝，鑄釋迦立像五，各長一丈六尺，都用赤金二十五萬斤。"②興光爲文成季，其五立像所敷赤黄，才愈《僧暈造像》二分之一。《釋老志》又載："其歲，高祖誕載。……又于天宫寺，造釋迦立像。高四十三尺，用赤金十萬斤，黄金六百斤。"③皇興元年，孝文出生華誕，以此慶事，北魏朝廷于天宫寺造像志之。其像不過略大之，然其所敷赤黄則又不及其四分之一。雖然事以代遷，亦可見，元勰作爲後臺的《僧暈造像》之極盡輝煌壯麗。題記所載七帝者，是指道武以下至孝文的北魏七代皇帝。今上者，宣武也。宣武帝正始年間，正是皇權與宗室相周旋，外戚勢力相間之的敏感時期。彭城王元勰爲獻文帝子，與孝文爲昆季。《魏書・獻文六王傳》分上下兩篇，彭城獨專其一，可見其事蹟勳功之盛。本傳載其："美容貌，善風儀，端嚴若神。"④孝文南遷建功，彭城每贊成其事，積功至偉，譽滿朝野。然彭城久居首輔，深知枝强之危。于孝文臨終索手詔，祈求在宣武朝歸閑，以申素懷。孝文既葬，宣武固以彭城爲宰輔。後元勰頻繁表聞，辭義懇切，遂逼以外任，"以勰爲使持節、侍中、都督冀定幽瀛營安平七州諸軍事、驃騎大將軍、開府、定州刺史"⑤。可見，彭城王元勰于宣武朝，屢屢求退，又屢屢勉爲强留，素懷難申，又爲宣武、宗室和外戚所内忌。僧暈造像敷金于彭城定州刺史

① 《全北魏東魏西魏文補遺》，第 454 頁。
② 《魏書》卷一一四《釋老志》，第 3299 頁。
③ 《魏書》卷一一四《釋老志》，第 3300 頁。
④ 《魏書》卷二一下《獻文六王下》，第 571 頁。
⑤ 《魏書》卷二一下《獻文六王下》，第 571 頁。

任後,以重金申忠懷,終以不免,不亦哀哉。

顯然,元勰赤心丹誠,以積功至偉而冤死,似不在本文討論之列。然彭城之後,胡后兩度自後宫走向前廷,從而導致了强臣紛起的亂世局面。而强臣勢大之後,皆不思身退,且又皆决然以僭代爲决心,高歡如是,宇文泰亦如是。這二者與彭城冤死之間,是不是亦相淵源,確實值得思考。

(一) 東魏北齊間相權比尊現象分析

東魏至孝武,不甘傀儡,竟攜一幫朝臣倉惶而西,直接將洛京與大半江山撂給高歡。自此元魏中裂,東部完全淪于高氏掌股,高王坐大比尊之消息,斑斑如下:

天平三年《七寶山靈光寺造像記》:

> 上爲皇帝陛下造七佛……開基定業者,非能哲何能纂其次。羲皇垂代之初,堯舜尊而成軌。夏殷周制禮興隆,漢魏述而知法……今高王神聖重光,翼弼大魏,蕩定天下。[①]

元象元年《紅林渡佛龕造像記》:

> 敬爲皇祚永休,八表安寧。又願大王令公,神算獨超……[②]

興和二年《廉富等鑿井造像記》:

> (上闕)皇帝陛下(下闕)相勃海王群(下闕)官□切衆等(下闕)□和二年歲(下闕)二月乙卯(下闕)日丙午□(下闕)[③]

東魏初議封王高歡,早在北魏普泰元年三月,然高歡辭不就。具體何時封渤海,諸史載述不明。《魏書·孝静紀》:"興和元年秋七月丁丑,詔以齊獻武王爲相國、録尚書事、大行臺,固辭相國。"[④]《北齊書·神武紀下》亦載:興和元年十一月"(歡)又辭勃海王及都督

---

① 《全北魏東魏西魏文補遺》,第 562 頁。

② 《全北魏東魏西魏文補遺》,第 572 頁。

③ 《全北魏東魏西魏文補遺》,第 575 頁。紀年有殘,韓理洲斷爲興和二年。

④ 《魏書》卷十二《孝静帝紀》,第 303 頁。

中外諸軍事,詔不許。"[1]依此可以斷定,至少在興和元年七月以前,高歡已經封王。而從永熙年間諸史載述看,高歡封王當在孝武登基之初,應該是没有問題的:一是太昌元年(後改永興,又改永熙元年)孝武新立,昇閶闔門,詔曰"大丞相勃海王忠存本朝"[2];二是永熙二年光禄少卿元子幹對孫騰施以拳脚,并説:"語爾高王,元家兒拳正如此。"[3]三是孝武以舍人温子生草敕高歡,曰:"前持心血,遠以示王,深冀彼此共相體悉。"[4]四是《魏書》載:"(太昌元年九月)癸卯,燕郡開國公賀拔允進爵爲王。"[5]賀拔允之所以得封,孝武初衷,當然是冲淡高歡獨擅异姓王尊的局面,倘若勳功彪炳的高歡未封,賀拔允何以得封?五是《魏書》又載:"(永熙二年八月)癸酉,齊獻武王上表固讓王爵,不許。"[6]

興和二年《孫思賓等三十七人造像記》:

上爲國王帝主、□僧父母、居家眷屬□爲一切衆生,普同斯福。[7]

武定二年《尼惠遵造像記》:

并爲天王國主、僧父母眷屬,願生永遠。[8]

此與孫思賓造像記爲一類。

武定二年《比丘王僧敬等三人造像記》:

上爲國王帝主、群僚百□、亡過師僧、現世師僧、七世父母、現世父母、居家眷屬,現世安穩無諸疹苦。[9]

以上三例,竟署王號于帝尊之前,王勢之盛已凌于帝尊矣。

武定三年《張願德造像記》:

① 李百藥《北齊書》卷二《神武紀下》,北京:中華書局,2003年,第21頁。
② 《魏書》卷十一《出帝平陽王紀》,第282頁。
③ 《北齊書》卷二《神武紀下》,第13頁。
④ 《北齊書》卷二《神武紀下》,第15頁。
⑤ 《魏書》卷十一《出帝平陽王紀》,第285頁。
⑥ 《魏書》卷十一《出帝平陽王紀》,第288頁。
⑦ 《全北魏東魏西魏文補遺》,第579頁。
⑧ 《全北魏東魏西魏文補遺》,第602頁。
⑨ 《全北魏東魏西魏文補遺》,第604頁。

上爲國王、師父母,兼及一切含生,永離三途。[①]

此亦省略帝號而不敬。

武定五年《安鹿交村二十四人造像記》:

上爲佛法興隆,皇帝陛下、勃海大王,又爲群龍伯官、守宰令長,國土安寧,兵駕不起。[②]

《北齊書・神武紀》載,高歡武定五年正月丙午崩,秘不發喪。至當年六月壬午,魏帝于東堂舉哀。八月甲申,葬于鄴西北漳水之西。《北齊書・文襄紀》載:"(武定五年)七月戊戌,魏帝詔以文襄爲使持節、大丞相、都督中外諸軍事、録尚書事、大行臺、渤海王。文襄啓辭位,願停王爵。"[③]此造像訖于武定五年七月十八日,正值高歡與高澄交替之際,但其時高澄并未封王。所以,題記之渤海大王者,仍應該是高歡。

武定六年《康小虎造像記》:

仰爲皇帝陛下、大丞相,又爲七世亡父母、見存眷屬,造彌勒像一區。[④]

《北齊書・文襄紀》載:武定六年八月"辛未,朝鄴,固辭丞相。魏帝詔曰:'既朝野攸憑,安危所繫,不得令遂本懷,須有權奪,可復前大將軍,餘如故。'"[⑤]關于丞相之任辭否,史載又語焉不詳。《文襄紀》載,文襄被殺在武定七年七月辛卯[⑥]。《康小虎造像》成于六年五月。可以肯定,題記之大丞相乃高澄也。

武定六年《志朗造像記》:

願以兹福,慶鐘皇帝(下闕)聖故齊王父子。[⑦]

所以稱故者,其時,高歡已卒矣,旋又以故王父子比尊。可見,渤海國勢在民間邑義和鄉里

① 《全北魏東魏西魏文補遺》,第 605 頁。

② 《全北魏東魏西魏文補遺》,第 616 頁。

③⑤ 《北齊書》卷三《文襄紀》,第 32 頁。

④ 《全北魏東魏西魏文補遺》,第 617 頁。

⑥ 《北齊書》卷三《文襄紀》,第 37 頁。《北齊書・文宣紀》載,文襄遇害于武定七年八月,有月份之异。

⑦ 《全北魏東魏西魏文補遺》,第 618 頁。

之中，已有父子相繼的廣泛認同。高歡卒，于魏室不能不説是一個重新奪回實權的機會，然而，遺憾的是神武身前早有布局。發喪之後，渤海世子高澄已應勢而出，不亞其父。像主志朗，爲高氏領地上黨郡龍山寺主，其造像傳達的就是這樣的信息。

武定七年《張保洛造像記》：

仰願先王、婁太妃、大將軍令公兄弟等亡者升天，托生西方無量壽佛國。現在眷屬，四夷康和。輔相魏朝，永隆不絶。①

像主張保洛，《北齊書》有傳，爲高家擁躉，以神武啓減國邑，得封鄉男。所以，專爲高家造像祈福，自在情理中。題記云"輔相魏朝，永隆不絶"，亦可見其雖心屬高氏，尚不失臣禮。武定七年二月，高歡已故去兩年，故稱先王。婁太妃，齊神武高歡之妻，北齊文襄、文宣、孝昭、武成四帝之母，觀《北齊書・婁后傳》，后于東魏，悉心賢内。入齊，繼位大統之序，終決于后。與北魏二后所不同的是，婁后于魏祚終替之前有遵循，于齊政繼位大統之外皆不問，嚴守後宫制度。所以，終高齊一季，造像題記可見婁后者，《張保洛》一例也。時，高澄爲大將軍。

武定七年《陽市寺尼惠遵造像記》：

□爲天王國主、師僧父母、門徒眷屬，願生生恒安。②

可見，高歡身後，其王權勢于民間没有衰減。

武定七年《比丘普朗造像記》：

爲國（下闕）王帝主、師僧父母，法界衆生，一時成佛。③

武定七年《王光造像記》：

又爲國王帝主、州郡令長，一切衆生，善願從心，俱時獲果。④

---

① 《全北魏東魏西魏文補遺》，第 619 頁。
② 《全北魏東魏西魏文補遺》，第 620 頁。
③④ 《全北魏東魏西魏文補遺》，第 621 頁。

武定七年《高嶺諸村邑儀道俗造像記》:

上爲皇帝陛下、渤海大王,延祚無窮。[①]

依此記,高澄在七年八月遇害前,已繼封渤海王。

武定八年《廉天長等造像記》:

上爲皇帝陛下、大丞相,願使天祚永隆。[②]

《北齊書·文宣紀》載:(武定八年正月)"戊辰,魏詔進帝位使持節、丞相、都督中外諸軍事、録尚書事、大行臺、齊郡王。"[③]其時之大丞相,高洋也。東魏季帶有比尊現象的造像題記較前大幅增多,這是因爲其時造像之風日益風靡,而東西相比又以東部爲盛的緣故。

天保十年《房紹興造像記》:

趙郡王常侍房紹興敬造彌勒響兩軀,上爲皇帝、趙郡□、師僧父母,含識有形,同升彼岸。[④]

入齊,至天保十年的齊域内造像中,無一例强臣并尊于帝的題記。這也基本反映了北朝間新朝初建,皇權集中,在臣班與民間尚享有獨尊的規律性現象,當然,亦可見齊文宣的統治强權與威酷,相比之下北周初季,則不能與之相比。齊初封趙郡王者,爲高歡弟高琛。高琛于齊室溉有積功。天平中,因亂高祖後庭,被杖斃。《北齊書·趙郡王琛傳》載:"天統三年……進爵爲王,配享高祖廟庭。子睿嗣……睿魏興和中,襲爵南趙郡公……顯祖受禪,進爵趙郡王。"[⑤]如此,題記所載之"趙郡□",應爲"趙郡王",乃高琛子高睿。縱觀高睿天保間行迹,尚無僭越之象。又,造像者爲趙郡王府常侍,其造像當爲府臣阿主之舉。所以,此例不在强臣比尊列。

《某造像記》:

① 《全北魏東魏西魏文補遺》,第626頁。
② 《全北魏東魏西魏文補遺》,第630頁。
③ 《北齊書》卷四《文宣紀》,第44頁。
④ 韓理洲《全北齊北周文補遺》,西安:三秦出版社,2008年,第204頁。
⑤ 《北齊書》卷十三《趙郡王琛傳》,第169頁。

奉爲太上皇帝陛下、師僧父母，俾潤含靈，一切有識。①

縱覽高齊一朝，稱太上者，唯武成一人。先有武成高湛，及其崩後，北周侵逼鄴城，後主高緯效法其父又稱太上皇，未幾其子幼主高恒又禪讓于任城王高湝。武成帝稱太上皇，自河清四年四月至天統四年十二月，共五年，且“軍國大事咸以奏聞”，而後主、幼主于一年内相繼禪位，此時北齊境内兵連禍結，所謂太上皇已是形同虚設。據此可斷，此造像應爲高湛稱太上皇時遺物，如韓理洲定其年代爲天統，所斷甚當。《北齊書·武成紀》載：“河清四年夏四月……乃使太宰段韶兼太尉，持節奉皇帝璽綬，傳位于皇太子。大赦。改元爲天統元年……于是，群公上尊號爲太上皇帝，軍國大事咸以奏聞。”②此造像無紀年，韓理洲斷爲天統間物，甚確。高齊帝位傳承，自文襄以下至武成，除文宣子廢帝外，皆兄終弟及。文宣欲復子繼父鼎序，而終爲孝昭所廢。孝昭明鑒，傳位于其弟武成。臨終之際，手書付之：“宜將吾妻子置一好處，勿學前人也。”前人者，亦孝昭也。孝昭既以行之，又以不行望于人，可得如其願乎？百年太子終以之不免于慘死。世上本無常軌，行之多者即爲常軌也。不惟高齊，西部的宇文家，大抵亦復如是耶。武成既稱太上，又軍國大事咸以奏聞，顯然不是爲了純享清福，其欲護家鼎之用意昭然矣。題記只云太上，不及後主，可見一尊仍在武成，後主難及其亞耳。北朝末年，東、西魏纏鬥，其實質上是兩廂强臣高歡與宇文泰間的相互纏鬥，二强在纏鬥中經營私勢，復以纏鬥而相生，以致坐大，凌逼于帝室。至于僭代，二家先後功成，不耻相學。其間意味頗是深長而幽微。至于傳鼎，東部周宣不僅繼稱太上，又立五后，以分楊堅獨專之外戚勢，其意亦如武成，護家鼎也。然以其春秋不永，尋爲隋文所僭代。

（二）西魏北周間相權比尊現象分析

西魏、北周季的比尊現象主要集中在宇文泰、宇文護兩權臣，下面逐一論之：

1. 宇文泰

大統三年《白實等造中興寺石像記》：

爲國主、大王、□史造中興寺石像。③

① 《全北齊北周文補遺》，第260頁。題記有“大齊河清三年”，可斷爲齊物。

② 《北齊書》卷七《武成紀》，第94頁。

③ 《全北魏東魏西魏文補遺》，第654頁。

永熙三年七月,孝武入關,即以宇文泰爲略陽郡公。八月,進位丞相。當年閏十二月,宇文泰廢鴆孝武,以元寶炬開西魏紀元,史稱文帝。《周書・文帝紀下》載:"魏大統元年春正月己酉,進太祖督中外諸軍事、録尚書事、大行臺,改封安定郡王。太祖固讓王及録尚書事,魏帝許之,乃改封安定郡公。"[①]可見,大統元年正月,文帝初立,欲改封宇文泰爲安定郡王,由于其固讓而爲安定公。《文帝紀下》又載:"(大統三年)進太祖柱國大將軍,增邑并前五千户。"[②]亦不見有進爵爲王事。《文帝紀下》又載:"(恭帝三年)冬十月乙亥,(宇文泰)崩于雲陽宫,還長安發喪。時年五十二。甲申,葬于成陵,謚曰文公。孝閔帝受禪,追尊爲文王,廟曰太祖。武成元年,追尊爲文皇帝。"[③]可見,宇文泰終西魏一朝,皆爲安定公爵。所稱王爵,爲入周後封。《白實造像》所云"國主"當然指是文帝,而"大王"所指無疑是宇文泰,這顯然是受了太昌元年孝武以高歡爲渤海王的影響而産生的民間政治想像。大統三年正月,宇文泰斬高歡名將竇泰,傳首長安,東魏軍敗退。宇文泰取得用事西魏以來首次大勝,護鼎功成,譽滿朝野。《白實造像》出于其時,可謂情理之中。《白實造像》現藏何處不明,但從其題記浩大的篇幅判斷,其制非小。其題名除像主鎮遠將軍、周城縣開國男白實外,還有諸郡太守、諸縣縣令、國子博士、奉朝請、諸號將軍等中下級文武愈六十二人之多,亦可見宇文泰博得士心基礎之廣博。然大統前期,有宇文比尊者,唯此一例。原因大致有二:一是其時宇文泰羽翼未滿,尚守臣節,且魏室勢尚豐壯,文帝又沉穩涵讓,擅相周旋;二是大統九年以高仲密來附,導致宇文泰大敗于邙山,盡失弘農以東地,相勢大損。這之後宇文泰又開始新一輪的積功養勢,大統十年,文帝頒新制,以爲中興永式,實爲宇文意志。十一年,頒丞相令于天下。十二年,宇文丞相又大會諸軍于咸陽。至此,相勢復又熏天矣。

大統十二年《荔非郎虎任保安六十人等造像記》:

> 皇帝陛下、大丞相王(下闕)石像一區。[④]

此造像出土于陝西耀州區稠桑鄉西牆村寺廟遺址,爲當時馮翊郡域。值得關注的是,題名中出現了"太學生、義士統軍荔非興度",是不是可以認爲宇文影響亦漫于太學,爲西魏朝青年俊彦所崇擁?值得思考。宇文泰不尚虚華,篤實重教,這一點史載明確。《周

---

① 令狐德棻《周書》卷二《文帝紀下》,第 21 頁。

② 《周書》卷二《文帝紀下》,第 24 頁。

③ 《周書》卷二《文帝紀下》,第 37 頁。

④ 魏宏利《北朝關中地區造像記整理與研究》,北京:中國社會科學出版社,2017 年,第 185 頁。現藏藥王山博物館。

書・文帝紀下》載:“太祖知人善任使,從諫如流,崇尚儒術。”[①]《資治通鑑》亦載:“魏丞相泰于行臺置學,取丞郎、府佐德行明敏者充學生,悉令旦治公務,晚就講習。”胡三省注曰:“時就學者苟能以其所治之事質之于經學,有所感發,此其所學之進,又豈螢窗雪案搜經摘傳者所能及耶!”[②]胡注之言其理論聯繫實際,推重實學,頗中要害。由此可以看出,宇文泰凝聚朝野青年才俊于宇文行臺之中,晝耕戰,夜文教,既讓青年得以教成,前途可期,又讓國家特别是宇文行臺,後繼有人,這確是宇文政權能够最終成就的關鍵措施之一,也當然兼得清門文士與關隴世族之心。

大統十二年《法龍造像記》:

> 伏願□皇帝陛下、大丞相王□□□□四方寧静,干戈永戢。[③]

《法龍造像》亦是題名衆多,合邑子六十人衆。

《巨始光等造像記》:

> 仰爲皇帝陛下、大丞相、七世所生父母、存亡眷屬,爲一切衆生敬造。[④]

《巨始光造像》亦同上例,以驃騎大將軍、當陽大都督、華陰縣開國侯楊標實際領銜,集結了當陽地區的文武、師僧及民間清信士又愈于二百三十六人之多。

大統十四年《楊標造像記》:

> 願聖主祚昌萬葉,大丞相肅清無外。[⑤]

《楊標造像記》和前録《巨始光造像記》的題名中,均有“華陰縣開國侯楊標”,可見,楊標相關二記,皆以大丞相并尊于帝,基本可以斷定他是宇文相權的擁躉。《周書》卷三十四有《楊標傳》:“楊摽字顯進,正平高凉人也。……從魏孝武入關,進爵爲侯,增邑八百户,加撫軍、銀青光禄大夫。……時弘農爲東魏守,摽從太祖攻拔之。……邙山之戰,摽攻拔柏穀

① 《周書》卷二《文帝紀下》,第 37 頁。

② 《資治通鑑》卷一五八《梁紀十四》“武帝大同五年”,北京:中華書局,2016 年,第 4995 頁。

③ 《北朝關中地區造像記整理與研究》,第 187 頁。現藏洛川縣民俗博物館。

④ 《全北魏東魏西魏文補遺》,第 659 頁。《巨始光造像記》紀年不存,韓理洲訂作大統六年,不知何據? 從題名中楊標的爵位看,顯然不確,後文有論。

⑤ 《全北魏東魏西魏文補遺》,第 671 頁。此造像出土于山西垣曲縣宋村。

塢,因即鎮之。……十二年,進授大都督,加晋建二州諸軍事。又攻破蓼塢,獲〔東〕魏將李顯,進儀同三司。……十六年,大軍東討,授大行臺尚書,……改封華陽縣侯。”①依《楊標造像記》載,楊標于大統十四年,即晋封華陰縣侯,可校《周書》疏略。前録《巨始光造像記》,紀年不存,韓理洲據舊本定作大統六年物。然以《周書·楊標傳》觀之,可以肯定,其年代不當在大統六年,而應在十四年前後。

大統十四年《合邑七十人等造像記》:

> 上爲皇帝陛下、大丞相、群僚、百世僧父、父母、因緣眷屬、合門大小、門徒□□□□□微功,得免三惡,常居人道。②

從題名看,純然民間邑義造像,可見,經過宇文文武煽動和宗教社團傳播,宇文的民間聲氣和基礎已逐漸成勢。

無紀年《佳文賢造像記》:

> 又願皇帝、太子、大丞相,受命中興。③

魏宏利從金申《海外及港臺藏歷代佛像珍品幾年圖鑒》之説,斷《佳文賢造像記》爲恭帝元年作。值得商量:一是史載西魏立爲皇太子者,只有廢帝元欽一人。又言大丞相受命中興,理當在文帝季;二是廢帝繼統于青壯之年,又局危時促,史載未見有立太子事。廢帝甫一登基,即免宇文大丞相職。至恭帝三年行周禮,建六宫,更無復置大丞相。且現有恭帝長子拓跋初墓志出土,推其歲齒,生于恭帝二年,可見,恭帝于二年後,方有長子。所以,斷《佳文賢造像》爲西魏文、廢二帝時物,是没有問題的。

大統十四年《似先難及造像記》:

> (上闕)國主、大丞相王祚隆無窮,下爲亡(下闕)④

大統初,造像記尚以大丞相稱之,至十二年後,有三例民間邑義造像尊以大丞相王,彰

① 《周書》卷三四《楊標傳》,第590頁。
② 《北朝關中地區造像記整理與研究》,第188頁。現藏藥王山博物館。
③ 《北朝關中地區造像記整理與研究》,第200頁。石存日本大阪市立美術館。
④ 《北朝關中地區造像記整理與研究》,第190頁。現藏地不詳。

顯了民間封王宇文的呼聲,凸顯了宇文相權在民間的影響近于極尊,已形成對皇權的凌逼與擠兑。

攬觀北朝時期涉于比尊現象的題記,有一些疑問一直縈繞在筆者心裏:那就是對于諸如大統年間,在京畿一帶漸次出現的有悖于綱常的造像題記,朝廷年年派出的巡察大使難道會一無聞知?對于這種有違于皇權獨尊的現象,皇權難道會聽之任之,不行匡正之法?《魏書·肅宗紀》有其一載:"(正光三年十二月)丁亥,以牧守妄立碑頌,輒興寺塔;第宅豐侈,店肆商販,詔中尉端衡,肅厲威風,以見事糾劾,七品、六品,禄足代耕,亦不聽錮貼店肆,争利城市。"[①]可見,朝廷對妄立碑頌者,從未漠視。但從上節所述正光季立碑造像的情况看,令行之效果不佳。再看西魏季的情况,自大統三年之《白實等造中興寺造像記》第一次出現"國主大王(指宇文泰)"之後,至十四年七月《似先難及造像記》,凡七例。但從大統十四年七月至恭帝二年之間,竟幾乎看不到宇文相權的影子出現在題記中。與之相反的是,其時宇文相勢却在實際穩步地坐大。這期間在帝相之間是不是發生了什麽?《周書》《北史》于此節本就筆墨稀疏,無所徵詢。特别是文帝與宇文泰帝相之間,歷十七年,然于細節語焉不詳。會不會是大統後期由于權勢在朝野過于隆盛,以致并尊于帝位,從而導致了原本可控的帝相矛盾加劇?大統十七年,文帝壯年而逝,廢帝甫一登基,即免除宇文泰大丞相之職,當然是爲了削奪宇文泰日漸坐大的權勢。可見,題記中比尊現象的消隱,廢帝對于宇文相權的削奪,當是一因;再者,縱觀西魏一朝,特别是後期,宇文泰雖然大營私勢,但其表面上尚守臣節。以上種種推測,或許正是大統十五年後,關中一帶造像題記鮮涉政治的深層原因。

恭帝三年《某爲父造像記》:

> 謹爲父造道像一區(下闕)陛下(下闕)太師安(下闕)[②]

在沉隱了七年之後,宇文相權的身影再次出現在造像題記之中。恭帝三年正月,初行周禮,建六宫,以太祖爲太師、大冢宰。所有這一切,皆爲宇文法式,禪代之勢成矣。

2. 宇文護

西魏恭帝三年十月,宇文泰崩于雲陽宫,臨終將其後事盡托于從子宇文護。宇文護旋即逼魏帝禪讓,孝閔替天王位。未幾,又殺懷有异心的趙貴,逼令獨孤信自裁于家。宇文

① 《魏書》卷九《肃宗孝明帝纪》,第233頁。

② 《北朝關中地區造像記整理與研究》,第202頁。現藏西安碑林博物館。

護遂以晋公總百揆,權傾朝野。

《張始孫造像記》:

> 上爲大王、五等諸侯、□僧父母、妻、存亡眷屬及己身,敬造文石像一區。①

造像屬年“大魏元年歲次丁丑二月庚午朔十二日”,韓理洲據其干支,斷爲北周孝閔帝元年,可備一説。觀其題名,應屬普通信衆之家族造像,韓理洲以之斷像主不知禪代事故也。這一點需要作以討論:《周書·孝閔紀》載:“元年春正月辛丑,即天王位。柴燎告天,朝百官于路門……大赦天下。”②魏周禪代,依漢魏制度,有柴燎告天、百官朝拜之序,又有大赦天下之普惠,想非以窮鄉僻壤,皆盡可得知。或許張氏一族所居荒偏。需注意的是,題記既稱元年,其必知恭帝崩事。諸史詳載恭帝崩時,蓋在周元年二月間③。《張始孫造像》稱“大魏”,當不知魏周禪代;稱“元年”,則必知西魏恭帝崩事。新元再啓,當然有新帝出,題記中的“大王”,拓跋乎?宇文乎?頗爲蹊蹺。

《宇文恪造浮圖龍華銘》:

> 仰爲先帝文王起龍華浮圖,安置像身。……又願國道□隆,統曆惟永。④

浮圖屬年“維三年歲次大火正月庚寅朔八日乙酉”,韓理洲斷爲北周三年,甚確。魏周换鼎,孝閔開元,以周制稱王,追謚其父宇文泰爲“文王”。像主爲使持節、驃騎大將軍、開府儀同三司、大都督、勳州諸軍事、勳州刺史、廣州諸軍事、廣州刺史、滎陽郡大中正、安德郡開國公宇文恪、宇文直。宇文直爲周文子。宇文恪諸史闕載,以其官爵和題名于宇文直前,可以斷定其爲宇文重要宗室而于史闕載者,當無异議。周三年正月,于北周是一個敏感的時段。之前,百揆皆總于晋公宇文護,此時明帝已登基兩載,又頗能隱忍養勢。三年正月八日乙酉,正好是《周書》所載“太師、晋公護上表歸政,帝始攬萬機”⑤的日子,其時,帝權與相權的權量正在悄悄地發生逆轉。《周書·晋蕩公護傳》載:“帝(明帝)性聰睿,有

---

① 《全北齊北周文補遺》,第53頁。

② 《周書》卷三《孝閔帝紀》,第45頁。

③ 《全北齊北周文補遺》,第54頁。

④ 王書欽《北周僭代西魏史境再審視——拓跋初墓志考釋》,待刊于《長安學研究》第五輯。依此《張始孫造像題記》,可以進一步推定,恭帝被宇文殺于周元年二月十二日稍前的幾天,這是題外。

⑤ 《周書》卷四《明帝紀》,第56頁。

識量,護深憚之。”[①]觀兩位宇文宗室所祈,既不提當朝天王宇文毓,亦不提勢抗王勢的晋公宇文護,可見周王、晋公兩權的膠着。題記敬爲北周開國之主專造浮圖,是不是潜意喚醒晋公歸宗之心,以求“國道□隆,統曆惟永”。《宇文恪造浮圖龍華銘》乍看與比尊現象無相關,仔細玩味,言與不言之間,實在是用意幽微。

北周武成二年《邑子五十人等造像記》:

> 願周皇帝延祚,常登安樂,晋國公忠孝,慶算無窮。[②]

《周書·晋蕩公護傳》載:“孝閔帝踐阼,拜大司馬,封晋國公,邑一萬户。”[③]宇文護誅趙貴,逼令獨孤信自裁于家。又廢弑孝閔,以明帝繼位,自兹威權日盛。觀此造像題記應屬民間邑義所爲,馬長壽記其在咸陽渭河南岸(現不知去向),可見,武成二年,晋公恩威勢傾朝野。同時,也可隱約感觸到由于鼎祚頻替而導致了社會與民生的動盪,民間開始釋放出祈求主安臣忠的樸素願望。

《京師突厥寺碑》:

> 太祖文皇帝道被寰中,化覃無外……大冢宰晋國公功高寅亮,位隆光輔。[④]

《京師突厥寺碑》見載于《藝文類聚》和《全後周文》,作者王褒,無紀年。周太祖,謚曰文皇在明帝二年,即武成元年八月明帝復稱帝號之時。魏宏利斷其爲明帝武成末物,基本合理。筆者認爲,以武帝初元更爲情理。宇文護鴆殺明帝,其因在于明帝性聰睿,有識量,又威勢漸成,宇文護頗爲忌憚。京師突厥寺應爲朝廷禮待突厥使節和要客的重要舍館,不同于京畿鄉里,可以任民間邑義由之。倘若明帝猶在,突厥寺碑豈敢昭昭于世。况且王褒名門世表,又爲明帝親寵,“恒在左右”[⑤]。復若明帝生世,又豈能置明帝與綱常臣節于不顧,阿晋公及强權于天下。明帝崩于漸成,周武繼賴晋公,正其時也。周齊對峙之際,正是北部突厥汗國强盛之時,《北史·突厥傳》載:“彎弓數十萬,别處于代、陰,南向以臨周齊,二

---

① 《周書》卷十一《晋蕩公護傳》,168 頁。

② 《北朝關中地區造像記整理與研究》,第 221—222 頁。馬長壽《碑銘所見前秦至隋初的關中部族》稱“碑在咸陽縣渭河南岸”。

③ 《周書》卷十一《晋蕩公護傳》,第 166 頁。

④ 《北朝關中地區造像記整理與研究》,第 229 頁。

⑤ 《周書》卷四一《王褒傳》,第 729 頁。

國莫之能抗,争請盟好。”[①]周齊爲了北方息戈,專心東西圖謀,皆争與突厥和親,傾府藏以給之。《周書·突厥傳》載:“突厥在京師者,又待以優禮。衣錦肉食者,常以千數。”[②]可見,京師長安突厥游使之盛,而晋公權譽竟漫于涉外使館,可謂甚矣。其實,晋公宇文護專權,又豈止于此,北齊朝野對此亦人所共知。《資治通鑑》載:“(段)韶以‘周人反覆,本無信義,比晋陽之役,其事可知。護外托爲相,其實主也。’”[③]

保定元年《邑子一百一十五人等造像記》:

仰爲皇帝陛下、留國公造石像一區。[④]

保定二年《楊仵女造像記》:

上爲皇帝陛下、大塚宰、師徒,下及伯仲兄弟、七世父母、見在眷屬,造像一軀。[⑤]

《楊仵女造像》也是此季一尊需要特别關注的造像。其正面與邑師、像主并排題名的有“開府儀同馮翊郡守侯莫陳昇,開府儀同前馮翊郡守宇文舉”。侯莫陳昇,核查北朝末年侯莫陳氏諸支,皆不見其載。從其所任職官的權重看,應該是侯莫陳興一門中史籍漏載者。宇文舉,即宇文神舉,《周書》有傳,周文族子。于宗室中有夙成之量,爲明帝所重,常以侍從。保定二年,即明帝爲宇文護所鴆殺,武帝宇文邕新繼之第二年。其時,宇文護爲天官府大冢宰,又五府皆總于天官,權傾朝野,是北周當朝實際的主宰者。宇文舉作爲已故明帝的寵臣,當然爲宇文護所忌。《楊仵女造像》看似民間邑義所造,但由于有朝廷宗室勳臣的參與,情况就不那麽簡單了。身爲前馮翊郡守的宇文舉,結伴後任共同參與馮翊楊氏的造像活動,刊文布世,不説是阿諛時主,至少是要向晋公宇文護表達相從之態度。

保定二年《李曇信兄弟造像記》:

上爲皇帝、留國公,延祚無窮,萬方歸化。下及師僧父母、兄弟妻嫂子侄,壽命修

---

① 李延壽《北史》卷九九《突厥傳》,北京:中華書局,2012年,第3285頁。

② 《周書》卷五〇《突厥傳》,第907頁。

③ 《資治通鑑》卷一百六十九《陳紀三》“文帝天嘉五年”,北京:中華書局,2016年,第5345頁。

④ 《北朝關中地區造像記整理與研究》,第234頁。韓理洲《全北齊北周文補遺》第62頁亦識爲“留國公”,而魏宏利校記斷爲“晋國公”之誤,甚確。現藏藥王山博物館。

⑤ 《北朝關中地區造像記整理與研究》,第238頁。現藏臨潼區博物館。

延，咸保福緣。①

保定二年《鉗耳世標造像記》：

當帝延祚，祚延遐祀。公耶尹庶，彝純保國。爲辟群司，寵加榮辱。師尊父母，生生值佛。②

公者，晋公也，尹者，伊尹也。這段看似語焉不詳題記，却其言諄諄，寄晋公以純臣之望。

保定二年《張操造像記》：

仰爲皇帝陛下、晋國公、群僚百辟及法界有形，造無量壽像一區。③

保定三年《田元族造像記》：

願帝祚長延，明齊日月。留國公永隆，四方邕穆，解甲息兵。④

保定四年《張永貴造像記》：

仰願皇帝陛下、太師，國祚永康，戎徒卷鉀。⑤

宇文護拜太師，在明帝二年。自古天下乃皇家之天下，此題記將太師共之，悖于天條。

保定四年《王甕生造像記》：

上爲天龍八部。下爲人王帝主、七世父母、見在父、過去母、合門大小，年一以上，百歲已來。⑥

---

① 《北朝關中地區造像記整理與研究》，第 241 頁。"留國公"爲"晋國公"之形誤。現藏藥王山博物館。

② 《全北齊北周文補遺》，第 63 頁。録文并不見鉗耳世標題名，不知何故？録自《考古與文物》1994 年第 2 期《耀縣新發現的一批造像碑》。

③ 《北朝關中地區造像記整理與研究》，第 244 頁。

④ 《北朝關中地區造像記整理與研究》，第 249 頁。"留國公"爲"晋國公"之形誤。現藏藥王山博物館。

⑤ 《北朝關中地區造像記整理與研究》，第 254 頁。現藏藥王山博物館。

⑥ 《北朝關中地區造像記整理與研究》，第 258 頁。

以上可見,保定一季,明帝新崩,武帝始繼,晋國公宇文護勢高朝野。這一時期的造像題記凡涉政治,多以其綴于皇帝之後,相于比尊。《周書·晋蕩公護傳》載:"自太祖爲丞相,立左右十二軍,總屬相府。太祖崩後,皆受護處分,凡所徵發,非護書不行。護第屯兵禁衛,盛于宫闕。事無巨細,皆先斷後聞。保定元年,以護爲都督中外諸軍事,令五府總于天官。或有希護旨,云周公德重,魯立文王之廟,以護功比周公,宜用此禮。于是詔于同州晋國第,立德皇帝别廟,使護祭焉。"①可見,既五府總于天官,又先斷而後聞;既有周公之比,又有德皇帝别廟以專祭,晋公之遇,早已超絶人臣。

天和元年《佛弟子十七人等造像記》:

> 仰咨皇家,帝祚天長,公休地久。②

帝公之對相偶,又合一皇家之内。帝者,武帝也。公者,晋公也。周元年九月,宇文護欲廢孝閔,徵之群臣,皆曰:"此公之家事,敢不唯命是聽。"③可見,晋公宇文護執政的周廷臣班,皆以其與皇帝共天下爲執念。此題記,又一證也。

天和元年《邑子紀乾等造像記》:

> □□□帝、晋國公、群官師僧、□諸邑子紀乾等。④

天和四年《顔那米造像記》:

> 仰爲皇帝陛下,延祚無窮,復願大冢宰保國安民,福延萬世。⑤

天和四年《張石生造像記》:

> 願皇帝延康,留公昌壽,八荒□脱。⑥

---

① 《周書》卷十一《晋蕩公護傳》,第168頁。
② 《北朝關中地區造像記整理與研究》,第273頁。今不知所在。
③ 《周書》卷十一《晋蕩公護傳》,第168頁。
④ 《北朝關中地區造像記整理與研究》,第275頁。現藏臨潼區博物館。
⑤ 《北朝關中地區造像記整理與研究》,第291頁。今不知所在。
⑥ 《北朝關中地區造像記整理與研究》,第295頁。"留國公"爲"晋國公"之形誤。原存涇陽,今不知所在。

從相勢比尊的角度看，保定一季及天和前期就有十三例之多，這恰恰與其時晋公權勢當朝無匹相印證。但自天和四年以後，晋公宇文護的比尊的身影就從造像題記中徹底消失了。如：天和五年武帝之弟代國公《宇文達造像記》[①]于晋公隻字未提，顯然，無視即是立場。藉此，我們基本可以推斷，從這時起，朝野人心開始漸歸帝室。關于其時的帝相形勢，史載籠統。一般認爲，天和七年武帝宫殺宇文護之前，帝權一直匍匐于强大相權的陰影之下。其實，有一些細節是需要做一討論的：

第一，宇文護鴆殺明帝，以其四弟宇文邕即位，帝相矛盾只是得到暫時的緩解，其勢不兩立的根本癥結依然存在。武帝踐極于既冠之年，初以隱忍，終圖獨尊的大志當然養在城府。其實，應該早在保定三年，武帝即暗有誅除宇文護之心，只是因爲侯莫陳崇洩漏機密而不得不蟄伏多年。事泄，武帝爲回護大計，當廷斥責侯莫陳崇妄言，崇亦當庭謝罪。而宇文護則不依不饒，當夜調遣兵將，圍侯莫陳崇宅，逼令其自殺。帝雖不言，而舉朝觀之，侯莫陳崇貴爲八柱國之一，爲北周開國勳臣，此尤可見宇文護凌逼之甚[②]；

第二，保定四年十月，宇文護總兵東伐，武帝庭授斧鉞，又親往沙苑勞軍。而宇文護以私情羈絆而致東伐失敗，庸國公王羆戰死洛陽，少師楊標歿于軹關，損兵折將，當然導致宇文護威信折損，人心離散；

第三，宇文護恃建立之功，久專權秉，又凡所委任，皆非其人。其諸子貪殘，僚屬縱逸，恃護威勢，莫不蠹政害民，亦使宇文護望跌于朝野。

天和七年，武帝敢于對宇文護行以誅除，當然是帝勢前有積成，這一點應該没有疑問。而《周書》《北史》的此間載述并未顯示相勢漸欲低落的勢頭，恰恰是從此季的造像題記的變化分析，隱約洩露了天和後期帝相形勢悄悄逆轉的微妙消息。另外，我們可以看到，保定、天和年間出現的比尊造像，較于西魏末已有大幅增多，這正好反映出北周佛教興盛的情况。這無疑也是武帝宇文邕决然滅佛的歷史背景，而造像題記中比比皆是的比尊現象，會不會也是助推其立斷的原因之一，值得思量。

---

① 《北朝關中地區造像記整理與研究》，第 305 頁。

② 《周書》卷五《武帝紀》載："(保定)三年正月乙酉，太保、梁國公侯莫陳崇賜死。"頗爲籠統。而《周書》卷一六《侯莫陳崇傳》載："保定三年，崇從高祖幸原州，高祖夜還京師，竊怪其故。崇謂所親人常升曰："吾昔聞蔔筮者言，晋公今年不利。車駕今忽夜還，不過是晋公死耳。"于是衆皆傳之。或有發其事者。高祖召諸公卿于大德殿，責崇。崇惶恐謝罪。其夜，護遣使將兵就崇宅，逼令自殺。禮葬如常儀。謚曰躁。護誅後，改謚曰莊閔。"《資治通鑑》亦載此節。由此可見，所謂賜死，其實爲宇文護所逼，無奈而爲之。否則，誅除宇文護之後，何以改侯莫陳崇謚號"躁"爲"莊閔"？亦由此可見，當時風傳的誅除宇文護的流言，淵源就在武帝。

四、結　語

在此需要重申,本文關注的重點是造像題記中的祈願對象,筆者將這一時期的後宫和强臣題記全部分析後發現:在逾一千六百種的題記中,此類題記凡五十三個,他們幾乎全部集中在北魏二后、魏齊高歡一門和魏周宇文一族(僅有北齊趙郡王(《房紹興造像》)等个别例外),這一結果,不能不讓人驚歎,題記的消息傳遞和歷史的還原竟是如此的吻合。分析這部分造像題記的發生淵源,大抵如下:

首先,中央集權國家的積习。肇啓嬴秦的大一統制度,經六百年傳承,衍生出的民間樸素而自發的"皇帝崇拜""國家意識",這是大宗。當然客观上也不能排除讒佞和營私目的的驅使,而這些積弊無疑是比尊現象的誕生温床。

第二,朝臣歸心選向與立場表達。當國家運祚漸漸轉移,禪代之勢不可逆轉的時候,一些朝臣和宗室借宗教信仰造像刻銘,表明立場。他們或同趣相結,或混身民間邑義行徑,昭然于天下信衆之間,向當世之异主,剖表忠心。這其中,當然存在主動助推逆勢和曲意迎逢的兩種人群。這部分造像題記在總的數量中,雖然占比不大,但由于其造像形制、立像地點、參與人身份的不同,影響特别廣大。如:《楊仵女造像》《楊標造像》等。

第三,宗教自身保護的旨意。宗教得以流行,一是庶衆的精神需求,二是統治者的馭衆之便。以佛教言,自其入中國,即有帝佛尊争,又有賦税及人力計較。于北朝,先有太武,後有周武,劫難不可謂不慘痛。正如日本學者石松日奈子所説:"斷然實行廢佛的主要人物相繼悲惨地死去,人們目睹了因果報應的真實性。對佛教的信賴和崇敬之情越來越高漲,同時也從心底裹擔心廢佛再次發生。……大家認識到佛教的繼續需要得到王權的保護,同時没有王權的穩定也没有佛教的繁榮,王權與佛教逐漸一體化了。"[①]這當然是出于民間宗教邑義和篤純信衆對佛教長遠發展的考慮。從這一點看,造像題記中展現的"皇帝崇拜"或"國家意識",有一定程度的祈護和無奈蘊于其中。

北朝佛事肇啓于道武,然釋教于王權産生的弊端,也是歷朝注意規避克服的,二武滅佛是其極端之例。即使是佛教最興盛的孝文[②]、宣武[③]、肅宗[④]三朝,亦皆嚴規以避釋事之泛濫。然隨着國勢衰微,法禁寬弛,終不能改肅。造像亦由官造、寺造,泛濫于民間邑義。

① (日)石松日奈子《北魏佛教造像史研究》,北京:文物出版社,2012年,第63頁。
② 見延興二年詔,《魏書》卷一一四《釋老志》,第3300頁。
③ 見永平二年沙門統惠深上言,詔從之,《魏書》卷一一四《釋老志》,第3303頁。
④ 見熙平二年胡太后令,《魏書》卷一一四《釋老志》,第3305頁。

依據佐藤智水統計(這是一個非常說明問題的統計。其總數未必確鑿,却可以說明問題):北魏598;東魏189、北齊423,西魏56、北周94。如此,北朝前後之异,東西之别,可以立見矣。

關于北朝的造像,是不是存在一個嚴格的審查核准制度?筆者尚没有掌握足够的證據。但有一點是可以肯定的,那就是如果所有造像題記的内容立場全賴于造像像主、民間邑義和參與者的主觀意圖,其結果顯然是不可想像的。如果有,應該是歸于何屬?《魏書·釋老志》載:“天興元年,下詔曰:‘夫佛法之興,其來遠矣……其敕有司于京城建飾榮範,修整宫舍,令信向之徒,有所居正。’”[①]并未載明有司爲何司。《魏書·釋老志》又載:“初,皇始中,趙郡有沙門法果……太祖聞其名,詔以禮征赴京師。後以爲道人統,綰攝僧徒。……初法果每言太祖明睿好道,即是當今如來,沙門宜應盡禮,遂常致拜。謂人曰:‘能鴻道者人主也。我非拜天子,乃禮佛耳’……亦加老壽將軍號。”[②]顯然,北魏立國,佛法東傳之初,即理順了釋教世尊與世俗皇帝之間的遵從關係——皇帝即當今如來,沙門宜應盡禮。至文成季,曇曜于平城武周山大行造像,令如帝身。進而從義理和實踐兩個維度完成了北朝國家佛教的構建。太祖拓跋珪詔置之道人統,應爲北魏朝僧官之始,又加老壽將軍號,昭示其爲朝廷命官,當在太常制下。同時,亦向天下信衆釋放出釋教轄于帝權的信號。《釋老志》又載:“帝乃親爲下發,師賢仍爲道人統。……和平中,師賢卒。曇曜代之,更名爲沙門統。”[③]更確定了道人統爲朝廷命官,一般僧道不得任。曇曜以前,道人統應該是監管包括釋道在内的各種宗教結社和事務。及曇曜爲沙門統,其職守當專于釋教,也相應確定了釋教作爲國家宗教的地位。《釋老志》又載:“世宗即位,永平二年冬,沙門惠深上言:‘輒與經律法師群議立制……諸州、鎮、郡維那、上座、寺主,各令戒律自修,咸依内禁,若不解律者,退其本次。’”[④]《釋老志》又載:“熙平二年,靈太后令曰:‘州統、維那與官精練簡取充數。’”[⑤]亦可見,在州亦設有沙門統,州郡維那是有朝廷編制限制的命官,或以高僧大德居之,或以州郡散吏爲居士者兼之,從而形成北魏的僧官編制系統和釋教管理系統。筆者推測,京師官造像當然由太常屬下在朝之沙門統監造,而民間邑義造像的背景及内容審查,則應該是由州郡令長指使其屬下的沙門統和維那管代。然而,從諸多造像題名看,基層僧官多又混于其中,亦可見這種審查制度的人爲彈性和寬弛了。

還有一個問題需要討論:爲什麽朝廷文武和民間信衆會在意其本人和其屬社團在造像題記的立場顯現呢?這當然是因爲民間宗教邑義所具備的傳媒系統功能。通常朝廷政

---

①② 《魏書》卷一一四《釋老志》,第3293頁。

③ 《魏書》卷一一四《釋老志》,第3298頁。

④ 《魏書》卷一一四《釋老志》,第3303頁。

⑤ 《魏書》卷一一四《釋老志》,第3305頁。

令與政務信息的傳導,賴于信使致于州郡,州郡再下及于鄉、黨、里。當民間宗教社團發展比較完善的時候,特别是像北朝末年宗教邑義雨後春笋般相結鄉里的時候,自然就具備了便利快捷的訊息傳導功能。另外,從造像的題名看,其中的鄉、黨、里長還大多兼任宗教社團的執事之職,這就更爲助長邑義的傳媒功能并順便利用其傳媒功能提供了方便。是不是可以推斷,這時的邑義組織本身就兼具了這樣的職責,值得思量。《魏書·釋老志》載:"恭宗言雖不用,猶緩宣詔書,遠近皆預聞知,得各爲計。四方沙門,多亡匿獲免。在京邑者,亦蒙全濟。金銀寶像及諸經論,大得秘藏。"[①]其時在太武季,當時的民間邑義組織規模,遠不及太和以後。即便如此,我們亦可以看出,宗教邑義信息傳導的迅捷和廣泛。這也是一些朝廷文武欲使其"忠心""立場"達于天聽和權聽時,而躋身造像題名的真正原因了。再者,部分民間信衆在强臣及其擁蔓的默許之下,利用邑義組織的宣傳功能,爲僭代培植民間心理準備,爲權臣巧奪民心之所屬而培植風吹草偃的易代土壤。

【作者簡介】王書欽,男,1965 年生,供職于西安市公安局特勤局,主要從事魏晋南北朝史與中古碑刻文獻研究。

① 《魏書》卷一一四《釋老志》,第 3297 頁。

唐李自勗墓志考釋

王慶昱

毛陽光先生主編《洛陽流散唐代墓志彙編續集》收録有武周時期李自勗墓志一盒，根據記載可知李自勗墓志一盒，有志有蓋，志蓋都有花邊，正書。志蓋篆書“大周故朝請大夫隨州長史李府君墓志”，志石長寬均爲 70 厘米，志文滿行三十三字，三十三行。志文記載了李自勗的家族情况以及其仕宦生涯，特别是對其仕宦記録詳實，有助於我們了解唐高宗、武則天時期的相關史事，故對其進行考釋，爲了方便起見，以《洛陽流散唐代墓志彙編續集》爲本，録文如下：[①]

一、墓志録文

大周故朝請大夫隨州長史上輕車都尉李府君墓志銘并序

公諱自勗，字脩己，趙郡欒城人也。長瀾遠派，因食李而疏源；開國承家，始惟桑於分晋。左車名將，柱史真人，西游開道德之宗，東坐定興亡之術。平原君之賓客，人實英奇；趙簡子之城池，地多軒蓋。時推著姓，不亦宜乎。曾祖聿，齊羽林監、明遠將軍、晋州長史、廣平伯。祖放之，隨開府行參軍事，早卒。天街既列，即示軍容；時望攸歸，始參卿事。竹符匡化，政成三晋之郊；桑井呈灾，先赴九原之路。父公淹，唐吏部員外郎、禮部右司二郎中、使持節、渭建二州諸軍事、二州刺史。青蒲伏奏，仰辰象而聯暉；白茅分土，裂河山而作鎮。公即使君之元子也。天姿卓絶，地望膏腴。豈徒州縣之勞，將復公侯之始。起家太武皇后挽郎，解褐右虞候率府倉曹參軍、右監門府兵曹參軍。椒房晚晦，攀鳳綍於松阡；文衛晨嚴，奉魚鈐於紫禁。調隆州蒼溪縣丞，轉鄭州密縣令。賓渝故俗，且毗銅墨之榮；虢鄶餘人，喜得絃歌之宰。除虢州弘農縣令，丁内艱去職。瞻星載赴，望境窮號，毁骨殆不勝喪，泣血幾於滅性。服闋，補太子僕寺

① 毛陽光《李自勗墓志》，《洛陽流散唐代墓志彙編續集》，北京：國家圖書館出版社，2018 年，第 114—115 頁。

丞,遷太府寺丞。仙駢聖皂,公孫太僕之班;九府三錢,天子内官之職。旋以清規簡帝,峻節聞天,連雲奏議之曹,列宿神仙之署。寔難其選,僉曰汝諧。擢膳部員外郎。正身而仕,直道而行。還以臺郎出補縣宰,除洛州偃師令。奉使潭衡,采金稱旨。拜朝散大夫,授光禄寺丞。景亳湯池,沅湘楚澤,按輶軒於北渚,褫鳧舄於東周。寵錫紫泥,位參丹棘。除幽州都督府司馬,轉隨州長史。漢東隨國,復聞康樂之歌;薊北燕墟,重睹海沂之詠。幽并騎射,歸舊業於農桑;江漢黎元,不偷生於呰窳。雄豪屏氣,吏人胥悦,愛同父母,畏甚神明。由是召伯甘棠,於今勿剪;馮君大樹,竟不論功。嗚呼!方冀曳組君前,遥識尚書之履;豈謂昇簪天上,遽歸京兆之魂。以載初元年歲次己丑六月五日遘疾卒於隨州官舍,春秋七十有三。重惟硌硌神襟,森森智宇。離堅辯异,折挫談端。顧鵲迴鸞,崩騰筆抄。忠基孝緒,形見於家國;直氣鯁詞,紛綸於圖史。悽遑郡縣,從宦滯於騎牛;倚伏吉凶,傷命同乎歎鵩。夫人滎陽鄭氏先亡,父龍。蓋坤儀女則,虔誠采幽澗之蘋;白日黄泉,攀折限春亭之樹。陶門獨鶴,每孤怨於琴臺;延津二龍,會雙沉於劍水。粤以大周長安二年歲次壬寅五月卅日景申合葬於邙山舊塋,禮也。瞀丘返葬,防山共墳,起伏崗阜之形,左右虎龍之應。森疏松檟,肅以成列,淒斷風煙,悠然遂古。嗣子隨州司法參軍全確旻穹標思,霜露凝哀,永懷遷祔之儀,敬奉郰衢之禮。將恐地平陵谷,水淺蓬萊,紀玄猷於絶壤,圖翠琰於泉臺。銘曰:

> 仙雲帝族,真氣靈苗。輔嬴師漢,并禹匡堯。業隆封拜,績著宗祧。峎丘琬琰,巨壑波潮。其一。祖業無忒,家聲載揚。高門毓慶,盛德傳芳。殊姿卓犖,偉狀昂藏。討論墳典,利用賓王。其二。翊化岷峨,鳴絃虢鄶。魯恭善政,鄭僑遺愛。彈冠省闥,題輿燕代。南北東西,推遷年載。其三。單車適楚,素蓋歸周。山河迴互,人事虚浮。草短逾積,松長更幽。窮郊苦月,定不宜秋。其四。瞀丘返葬,防山共墳。人生到此,天道寧論。合蛟龍之二劍,下鸞鶴之雙魂。感藏舟於夜壑,刻方石於泉門。其五。

二、李自勗家族史事考

根據志文記載:“公諱自勗,字脩己,趙郡欒城人也。”可知志主李自勗,出自趙郡李氏。關於李自勗的生卒年,志文記載其“以載初元年歲次己丑六月五日遘疾卒於隨州官舍,春秋七十有三”。可知李自勗卒於唐睿宗載初元年(690),則其當生於唐高祖武德元年(618)。然根據相關研究可知載初元年六月已經是庚寅年,由於武則天改年號和正月,故有此誤,是年已經是庚寅年。[①]

關於李氏的姓氏來源以及傳承，志文載："長潤遠派，因食李而疏源；開國承家，始惟桑於分晋。左車名將，柱史真人，西游開道德之宗，東坐定興亡之術。平原君之賓客，人實英奇；趙簡子之城池，地多軒蓋。時推著姓，不亦宜乎。"看《元和姓纂》對李氏的姓氏來源以及傳承來看，主要敘述了李氏出自顓頊，特別提起了李耳，與志文記載有不同。[②]《新唐書》更詳細的記載了趙郡李氏在春秋以降的發展，與志文相符。[③]

志文還記載了李自勗的曾祖父以降的仕宦，據載："曾祖聿，齊羽林監、明遠將軍、晋州長史、廣平伯。祖放之，隨開府行參軍事，早卒。"李聿、李放之在史書無載，查《新唐書・宰相世系表》，李自勗父親李公淹以上四代缺。[④] 故志文記載可補《新唐書・宰相世系表》，據此可補李聿、李放之兩代。

李公淹在史書中有載，《文館詞林》有載："可遣員外散騎常侍韋叔諧、員外散騎侍郎李公淹持節往廣州、高州、崖州都督管内，充使巡省。"[⑤]《唐尚書省郎官題名考》也收録了相關資料，主要以傳世資料爲主。[⑥] 關於李公淹的仕宦，志文記載："父公淹，唐吏部員外郎、禮部右司二郎中、使持節、渭建二州諸軍事、二州刺史。"李公淹擔任右司郎中的記載與《新唐書・宰相世系表》[⑦]一致，據此可知《唐尚書省郎官題名考》作"左司郎中"當有誤。李公淹擔任過渭州、建州刺史，《唐刺史考全編》考李公淹擔任渭州刺史、建州刺史在貞觀中。[⑧]《李自勗》墓志的出土，又提供了新的資料，充實了《唐刺史考全編》。

志文還在記載了李自勗的夫人，據載："夫人滎陽鄭氏先亡。"可知其夫人出自滎陽鄭氏。最終李自勗與夫人合葬，"粤以大周長安二年歲次壬寅五月卅日景申合葬於邙山舊塋，禮也"。也即武則天長安二年(702)，此時距離李自勗去世也已經十幾年了。志文記載李自勗有子"嗣子隨州司法參軍全礭"，可補《新唐書・宰相世系表》。

根據李自勗墓志可知，李自勗出自趙郡李氏西祖一系，其曾祖曾在北齊任職，祖父在隋代任職不顯，父親李公淹在唐初曾擔任高層官員，其子在武則天長安二年曾擔任隨州司法參軍。其夫人出自滎陽鄭氏。通過對李自勗墓志的簡單考釋，可以了解到北朝隋初唐時期，山東士族的生活、仕宦軌迹，有助於加深對這一時期的士族等問題的理解。

---

① 王化昆《金石與唐代曆日》，北京：國家圖書館出版社，2012年，第126—127頁。

② 林寶撰，岑仲勉校《元和姓纂》卷一《李姓》，北京：中華書局，1994年，第1頁。

③ 歐陽修、宋祁《新唐書》卷七二上《宰相世系表》，北京：中華書局，1975年，第2473—2474頁。

④⑦ 《新唐書》卷七二上《宰相世系表》，第2584頁。

⑤ 許敬宗編，羅國威校《文館詞林》卷六六四《貞觀年中安撫嶺南詔一首》，北京：中華書局，2001年，第247頁。

⑥ 勞格、趙鉞著《唐尚書省郎官題名考》卷一《左司郎中》，北京：中華書局，1992年，第33頁。

⑧ 郁賢皓《唐刺史考全編》卷二九《渭州卷》，第425頁；郁賢皓《唐刺史考全編》卷一五二《建州卷》，合肥：安徽大學出版社，第2174頁。

三、李自勗仕宦考

李自勗出自趙郡李氏,趙郡李氏自北朝以來就是山東士族。[①] 關於趙郡李氏的研究,張金龍先生在以往研究的基礎上做過深入研究。[②] 由於李自勗出自山東士族之一的趙郡李氏,在談及其仕宦時,志文載:"天姿卓絶,地望膏腴。豈徒州縣之勞,將復公侯之始。"唐代前期門蔭入仕仍然佔有很大的比例。[③]

李自勗以挽郎入仕,據載:"起家太武皇后挽郎,解褐右虞候率府倉曹參軍、右監門府兵曹參軍。"吴麗娱先生對唐代挽郎諸問題作了深入的研究,認爲挽郎作爲皇家喪禮中的一個環節,不可缺少,同時作爲門蔭下的一種,起到了十分重要的作用。[④] 關於"起家"與"解褐",黄正建先生認爲起家是獲得了當官的身份,解褐是獲得了職事官。[⑤] 李自勗擔任太武皇后挽郎獲得了身份,但是并没有直接任職。太武皇后爲唐高祖皇后竇氏謚號,唐高祖於貞觀九年去世,群臣上謚號"太武",竇皇后謚號爲"太穆皇后"。[⑥] 志文太武皇后當是"太穆皇后"。唐高祖於唐太宗貞觀九年(635)去世,此時太穆皇后隨葬。故而可知李自勗當在貞觀九年(635)起家,時年18歲。

李自勗釋褐後,擔任右虞候率府倉曹參軍。右虞候率府,唐朝因襲隋朝,龍朔二年改稱清道率府。倉曹參軍爲從八品下。[⑦] 率府參軍在唐代墓志中比較少見,賴瑞和先生研究了王府參軍,認爲一般作爲士人的釋褐官,不如州府的參軍。[⑧] 但李自勗是率府參軍,也就是太子的隨從,王府參軍當不可與之同日而語。從志文用"豈徒州縣之勞,將復公侯之始"來看,其仕宦當不錯,應當比州府參軍前途更好。但是參軍論清顯比不上校書郎和正字,也不比京畿縣尉。[⑨] 李自勗從右虞候率府倉曹參軍遷轉爲右監門府兵曹參軍,右監門府兵曹參軍爲正八品下,掌本衛文、武官之職薄。[⑩] 劉琴麗先生認爲諸衛内遷轉主要是

① 高詩敏《北朝趙郡李氏的遷徙分布及其與李唐先世之關係》,《河北學刊》,1996年第1期,第86—90頁。
② 張金龍《李唐出於趙郡李氏説》,《歷史研究》,1993年第5期,第183—186頁。
③ 吴宗國《唐代科舉制度研究》,北京:北京大學出版社,2010年,第12—18頁。
④ 吴麗娱《助葬必執紼—唐代挽郎一角》,《首都師範大學學報》(社科版),2014年第2期,第1—7頁。
⑤ 黄正建《唐代的"起家"與"釋褐"》,《中國史研究》,2015年第1期,第198—200頁。
⑥ 陳麗萍《賢妃嬖寵:唐代后妃史事考》,北京:社會科學文獻出版社,2014年,第32頁。
⑦ 李林甫撰,陳仲夫校:《唐六典》卷二八《太子左右衛及諸率府卷》,北京:中華書局,1992年,第718—719頁。
⑧ 賴瑞和《唐代基層文官》,北京:中華書局,2008年,第168—171頁。
⑨ 《唐代基層文官》,第202頁。
⑩ 《唐六典》卷二五《諸衛府卷》,第640頁。

内部遷轉。[①] 可見李自勗從東宫轉右監門衛屬於内部遷轉。志文:“椒房晚晦,攀鳳綍於松阡;文衛晨嚴,奉魚鈐於紫禁。”形象的説明了李自勗在這兩任的職責。

擔任兩任衛官之後,李自勗遷轉地方官,志文載:“調隆州蒼溪縣丞,轉鄭州密縣令。”隆州在唐玄宗即位後,爲了避諱改爲閬州。蒼溪爲中下縣。[②] 中下州縣丞爲正九品下。[③] 可見李自勗轉任地方僚佐,品級還下降了,然而李自勗從縣丞轉爲縣令,并且還是畿縣令。根據記載可知密縣原屬於鄭州,鄭州屬於雄州,唐高宗龍朔二年隸屬洛州,屬於畿縣。[④] 畿縣令爲正六品上。[⑤] 但是此時密縣還屬於鄭州,不是畿縣,可能是望、緊或者上縣。翁俊雄分析了唐代前期望縣、緊縣主要分布在黄河流域的情况。[⑥] 再看密縣後隸屬洛州,故而此時可能密縣是望縣或緊縣的可能性比較大。李自勗在龍朔二年前擔任密縣令。

我們知道上縣縣令爲從六品上。[⑦]一般而言擔任望緊上縣令者,只有少數能够擔任高層文官。[⑧] 李自勗從縣丞到擔任縣令,直接從基層文官遷轉爲中層文官。志文用“賨渝故俗,且毗銅墨之榮;虢鄶餘人,喜得絃歌之宰”表達李自勗在縣丞、縣令任上的出色業績。之後李自勗遷轉爲虢州弘農縣令,弘農縣爲緊縣。可見從密縣令轉爲弘農縣令,屬於平級遷轉,虢州處於兩都之間,也屬於雄州,但是地理位置更加重要。

李自勗在唐高宗龍朔二年前任密縣令,故其擔任弘農縣令的時間也當在唐高宗統治前期。不久李自勗“丁内艱去職。瞻星載赴,望境窮號,毁骨殆不勝喪,泣血幾於滅性”,不知是其父親李公淹還是其母親。守孝之後,李自勗在京城任職,“服闋,補太子僕寺丞,遷太府寺丞”。太子僕寺丞爲從七品上,太子僕掌管車輿、騎乘等,寺丞掌判寺事。[⑨] 李自勗在唐太宗時期就擔任過東宫官員,唐高宗前期再次擔任東宫官員。不久遷轉爲太府寺丞,品級是從六品上,太府寺掌握國家財貨,掌判寺事。[⑩] 可見李自勗擔任了中央財賦部門的官員,仕宦當爲光明。

果然不久遷轉爲“擢膳部員外郎”。膳部員外郎爲從六品上,執掌是邦之牲豆、酒膳,

---

① 劉琴麗:《唐代武官選任制度初探》,北京:社會科學文獻出版社,2006年,第84—87頁。
② 《新唐書》卷四〇《地理四》,第1038頁。
③ 《新唐書》卷四九下《百官四下》,第1319頁。
④ 《新唐書》卷三八《地理二》,第983—984頁。
⑤⑦ 《新唐書》卷四九下《百官四下》,第1318頁。
⑥ 翁俊雄《唐代的州縣等級制度》,《北京師範學院學報》(社科版),1991年第3期,第11頁。
⑧ 《唐代中層文官》,第251頁。
⑨ 《唐六典》卷二七《家令率更僕寺卷》,第702頁。
⑩ 《唐六典》卷二〇《太府寺卷》,第540—542頁。

辨其品數。[①]《唐尚書省郎官題名考》收録有李自勗擔任膳部員外郎[②],墓志記載無疑又增加了一條新的材料。唐代郎官是一個受世人青睞的群體,是中層文官中最受歡迎的群體。[③] 志文用:"旋以清規簡帝,峻節聞天,連雲奏議之曹,列宿神仙之署。寔難其選,僉曰汝諧。"表達了李自勗擔任郎官之後的榮光。

李自勗由郎官遷轉畿縣,據載:"還以臺郎出補縣宰,除洛州偃師令。"畿縣縣令爲正六品上。[④] 賴瑞和先生認爲郎官出任京畿縣令,説明了京畿縣令地位之高,地位不在郎官之下。[⑤] 李自勗擔任鄭州密縣令在唐高宗龍朔二年前,唐代官員一任大概是四年。李自勗擔任偃師縣令當在唐高宗後期。我們知道唐高宗後期至武則天時期,主要駐扎在東都洛陽。因而李自勗擔任偃師縣令,其地位當更高。

李自勗在偃師縣令任上,奉使出行,據載:"奉使潭衡,采金稱旨。拜朝散大夫,授光禄寺丞。"根據《新唐書》記載衡州産麩金,作爲土貢。[⑥] 看來這次出使頗爲順利,拜從五品下的朝散大夫,在光禄寺擔任光禄寺丞。光禄寺丞爲從六品上,掌判寺事,光禄寺主要掌握邦國酒膳。[⑦]

唐高宗、武則天時期,東北邊疆告急,朝廷大軍屢次征討。李自勗由光禄寺丞轉爲幽州都督府司馬,後又遷轉爲隨州長史。據載:"除幽州都督府司馬,轉隨州長史。"幽州是大都督府,司馬是從四品下。[⑧] 隨州爲上州,長史爲從五品下。可見李自勗在幽州大都督府司馬任上,業績不佳,最終遷轉爲地方州長史。

通過對李自勗仕宦的簡單分析,李自勗生於唐高祖武德時期,卒於唐睿宗第一次即位時期,可以説其仕宦經歷了唐代前期,以門蔭入仕,擔任過郎官、京畿縣令,爲官差不多五十年,在最後的仕宦生涯中,由於參與唐與契丹等的戰争,作戰不利,最後卒於地方州長史任上。

【作者簡介】王慶昱,男,1985年生,歷史學博士,雲南師范大學歷史與行政學院講師,主要從事中古時期出土文獻與政治發展研究。

① 《唐六典》卷四《尚書禮部卷》,第129—130頁。
② 勞格、趙鉞著《唐尚書省郎官石柱題名考》卷二四《膳部員外郎》,北京:中華書局,1992年,第929頁。
③ 《唐代中層文官》,第204—206頁。
④ 《新唐書》卷四九下《百官四下》,第1318頁。
⑤ 《唐代中層文官》,第233頁。
⑥ 《新唐書》卷四一《地理五》,第1071頁。
⑦ 《唐六典》卷一五《光禄寺卷》,第443—444頁。
⑧ 《新唐書》卷四九下《百官四下》,第1314頁。

新見唐《韋虚心墓志》考釋*

吴正浩

新見唐韋虚心墓志一合，有志有蓋，保存完好，由陝西省考古研究院發掘出土於西北大學長安校區工地十五號墓（發掘編號：2004CXDM15）。出土時墓志位於甬道北部，北側爲韋虚心妻崔氏墓志。墓志長寬各七十五厘米，志蓋覆於志石之上，上首朝北。志蓋頂面正中陰刻篆書“大唐故韋府君墓志銘”，共計三行九字（圖 1）。志石青石質，劃細綫棋格，陰刻正書四十七行，滿行四十八字，共計二〇三六字（圖 2）。[①] 志圖及録文收録於《長安高陽原新出土隋唐墓志》一書中。[②] 志主韋虚心在唐玄宗時期曾擔任過工部尚書一職，兩《唐書》及《資治通鑑》等史書中均有載，《文苑英華》中收録有孫逖爲其所撰《東都留守韋虚心神道碑》一文，均可資參校互證。[③]

志文所載韋虚心自長安中（702）入仕，至開元二十九年（741）辭世，爲官三十餘載，歷經數朝，先後擔任參軍事、司户、節度判官、大理司丞、郎官、刺史、長史等職，最後榮登工部尚書等史實，不僅爲我們提供了更多關於唐代韋氏家族的材料，有助於加深對其家族、唐代官制制度的認知。而且，特别值得關注的是其中所載唐中宗景龍年間（707—710）韋虚心任大理寺丞時，參與審理西域龜兹撥换城叛軍一事，可補史書對該時期西域史事記載之不足，對進一步了解該時期西域與内地民族關係有所幫助。因學界對此墓志關注相對較少，筆者不揣淺陋，試對此墓志做一考釋。[④] 不當之處，敬請方家批評指正。

---

* 本文爲國家社科基金重大項目“絲綢之路歷史地理信息系統建設”（14ZDB031）子課題“絲綢之路民族與宗教歷史地理信息系統建設”及陝西師範大學“中央高校基本科研業務費專項資金資助”項目“隋唐西域與内地民族關係史研究—以新出土資料爲中心”（2019TS153）階段性成果。

① 陝西省考古研究院編《長安高陽原新出土隋唐墓志》，北京：文物出版社，2016 年，第 176—179 頁。

② 詳見《長安高陽原新出土隋唐墓志》，第 176—179 頁。

③ 詳見劉昫《舊唐書》卷一〇一《列傳第五十一》，北京：中華書局，1975 年，第 3147 頁；歐陽修、宋祁《新唐書》卷一一八《列傳第四十三》，北京：中華書局，1975 年，第 4271 頁；李昉等編，趙守儼校《文苑英華》卷九一八，北京：中華書局，1966 年，第 4830—4831 頁。

④ 相關研究論文主要有李健超先生的《西北大學長安校區出土韋虚心墓志—兼談唐撥换城西通中亞、西亞的交通樞紐地位》，《華夏文化》第 1 期，2018 年，第 23—26 頁。李健超先生深入探討了撥换城在中西交通史上的地位，有助於本文對撥换城地理位置的梳理。

一、墓志録文

爲討論方便,筆者謹據《長安高陽原新出土隋唐墓志》一書中志圖及録文,移録文如下:

大唐故工部尚書東都留守上柱國南皮縣開國子贈揚州大都督韋公墓志銘并序

外甥朝散大夫守禮部郎中上柱國齊國公崔宗之撰

公諱虚心,字無逸,京兆杜陵人也。其先系乎顓頊,大乎夏商,時多君子,世濟勳德。楚傳忠正,立言近乎大雅;漢相宏達,緝熙致乎昇平。西京官族,於此爲盛。高祖瓚,周倉部侍郎、尚書右丞、南皮縣開國伯;曾祖叔謙,皇朝吏部員外郎、考功郎中;祖知人,司庫員外郎、贈職方郎中;先考維,歷户部郎中、坊州刺史、京兆少尹、銀青光禄大夫行太子右庶子、南皮縣開國子、贈絳州刺史。皆蹈顔、閔之至行,藴夷、惠之峻節,才爲士林之軌物,言爲臺閣之典故。存秉禮法,没垂令名。貞觀初,群龍滿庭,多士在位。時公曾伯祖叔諧、季武俱爲郎中。列宿萃於一門,光輝映乎七葉。故得慶鍾貽厥,有開必先。

公應命世之資,享純懿之德。操行端雅,性度弘粹。檢身無過之地,抗迹君子之林。孝友温恭,與神合契。博學篤志,無所不覽。長安中明經擢第,解褐岐州參軍事,轉蒲州司户。懷忠信以居業,秉亮直以從政。志無白珪之玷,操有南金之堅。尋授大理司直。時右僕射唐公休璟有事朔方,大開幕府,盡斥浮華之吏,廣求静難之才。奏公爲節度判官,仍攝侍御史。全晋戎之甲,省河湟之費。曜王師於塞下,納群虜於轂中。軍令肅然,秋毫無犯,皆公之贊也。遷大理寺丞。時安西撥换城,敢爲奸回,草寇邊鄙,有司逮捕,多陷平人。公乃殲厥渠魁,餘盡原遣。申三駈〔驅〕於王澤,全庶戮於冤魂。公輔之望,實兆於此。遷侍御史内供奉,有飽昱之守正、孔霸之遠權。時大夫竇懷貞蓄縮自賢,蘧蒢好佞,内倚蓋主,外交上官,衆惡元規之塵,且防息夫之口。公挺然固守,不附回邪,由是爲懷貞所忌,及有彈按,皆以直繩,不能上下其手。又爲時宰所惡,乃移公判倉部員外郎,朝廷稱屈。旬有八日,又改判右司員外郎,用息僉議。

尋遷户部郎中,丁庶子南皮公尤,去職。率由至性,喪過乎哀。中朝於是歸美,鄰母爲之歎息。服闋,拜舊官,歷兵部、右司二郎中,清徽素範,臺閣所以標準;弘量遠致,凡流所以自絶。擢拜御史中丞,加朝散大夫兼都畿按察,襲南皮縣子。舉直繩,提綱紘,迅引鶚立,英明武視。馬嚴奉法,明石室之舊章;周浚舉能,入山公之密奏。無何,巡内有不法吏,公由是出歙州刺史,又轉曹州。清淨以檢物,敬恭以率下。稽法於古,建衷於人。遷荆州長史。招輯逋竄,條貫詳備,故得耒耨布於千里,雞犬聞於四郊。勞倈之能，蓋存乎鴻雁之首章矣。郡有前廣府都督光楚客妻族，咸以貪猾自恣，持郡短長，權利動於諸公，金錢交於中貴，先是爲政者莫能亢扞，爲枉置心。公則破碎其家，奏令知驛，其鮮明固守，率皆此類。後因入奏，與故禮部尚書蘇頲等十人分掌選事，博訪群材，競招絶足。其勸沮賞拔，公之績居多。及還州，覆囚使御史中丞宇文融等奏公爲天下表式，於是遷尚書右丞，歷左丞、兵部侍郎。秉國轄，詰邦禁，正色而郎位自肅，平心而軍令以和。

明年，上將時巡太原，出豫上黨，覽文祖誓師之地，觀興王歷試之官，詔選宗臣，以精儲供。乃拜公潞州都督府長史。至則均稍，食議餱糧，征其口算之餘，約其芻茭之入。及六龍頓駕，百度繁興，萬乘過沛之歡，三日横汾之宴。物無虚賦，事必中程。恩制賜公金章紫綬，尋轉揚州長史及太原尹，皆兼本道采訪使。不詭經背道，不吐剛茹柔。發令如春風，討惡如順流。内無挾奸之黨，外無貪暴之求。前後賜衣滿堂，御劄盈篋。徵爲大理卿。毛玠入朝，素風自化；臯繇在位，不仁者遠。

公先太夫人西河郡君王氏，有女師大家之賢，未及榮曜，早世而没。公事繼親南陽夫人范氏，始終服勤，出入敬養，言不稱老，旁無幾杖。至是年踰耳順，再丁家艱。其荒毁之容，充窮之慼，皆率禮而有加焉。故當代名賢，伏公操行。喪制畢，又除本官。公審刑章、持獄案，雖有董石之勢，中人之托，確乎不拔，莫敢動摇，真可謂王臣之體矣。於是拜工部尚書兼東都留守，寵賜特崇，陳讓路絶。乃訓冬卿之職，釐成周之務。若六轡之在手，如百草之偃風。方期燮諧上臺，鎮撫王室，成丕崇之績，流懿鑠之勳，而拜衮之命未彰，撤懸之痛俄及。

以開元廿九年閏四月丁酉遘疾，五月五日甲寅罷歸河南縣寧仁里之私第，其日薨，享年六十有六。所司聞奏，聖上覽表震悼，備加賵贈。制贈揚州大都督，葬事官供，本縣令監護。雖趨車之惜平仲，穿壁之悼子明，君臣之際，古今一也。以天寶元年正月十五日歸祔於高陽原舊塋，禮也。謚曰貞公。靈慶所鍾，早服訓度，瑩然玉立，泉然海静，奉以忠信，宣以柔嘉。風格之儀，邈乎其峻也；温良之性，頽乎其順也。淺深莫測其量，挹仰未臻其方。自筮仕而登華髮，口無莠言，身無擇行。雖山甫之夙夜在位，吴漢之不離公門，未足喻焉。夫其季文清節，博山密慎。張仲孝友，史魚亮直，皆雅性所合，一以貫之。加以閨門嚴肅，子弟祗畏，儼然終日。雖宴必冠，顧譚威重，未嘗見其傾弛。王邵簡素，造次必於矜莊，故得服冕乘軒卅餘載。所居人化，□去見思。盛德布於官曹，仁惠存乎鄉黨。清議無點，直道始終，可謂大明君子，古之遺愛者矣。

夫人博陵崔氏，故巴州刺史元静之第三女，淑德柔順，含章貞吉。外贊中饋，洵美且都。酌魯姜之典訓，蹈衛宗之貞軌。先時殂没，不及石窌之封；今日哀榮，重合延津之祔。公介弟虚舟,侍御史、刑部右司員外郎、倉部户部郎中,今爲司勳郎中,純孝之悌,宏材深識。公及家世,累踐版圖,可謂踵武忠賢,不隕盛德。天倫之慼,靡所寘懷。嗣子家令寺丞有方,幼挺奇姿,能纂前烈,文章傳於經學,忠孝漸於家風。泣血永懷,載集荼蓼。宗之少托外氏,夙遭閔凶。郭秀早孤,思庾袞之撫視;羊曇尚在,懷謝傅之深仁。雪涕爲文,以志泉壤。銘曰:

乾坤降和,是生正德。言爲世訓,行爲人極。備更中外,允釐厥職。朝廷光輝,臺閣儀式。一命筮仕,八座超昇。氣幹忠正,當朝與能。外持謙柄,内峻直繩。邈矣城府,良哉股肱。孰雲高賢,未躋大位。茫茫終古,德音誰嗣。道長晷短,祖載及時。松中風起,薤上露晞。百身何贖,千古罔追。我心摧慼,于渭之詩。庶憑貞石,盛烈不夷。

天寶元年歲次壬午正月丁未朔十五日辛酉

從弟少華書

將作監直謝伏運鐫

二、墓志所涉史事考述

根據志文記載,可知《韋虚心墓志》由韋虚心外甥崔宗之所撰寫,從弟韋少華謄抄,將作監直謝伏運鐫刻。志首言韋虚心字無逸,史書及《東都留守韋虚心神道碑》中未載,可補之。[①] 此後,志文較爲詳細地記載了韋虚心的家族世系及其仕宦,以下試做梳理。

韋虚心出自唐長安京兆府杜陵韋氏,《新唐書・宰相世系表》記載其家族應屬南皮公房,其祖上爲北魏安城侯韋冑次子韋愔。韋愔七代孫韋景略,爲北周時期驃騎將軍、右光禄大夫、青州刺史。[②] 關於該家族的具體情況,學界已有深入的研究,此處僅就志文所見略做梳理。[③] 志載隋唐時期韋虚心高祖、曾祖、祖父及父親等均在朝中任職,可謂世家大族。其高祖韋瓚爲韋愔之子,北周任倉部侍郎,尚書右丞,南皮縣開國伯。其曾祖韋叔謙,爲唐代吏部員外郎、考功郎中。其曾伯祖韋叔諧、韋季武也均爲朝廷郎中。其祖父韋知人,任司庫員外郎,并贈職方郎中。其父韋維也曾先後擔任户部郎中、坊州刺史等職,并追贈絳州刺史。[④] 其弟

① 李昉等編,趙守儼校《文苑英華》卷九一八,北京:中華書局,1966 年,第 4831 頁。

② 《新唐書》卷七四上《表第十四上》,第 3045、3099 頁。

③ 王偉《唐代京兆韋氏家族與文學研究》,北京:北京大學出版社,2015 年。

④ 《韋維墓志》,詳見陝西省考古研究院編《長安高陽原新出土隋唐墓志》,北京:文物出版社,2016 年,第 146—149 頁。

韋虚舟,時任司勳郎中。墓志謄抄者、韋虚心從弟韋少華,《唐尚書省郎官石柱題名考》一書中載其曾任唐尚書省户部度支員外郎。[①] 韋虚心其子名韋有方,時任太子東宫家令寺丞。《唐六典》記載此品秩爲從七品上,主要職責爲掌判寺事。[②] 可見,韋虚心其家族多數在朝任官,并且多有任郎官一職的經歷,《舊唐書》稱其家爲"郎官家"。[③] 關於韋虚心其母、其妻,志載韋虚心生母爲西河郡(今山西汾陽縣一帶)王氏之女,但逝世較早。其繼母爲南陽范氏,韋虚心對其"始終服勤,出入敬養"。[④] 韋虚心妻出自博陵崔氏,爲巴州刺史崔元静之女。[⑤]在韋虚心爲其妻所撰寫墓志志文中,載崔元静所任官職爲"宋州司馬、虢州長史,尋轉密、蓬二州刺史"。[⑥] 又結合韋虚心墓志,可知崔元静曾任密州、蓬州、巴州三地刺史。關於此,正史及《唐刺史考全編》未載,可補之。但其具體任職情况,則需期待新出材料解决。

志載唐長安中(702—703),韋虚心明經入仕,釋褐岐州參軍事。明經科是唐代科舉制度中常貢之科的六門科目之一。[⑦] 吴宗國先生曾指出,明經科是僅次於秀才科的科目,主要是指通二經者。[⑧] 可知韋虚心是通過科考入仕朝廷,解褐官爲岐州參軍事。清代徐松所撰《登科記考》載韋虚心中進士的時間爲天册萬歲二年(696),此處當據志文改之。[⑨] 另外,在王洪軍、徐友根等先生研究著作中亦未提及,可做補充。[⑩] 此後,韋虚心轉任蒲州司户,負責當地的户籍、計帳、道路、逆旅……等。[⑪] 志載韋虚心任司户期間忠誠正直,朝廷又授其大理司直一職。大理司直隸屬大理寺,唐代爲從六品上,主要是"掌承制出使推覆,若寺有疑獄,則參議之"。[⑫]

志又載"右僕射唐公休璟有事朔方,大開幕府……奏公爲節度判官,仍攝侍御史"。《舊唐書》記載中宗即位後不久,唐休璟便拜爲尚書右僕射,豆盧欽望拜爲尚書左僕射。[⑬] 但《資治通鑑》則載:唐中宗神龍元年(705):"甲申,以唐休璟爲左僕射……豆盧欽望爲右僕射。"[⑭]

---

① 勞格、趙鉞著,徐敏霞、王桂珍點校《唐尚書省郎官石柱題名考》卷十四,《度支員外郎》,北京:中華書局,1992年,第701頁。

② 李林甫等撰,陳仲夫點校《唐六典》卷二七,《家令率更僕寺》,北京:中華書局,2014年,第697頁。

③ 劉昫《舊唐書》卷一〇一《列傳第五十一》,北京:中華書局,1975年,第3147頁。

④⑤ 《長安高陽原新出土隋唐墓志》,第179頁。

⑥ 《長安高陽原新出土隋唐墓志》,第150—151頁。

⑦ 杜佑《通典》卷十五,《選舉三》,北京:中華書局,1988年,第353頁。

⑧ 吴宗國《唐代科舉制度研究》,瀋陽:遼寧大學出版社,1992年,第26頁。

⑨ 徐松撰,趙守儼校《登科記考》卷四,北京:中華書局,1984年,第118頁。

⑩ 王洪軍《登科記考再補正》,桂林:廣西師範大學出版社,2010年;徐友根《〈登科記考補正〉考補》,南京:南京大學出版社,2011年。

⑪ 《唐六典》卷三〇,《三府督護州縣官吏》,第745、748頁。

⑫ 《唐六典》卷一八,《大理寺鴻胪寺》,第503、504頁。

⑬ 《舊唐書》卷九三《列傳第四十三》,第2980、2922頁。

⑭ 司馬光著,胡三省注《資治通鑑》卷二〇八"中宗神龍元年條",北京:中華書局,1956年,第6593頁。

對照志文及《舊唐書》,可知《資治通鑑》所載唐休璟官職疑有誤。關於其任職時間,我們推斷應該在神龍元年(705)左右。賴瑞和先生指出,唐代的典章制度中并没有判官的品秩,但照例帶有朝銜或憲銜。[①] 可知,韋虚心任職節度判官時的品秩應與"侍御史"相同,即從六品下。[②] 判官品秩并不高,但是就整個唐代官署組織來看,這是很清貴的職位,屬於中層文官行列之中。[③] 志文載韋虚心在任期間"軍令肅然,秋毫無犯"。不久又升爲大理寺丞。《唐六典》記載大理寺設大理寺丞六人,官秩從六品上,其主要職責是負責審判尚書六曹所統百司及諸州之務。[④] 志載韋虚心任此職期間,曾處置了安西撥换城之亂的叛兵。[⑤]《舊唐書》載:"景龍中(708—709),西域羌胡背叛,時并擒獲,有敕盡欲誅之。"[⑥]可推算其任職時間大概在景龍二年(708)左右。因處理叛軍問題得當,韋虚心升爲侍御史内供奉。《通典》載:"(侍御史)内供奉二員。侍御史内供奉與殿中御史内供奉、監察御史裏行,其制并同,皆無職田、庶僕。……掌糾察内外,受制出使,分判臺事。"[⑦]此職爲實職,根據學者研究,侍御史内供奉爲一種員外官,雖然品級和待遇等并不如正員,但負責的"職事"相同,即監督朝廷文武百官的行爲舉止。[⑧]

志又載韋虚心任侍御史内供奉時"挺然固守,不附回邪,由是爲懷貞所忌,及有彈按,皆以直繩,不能上下其手"。可知其曾受時御史大夫竇懷貞及宰相忌憚與排擠,被貶爲倉部員外郎。又據《資治通鑑》記載,竇懷貞任職御史大夫的時間是景雲二年(711)[⑨],可知韋虚心任侍御史内供奉應在睿宗時期。志載韋虚心被貶後,引得朝中官員不滿,此後又旋即改任爲右司員外郎,以"用息僉議"。筆者認爲,韋虚心擔任此職很可能和景雲二年(711)承天門罷相有關。《資治通鑑》載:"景雲二年(711)冬,十月,甲辰,上御承天門,引韋安石、郭元振、竇懷貞、李日知、張説宣制,責以'政教多闕,水旱爲災,……雖朕之薄德,亦輔佐非才。……懷貞爲左御史大夫。'"[⑩]關於此,《新唐書·竇懷貞傳》亦有載:"俄與李日知、郭元振、張説皆罷。爲左御史大夫。"[⑪]此次罷相後,朝廷重新認命了一批官員,韋虚心可能便是其中之一。

---

① 賴瑞和《唐代中層文官》,北京:中華書局,2011年,第447頁。
② 《唐六典》卷一三,《御史臺》,第379頁。
③ 《唐代中層文官》,第55頁。
④ 《唐六典》卷一八,《大理寺鴻臚寺》,第503頁。
⑤ 説見下,此處僅討論韋虚心任職時間。
⑥ 《舊唐書》卷一〇一《列傳第五十一》,第3147頁。
⑦ 《通典》卷二四,《職官六》,第672頁。
⑧ 《唐代中層文官》,第81—84頁。
⑨ 《資治通鑑》卷二一〇"睿宗景雲二年條",第6665頁。
⑩ 《資治通鑑》卷二一〇"睿宗景雲二年條",第6667頁。
⑪ 《新唐書》卷一〇九《列傳第三十四》,第4100頁。

此後不久，韋虚心升爲户部郎中，品秩從五品上，主要掌天下州縣户口。[①] 張忱石先生對此已有補充。[②] 後由於其父韋維去世，韋虚心去職丁憂。服闋後，韋虚心重新擔任户部郎中，并相繼擔任了兵部郎中和右司郎中。蘇珽所作《授王丘主爵郎中等制》中與此記載略同。[③] 但《東都留守韋虚心神道碑》中則記載："司會之府，允厘庶績。命公作倉部、左司二員外，户部、兵部、右司三郎中。"[④]岑仲勉先生認爲《文苑英華》中蘇珽和孫逖兩人的記載有出入，應當存疑。[⑤] 根據志文和史書的記載，可知神道碑文中"左司員外郎"有誤，當爲"右司員外郎"。志文未載韋虚心任職户部郎中的時間，但根據開元七年(719)其妻崔氏墓志志文首行所載韋虚心"户部郎中"幾字，可知韋虚心任户部郎中的時間應不晚於此時。[⑥] 此後，韋虚心又重新回到尚書省，并擔任了右司郎中，主要掌兵、刑、工部十二司之事，舉正稽違，省署符目。[⑦] 根據賴瑞和先生對郎官制度的研究，可知唐代的高層官員，大部分都曾在壯年時期擔任過郎官，由此才進入高層。[⑧] 可以説雖韋虚心的品秩未變，但實際是得到了升遷。而志文之後的記載，也佐證了賴瑞和先生的這一推斷。

志載韋虚心此後任御史中丞。在玄宗時期，御史台長官權力較大，地位崇高。由監察御史而御史中丞而御史大夫而拜相，這是當時一些人在官場上的理想。[⑨]另外，朝廷還授韋虚心文散官朝散大夫兼都畿按察，《新唐書》記載朝散大夫爲從五品下。[⑩] 同時韋虚心又襲封正五品上南皮縣子爵位，由此進入高層文官行列。

志載韋虚心任御史中丞後不久，因地方官吏不法行爲屢禁不止，先後又擔任歙州和曹州刺史。《唐刺史考全編》記載其任職歙州時間約爲唐玄宗開元前期，但應不晚於開元八年(720)。[⑪] 至開元八、九年(720、721)又任曹州刺史。[⑫] 曹州爲唐代上州，較歙州而言人口更多，有七十一萬六千餘人。[⑬] 韋虚心在任期間"稽法於古，建衷於人"，後升爲荆州長

---

① 《唐六典》卷三，《尚书户部》，第 64 頁。

② 張忱石先生據墓志材料補充了韋虚心任職户部郎中和倉部員外郎的情况。詳見張忱石《唐尚書省郎官石柱題名考補考》，北京：中華書局，2018 年，第 129—130、213 頁。

③ 《授王丘主爵郎中等制》載"朝議郎、守侍御史内供奉、判右司員外郎、上柱國韋虚心……虚心可守右司郎中，散官勳如故。"詳見《文苑英華》卷三八九，第 1981 頁。

④ 《文苑英華》卷九一八，第 4830 頁。

⑤ 岑仲勉《郎官石柱題名新考訂》，上海：上海古籍出版社，1984 年，第 12 頁。

⑥ 《長安高陽原新出土隋唐墓志》，第 150—151 頁。

⑦ 《唐六典》卷一，《三師三公尚書都省》，第 9—10 頁。

⑧ 《唐代中層文官》，第 81—84 頁。

⑨ 胡滄澤《唐代御史制度研究》，福州：福建教育出版社，2000 年，第 18、19 頁。

⑩ 《新唐書》卷四六《志第三十六》，第 1187 頁。

⑪ 郁賢皓《唐刺史考全編》卷一四八，《江南东道・歙州》，合肥：安徽大學出版社，2000 年，第 2115 頁。

⑫ 《唐刺史考全編》卷六八，《河南道・曹州》，第 991—992 頁。

⑬ 《新唐書》卷三八《志第二十八》，第 993 頁。

史，并堅決懲治了當地貪贓枉法、恣意妄爲的光楚客妻族。又因任銓官時選拔官員有功，韋虛心升爲尚書右丞，左丞，兵部侍郎。就韋虛心擔任上述官職的時間，嚴耕望先生有詳細討論，此處不贅。① 又據《唐會要》載："(開元)十三年十二月，封嶽回，以選限漸迫，宇文融上策，請吏部置十銓。"其注載參與人員有"禮部尚書蘇珽……荆州長史韋虛心……懷州刺史王丘等十人"②。可知，韋虛心任荆州長史的時間應該在開元十三至十四年(725—726)。荆州爲唐代大都督府，品秩時當爲從三品。③

志載開元十五年、十六年(727、728)，因玄宗北巡太原之需，又拜韋虛心潞州都督府長史，負責此次北巡糧草供應。④ 潞州又名上黨郡，爲大都督府。⑤ 根據《唐六典》可知韋虛心此時官秩爲從三品，主要掌貳府州之事，以紀綱衆務，通判列曹，歲終則更入奏計。⑥《資治通鑑》載玄宗此次北巡時間爲開元二十年(732)，爲期兩月。⑦ 韋虛心在此期間"物無虛賦，事必中程"，爲這次北巡提供了保障，玄宗賜金章紫綬以示嘉獎。

根據志文及《唐刺史考全編》可知，開元二十二年(734)，韋虛心任揚州長史并兼本道采訪史。⑧ 至開元二十四年(736)，又任太原尹兼本道采訪史。⑨ 關於采訪使一職，《新唐書·地理志》載："開元二十一年(733)，分天下爲十五道，每道置采訪使，檢察非法，如漢刺史之職：京畿采訪使……河東理蒲州。……淮南理揚州。……嶺南。理廣州。"⑩另外，據郭聲波先生研究，開元二十二年(734)太原府爲河東道治。⑪ 可知韋虛心先後擔任的是淮南道和河東道采訪使。後韋虛心又升爲大理寺大理卿，品秩從三品，爲大理寺的最高長官，掌國家折獄詳刑之事。⑫ 志載韋虛心最後一任官職爲工部尚書兼東都留守，爲正三品，掌天下百工、屯田、山澤之政令。⑬ 任職時間爲開元二十九年(741)。⑭ 另外，關於韋虛心工部

① 嚴耕望撰《唐僕尚丞郎表》(上)，上海：上海古籍出版社，2007年，第42—43、117、256、258頁。

② 王溥《唐會要》卷七四，《選部上》，上海：上海古籍出版社，2006年，第1586頁。

③ 《唐六典》卷三〇，《三府都護州縣官吏》，第745、747頁。

④ 《唐刺史考全编》卷八六，《河东道·潞州》，第1235—1236頁。

⑤ 《新唐書》卷三九《志第二十九》，第1008頁。

⑥ 《唐六典》卷三〇，《三府都護州縣官吏》，第742、747頁。

⑦ 《資治通鑑》載：唐玄宗開元二十年(732)"冬，十月，壬午，上發東都；辛卯，幸潞州；辛醜，至北都；十一月，庚申，祀後土於汾陰，赦天下；十二月，辛未，還西京。"詳見司馬光著，胡三省注《資治通鑑》卷二三一"玄宗開元二十年條"，第6918頁。

⑧ 《唐刺史考全编》卷一二三，《淮南道·扬州》，第1670頁。

⑨ 《唐刺史考全编》卷八九，《河东道·太原府上》，第1290頁。

⑩ 《舊唐書》卷三八《志第十八》，第1385頁。

⑪ 郭聲波《中國行政區劃通史·唐代卷》(修訂版)，上海：復旦大學出版社，2017年，第150頁。

⑫ 《唐六典》卷一八，《大理寺鴻臚寺》，第503頁。

⑬ 《唐六典》卷七，《尚书工部》，第215頁。

⑭ 《唐刺史考全编》卷四八，《都畿道·东都》，第547頁。

尚書一職，志文與《新唐書》和《東都留守韋虚心神道碑》中記載相同，但《舊唐書・韋虚心傳》記載爲户部尚書，此處當據墓志改之。[①]

志載韋虚心"開元廿九年閏四月丁酉遘疾，五月五日甲寅罷歸河南縣寧仁里之私第，其日薨，享年六十有六"。可知韋虚心當生於上元三年(676)，開元二十九年(741)任工部尚書兼東都留守時因病辭官，於五月五日逝世於洛陽私宅，卒年六十六歲，次年(742)歸葬於長安高陽原舊塋。《東都留守韋虚心神道碑》載其卒年七十，有誤，此處當以墓志記載爲准。[②]《新唐書》載其謚號爲"正"，據志文可知應爲"貞"。[③] 天寶元年(715)，韋虚心與其妻崔氏合葬於長安高陽原杜陵韋氏家族墓地。韋虚心去世後，唐玄宗惋惜不已，追賜爲揚州大都督，并敕令官府營護喪事，如墓志鐫刻者謝伏運，便任將作監直一職。

三、韋虚心與唐代西域史事

志載："時安西撥换城，敢爲奸回，草竊邊鄙，有司逮捕，多陷平人。公乃殲厥渠魁，餘盡原遣。申三驅於王澤，全庶戮於冤魂。"又據《東都留守韋虚心神道碑》載："初景龍中，西域羌胡，或謀背誕，天威逮捕，吏議咸劉。公理其獄旬時，伏念以爲刑者，所以明除害也。誅其桀黠，可以除害；舍其脅從，可以明德。繇是全活者千有餘人。"[④]此外，兩《唐書》記載略同，均言景龍中西域羌胡曾發生叛亂，韋虚心參與對西域撥换城叛軍的處理。[⑤] 可知志主韋虚心與西域存在一定的聯繫。關於此，除上引李健超先生的研究外，王素先生指出，韋虚心先是在景雲元年(710)任節度判官，此後又在任大理寺丞期間處理了"撥换城奸回案"，對安撫人心起到了一定的作用。[⑥] 因此事涉及唐中宗時期唐朝與突騎施在西域的角逐，對了解該時期内地與西北民族關係有所裨益。因此，筆者試以撥换城爲中心，對此問題略作探討。

撥换城位於塔里木盆地北部，歷史上隸屬龜兹，是漢唐時期西域地區最重要的交通要塞之一。據張平先生考證，其具體位置在今新疆阿克蘇地區温宿縣依希來木其鄉喀依古遺址。[⑦] 作爲一處要塞，其地理位置的重要性歷來受學界重視。除上引李健超先生、張平

① 《舊唐書》卷一〇一《列傳第五十一》，第 3147 頁。

② 《文苑英華》卷九一八，第 4831 頁。

③ 《新唐書》卷一一八《列傳第四十三》，第 4271 頁。

④ 《文苑英華》卷九一八，第 4831 頁。

⑤ 詳見《舊唐書》卷一〇一《列傳第五十一》，第 3147 頁；《新唐書》卷一一八《列傳第四十三》，第 4271 頁。

⑥ 陕西省考古研究院編《長安高陽原新出土隋唐墓志》，北京：文物出版社，2016 年，序第 4 頁。

⑦ 張平《唐代龜兹軍鎮駐防史迹的調查與研究》，載新疆龜兹學會編《龜兹學研究》(第五輯)，烏魯木齊：新疆大學出版社，2012 年，第 189—190 頁。

先生的研究外,陳國燦先生還結合出土文書和史書材料相互對證,考察了“神山路”的具體情況,并對唐代撥換城的特殊地位做了分析。[①]《新唐書·地理志》載安西:“西出柘厥關……又六十里至撥換城,一曰威戎城,曰姑墨州,南臨思渾河……又西二十里至碎葉城,城北有碎葉水,水北四十里有羯旦山,十姓可汗每立君長於此。自碎葉西十里至米國城……又五十里至怛羅斯城。自撥換城、碎葉西南渡渾河,百八十里有濟濁館,故和平鋪也……又六十里至據史德城,龜兹境也……自撥換城南而東,經昆崗,渡赤河……九百三十里至于闐鎮……又北八十里至疏勒鎮。”[②]可知撥換城是從内地經河西進入西域經安西都護府後,所經過的第一處較大的交通要塞。從撥換城南沿和田河上行後可到于闐;從撥換城西南沿疏勒河西行可到疏勒;從撥換城西北和東北越天山可到碎葉和粟特等地。于闐、龜兹、疏勒、碎葉是唐中央在西域設立的安西四鎮,撥換城位於其間。因此,不論是西行還是東行,撥换城均是必經之地,可見地理位置非常重要。

在唐代,撥換城曾在龜兹、安西都護府、突騎施、吐蕃等勢力間相繼摇擺,當地曾發生了多次戰爭。史書記載,貞觀四年(630)龜兹王蘇伐疊遣使朝貢唐廷,與唐交好。并在安西都護郭孝恪平定焉耆國的過程中派兵增援唐軍。[③] 但訶黎布失畢代立爲王后,龜兹與唐政府交惡。貞觀二十年(646),唐太宗遣左校尉大將軍阿史那社爾爲昆山道行軍大總管,同安西都護郭孝恪、司農卿楊弘禮率五將軍,又發鐵勒部兵十餘萬騎伐龜兹。[④] 龜兹王兵敗後曾退居撥换城。之後,阿史那社爾又於貞觀二十二年(648)擊敗其守軍及龜兹的西突厥救兵,在此地勒石記功而返。[⑤] 此爲唐軍第一次在對撥換城的争奪中戰勝龜兹和西突厥援軍。總章三年(679)“夏四月,吐蕃寇陷白州等一十八州,又與于闐合衆襲龜兹撥換城,陷之。罷安西四鎮”[⑥]。這次則是吐蕃對撥换城的争奪,受戰爭影響,唐政府罷安西四鎮,安西都護府移至西州。直至武周時期,唐政府才又奪回對安西四鎮的控制權。史書記載長壽元年(692):“武威軍總管王傑、阿史那忠節大破吐蕃,克復于闐、龜兹等四鎮,自此復於龜兹置安西都護府,用漢兵三萬以鎮之。”[⑦]

《資治通鑑》記載唐中宗景龍年間該地還發生了一場比較大的戰爭。[⑧] 關於此事,略

---

① 陳國燦《唐代的“神山路”與撥換城》,載新疆龜兹學會編《龜兹學研究》(第三輯),烏魯木齊:新疆大學出版社,2008年,第16—19頁。

② 《新唐書》卷四三下《志第三十三下》,第1149—1151頁。

③ 《舊唐書》卷一九八《列傳第一百四十八》,第5303頁。

④ 《舊唐書》卷一九八《列傳第一百四十八》,第5303頁。

⑤ 《資治通鑑》卷一九九“太宗貞觀十三年條”,第6264—6265頁。

⑥ 《舊唐書》卷五《本紀第五》,第94頁。

⑦ 《舊唐書》卷一九八《列傳第一百四十八》,第5304頁。

⑧ 《資治通鑑》卷二〇九“中宗景龍二年條”,第6625—6629頁。

述如下。唐中宗景龍二年(708)十一月,突騎施部落首領娑葛代父烏質勒而立。其父舊將阿史那忠節因與娑葛不和,曾多次發生戰争。由於阿史那忠節在鬥争中處於劣勢,因此離開此地投靠朝廷。史書記載"忠節衆弱不能支,金山道行軍總管奏追忠節入朝宿衛。"[①]但因阿史那忠節在播仙城聽從了時任經略使、右威衛將軍周以悌的建議,以厚金賄時任宰相的宗楚客和紀處納,準備請唐政府發兵攻打娑葛。金山道行軍總管郭元振對此持反對意見,并奏議朝廷,但未被采納。因此,唐中宗於景龍二年(708):"遣馮嘉賓持節安撫忠節,侍御史吕守素處置四鎮,以將軍牛師獎爲安西副都護,發甘、凉以西兵,兼征吐蕃,以討娑葛。"[②]由於娑葛獻馬使娑臘提前告知娑葛,最終娑葛向安西、撥换、焉耆、疏勒四鎮各發兵五千,并生擒忠節,殺嘉賓和吕守素。同年於火燒城敗牛師獎,攻陷安西,并斷四鎮路。[③]至此,娑葛在這次戰争中取得了暫時性的勝利,西域地區的穩定再次被破壞。爲扭轉戰局,唐中央政府又派周以悌爲帥與阿史那忠節於焉耆置軍攻打娑葛。《資治通鑑》胡三省注中記載:"時碎葉鎮守使中郎周以悌率鎮兵數百人大破之,奪其所侵忠節及于闐部衆數萬口。"[④]結果是娑葛上書請和,中宗"赦娑葛罪,册爲十四姓可汗"[⑤]。根據上述記載,可知《韋虛心墓志》所言應即爲此事。

唐玄宗時期,隨着突騎施勢力的興起,西域戰事又起。史書記載開元五年(717)"安西副大都護湯嘉惠奏突騎施引大食、吐蕃,謀取四鎮,圍鉢换及大石城,鉢换即撥换城。大石城蓋石國城也。已發三姓葛邏禄兵與阿史那獻擊之"[⑥]。可知,撥换城再次成爲唐軍與突騎施勢力的争奪之地。至開元二十三年(735):"冬十一月辛亥,移隸伊西、北庭都護屬四鎮節度。突騎施寇北庭及安西撥换城。"[⑦]可知這場征戰持續十餘年之久。

上述即史書中有關唐代前期與撥换城相關的史事記載,《韋虛心墓志》所載即其中唐中宗時期的一次戰争。周偉洲先生在討論該時期安西四鎮之一的碎葉鎮歸屬問題時,以史書材料爲基礎對此事的來龍去脈做了細緻的梳理。[⑧] 另外,劉安志先生以敦煌文書爲中心,探討了唐中宗時期對突騎施娑葛政策的調整,他認爲唐政府之所以赦免娑葛,主要

① 《資治通鑑》卷二〇九"中宗景龍二年條",第 6625—6626 頁。

② 《資治通鑑》卷二〇九"中宗景龍二年條",第 6627 頁。

③ 《資治通鑑》卷二〇九"中宗景龍二年條",第 6628—6629 頁。

④ 《資治通鑑》卷二〇九"中宗景龍二年條",第 6632 頁。

⑤ 《資治通鑑》卷二〇九"中宗景龍二年條",第 6629 頁。

⑥ 《資治通鑑》卷二一一"玄宗開元五年條",第 6728 頁。

⑦ 《舊唐書》卷八《本紀第八》,第 203 頁。

⑧ 周偉洲《略論碎葉的地理位置及其作爲唐安西四鎮之一的歷史事實》,載新疆人民出版社編《新疆歷史論文集》,烏魯木齊:新疆人民出版社,1978 年,第 144—147 頁。

是爲了利用這支力量對付日益强盛起來的東突厥。[1] 此外,薛宗正先生、劉子凡先生等對此問題也做了討論,此處不再贅述。[2]

根據《資治通鑑》記載及以上學者研究,可大致對唐中宗時期撥换城之史事有所了解。但其中多爲對突騎施首領娑葛的研究,其所率叛軍的處理情況則未記載,志文可補之。志文載韋虚心時任大理寺丞,主要負責審判尚書六曹所統百司及諸州之務。雖然韋虚心并未直接參與撥换城叛亂的平叛活動,但是在一定程度講是屬於間接性的。在審理叛軍的過程中,韋虚心主張"誅其桀黠,可以除害;舍其脅從,可以明德"。即對於叛軍的處置應該分開對待。對領導此次叛亂的人員應處於極刑,以免日後再有類似情況發生。而對於普通士兵而言,則應寬大處理,以便迅速平叛,穩定局勢,聚攏人心。最後在韋虚心判理下,千餘人性命得以保留,對穩定當時西域局勢做出一定的貢獻,韋虚心本人也因此而得到升遷。

綜上所述,韋虚心墓志彌補了傳世史料的不足,通過考釋,我們得以進一步了解唐代的文官選任、晋升等相關制度,同時也爲我們深入了解該時期的西域史事提供了一定幫助。

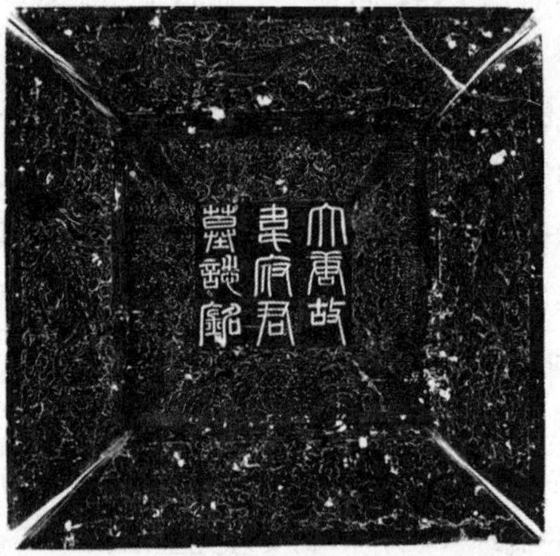

圖1 唐韋虚心墓志志蓋拓片

圖2 唐韋虚心墓志拓片

【作者簡介】吴正浩,男,1994 年生,陝西師範大學中國西部邊疆研究院博士研究生,主要從事中古出土文獻與西北民族關係史、文化史研究。

① 劉安志《敦煌所出張君義文書與唐中宗景龍年間西域政局之變化》,載武漢大學中國三至九世紀研究所編《魏晋南北朝隋唐史資料》(第 21 輯),上海:上海古籍出版社,2004 年,第 290 頁。

② 詳見薛宗正《北庭歷史文化研究—伊、西、庭州及唐屬西突厥左廂部落》,上海:上海古籍出版社,2010 年,第 221—232 頁;劉子凡《瀚海天山—唐代伊、西、庭州軍政體制研究》,上海:中西書局,2016 年,第 232—240 頁。

金代李汝爲墓志銘小考*

王馨振華

1983年，山西朔州城區修築通往南河槽的地下污水道，在南關外瓦瓷地挖出一座金代磚券石棺墓。該墓當時已遭挖土方工人擾亂破壞，出土物品大多散失，唯有墓志銘一方仍在石棺外不遠處泥土裏掩埋着，半塊外露，清理出來尚完好。該墓志銘爲石灰岩質，長40厘米，寬36厘米，厚10厘米，四邊不整，一面磨光，鎸刻楷書18行，共319字。①

由於墓志銘内容比較簡單，當時引起公佈者注意的主要是墓志中記載正隆年號始於甲戌年(1154)，而非傳世史籍記載的丙子年(1156)，以及海陵王在位時間爲十五年，而非十三年兩個問題。② 後續研究者認爲這兩個看法均不能成立。周錚認爲民間對年號記得未必準確，墓志中"正隆甲戌"當係誤記，應該訂正爲"貞元甲戌"。至於海陵王在位時間多出兩年的問題，則是因爲天德五年三月改元貞元，貞元四年二月改元正隆，所以天德五年即貞元元年，正隆元年即貞元四年。實際在位只有十三年，而非十五年。③ 周峰則從其他石刻文字材料中找到正隆元年始於丙子年的記載，同時指出此處"正隆"其實不是年號，而是代稱被殺後廢去帝號的海陵王完顏亮本人。④ 至此，這一問題基本解决。但是，李汝爲墓志銘中實際上還涉及金代行政區劃、職官制度以及他本人、家族的其他信息等。這些歷史信息對加深金史的理解不無裨益，因此本文擬從地理、職官等方面再做一番探討。

---

* 本文爲西北大學教學成果培育項目"弘道足徵學術討論會及課外實踐"(XM05190380)階段性成果。

① 高士英《朔州出土金代墓志》，《考古與文物》2001年第2期，第95—96頁。同時還可以參考高平如、王鳳岐《金代正隆始於甲戌年——兼介大金李汝爲墓志》，收入張暢耕主編《遼金史論集》第六輯，北京：社會科學文獻出版社，2001年，第378—379頁。後者文末署寫作日期爲"1991年8月"。其實二文内容基本相同，推測均來源於當時搶救性發掘而留下的原始材料。

② 《朔州出土金代墓志》，第96頁。《金代正隆始於甲戌年——兼介大金李汝爲墓志》，第379頁。

③ 周錚《關於〈朔州出土金代墓志〉的兩點看法》，《考古與文物》2001年第4期，第35頁。

④ 周峰《金史五則》，《黑龍江社會科學》2002年第2期，第63頁。同時還可以參考同氏《從朔州出土金代李汝爲墓志談正隆年號問題》，《考古與文物》2003年第1期，第96頁。

一、墓志釋文

李汝爲墓志銘拓本照片及釋文首先於2001年公佈。[①] 問題是,該拓本照片漆黑一片,模糊難認,竟至一個字也辨識不出,因此以往研究者只能依靠公佈者提供的釋文展開研究。目前我亦未能尋找到新公布的較好的拓本照片,故此只能盡量比較一下諸家釋文,擇善而從。先將校正後的釋文羅列如下,以便討論:

大金故朔州李君墓志銘

承德郎前武州司候飛騎尉賜緋魚袋秦八元撰

公諱汝爲,字仲和,故朝散大夫隰州永和令致仕李公第三子也,生於大金正隆甲戌歲三月九日。賦性明敏,儀貌端美。足記問,善論辯。敬養尊親,昏定晨省;善事二兄,人推孝友。娶武州寧遠縣懷遠將軍前忻州定襄令吴君之女,有三子:長曰八十三,次曰應宣,次曰繼祖;女曰錦璋,爲尼。大定二十五年乙巳歲六月二十日暴疾而終於武州之僧舍,享年三十有二。妻子迎櫬而來,未遑安厝。大定丙午季夏望日辛酉葬公之父,遂祔於先塋,禮也。公與伯仲汝楫、汝霜,皆予之友。既求爲志,勉而書之。銘曰:

於鑠李君,名家之子!性稟聰惠,貌全粹美。高談雄辯,記問過人。趨庭致養,夙夜惟寅。惟孝惟友,方當壯室。哀哉賦命,秀而不實。何天弗佑?染疾於躬。藥雖瞑眩,救療無功。旅寄僧舍,告殞寧遠。如川之流,去而復返。貞妻孝子,扶櫬而歸。祔葬先隴,魂其有依。

如上所言,高士英以及高平如、王鳳岐的釋文應該同出一源,但其中也微有不同之處,前者"儀貌端美""貌全粹美"之"貌",後者均釋作"皃"。"皃"係"貌"之古體,但"貌"字相對更加常用。一般而言,若非墓志銘原作"皃",録文者不會采用少見的"皃"字,因此我懷疑原志本爲"皃"字,高士英的釋文改作較爲常見的通行字。由於二者意義上并無差别,故本文仍從通行體。

王新英在《金代石刻輯校》一書中收入此墓志銘,并且明確説明録文據高士英的釋文,

① 《朔州出土金代墓志》,第95—96頁。

但實際上將原文"大定丙午季夏"誤録作"大定丙午年夏"。① 在他後來出版的《全金石刻文輯校》中,亦沿襲此誤。② 古人以四、五、六月爲夏季,分别以孟夏、仲夏、季夏稱之。墓志銘中"大定丙午季夏望日辛酉",即大定二十六年(1186)六月十五日干支爲辛酉。既然六月十五日干支爲辛酉,依照六十甲子順序逆推至月朔,那麼本月一日干支當爲丁未。這一推算恰好與現代學者該年的月朔推算相合。③ 因此,墓志銘當從早期釋文作"季夏"爲優。

另外,高士英以及高平如、王鳳岐均指出釋文共計 319 字。但根據他們給出的釋文逐字計算,實際均爲 318 字。④ 王新英前後兩次釋文亦是 318 字,他大約意識到這個矛盾,故在介紹中不列字數統計。⑤ 不過他誤"季"爲"年",反倒提示我,假使公佈者計數不錯的話,那麼他們的原始釋文中"大定丙午季夏"一語恐怕當作"大定丙午年季夏",因爲墓志銘中的"年"字往往寫作"秊",極易與"季"字相混而導致漏釋。若如此,方纔符合 319 字之數。

二、墓志銘所涉地名考

墓志銘中涉及金代州一級的行政區有朔州、武州、隰州、忻州,縣一級的行政區有永和、寧遠、定襄,以下分别考之。

(一) 朔州

《金史・地理志上》西京路所領節鎮内有朔州,爲中等州,軍號爲順義軍。⑥ 墓志銘題爲"大金故朔州李君墓志銘",顯示李汝爲爲朔州人,死後由"妻子迎櫬而來""遂祔於先塋",最後魂歸故里。而墓葬最終出土於朔州城區南關外瓦瓷地,説明金代朔州與現代朔州大致仍在同一範圍内。可惜墓志銘提供的信息太少,不能做進一步討論。

---

① 王新英編《金代石刻輯校》,長春:吉林人民出版社,2009 年,第 185 頁。

② 王新英輯校《全金石刻文輯校》,長春:吉林文史出版社,2012 年,第 291 頁。輯校者説,此墓志銘"據抄本録文",實際就是根據高士英提供的釋文而來。此書相較《金代石刻輯校》而言,往往諱其出處,每每自稱"據拓本録文""據抄本録文",實際所謂"拓本"就是别人公開發表過的拓本照片,"抄本"就是别人公開發表過的釋文,并非輯校者自己親見原拓、原抄。

③ 陳垣著《二十史朔閏表》,北京:中華書局,1962 年,第 140 頁。

④ 《朔州出土金代墓志》,第 96 頁。高平如、王鳳岐《金代正隆始於甲戌年——兼介大金李汝爲墓志》,第 378 頁。

⑤ 《金代石刻輯校》,第 185 頁。《全金石刻文輯校》,第 291 頁。

⑥ 脱脱等撰《金史》(修訂本)卷二十四《地理志上》,北京:中華書局,2020 年,第 609 頁。

(二) 武州及寧遠縣

墓志銘撰者秦八元署銜中有在武州任職的記載。① 金代武州亦屬西京路,爲下等邊地刺史州。“大定前仍置宣威軍”,顯見曾經作爲節鎮之一。② 但在撰寫墓志銘的大定二十六年時,該州已經由節鎮變爲刺史州了。該州所轄僅一縣,即寧遠縣。③ 金制,“自京縣而下,以萬户以上爲上,三千户以上爲中,不滿三千爲下。”④而該州“户一萬三千八百五十一”,⑤ 這同時也是寧遠縣所轄户數,故該縣爲上縣。據墓志可知,志主李汝爲岳父吴某爲武州寧遠縣人,致仕之後極有可能回原籍居住。而李汝爲最終因“暴疾而終於武州之僧舍”,銘文中則直接點明“旅寄僧舍,告殞寧遠”,死亡的確切地點就是武州寧遠縣。因此,我十分懷疑志主死前欲往武州拜望致仕閒居的岳父,不幸途中疾發而亡。

(三) 隰州及永和縣

關於隰州,《金史·地理志下》河東南路條下云:

隰州,上,刺史。宋大寧郡,團練。舊大寧郡軍刺史,天會六年改爲南隰州,以與北京隰州重也,天德三年去“南”字。户二萬五千四百四十五。縣六、關四。⑥

所謂北京隰州,現存《金史·地理志》中已無此州,不過从《金史·地理志上》北京路瑞州下屬海濱縣條下小注可以窺見端倪:

海濱。本慕容皝集寧縣地,遼隰州海平軍故縣,皇統三年廢州來屬。⑦

“遼隰州海平軍故縣”下有校勘記云:“‘海平軍’,《遼史》卷三九《地理志三》作‘平海

---

① 秦八元亦曾撰《大金故清河張先生墓志銘》(張温墓志銘),同樣出土於朔州,署銜與李汝爲墓志銘相同。參見孫學瑞《金代張温夫婦墓志及相關問題》,《山西省考古學會論文集》,太原:山西人民出版社,1994 年,第 248—254 頁。

②③⑤ 《金史》(修訂本)卷二十四《地理志上》,第 609 頁。

④ 《金史》(修訂本)卷五十五《百官志三》,第 1402 頁。

⑥ 《金史》(修訂本)卷二十四《地理志下》,第 681 頁。

⑦ 《金史》(修訂本)卷二十四《地理志上》,第 600 頁。

軍’。”[1]檢《遼史·地理志三》，確有軍號爲平海軍的隰州：

隰州，平海軍，下，刺史。慕容皝置集寧縣。聖宗括帳户遷信州，大雪不能進，建城於此，置焉。隸興聖宫。來屬。統縣一：海濱縣。本漢縣。瀕海，地多鹻鹵，置鹽場於此。[2]

結合二史《地理志》所言，可知此州在遼代僅統轄一海濱縣，金代天會六年（1128）時，因爲與河南東路隰州重名，故而將後者改爲南隰州。皇統三年（1143）將北京路隰州廢州改爲海濱縣，隸屬於瑞州。此時已經不存在兩個隰州重名的現象了。但直到天德三年（1151），纔將河東南路的南隰州直接改稱隰州。在撰寫墓志銘的大定二十六年，自然依照天德三年去“南”字之後的“隰州”來稱呼，墓志銘與傳世史籍若合符契。而永和縣則爲隰州所統六縣之一。[3] 以隰州所轄户數除以六，則每縣平均四千二百四十户左右。由於永和并非倚郭縣，其户數恐怕尚不及此。據上引金代縣的分等制度，則該縣爲中縣的可能性最大，也不排除爲下縣的可能性。

（四）忻州及定襄縣

據《金史·地理志下》，忻州爲河東北路下屬的下等刺史州，户三萬二千三百四十一，所統縣有二，定襄爲其中之一。[4] 以州户數除以二，每縣平均尚有一萬六千餘户，故定襄應爲上縣。

三、墓志銘所涉職官考

李汝爲墓志銘文字内容雖少，但其中出現了金代官制中的散官、職事官、勳級以及賜等。其中的賜（魚袋制度）由於史料缺失，毫無頭緒，暫時無法深入探討。其他三者可以進一步探討與《金史》記載的异同之處，以期加深對金代官制的理解。

---

① 《金史》（修訂本）卷二十四《地理志上》，第 623 頁。

② 脱脱等撰《遼史》（修訂本）卷三十九《地理志三》，北京：中華書局，2016 年，第 553 頁。同樣，此條“隰州平海軍”下亦有校勘記云：“《金史》卷二四《地理志》上‘海濱縣’條注云：‘遼隰州海平軍故縣’，軍號與此異。”二史歧異，無從校正。

③ 《金史》（修訂本）卷二十四《地理志下》，第 681 頁。

④ 《金史》（修訂本）卷二十四《地理志下》，第 676—677 頁。

(一) 散官與勳級

墓志銘所見文散官有撰者秦八元署銜中的承德郎以及李汝爲之父署銜中的朝散大夫,武散官有李汝爲岳父吴某署銜中的懷遠將軍。近年經過李鳴飛的研究,金代各個時期使用的散官體系并不相同,起碼分爲早期(天眷元年正式建立官制之前)、前期(天眷元年到大定十四年官制改革)以及中後期(大定十四年之後)。[①] 其中中後期使用的散官體系即《金史・百官志一》所記載者。《金史・百官志一》記載承德郎爲正七品上階,朝散大夫爲從五品中階。[②] 李鳴飛曾經指出,金代的散官品級與勳、爵、食邑的品級基本相同,他在推算前期散官品級就是以此爲依據的。[③] 但是秦八元的勳級是飛騎尉,屬於從六品,[④]二者品級并不相同。與李汝爲墓志銘同屬於李鳴飛所界定的金代中後期尚有其他一些散官與勳、爵、食邑不對應的例子,這裏僅舉二方墓志中的例證:

(大定二十四年)

少中大夫尚書吏部侍郎上輕車都尉南陽郡開國伯鄧儼書丹[⑤]

(泰和元年)

翰林侍讀學士少中大夫知制誥兼尚書禮部侍郎同修國史提點司天臺護軍清河郡開國侯食邑一千户食實封壹佰户張行簡撰

承德郎充翰林修撰同知制誥飛騎尉賜緋魚袋李著書

承直郎知登聞鼓院兼秘書丞騎都尉河南縣開國男食邑三百户賜紫金魚袋喬宇篆蓋[⑥]

---

① 李鳴飛《金代前期散官制度——以〈三朝北盟會編〉中的〈攬轡録〉爲綫索》,《漢學研究》2011年第4期,李鳴飛《金代前期散官表的發現及對金史研究的意義》,《史林》2015年第1期,二者均收入氏著《金元散官制度研究》,蘭州:蘭州大學出版社,第9—58頁。本文據後者。

② 《金史》(修訂本)卷五十五《百官志一》,第1303—1304頁。

③ 《金元散官制度研究》,第32頁。

④ 《金史》(修訂本)卷五十五《百官志一》,第1306頁。

⑤ 此爲烏古論窩論墓志銘書人,該墓志銘介紹、拓本照片及釋文參見梅寧華主編《北京遼金史迹圖志》(下),北京:北京燕山出版社,2004年,第201—203頁。

⑥ 以上三者爲烏古論元忠墓志銘撰、書及篆蓋人,該墓志銘介紹、拓本照片及釋文參見梅寧華主編《北京遼金史迹圖志》(下),第209—213頁。

鄧儼文散官爲少中大夫，屬於從四品下階；勳級爲上輕車都尉，屬於正四品；封爵爲郡伯，屬於正從四品，散官與勳的品級并不完全對應。張行簡文散官爲少中大夫，屬於從四品下階；勳級爲護軍，屬於從三品；封爵爲郡侯，屬於正從三品；食邑一千户、食實封一佰户，與郡侯對應。張行簡的勳、爵、食邑（包括食實封）互相對應，但均與文散官無法對應。李著文散官爲承德郎，如上所言，屬於正七品上階；勳級爲飛騎尉，屬於從六品，二者品級無法對應。此人的情況與秦八元完全一樣。喬宇的文散官爲承直郎，屬於正七品下階；勳級爲騎都尉，屬於從五品；封爵爲縣男，屬於從五品；食邑三百户，與縣男對應。喬宇的勳、爵、食邑互相對應，但均與文散官無法對應。[①]

李鳴飛最終的研究結果表明，"大定十四年之後，散官和勳、爵、食邑的對應關係開始符合《金史・百官志》所記載的散官品級。"[②]但上述例證顯然不支持這種觀點。而且上述例證均出現於金代貴族烏古論家族的墓志銘，撰書人亦非泛泛之徒，如張行簡名列《金史》本傳，仕世宗、章宗、衛紹王、宣宗四朝，以熟悉禮制聞名於當時。[③] 此類人物對於自己的署銜，絶不會草率爲之。因此，金代散官是否嚴格與勳、爵、食邑對應，仍有進一步探索的空間。

李汝爲父親的文散官爲朝散大夫，屬於從五品中階，[④]但他的職事官只是一個中下縣的縣令，屬於從七品。[⑤] 二者之間差距較大。考慮到他已經致仕，按照金代致仕官員可以遷官兩階的規定，[⑥]李汝爲之父致仕前的散官可能是正六品上階的奉政大夫。

李汝爲岳父吴君的武散官懷遠將軍則更令人困惑，因爲無論金代前期還是中後期，散官體系中均無懷遠將軍。中後期只有從四品下的懷遠大將軍。[⑦] 北宋武散官或武臣寄禄官階中也没有懷遠將軍。遼承唐制，但唐代武散官中也没有懷遠將軍。最有可能的解釋是，此處的懷遠將軍實際是懷遠大將軍的省寫。若如此，則吴君的武散官高於職事官上縣縣令從七品，依據《金史・百官志一》的規定：

> 凡臺官、御史、部官、京尹、少尹、守、令、丞、簿、尉、録事、諸卿少至協律、評事、諫官、國子監學官、諸監至丞郎、符寶郎、東宫詹事、率府、僕正副、令丞、王府官，散官高

① 以上散官、勳、爵及食邑（食實封）均參照《金史》（修訂本）卷五十五《百官志一》，第1303—1306頁。

② 《金元散官制度研究》，第40頁。

③ 《金史》（修訂本）卷一百六《張行簡傳》，第2467—2472頁。

④ 《金史》（修訂本）卷五十五《百官志一》，第1303頁。

⑤ 《金史》（修訂本）卷五十五《百官志三》，第1402頁。

⑥ 《大金國志》和《金史・世宗紀》都記載了致仕升遷散官之制，但年齡限制不同，不過均爲遷官兩階。參見《金元散官制度研究》，第120頁。

⑦ 《金史》（修訂本）卷五十五《百官志一》，第1304頁。

於職事者帶“行”字,職事高於散官一品者帶“守”字、二品者帶“試”字,品同者皆否。[①]

吴君的職事官前須加“行”,即“行定襄令”。但墓志并非如此。從“前”字可以發現,吴君已經離任,也許對於非現任官而言,金代制度并不嚴格。另一個解釋的角度則是墓志的埋幽性質。墓志主要面向地下世界,或者在某種程度上屬於死者家屬的個人敘述,一旦入葬之後,很難被人讀到,故而與當時行用的制度之間并非嚴絲合縫。

(二)職事官

秦八元署銜中有“前武州司候”一職,司候見於《金史·百官志三》:

諸防刺州司候司

司候一員,正九品。[②]

防刺州是金代防禦州和刺史州的合稱,這説明只有防禦州和刺史州設置司候司。上文指出,武州在大定二十六年時已經由節鎮變爲刺史州,此亦爲一證。關於秦八元的職事官與散官之間的關係,《金史·百官志一》明確記載:

猛安、謀克、翰林待制、修撰、判、推、勘事官、都事、典事、知事、内承奉、押班、通事舍人、通進、編修、勾當、頓舍、部役、廂官、受給管勾、巡河官、直省直院長副、諸檢法、知法、司正、教授、司獄、司候、東宫諭德、贊善、掌寶、典儀以下,王府文學、記事參軍,并帶“充”字。[③]

這條規定應該是承接原書上文“職事官高於散官”而言的,在金代中後期應該得到了施行,比如上舉李著的職事官翰林修撰爲從六品,相較正七品上階的承德郎要高,於是前面就帶“充”字。而秦八元的司候爲正九品,低於文散官承德郎,故而不帶“充”字。墓志與史籍的記載一致。

墓志銘中還出現了永和令、定襄令。金代縣大致分爲赤縣、次赤縣(又曰劇縣)、諸縣。

---

①③ 《金史》(修訂本)卷五十五《百官志一》,第1314頁。

② 《金史》(修訂本)卷五十七《百官志三》,第1400頁。

諸縣又有上、中、下之分。赤縣縣令爲從六品、次赤縣(劇縣)爲正七品，諸縣縣令爲從七品，并不因上、中、下之分再劃分品級。[①] 上文我已指出，永和應爲中下縣，定襄爲上縣，二縣縣令均爲從七品。

四、李汝爲身世與行實考

除上舉地理、職官制度之外，李汝爲墓志銘中還有以下信息值得探討。

朔州原在遼國境内，因此李汝爲一家實爲遼國境内的漢人家族。1988 年考古工作者曾在朔州市區東南一公里處發現兩座遼代經幢，一爲李謹爲亡故的兒子李惟孝和兒媳秦氏所建，一爲李省爲亡父李亨所建。[②] 我懷疑此二人與李汝爲家族可能有血緣關係。但因爲經幢提供信息太少，且李爲大姓，同姓不同族者甚多，因此難以遽下結論。

墓志銘記李汝爲“足記問，善辯論”“高談雄辯，記問過人”，這些記載透露出志主具備當時從政爲官的一些基本素養，從中不難推想他是有出仕之心的。墓志銘未言李汝爲從事進士業，但在當時他還有其他出仕途徑。李汝爲生於海陵王完顔亮甲戌年，即公元 1154 年，由於他是第三子，假定其父三十歲左右李汝爲出生，[③]那麽李父生年當在金太宗天會二年，即公元 1124 年，此時遼國尚未滅亡，但已是日暮西山。李汝爲之父主要是在金朝長大成人，其所任隰州永和令係金朝官員。依照金代門廕之制，七品官可以廕一人。[④] 但由於李汝爲之上還有兩位兄長，可能他的某位兄長用廕出仕，而李汝爲并未獲此機會。墓志銘又指出，李汝爲與兩位兄長汝楫、汝霜皆爲秦八元之友。秦八元曾爲朔州另一位頗有實力的人士張温撰寫墓志銘，[⑤]本身又是卸任官員，與李汝爲之父官階差不多，在地方上應該具備相當的勢力。李汝爲兄弟三人與秦八元之間的朋友關係，説明自其父李公以後，他們家族地位尚未下墜。而李汝爲死前前往岳父吴君這位前任縣令處拜訪這一信息，同友於秦八元一樣，都可以在某種程度上視爲李汝爲具備出仕的隱形能力。可惜的是，李汝爲“方當壯室”“秀而不實”，被上蒼剥奪了出仕的希望。

---

① 《金史》(修訂本)卷五十五《百官志三》，第 1401—1402 頁。需要指出，《百官志》還提及有“京縣”，很多研究者將“京縣”也列爲一等，我認爲“京縣”乃按照是否爲諸京倚郭縣這一標準另外分出的種類，并不能看做縣等制的一等。詳另文。

② 孫學瑞《遼朔州李氏墓地經幢》，收入張暢耕主編《遼金史論集》第六輯，第 227—230 頁。

③ 李汝爲卒年三十二，亦有三子一女，這也是假定他出生時其父爲三十歲的另一個依據。

④ 《金史》(修訂本)卷五十二《選舉志二》，第 1239—1240 頁。又參見王嶠《金朝門廕制度新論》，《河北師範大學學報》(哲學社會科學版)2017 年第 5 期，第 49—54 頁。

⑤ 《金代張温夫婦墓志及相關問題》，第 248—254 頁。

根據公布者提供的信息,李汝爲墓内尚存石棺,石棺爲細白沙石雕成,長120厘米,寬80厘米,外高50厘米,棺蓋厚10厘米,棺内只留骨灰。[①] 這顯然是佛教徒纔會采用的火葬葬式。同時,李汝爲死前曾在"武州之僧舍"借住,他唯一的女兒錦璋又爲尼,這些都反映出李氏家族應是信仰佛教的。遼金二代佛教信仰很發達,朔州地區也是佛教傳播重鎮。[②] 墓志銘所示,與其他歷史記載相合。

五、李汝爲墓隨葬品考

公佈者還指出,李汝爲墓内出土銅鏡和正隆元寶銅錢約十多斤,均被當時挖土方工人賣到城關供銷社廢品收購站。[③]《金史·食貨志三》云:

> 正隆二年,歷四十餘歲,始議鼓鑄。冬十月,初禁銅越外界,懸罪賞格。括民間銅鍮器,陝西、南京者輸京兆,他路悉輸中都。三年二月,中都置錢監二,東曰寶源,西曰寶豐。京兆置監一,曰利用。三監鑄錢,文曰"正隆通寶",輕重如宋小平錢,而肉好字文峻整過之,與舊錢通用。[④]

由於金朝統治區域内產銅甚少,鑄造銅錢原料難得。因此,金朝實施了銅禁政策,即上述史料中的"禁銅越外界"。同時"括民間銅鍮器",以便鑄錢之用。至大定"八年,民有犯銅禁者,上曰:'銷錢作銅,舊有禁令,然民間猶有鑄鏡者,非銷錢而何?'遂併禁之。"[⑤]銅禁的範圍擴大到了日常所用的銅鏡。問題是,銅鏡是百姓日用之物,若全部搜括禁用,必然引起民間騷動。因此,朝廷雖然嚴厲禁止鑄造新鏡,但并不禁止原先舊有之鏡。不過,這一制度上的變通却又給私鑄新鏡留下一個縫隙,民間很多新鑄之鏡,都詭稱舊鏡。金廷只好不斷下令,重申銅禁。例如大定"十一年二月,禁私鑄銅鏡,舊有銅器悉送官,給其直之半。"[⑥]但直到志主李汝爲下葬的大定二十六年,金世宗還向宰臣抱怨:"國家銅禁久矣,尚聞民私造腰帶及鏡,托爲舊物,公然市之。宜加禁約。"[⑦]可見將新鑄銅鏡作爲禁用品的

---

① 《朔州出土金代墓志》,第95頁。《金代正隆始於甲戌年——兼介大金李汝爲墓志》,第378頁。

② 寧立新、雷雲貴《朔州市朔城區發現金代僧人叢葬墓》,收入張暢耕主編《遼金史論集》第六輯,第397—403頁。有關朔州地區遼代佛教信仰的文章甚多,不備舉。

③ 《朔州出土金代墓志》,第95頁。《金代正隆始於甲戌年——兼介大金李汝爲墓志》,第378頁。

④ 《金史》(修訂本)卷四十八《食貨志三》,第1145頁。

⑤⑥ 《金史》(修訂本)卷四十八《食貨志三》,第1146頁。

⑦ 《金史》(修訂本)卷四十八《食貨志三》,第1148頁。

舉措實施難度之大。李汝爲墓中能够陪葬銅鏡,不論是新鑄還是舊鑄,均可見其非尋常百姓之家。

上述史料中所云正隆通寳,以往很難見到實物。而類似李汝爲墓中所出之正隆元寳則發現了很多批。古泉學界甚至一度懷疑《金史》上述記載有誤。這種認識從清代即已有之,例如清人翁樹培《古泉匯考》認爲"《金史》及《續通考》俱作'通寳',而今見錢皆作'元寳',則'通寳'之誤可知"[1]。此説影響甚大,現在很多古泉學者還在不斷引述、强調,[2]將這一個案作爲"以錢校史"的經典案例。有些古泉收藏者甚至考古工作者在引用《金史》上述記載時,甚至直接將"正隆通寳"改爲"正隆元寳",或將其按照"正隆元寳"來理解。[3] 實際上,正隆通寳確曾出土,[4]只不過爲數甚少,難爲普通藏家所得見而已。上述史料所述并無問題。需要指出的是,金代銅錢不敷所用,除了民間銷錢製作銅器、流出境外,作爲隨葬品下葬恐怕也是一個重要原因。不過,在金代錢幣緊缺的情況下,尋常百姓之家恐怕無此能力下葬大量銅錢。

六、結　語

李汝爲墓志銘中涉及金代州一級的行政區有朔州、武州、隰州、忻州,縣一級的行政區有永和、寧遠、定襄,基本情況與《金史·地理志》記載相合。墓志銘中出現金代官制中的散官、職事官、勳級等,亦大致與《金史·百官志》所記官制相合。但墓志所見散官并非嚴格與勳、爵、食邑對應,散官高於職事官的署銜方式與傳世史籍記載也不盡同。李汝爲出身亡遼境内信仰佛教的漢人家族,其父曾任金朝官員,與官員家族通婚,與退閑地方官員有交往,本人具備出仕能力,但未能通過門廕制度出仕,亦不見有從事科舉的迹象,最終因英年早逝而未能入仕。不過,墓中所出銅鏡及正隆元寳等陪葬品,仍顯示出其家族不同於

---

① 轉引自楊魯安:《"正隆元寳"錢辨異》,《内蒙古金融研究》2003年第4期,第16頁。原文衍一"皆"字,徑删。

② 王貴忱《金代所鑄錢幣稀見品雜記——遼、西夏、金、元貨幣瑣談》,《内蒙古金融研究》2002年第1期,第53—56頁。廣文:《"正隆元寳"版式拙見》,《〈内蒙古金融研究〉錢幣文集》第六輯(2006年),第20—23頁。吴進:《説正隆元寳和大定通寳》,《江蘇錢幣》2009年第1期,第33—35頁。

③ 李佐賢撰、杜斌校注《古泉匯》,濟南:山東畫報出版社,2017年,第457頁。朱光甫:《歷史的見證有力的批駁——我省方正縣沿江大隊"銅錢出土"記實》,《黑龍江大學學報》(哲學社會科學版)1976年第1期,第79—82頁。河北省定興縣文管會《河北定興小店金代窖藏銅錢》,《中原文物》1987年第1期,第32—37頁。周公太、陳佐鄂《出頭"正隆元寳"》,《中國錢幣》1987年第4期,第53頁。馬林《河北省順平縣發現金代窖藏錢幣》,《文物春秋》1994年第4期,第26—27頁。楊魯安《"正隆元寳"錢辨異》,第16—18頁。潘世傑《説正隆元寳》,《收藏家》2012年第7期,第89頁。黄廣洲《金代銅鑄幣》,《江蘇錢幣》2013年第4期,第19—23頁。宋捷《金代鑄幣考實》,《收藏》2017年第12期,第94—100頁。

④ 陳穎《唐國通寳、正隆通寳與宋代銅錢》,《文博》1985年第6期,第81—82頁。

一般百姓。

附記:本文寫作過程中經王善軍教授教正,特致謝忱!

【作者簡介】王馨振華,本名王振華,1984年生,文學碩士、歷史學博士,西北大學歷史學院講師、博士後研究人員,主要從事秦漢三國史、古典文獻學及遼夏金元史研究。

“嗣聖紀年體系”形成過程考論

——兼論其在朝鮮半島的影響

池新宇

中國與朝鮮半島的交流古已有之，根據相關的史料記載，至遲在西漢惠帝、高后時期，雙方就已有一定程度的互動。[①] 兩千餘年來，雖然各自政權歷經更迭，但交流却綿延不絶，朝鮮半島的政治、經濟、文化等各個方面，亦受到來自中原王朝的豐富滋養。作爲文化交流的一個重要組成部分，史書的編纂修訂自然也不例外。以往學界對朝鮮王朝官修史書多有關注，如趙振坤從儒家思想、英雄刻畫、“神化”處理等方面探尋了《三國史記・金庾信傳》的文學價值[②]，崔岩則深入研究了《高麗史》的編寫體例，以及高麗王朝史館、修史等相關内容[③]。本文意在從“嗣聖”這一特定年號以及對武則天時代的有關記録入手，對中國以及朝鮮半島的相關史料加以比對，探討中華文化對朝鮮半島政權的歷史書寫與正統觀念的影響。

一、嗣聖年號在中國傳統史料中的記録

嗣聖(684 年 1 月 23 日—684 年 2 月 27 日)，是唐中宗第一次在位時所用的年號。弘道元年(683 年)十二月，高宗駕崩，太子李顯依遺詔即位，定年號爲“嗣聖”，後世稱爲唐中宗。但中宗即位之初，處處受到太后武則天制約，不到兩個月便遭到廢黜，“嗣聖”年號也隨之遭到更易。由於其使用時間僅一月有餘，間隔相當之短，因此後世史家在編纂史書

① 司馬遷《史記》卷一一五《朝鮮列傳》：“會孝惠、高后時天下初定，遼東太守即約滿爲外臣，保塞外蠻夷，無使盜邊。”北京：中華書局，2014 年，第 3618 頁。

② 趙振坤《〈三國史記・金庾信傳〉的文學價值研究》，《經濟研究導刊》2010 年第 17 期。

③ 崔岩《朝鮮王朝官修〈高麗史〉與中華傳統史學》，《西北師大學報》(社會科學版)2012 年第 4 期；崔岩《慕華與事大背後的“國家意識”：高麗王朝的史館與修史》，《史學史研究》2013 年第 4 期。

時,往往將"嗣聖"年號一筆帶過。

作爲不同時期被尊爲正統的史書,紀傳體的《舊唐書》《新唐書》在帝王本紀部分,對嗣聖年號的改易并未太多著墨,而更多地將廢黜中宗的具體過程列於參與這一事件的部分大臣的傳記之下,作爲其生涯的重大事件加以記録。以《舊唐書》爲例,嗣聖年號在相關的《則天皇后本紀》與《中宗本紀》中僅有寥寥數筆:

弘道元年十二月,高宗崩,遺詔皇太子柩前即帝位,皇太后臨朝稱制,改元嗣聖。①

(嗣聖元年)二月戊午,廢皇帝爲廬陵王,幽於别所,仍改賜名哲。己未,立豫王輪爲皇帝,令居於别殿。大赦天下,改元文明,皇太后仍臨朝稱制。②

只是簡單記録了嗣聖年號的啓用與改易,此後都不再以嗣聖年號記録史事,對中宗被廢這一事件的具體過程也并未過多描述。而在相關大臣的傳中,對這一次廢立事件却描述尤詳。

《程務挺傳》載:

嗣聖初,與右領軍大將軍、檢校右羽林軍張虔勖同受則天密旨,帥兵入殿庭,廢中宗爲廬陵王,立豫王爲皇帝。③

《裴炎傳》載:

中宗既立,欲以后父韋玄貞爲侍中,又欲與乳母子五品,炎固争以爲不可。中宗不悦,謂左右曰:"我讓國與玄貞豈不得,何爲惜侍中耶?"炎懼,乃與則天定策廢立。炎與中書侍郎劉禕之、羽林將軍程務挺、張虔勖等勒兵入内,宣太后令,扶帝下殿。帝曰:"我有何罪?"太后報曰:"汝若將天下與韋玄貞,何得無罪!"乃廢中宗爲廬陵王,立豫王旦爲帝。④

---

① 劉昫等《舊唐書》卷七《中宗本紀》,北京:中華書局,2010年,第135頁。

② 《舊唐書》卷六《則天皇后本紀》,第116頁。

③ 《舊唐書》卷八三《程務挺傳》,第2785頁。

④ 《舊唐書》卷八七《裴炎傳》,第2843—2844頁。

《新唐書》的相關記録與《舊唐書》大略相同,在裴炎、程務挺等參與廢帝事件的關鍵角色的傳記中,對事件的具體過程有着較爲詳細的記録,而在本紀中僅簡略記述了光宅(684年)、嗣聖、文明(684年)三個年號之間變更的過程。而在編年體史書中,嗣聖年號也由於其使用時間的短暫而不受史家的重視。司馬光在編撰《資治通鑑》時,也不將"嗣聖"獨立列爲條目,而是依照一貫的體例,將前述的改元、廢帝等一系列事件,整編到了當年最後使用的年號——"則天順聖皇后上之上"中的"光宅元年"條下:

> 春,正月,甲申朔,改元嗣聖,赦天下。
>
> ……
>
> 中宗欲以韋玄貞爲侍中,又欲授乳母之子五品官;裴炎固争,中宗怒曰:"我以天下與韋玄貞,何不可!而惜侍中邪!"炎懼,白太后,密謀廢立。二月,戊午,太后集百官於乾元殿,裴炎與中書侍郎劉禕之、羽林將軍程務挺、張虔勖勒兵入宫,宣太后令,廢中宗爲廬陵王,扶下殿。中宗曰:"我何罪?"太后曰:"汝欲以天下與韋玄貞,何得無罪!"乃幽於别所。①

總體而言,針對"嗣聖"這樣一個僅被短暫使用的年號,《舊唐書》《新唐書》《資治通鑑》等傳統史料基本忠實地記録了其從啓用到被更易的全部過程。值得注意的是,《舊唐書》中將《則天皇后本紀》單列一卷,且在《后妃傳》中不列武則天名號;而《新唐書》的《則天皇后本紀》則與《中宗本紀》合於一卷,且在《后妃傳》又列入"則天武皇后"一條。這樣的篇目安排,一定程度上反映了不同時期史家針對武則天的歷史身份定性問題的不同看法:劉昫等爲代表的五代時期史家,雖不承認武周的正統地位,但對武則天作爲統治者的身份有着明確的定性與認可,因此對其事蹟的描述集中於本紀之中而不入《后妃傳》;而歐陽修、宋祁等人則對這一問題抱有相當程度的矛盾,不能對武則天進行較爲準確的歷史定位,因而采取這種較爲折中的記述安排,將其相關的事件分别寫入本紀與《后妃傳》。

然而,在另外一些史料中,"嗣聖"這一年號并不止於區區兩個月,部分文獻中甚至出現了"嗣聖三年""嗣聖四年""嗣聖六年"甚至於"嗣聖十三年"的文字。目前可見的此類大年份的嗣聖年號記録,最早可追溯至北宋王溥所編撰的《唐會要》,其爲繼承前代《唐九朝會要》與《續會要》所作,保存有部分未見於《舊唐書》《新唐書》的史實。《唐會要》中,此類的"嗣聖"年號記事出現有四次:

① 司馬光《資治通鑑》卷二〇三"則天順聖皇后光宅元年條",北京:中華書局,1976年,第6532—6533頁。

卷七《封禪》條下引《唐書·中宗本紀》:嗣聖十三年,臘月甲戌,如神嶽。後注曰:嗣聖十三年即武后萬歲通天元年(696 年)。

卷十《親迎氣》條下引《通典》:永昌元年(689 年),敕天無二稱,帝是通名。從前諸儒,互生同异,乃以五方之帝,亦謂爲天,假有經傳互文,終是名實未當,稱號不別,尊卑相混。自今郊祀之禮,惟昊天上帝稱天,自餘五帝皆稱帝。注曰:永昌元年即嗣聖六年。

卷九十四言及北突厥、西突厥事:"嗣聖三年九月,以突厥斛瑟羅爲繼往絶可汗。""嗣聖四年七月,骨篤禄寇朔州,武后遣黑齒常之等擊之,骨篤禄散走磧北。"[①]

從上述記録來看,至遲在宋初就有大於二年的"嗣聖"年號記事出現。但值得注意的是,《唐會要》前二卷爲《帝號》,其中提到了唐代諸皇帝的名諱、使用年號等内容,而在"中宗"條下,其使用的年號并未出現"嗣聖":

年號三:神龍三年九月,改爲景龍。景龍四年六月四日,改爲唐隆元年。[②]

而卷三《皇后》中"天后武氏"條下則有如此記録:

天后武氏……年號二十:嗣聖二年二月七日,改爲文明。文明元年九月五日,改爲光宅。光宅二年正月一日,改爲垂拱。垂拱五年正月一日,改爲永昌。永昌五年十一月一日,改爲載初。載初元年九月九日稱周,改爲天授。天授三年四月四日,改爲如意。如意元年九月九日,改爲長壽。長壽三年五月十日,改爲延載。延載二年三月一日,改爲證聖。證聖元年九月二十九日,改爲天册萬歲。天册萬歲二年臘月,改爲萬歲登封。萬歲登封元年四月一日,改爲萬歲通天。萬歲通天二年九月九日,改爲神功。神功二年正月一日,改爲聖曆。聖曆三年五月五日,改爲久視。久視二年正月五日,改爲大足。大足元年十月二十三日,改爲長安。長安五年正月一日,改爲神龍。[③]

將本屬於中宗的"嗣聖"以及本屬於睿宗的"永昌"年號均列於武后名下,而在上述的

① 王溥《唐會要》卷七《封禪上》,北京:中華書局,1998 年,第 104 頁;卷十《親迎氣》,第 205 頁;卷九四《北突厥》,第 1691 頁;卷九四《西突厥》,第 1695 頁。

② 《唐會要》卷一《帝號上》,第 4 頁。

③ 《唐會要》卷三《皇后》,頁 24。

前兩條記録中,又將"嗣聖""永昌""萬歲通天"等數個年號用以相互注解,難免令讀者感覺混亂;另外兩條關於西突厥、北突厥的記録雖然采用了嗣聖年號紀事,但均不見其出處,也不像前述二例中存在以其他年號加以注釋的情况,也讓人難以判斷嗣聖年號使用的具體情狀。由此可見,在王溥編撰《唐會要》之時,可能仍然以采摭諸書爲主要工作,而對具體材料缺乏系統性的整理。

北宋中期,儒學迎來了全面復興,在各個學術領域都取得了非凡的成就,史學也并不例外,其中一項最具代表性的著作,便是司馬光等編纂的《資治通鑑》。司馬光一生工于史學,在其《進資治通鑑表》中,自稱:"凡百事爲,皆出人下,獨于前史,粗嘗盡心,自幼至老,嗜之不厭。"《資治通鑑》更是其花費了十九年心血完成的巨著,可謂其史學功業之大成。他在史學領域樹立起儒家的旗幟,嘗試以史學方式來探討儒家之道在現實世界的具體落實,追尋求真、求治、求道等多層次價值目標的有機統合。① 司馬光在衆多史學問題上有着其獨特的記事方法,比如對於有關正統論的問題,他所采取的方針是不做議論、據事直書。在討論曹魏時,他曾發出如下評論:

> 臣今所述,止欲敘國家之興衰,著生民之休戚,使觀者自責其善惡得失,以爲勸戒,非若《春秋》立褒貶之法,撥亂世反諸正也。正閏之際,非所敢知,但據其功業之實而言之。②

這一態度在其對武則天時代的記録中也有所反映。司馬光將武則天時代的史事記録於《資治通鑑》卷二百四至二百七中"則天順聖皇后"條下,其間統一使用武則天年號,對各方面内容都做了較爲完善的描述,對於武周革命與神龍復國兩個關乎政權變更的重要時間點,也并未過分添加筆墨,可以説是基本忠實地描述了歷史事件的發展進程。值得注意的是,司馬光雖然記述了武則天變唐爲周的事件,但相關記事仍然列于《唐紀》之中,對武則天的稱謂也固定使用"太后"而不以皇帝稱之,這種處理方法可能與《資治通鑑》編寫時后妃參與政權的現實情况有所關聯,司馬光期望通過對武則天執政時期的記録與評斷,在一定程度上警示把握政權的曹后、高后等人,進而防止君權受到威脅。

---

① 參見孫穎濤《〈唐鑑〉:從史家之史到理學家之史的過渡》,《西南民族大學學報》(人文社科版)2018 年第 1 期。

② 《資治通鑑》卷六九"世祖文皇帝黄初二年條",第 2187 頁。

二、義理史學的興起與"嗣聖紀年體系"的形成

隨着以二程、朱熹爲代表的理學聲勢逐步壯大,司馬光的史學話語權也不可避免地受到了影響,新的史學思想開始出現,并在針對具體事件的評斷過程中產生獨特的書寫方式。在理學家的觀念中,傳統儒學經典在整個學術體系中佔據着絕對的主導地位,衡量歷史的最大尺規在於《尚書》《春秋》等傳統儒家經籍所載録的"道",義理價值才是治學的最高訴求以及歷史評價的最大依據,其他如成敗等因素均不在此考慮之内,唯有通過讀經明道的方式融通義理才能够對歷史加以解讀。這種思想後世有人稱之爲"義理史學"。在理學家的眼中,以司馬光爲代表的傳統史學實踐在現實環境下必定導致求道與求真兩種價值目標的衝突,難以兼顧道德功效與歷史真實,因此對其歷史記敘方式多有指摘。[①]

義理史學的一大寫作方法,就是針對前代史學家的著作進行解構,并使用類似於《春秋》中使用的褒貶之法對歷史事件進行重新評價,用以規勸當代人趨善避惡,進而追求治世的實現。孫甫(998—1057)所撰之《唐史論斷》便屬於此類。根據其書序文,孫甫認爲:"《唐書》繁冗遺略,多失體法,事或大而不具,或小而悉記,或一事别出而意不相照,怪异猥俗,無所不有,治亂之迹,散于紀傳中,雜而不顯,此固不足以彰明貞觀功德法制之本一代興衰之由也。"[②]因此"宗二經文意","兼采諸家著録",修成《唐史記》七十五卷,又選其間善惡分明可爲高抬貴手者九十二處加以論斷,輒成此書。"二經",及《尚書》《春秋》兩書,可見孫甫爲代表的義理史家的著作思想實質上是對傳統儒家經典的一種繼承。《唐史論斷》中專有"不稱武后年名"一條,對武則天年號有關的内容加以剖析:

> 論曰:武后僭竊位號,唐史臣修實録撰國史者皆爲立紀,系后事於帝王之年,列僞周于有唐之史,名體大亂,史法大失矣。後史臣沈既濟奏議曰:"中宗以始年登大位,季年複大業,雖尊名中奪,而天命未改,足以首事,足以表年。昔魯昭公之出也,春秋歲書其居,曰'公在乾侯',君雖失位,不敢廢也。今請并太后紀合中宗紀,每於歲首必書中宗所居,曰'某年春正月,皇帝在房陵,太后行某事,改某制'。則紀稱中宗而事述太后,俾名不失正,體不違常。此得春秋之法,足正唐史之失也。"故從其所議,書武后事于中宗紀中,武后改年是皆妄作。今其嗣聖,繼以景龍,武后所改,但存其名備證它

---

① 參見孫穎濤《司馬光儒門史學實踐的内在衝突——兼論程頤、朱熹與司馬光史觀之差异》,《史學月刊》2016年第11期。

② 孫甫《唐史論斷》序,粵雅堂叢書刻本。

事而不以表年焉。所以正帝統而黜僭號也。①

沈既濟爲唐時人，德宗建中元年(780年)授左拾遺、史館修撰，《舊唐書》《新唐書》均對其奏議一事有所記載，足可見關於武則天正統性以及紀年方式使用等問題的討論早在中晚唐已初現端倪。② 在這條評論中，孫甫將武則天定位爲僭位者，對唐代部分史官爲其立本紀且與帝王并列的史書編纂方法表示了極大不滿，而對沈既濟參照《春秋》魯昭公出逃齊國期間記事所提出的"每於歲首必書中宗所居"的處理方式大爲贊賞，認爲這樣做能够在明確李唐王室的正統性的同時對武氏的僭越行爲加以貶駁。這樣的處理方式，充分體現了孫甫進行歷史評斷的核心思想——將義理作爲首要標準。

《唐鑑》可以稱得上是義理史學的另一個代表。其作者范祖禹，曾協助司馬光編寫《資治通鑑》中唐與五代十國的部分，之後他將自己對於唐代歷史的認識寫成了《唐鑑》一書。在《進〈唐鑑〉原表》中，范祖禹提到自己的創作是"稽其成敗之迹，折以義理，輯成一書"。將義理明確爲了此書評斷的唯一標準，因而其對歷史人物與事件的評判與傳統史家多有出入，比如其認爲太宗"有濟世之志撥亂之才而不知義"，而魏徵"食君之禄而不死其難，朝以爲讎，暮以爲君，於其不可事而事之，皆有罪焉"。對於武則天專權及武周革命一事，《唐鑑》卷七有如下評論：

中宗之有天下，受之于高宗也。武后以無罪而廢其子，是絶先君之世也，况其革命乎？……天下者，唐之天下也，武氏豈得而間之？故臣復系嗣聖之年，黜武氏之號，以爲母后禍亂之戒，竊取《春秋》之義，雖獲罪于君子而不辭也。③

在范祖禹的判定中，武后進行的廢立與革命實質上是絶滅先帝、禍亂天下的表現，是義理所不能容忍的，因而在《唐鑑》的編寫過程中，范祖禹效法《春秋》的褒貶之意，針對武則天廢中宗到還政這段時間的史實，采取了不記武后年號而延續中宗嗣聖年號的記録辦法，通過紀年來達到明確天命歸於唐室的目的。這一辦法，實質上是對沈既濟奏議中所體現精神的一種繼承，也是這一紀年法較早的一次實際運用。因此，范祖禹的《唐鑑》可以被視爲"嗣聖紀年體系"的濫觴，這也使得其他義理史家在對類似歷史年代進行評價時能够

① 《唐史論斷》卷上"不稱武后年名"條。

② 《舊唐書》卷一四九《沈傳師附既濟傳》，第4034—4035頁；歐陽修、宋祁《新唐書》卷一三二《沈既濟傳》，北京：中華書局，1975年，第4538—4539頁。

③ 范祖禹撰、白林鵬、陸三强校注《唐鑑》卷七《中宗》，西安：三秦出版社。2003年，第105頁。

有所借鏡。

“嗣聖紀年體系”的定型與强化,與朱熹領銜編纂的《資治通鑑綱目》及其衍生出的衆多學術書籍有着密不可分的關係。朱熹編修此書的一大重要原因,是其有感於《資治通鑑》“周末諸侯僭稱王號而不正其名,漢丞相亮出師討賊而反書入寇。此類非一,殊不可曉”,無法突出其需要强調的義理道德體系,因此才節取《通鑑》記録編纂《綱目》,圍繞“義理”這一標準建立其歷史評述體系,最終達到其彰顯天理的根本目的。[①] 孫甫的《唐史論斷》與范祖禹的《唐鑑》作爲義理史學的早期作品,自然頗受朱熹看重,《朱子語類》中録有其相關議論:“《匡衡傳》、司馬公《史論》《稽古録》、范《唐鑑》,不可不讀。”又有:“孫之翰《唐論》精練,説利害如身處親歷之,但理不及《唐鑑》耳。”[②]可見朱熹對范氏作品所體現出的義理觀念頗爲欣賞。清人趙翼在其筆記《陔余叢考》中有這樣的評述:“朱子《綱目》用中宗嗣聖年號至二十四年,此例亦不自朱子始,范祖禹《唐鑑》已是如此。”這從一定程度上反映出朱熹在論及武則天時對於范氏的觀點多有受容。與《唐鑑》類似,朱熹在記録這一時期的史事時,從中宗即位之初便使用嗣聖紀年,即使中宗遭到廢黜,也在每年之初都注明其居所,其後才用武氏某年號某年或周武氏某年號某年加以注釋。宋人尹起莘在其《通鑒綱目發明》中對朱熹的這一處理大加贊賞:

> 所謂嗣聖之號,僅有再閲月之稱,若仍以其年次第書之,則是假辭以立義,非紀實也。《史綱》於圈中書唐字,而於其下分書武氏之年,以見是時天下雖專制於武氏,而實唐之天下;雖曰唐之天下,而所以專制之者實武氏也。及乎每年帝在之書,必著其名,而使人不疑中宗於睿宗。如此則義得其正,事不没其實,賊后之罪既得以暴著於天下,君臣之義又得以昭明於後世云。

尹起莘認爲,朱熹對嗣聖與武氏年號的處理較之范氏《唐鑑》而言,既進一步明確了天命正統在於李唐的義理論斷,也更好地反映了武則天掌握天下的歷史事實,在記事上實現了道德目標與紀實目標的統一。從此,由范祖禹草創的“嗣聖紀年體系”,隨着朱熹的介紹、運用與優化成爲了義理史學的一個重要範例,形成了其學術體系的一個典型注脚。這一體系也被後世學者繼續强化,譬如劉友益所作《資治通鑑綱目書法》在討論此事時就有如此評論:

---

① 參見劉榮《道德史觀的强化——從〈資治通鑑〉到〈資治通鑑綱目〉》,《江南大學學報》(人文社會科學版),2017年第5期。

② 黎靖德編《朱子語類》卷一三四《歷代一》,中華書局,1986年,第3207—3208頁。

於是太后以二月廢帝立睿宗,改元文明;九月,太后改元光宅。不紀光宅,黜武氏也。曷爲不以文明大書?不與武氏之得廢立也。故從《唐鑑》,以嗣聖紀年,而每歲書"帝在某州"。①

不僅武則天本身的正統性遭到否定,睿宗李旦所采用的文明年號也因其廢立之事遭到武則天的參與而被有意弱化,這正是"嗣聖紀年體系"在學術繼承中産生的一種外擴影響。

值得注意的是,《唐鑑》與《綱目》的嗣聖紀年法都終止於二十一年,而趙翼等後世學者在評述多有稱其用嗣聖年號至二十四年,按中宗即位爲嗣聖元年甲申(684年),而武后還政發生於神龍元年乙巳(705年),其間間隔爲二十一年確鑿無疑,二十四年之説按理而言無法説通。這一矛盾的産生,究竟是歷代史評傳抄中出現錯訛還是另有其他内情,尚需要更多材料進行討論。

三、《三國史記》《三國遺事》中所見之武則天時代

朝鮮半島政權的官修史書起步較晚,且很大程度上受到中原王朝正史書寫方法的影響。雖然其記録的主體是朝鮮半島内部發生的歷史,但或多或少會提及中原王朝的有關情況,其中對於武則天時代的記録也有着較爲明顯的變化。

現存最早的朝鮮半島官修史書,是高麗時代金富軾受仁宗之命編撰的《三國史記》,其中對新羅、高句麗、百濟三國的歷史分别使用其各自的君主紀年加以記録,同時提供中原王朝年號形成《年表》三卷供讀者查閲。其中與武則天時代有關的部分記録如下表所示:

表一 《三國史記年表》對武則天有關年號的記録

干 支	中 國	新 羅
癸未(683年)	洪道元年 中宗大聖孝皇帝顯 則天順聖皇后武曌	(神文王)三(年)
甲申(684年)	嗣聖元年 豫王旦 文明元年 光宅元年	四 光宅羅不行

① 劉友益《資治通鑑綱目書法》卷四一,北京:北京師範大學出版社,2016年,第760頁。

續表

干 支	中 國	新 羅
……	……	……
庚寅(690年)	載初元年 周 天授元年	十

可以看出,《三國史記》的《年表》忠實地記録了武周革命前後的紀年變化。但《三國史記》對這一時期的歷史事件記録多有矛盾之處,例如在其卷八《新羅本紀第八》中有這樣的記録:

(神文王)六年二月……遣使入唐,奏請禮記并文章。則天令所司寫《吉凶要禮》,并于《文詞林》采其詞涉規誡者,勒成五十卷,賜之。①

神文王六年,時間相當於唐垂拱二年(686年),此時唐廷在位的君主爲睿宗李旦,而朝政皆由武則天操縱,因而由她出面接待新羅使節是十分合理的,《舊唐書》《新唐書》對此事也有所記載②。但在《三國史記》之後的記録中,又出現了這樣的文字:

(神文王)十二年春,竹枯。唐中宗遣使口敕曰:"我太宗文皇帝神功聖德,超出千古,故上仙之日廟號太宗。汝國先王金春秋與之同號,尤爲僭越,急需改稱。"③

神文王十二年爲692年,此時睿宗李旦已將帝位禪讓給武則天,中宗李顯更是被廢近十年,顯然無法繼續通過"遣使"等方式對周邊政權施加政治影響力,因此這段記録無疑與前述武則天接待使者以及《年表》所體現的武周革命存在着明顯的矛盾。究其原因,可能是在傳抄前代史料時缺少校對使然。

《三國史記》之後,有高麗國師一然作《三國遺事》,其《年表》采取了類似《資治通鑑》的記録方法,一年僅采用一個獨立年號,其在武周革命前後的記録如下:"洪道癸未,文明甲申,垂拱乙酉四,永昌乙丑,周天授庚寅二。"之後又見"至孝昭大王代天授四年癸巳,因失

① (高麗)金富軾《三國史記》卷八,首爾:韓國新華社,1983年,第175頁。

② 《舊唐書》卷一九九《新羅傳》載曰:"垂拱二年,政明(新羅神文王名諱)遣使來朝,因上表請唐禮一部并雜文章,則天令所司寫《吉凶要禮》,并于《文館詞林》采其詞涉規誡者,勒成五十卷以賜之。"第5336頁;《新唐書》卷二二〇《新羅傳》載曰:"開耀元年,(文武王)死,子政明襲王。遣使者朝,丐唐禮及它文辭,武后賜《吉凶禮》并文詞五十篇。"第6204頁。

③ 《三國史記》卷八,第175頁。

禮郎生還之异，更封號曰萬萬波波息笛。”等記録，均使用武則天年號，與前述年表相符合。值得注意的是，天授年號僅使用三年，《三國遺事》所言天授四年當爲人員傳抄或者消息滯後導致的書寫錯誤。由此可見，《三國史記》《三國遺事》等早期朝鮮史書在提及中原王朝紀年時仍然以求真求實爲第一要務，盡可能忠實地反映了年號更迭的情況，因而并未對使用時間僅一個多月的嗣聖年號做出特別重視。

四、義理史學與“嗣聖紀年體系”在朝鮮史書中的體現

麗末鮮初，在朝鮮半島佔據思想領域統治地位的佛教文化開始式微，在此背景下，以朱子學爲代表的儒學開始傳入，并在新興的朝鮮王朝中備受推崇，成爲了治國理政的思想。[①] 作爲朱子學中重要的史學著作，《資治通鑑綱目》也在此時期得以傳入朝鮮半島，并隨着後續燕行使臣的不斷輸入以及該書朝鮮版本的大量刊印，成爲了朝鮮教育與科舉考試中重要的講讀史書。1398年，朝鮮王朝初設國家教育機構成均館時，就設立了經史并重的方針，并設置講官講學《資治通鑑綱目》在内的經史著作。[②] 世宗十八年(1436)八月，王“命李季甸、金汶撰《思政殿訓義資治通鑑綱目》”，以校正、解釋的方式推動了朝鮮國内對《綱目》的學習與理解。[③] 在此基礎上，包括“嗣聖紀年體系”在内的義理史學對朝鮮史書的寫作方法産生了巨大影響，這在1451年由鄭麟趾等編修的《高麗史》中就已有所體現。在《進高麗史箋》中，對全書的編纂體例有着這樣的描述：

> 凡例皆法于遷《史》，大義悉稟於聖裁。避本紀爲世家，所以示名分之重；降僞辛於列傳，所以嚴僭竊之誅。忠佞邪正之匯分，制度文爲之類聚。統紀不紊，年代可稽。[④]

其中“示名分之重”“嚴僭竊之誅”等法則，蘊含的正是義理史學所推崇的法則。關於武則天的評價，雖然《高麗史》所記述的時代與之無涉，但亦有援引武則天史事的記録，其

① 以往學術界對此問題多有關注，成果不菲，先後有侯美欣《麗末鮮初時期朱子學的傳播和發展》、洪軍《麗末鮮初朱子學在韓國的傳播》、(韓)張閏洙《朱子學傳入韓國的過程及其特徵》等文章對此加以討論。

② 朝鮮學者梁誠之《訥齋集》卷二《請殿講兼講史學》中提到了成均館創設之初的講官設置：“定置治《周易》《易學啓蒙》《性理大全》者五人，《胡傳春秋》《左傳春秋》《史記》《前漢》者五人，《通鑑綱目》《續編綱目》《宋元節要》者五人，《三國史記》《東國史略》《高麗全史》者五人。”參見孫衛國《朝鮮世宗朝之歷史教育——以〈資治通鑑〉與〈資治通鑑綱目〉爲中心》，《安徽史學》2018年02期。

③ 《李朝世宗實録》卷七四“十八年丙辰八月庚辰”條。

④ (朝鮮)鄭麟趾《高麗史》進高麗史箋，北京：人民出版社，2014年，第12頁。

態度可見一斑。在朝鮮王朝建國功臣鄭道傳的傳記中,有其勸諫李成桂應當懲處禑、昌兩位廢王的親族姻黨:

禑、昌竊我王氏之位,實祖宗之罪人,而爲王氏子孫臣庶所共讎也。其族姻黨與不加刑誅,則屏諸四裔而後快於人神之心。昔武才人以高宗之后奪其子中宗之位,五王舉義退武氏復立中宗。武氏,母也;中宗,子也;以母之親,奪子之位,胡氏尚譏五王不能斷大義誅其罪而滅其宗。禑、昌之于王氏,無武氏之親,有武氏之罪,則族姻及其党與,奚武氏之宗也。頃者臺諫上言,逐之於外,縱不能明示天誅,庶幾小雪祖宗臣民之憤也。曾未數月,俱承寵召,聚會京城,出入無禁,今雖以諫官之言放其數人,殿下黽勉從之,有遲留顧惜之意,不知此舉果何義也?①

"胡氏"爲宋人胡寅,是湖湘學派的代表人物,而此學派正是奉程朱理學爲圭臬,這表明早在鄭道傳的年代,朝鮮學者可能就對理學的歷史評價方法有所瞭解,而在有更大數量書籍與人員交往的朝鮮王朝初期,這種思想無疑會得到强化。進一步影響史書編纂。

在這時代的朝鮮史書中,徐居正等奉朝鮮成宗之命編寫的《東國通鑑》較爲具有代表性。在其序言中,徐居正等鮮明地指出了其編撰此書的方法:

臣等俱以庸拙,才乏三長,恭承綸命,凌兢罔措。謹摭三國以下諸史,兼采中國史,用編年記事,凡例一依《資治》,而寓以《綱目》筆削之旨,删繁削冗,務存要領。②

可見參與編撰《東國通鑑》的各位官員都認同《資治通鑑綱目》的寫作方法及史學思想。雖然《東國通鑑》主要目的是記録朝鮮半島的歷史,但其在提及中原王朝時仍然延續着朱熹等人的正統思想,"嗣聖紀年體系"因而在此處中也得到充分體現,其卷九至卷十自神文王四年(684年)至聖德王三年(704年)提及中原王朝時都采用"唐嗣聖某年"的紀年方法,提及武則天皆稱武后,而絲毫不提及武周革命之事。後述一段關於泉獻誠的記載較爲具有典型性:

---

① 《高麗史》卷一一九《鄭道傳傳》,第3633頁。關於禑、昌兩王的正統性問題,《高麗史》將之棄於世家之外,聲稱王禑是高麗恭湣王寵臣辛旽之子,因此稱之爲辛禑,不承認其合法性,甚至認爲他是僧人偷來的孩子。但後世盧啓炫等史家普遍認爲王禑爲辛旽之子的說法是朝鮮王朝史官對王禑的一種污蔑。

② (朝鮮)徐居正《康國通鑑》序,首爾:景仁文化社,1994年,第8頁。

(神文王)十一年,唐嗣聖八年……唐以獻誠爲右衛大將軍兼羽林衛。武后嘗出金幣賜善射者五人,内史張元輔先讓獻誠爲第一,獻誠後讓右王鈐衛大將軍薛吐摩支,摩支又讓獻誠。既而獻誠奏曰:"陛下擇善射者,然多非華人,臣恐唐官以射爲耻,不如罷之。"后嘉納。①

泉獻誠(651—692)爲泉男生之子,乾封元年(666 年)已入唐,讓射之事亦見於《舊唐書》卷一九九《東夷傳・高麗》。神文王十一年,當武周天授二年(691 年),其時武則天業已稱帝,這從泉獻誠稱"陛下"也可見一斑。然而徐居正等在記録這段故事的時候,仍然堅持使用嗣聖紀年與"武后"的稱呼,實際上正是其延續朱熹等人的史學觀點,認爲大義名分在於李唐而非武氏值得注意的是,《舊唐書》中泉獻誠的奏言被記録爲:"陛下令簡能射者五人,所得者多非漢官。臣恐自此已後,無漢官工射之名,伏望停寢此射。"與《東國通鑑》所使用的"唐官"又有一定區别,可見在義理史觀正統論的影響下,朝鮮史家在一定程度上將當時負有天命正統的唐作爲了代表中原王朝的共同體,這也是其對義理史學的獨特發明。

另一本有代表性的史學著作,是安鼎福於朝鮮正祖二年(1778 年)編寫的編年體史書《東史綱目》。安氏的編寫方法同樣十分鮮明:"博取東史及中史之有及於東事者,節删成書,而一遵紫陽成法,以爲私室巾衍之藏,資其考閲而已,非敢以纂述自居也。"其著作采摭諸書,可謂集朝鮮綱目體史書之大成,而隨着朱子學在朝鮮三百餘年的傳播與沉澱,朝鮮史家的義理史學也在這一時期達到了新的高度。對於中國的歷史事件記載,安鼎福在《東史綱目凡例》中有着明確的法度,且特别舉出武則天作爲例子:

凡名號……中國無統皆稱某主。隋煬帝、唐武后,直書其名,依新莽例。楊廣、武曌拂亂綱常,罪惡通天,人人之所必誅也。史氏筆法,衮鉞千古,則當追正其罪,直書其名,不當稱帝稱后,因其當時臣子之稱。②

安氏在這段凡例中將武則天與楊廣、王莽等人置於極低的歷史位置,這一評價在其對武則天時期事件的記載中有着更爲深刻的體現。下面對《東史綱目》中提及武則天的事件進行總結:

① 《康國通鑑》卷九"新羅神文王十一年(691)年條",第 216 頁。原文作"王鈐衛",當爲"玉鈐衛"之誤。光宅元年,改左右領軍衛爲左右玉鈐衛,至神龍元年復其名。

② (朝鮮)安鼎福《東史綱目》凡例,首爾,景仁文化社,1987 年,第 15 頁。

表二　《東史綱目》對武則天時期的有關記録

年　份	記　録
唐中宗嗣聖元年,武后文明元年改光宅 甲辰＊(神文王)四年(684)	是歲唐武氏曌篡唐,國號周
丙戌六年(686)	三月,遣使入朝於唐……武后令有司寫《吉凶要禮》。 唐武曌以高寶元爲朝鮮王、扶餘敬爲百濟王。
武后如意元年,又改長壽 壬辰十二年,孝昭王元年(692)	唐武曌遣使,敕改武烈王廟號。不從。 秋七月,王薨……唐武曌遣使弔祭,册嗣王。
唐嗣聖十年 癸巳孝昭王二年(693)	創望德寺,爲唐祈福也。(《三國遺事》補)
武后延載元年 甲午三年(694)	夏四月,金仁問卒於唐……武后贈襚加等。
丁酉六年(697)	是歲,契丹殺其曾孫萬榮降唐。
武后聖曆元年 戊戌七年(698)	是歲,唐武曌更封高寶元忠誠國王。
己亥八年(699)	遣使入於唐。 是歲,唐武曌以高德武爲安東都督。
武后久視元年 庚子九年(700)	是歲,唐武曌擊契丹餘黨,平之。靺鞨大祚榮遁去。
壬寅十一年,聖德王元年(702)	秋七月,王薨……唐武曌遣使弔祭,册嗣王。
唐嗣聖二十年 癸卯聖德王二年(703)	春正月,遣使朝於唐。
唐神龍元年 乙巳四年(705)	是歲唐復號。

＊當爲“甲申”之誤。

雖然《東史綱目》作爲一本個人編撰的史書存在着比較多的争議點,比如使用武則天稱帝之後才使用的姓名武曌、將修改國號的時間提前到了嗣聖元年(684)、武則天年號與嗣聖紀年體系混合使用、使用“敕”來指稱武則天發出的詔令等等,但通過上文總結的“篡”“唐武曌”“唐復號”等語句不難看出,安鼎福在評價武則天時堅定地使用義理史學的方法,不斷强調唐的正統地位和武則天作爲唐臣的身份,已達到“明正其罪,直書其名”的目標。另一方面,在記録新羅、契丹等周邊政權與中原王朝的互動關係時,安鼎福也一直使用“唐”來指稱中原王朝,這與前述《東國通鑑》所謂“唐官”類似,是從政權互動的空間角度展示了李唐作爲中原王朝正統的地位。可以説,作爲采摭諸家編纂而成的綱目體史書,《東史綱目》所體現的，是義理史學及其所附屬的朱子學在朝鮮半島的高度普及與理解深化。

五、結　語

"嗣聖紀年體系"發源于沈既濟、孫甫，創制於范祖禹《唐鑑》，在朱熹《資治通鑑綱目》中得到優化與發揚，是北宋理學興起之後在新興的義理史學正統觀念下産生的獨特産物。朝鮮王朝建立後，《資治通鑑綱目》作爲朱子學的一部分被作爲官方學説加以推介，成爲了朝鮮國家教育中的重要一環，其藴含的義理史學更是爲朝鮮半島的史書編寫及歷史人物事件評斷提供了嶄新的價值標杆，而從《東國通鑑》《東史綱目》等朝鮮史書中，也可以看出義理史學在朝鮮歷史書寫中的深刻烙印。"嗣聖紀年體系"在朝鮮半島史書上的運用，只是朱子學東傳這一過程中體現朱子學對朝鮮半島歷史書寫、哲學、教育等方面深遠影響的一個獨特側影。本文希望能通過這一細節管窺朝鮮半島受容朱子學的過程與影響，吸引關於此問題的討論，後續將對該方面的有關問題進一步加以探討。

【作者簡介】池新宇，男，1995 年生，陝西師范大學歷史文化學院碩士研究生，主要從事中韓文獻、中外關係史研究。

陝西存藏清代御祭碑述論*

吴敏霞

祭祀,是古代重要禮制之一,是人們通過固定的儀式和豐厚的祭品向神衹致以敬意,并以此告知神衹自己的所作所爲以及祈望,希望神衹予以保佑與賜福。中國歷代正史禮制與典祀記載最爲詳實。御祭碑,主要指以國家形式祭祀先祖天地的碑刻,是古代皇帝登基、皇室大事、戰事獲勝、祈雨祈福而向神衹昭告的一種方式,也是國家尊崇先祖、敬畏神靈的一種表現。陝西存藏的清代御祭碑充分體現了國家對天地神衹祭祀的祭禮制度,也反映了清代各帝王崇祀祖先、敬畏神衹的觀念。

一

清代禮制,初循明制,其後更增益之。帝王陵寢及嶽鎮海瀆屬中祀,帝王或親祭,或"遣官告祭"①。陝西是周秦漢唐等十三個王朝建都之地,特别是人文始祖軒轅黄帝陵及周文王、周武王、周成王、唐太宗等帝王陵寢的所在地,而且華山是五嶽之一,這里是國家祭祀的重要之地,所以這里存藏有很豐富的御祭碑。清代陝西現存御祭碑主要有:

順治八年(1651)御祭周文武二王碑。碑文楷書 12 行,滿行 22 字。江山秀書。現藏咸陽市渭城區周陵中學。

清康熙七年(1668)御祭周康王碑。碑文行楷 14 行,滿行 18 字。現藏咸陽市周陵文物管理所。

康熙十五年(1676)御祭周文王碑。碑文楷書 11 行,滿行 20 字。現藏咸陽市渭城區周陵中學。

---

* 本文是 2014 年度國家社會科學基金重點項目《陝西碑刻文獻精萃彙編》(立項批准號:14AZD095)的階段性成果。

① 趙爾巽等:《清史稿》卷八十二《禮一》,北京:中華書局 1977 年,第 2485 頁。

康熙二十一年(1682)御祭周成王碑。碑文漢字楷書 11 行,滿行 44 字,滿文 11 行。現藏咸陽市渭城區周陵鄉。

康熙二十一年(1682)御祭黄帝碑。碑文漢文楷書 8 行,滿行 44 字,滿文 9 行。現藏黄帝陵軒轅廟碑廊。

康熙二十七年(1688)御祭周文武二王碑。碑文漢文楷書 17 行,滿行 25 字,滿文 11 行。現藏咸陽市渭城區周陵中學。

康熙二十七年(1688)御祭黄帝碑。碑文漢文楷書 11 行,滿行 23 字。現藏黄帝陵軒轅廟碑廊。

康熙二十八年(1689)御祭黄帝碑。碑文楷書 16 行,滿行 32 字。現藏黄帝陵軒轅廟碑廊。

康熙三十五年(1696)御祭黄帝碑。碑文楷書 10 行,滿行 22 字。現藏黄帝陵軒轅廟碑廊。

康熙三十五年(1696)御祭唐太宗碑。碑文楷書 11 行,滿行 24 字。現藏昭陵博物館。

康熙三十六年(1697)御祭唐太宗碑。碑文楷書 14 行,滿行 24 字。現藏昭陵博物館。

康熙四十二年(1703)御祭黄帝碑。碑文楷書 11 行,滿行 23 字。現藏黄帝陵軒轅廟碑廊。

康熙四十二年(1703)御祭周文武王碑。碑文楷書 11 行,滿行 27 字。現藏咸陽市渭城區周陵中學。

康熙四十八年(1709)御祭黄帝碑。碑文楷書 14 行,滿行 26 字。現藏黄帝陵軒轅廟碑廊。

康熙四十八年(1709)御祭華山之神碑。碑文楷書 14 行,滿行 37 字。現藏西嶽廟。

康熙五十二年(1713)御祭黄帝碑。碑文楷書 12 行,滿行 30 字。現藏黄帝陵軒轅廟碑廊。

康熙五十二年(1713)御祭周文王碑。碑文楷書 12 行,滿行 33 字。現藏咸陽市渭城區周陵中學。

康熙五十二年(1713)御祭周武王碑。碑文楷書 12 行,滿行 33 字。現藏咸陽市渭城區周陵中學。

康熙五十二年(1713)御祭華山之神碑。碑文楷書 9 行,滿行 38 字。現藏西嶽廟。

康熙五十八年(1719)御祭黄帝碑。碑文楷書 12 行,滿行 26 字。現藏黄帝陵軒轅廟碑廊。

雍正元年(1723)御祭黄帝碑。碑文楷書 12 行,滿行 22 字。現藏黄帝陵軒轅廟碑廊。

雍正元年(1723)御祭周文武王碑。碑文楷書 16 行,滿行 27 字。現藏咸陽市渭城區周陵中學。

雍正元年(1723)御祭華山之神碑。碑文楷書 10 行,滿行 35 字。現藏西嶽廟。

雍正二年(1724)御祭黄帝碑。碑文楷書 10 行,滿行 28 字。現藏黄帝陵軒轅廟碑廊。

雍正十三年(1735)御祭黄帝碑。碑文楷書 10 行,滿行 28 字。現藏黄帝陵軒轅廟碑廊。

乾隆元年(1736)御祭周武王碑。碑文楷書 16 行,滿行 35 字。現藏咸陽市渭城區周陵中學。

乾隆二年(1737)御祭周文王碑。碑文楷書 15 行,滿行 32 字。現藏咸陽市渭城區周陵中學。

乾隆二年(1737)御祭黄帝碑。碑文楷書 13 行,滿行 37 字。四現藏黄帝陵軒轅廟碑廊。

乾隆十三年(1748)御祭華山之神碑。碑文楷書 8 行,滿行 23 字。現藏西嶽廟。

乾隆十四年(1749)御祭黄帝碑。碑文楷書 14 行,滿行 28 字。現藏黄帝陵軒轅廟碑廊。

乾隆十四年(1749)御祭周文王碑。碑文楷書 16 行,滿行 30 字。現藏咸陽市渭城區周陵中學。

乾隆十四年(1749)御祭唐太宗碑。碑文楷書 16 行,滿行 23 字。現藏咸陽市昭陵博物館。

乾隆十五年(1750)御祭華山之神碑。碑文楷書 10 行,滿行 20 字。現藏西嶽廟。

乾隆十七年(1752)御祭黄帝碑。碑文楷書 19 行,滿行 21 字。現藏黄帝陵軒轅廟碑廊。

乾隆十七年(1752)御祭周文王碑。碑文楷書 17 行,滿行 30 字。現藏咸陽市渭城區周陵中學。

乾隆十七年(1752)御祭華山之神碑。碑文楷書 10 行,滿行 21 字。現藏西嶽廟。

乾隆二十年(1755)御祭黄帝碑。碑文楷書 16 行,滿行 26 字。現藏黄帝陵軒轅廟碑廊。

乾隆二十年(1755)御祭周文王碑。碑文楷書 11 行,滿行 24 字。現藏咸陽市渭城區周陵中學。

乾隆二十年(1755)御祭唐太宗碑。碑文楷書存 12 行,行字不明。現藏昭陵博物館。

乾隆二十年(1755)御祭周武王碑。碑文楷書 10 行,滿行 24 字。現藏咸陽市渭城區周陵中學。

乾隆二十五年(1760)御祭黄帝碑。碑文楷書 16 行,滿行 26 字。現藏黄帝陵軒轅廟碑廊。

乾隆二十五年(1760)御祭周文王碑。碑文楷書 16 行,滿行 30 字。現藏咸陽市渭城區周陵中學。

乾隆二十五年(1760)御祭華山之神碑。碑文楷書 14 行,滿行 30 字。現藏西嶽廟。

乾隆二十七年(1762)御祭周文王碑。碑文楷書 17 行,滿行 29 字。現藏咸陽市渭城區周陵中學。

乾隆二十七年(1762)御祭華山之神碑。碑文楷書 14 行,滿行 27 字。現藏西嶽廟。

乾隆三十七年(1772)御祭黄帝碑。碑文楷書 18 行,滿行 31 字。現藏黄帝陵軒轅廟碑廊。

乾隆三十七年(1772)御祭周文王碑。碑文楷書 15 行,滿行 29 字。現藏咸陽市渭城區周陵中學。

乾隆四十一年(1776)御祭黄帝碑。碑文楷書 14 行,滿行 30 字。現藏黄帝陵軒轅廟碑廊。

乾隆四十一年(1776)御祭周文王碑。碑文楷書 13 行,滿行 27 字。現藏咸陽市渭城區周陵中學。

乾隆四十五年(1780)御祭黄帝碑。碑文楷書 14 行,滿行 37 字。現藏黄帝陵軒轅廟碑廊。

乾隆四十五年(1780)御祭周文王碑。碑文楷書 15 行,滿行 28 字。現藏咸陽市渭城區周陵中學。

乾隆五十年(1785)御祭周文王碑。碑文楷書 15 行,滿行 28 字。現藏咸陽市渭城區周陵中學。

乾隆五十年(1785)御祭華山之神碑。碑文楷書 12 行,滿行 24 字。現藏西嶽廟。

嘉慶元年(1796)御祭周文王碑。碑文楷書 13 行,滿行 28 字。現藏咸陽市渭城區周陵中學。

嘉慶五年(1800)御祭周文武王碑。碑文楷書 14 行,滿行 30 字。現藏咸陽市渭城區周陵中學。

嘉慶五年(1800)御祭華山之神碑。碑文楷書 14 行,滿行 28 字。現藏西嶽廟。

嘉慶十四年(1809)御祭周文王陵碑。碑文楷書 17 行,滿行 33 字。現藏咸陽市渭城區周陵中學。

嘉慶二十四年(1819)御祭黄帝碑。碑文楷書 14 行,滿行 33 字。現藏黄帝陵軒轅廟碑廊。

嘉慶二十四年(1819)御祭周文王碑。碑文楷書 15 行,滿行 33 字。現藏咸陽市渭城區周陵中學。

道光元年(1821)御祭黄帝碑。碑文楷書 15 行,滿行 36 字。現藏黄帝陵軒轅廟碑廊。

道光九年(1829)御祭黄帝碑。碑文楷書 16 行,滿行 34 字。現藏黄帝陵軒轅廟碑廊。

道光九年(1829)御祭華山之神碑。碑文楷書 10 行,滿行 31 字。現藏西嶽廟。

道光十六年(1836)御祭黄帝碑。碑文楷書 14 行,滿行 29 字。現藏黄帝陵軒轅廟碑廊。

咸豐二年(1852)御祭華山之神碑。碑文楷書 11 行,滿行 38 字。現藏西嶽廟。

同治十二年(1873)御祭周文武王碑。碑文楷書 19 行,滿行 34 字。現藏咸陽市渭城區周陵中學。

陝西存藏清代御祭碑,形制高大,盡顯皇家氣魄。絶大多數御祭碑高度都在 1.5 米到 3 米左右,寬 0.5 到 1.5 米左右,圓首方趺,圓首多雕刻有雲龍圖案,四周雕刻花卉紋飾。因祭祀是國之大事,則作爲一國之主,必親履親爲,即使不能,亦遣重官御祭,規格至高。如順治八年(1651)御祭碑就遣王鐸代表朝廷御祭。王鐸時任禮部尚書。禮部尚書是主管朝廷中的禮儀、祭祀、宴饗、學校、科舉和外事活動的大臣,清代爲從一品。以禮部尚書之官主持御祭儀式,可見朝廷對此祭祀規格之高。陝西現存清代御祭碑皇帝所遣專官致祭者分别有:順治八年禮部尚書管左侍郎事王鐸、康熙七年工部右侍郎加二級楊運昌、康熙十五年内閣侍讀學士加四級王敷政、康熙二十一年工部右侍郎加一級蘇拜、康熙二十七年鴻臚寺卿劉楷、康熙三十五年都察院協理院事左僉都御史常翼聖、康熙三十六年内閣學士兼禮部侍郎加三級顧藻、康熙四十二年大理寺少卿莫音代、康熙四十八年户部右侍郎加二級張世爵、康熙五十二年内閣學士兼禮部侍郎蔡升元、康熙五十八年左春坊左贊善兼翰林院檢討吴孝登、雍正元年通政使司右通政錢以塏、雍正元年内閣侍讀學士田文鏡、雍正二年都察院左副都御史江球、雍正十三年太僕寺少卿魯國華、乾隆二年日講官起居注翰林院侍讀學士次世臣、乾隆十三年陝西潼商道李肖筠、乾隆十四年太常寺少卿鍾衡、乾隆十五年内閣侍讀學士額爾登布、乾隆十七年太常寺少卿涂逢震、乾隆二十年太常寺卿熊學鵬、乾隆二十五年都察院左副都御史赫慶、乾隆二十七年宗人府府丞儲麟趾、乾隆三十七年宗人府府丞李友棠、乾隆四十一年内閣學士塘古泰、嘉慶元年西安副都統花尚阿、嘉慶五年户部右侍郎周興岱、嘉慶十四年内閣學士兼禮部侍郎陳霞蔚、嘉慶二十四年都察院左副都御史和桂、道光元年陝西西安府都統哈興阿、道光九年西安副都統福桑阿、道光十六年陝西延榆綏鎮總兵官郭繼昌、同治十二年西安副都統圖明額。

二

“國之大事，在祀與戎。”[①]祭祀是古代國家中之大事，故各朝各代帝王非常重視。清沿古制，非常重視禮制，規定“凡登極授受大典，上尊號、徽號，祔廟，郊祀，萬壽節，皇太后萬壽節，册立皇太子……御祭嶽鎮、海瀆、帝王陵寢、先師闕裏、先師”，“凱旋奏功，祗告奉先殿，致祭陵寢……帝王陵廟”[②]，由此便産生了御祭碑。陝西現藏清代御祭碑從内容上大致有以下幾類：

（一）皇帝登基昭告類

順治八年（1651），清世祖福臨親政，正式登基，據《清史稿・世祖本紀》記載，是年，“夏四月庚戌……遣官祭嶽鎮海瀆、帝王陵寢、先師孔子闕里”[③]，因遣官致祭于周文王、周武王。康熙六年（1667），玄燁親政，曰：“朕受天眷命，紹纘丕基。庶政方親，前徽是景。明禋大典，亟宜肇修。”於七年特遣專官致祭周康王陵以昭告。雍正元年（1723）御祭黄帝陵、華山之神與周文王、周武王陵，是因爲清世宗愛新覺羅胤禛繼位，“當兹嗣位之始，宜修享祀之儀。特遣專官，虔申昭告”。乾隆元年（1736）乾隆皇帝登基伊始，特遣使致祭周文王、周武王及黄帝曰：“朕以藐躬，繼登大寶，屬膺圖之伊始，宜展祀以告虔。”嘉慶元年（1796）爲慶祝乾隆皇帝執政六十周甲，及嘉慶紀元伊始，特遣西安副都統花尚阿致祭周文王曰：“兹以乾隆周甲、嘉慶紀元，懋舉鴻儀，特申昭告。”道光元年（1821）因道光帝繼位，先帝配享圜丘禮成，特遣官致祭于軒轅黄帝。

（二）皇室大事昭告類

或立儲，如康熙十五年（1676）準備立儲，特致祭于周文王曰“朕受天眷命，撫御鴻圖，懋建元儲，前徽是景，明禋大典，亟宜舉行”，并遣專官主持御祭。康熙四十八年（1709）御祭黄帝陵，是因爲清聖祖愛新覺羅玄燁因皇太子廢而復立，特遣户部右侍郎張世爵于黄帝

① 《左傳・成公十三年》，《十三經注疏》，北京：中華書局 1980 年，第 1911 頁。
② 《清史稿》卷八十二志五十七《禮一》，第 2500 頁。
③ 《清史稿》卷五《世祖本紀二》，第 124 頁。

陵祭祀黄帝。或皇帝配享禮成,如雍正二年(1724),"兹于雍正元年十一月二十五日,恭奉聖祖合天弘運文武睿哲恭儉寬裕孝敬誠信功德大成仁皇帝主配享圜丘禮成,特遣耑官,虔申昭告",致祭于黄帝陵。乾隆二年(1737),"兹於乾隆二年四月十六日,世宗敬天昌運建中表正文武英明寬仁信毅大孝至誠憲皇帝主配饗圜丘禮成,特遣專官,虔申昭告",致祭于黄帝陵、周文王陵。或皇后祔廟禮成,如康熙二十七年(1688),以孝莊太皇太后祔廟禮成,遣官告祭天下名山、帝王陵廟,陝西分别告祭于周文王陵、周武王陵和黄帝陵。康熙五十八(1719)"以皇妣孝惠仁憲端懿純德順天翼聖章皇后神主升祔太廟禮成,特遣專官代將牲帛",敬祭于黄帝陵。或皇帝、皇后大壽届期,如康熙四十二年因康熙皇帝五十大壽,遣官分别致祭黄帝和周文王、周武王曰:"朕欽承丕緒,撫馭兆民,思致時雍,常殷惕勵。歷兹四十餘載,今歲適届五旬,宵旰兢兢,無敢暇逸。漸致民生康阜,世運升平。"康熙五十二年(1713),康熙皇帝因"御極五十餘年,適當六旬初届,所幸四方寧謐,百姓乂和,稼穡歲登,風雨時若",特遣内閣學士兼禮部侍郎蔡升元致祭于黄帝之陵、周文王之陵,遣内閣侍讀學士查弼納致祭于西嶽華山之神,"冀益贊雍熙之運,尚永貽仁壽之庥"。乾隆三十七年御祭黄帝陵是因太后萬壽,特派遣宗人府府丞李友棠祭祀軒轅黄帝。乾隆四十五年御祭黄帝陵是因爲乾隆帝七十大壽,特遣官致祭于黄帝曰:"兹以朕七旬展慶,九有騰歡,懋舉崇儀,特申昭告。緬當日之膺圖受籙,每深景仰之忱;撫此時之集嘏凝禧,彌切祇寅之念。冀佑郅隆之運,永貽仁壽之庥。式薦精禋,惟祈鑒格。"嘉慶二十四年御祭黄帝陵是因爲嘉慶皇帝六十壽誕,特遣官致祭黄帝和周文王曰:"遣都察院左副都御史和桂致祭于黄帝軒轅氏(周文王)之神,……兹以朕慶逢六袠,歡洽萬方,……伏祈歆格,虔奉精禋。"或皇后晋號,如乾隆十四年(1749)分别致祭黄帝陵、周文王陵和唐太宗昭陵曰:"兹以邊徼敉寧,中宫攝位,慈寧晋號,慶洽神人。敬遣專官,用申殷薦。"記載清高宗愛新覺羅弘曆爲慶祝邊界安寧、中宫攝位、慈寧晋號,派遣太常寺少卿鍾衡祭祀軒轅黄帝、周文王及唐太宗。乾隆十五年(1750)又因"正位中宫,鴻儀懋舉,慈寧晋號,慶洽神人",特遣内閣侍讀學士鄂爾登布致祭于西嶽華山之神。乾隆十七年,以"慈寧萬壽,懋舉鴻儀,敬晋徽稱,神人慶洽",因遣使祭于黄帝陵和周文王陵。

(三) 祈雨祈福昭告類

康熙三十五年(1696)御祭黄帝陵,是因爲"邇年以來,郡縣水旱間告,年穀歉登,早夜孜孜,深切軫念。用是專官秩祀,爲民祈福。冀靈爽之默贊,溥樂利於群生。"爲生民祈雨祈福而致祭先祖。

(四)戰事獲勝昭告類

康熙二十一年(1682),因平定平西王吴三桂、平南王尚可喜、靖南王耿精忠三藩之亂,特遣官致祭黄帝和周成王曰:“朕誕膺眷佑,臨制萬方,掃滅凶殘,廓清區宇,告功古后”,敬遣專官,“爰修禋祀之誠,用展景行之志”。康熙三十六年(1697),皇帝親征噶爾丹,功成,告祭唐太祖陵曰“朕欽承帝祉,臨御九圍。玆以狡寇跳梁,親征漠北,蕩滌寇氛,廓清區域”,特“昭告古先哲后,虔修禋祀,式彰安攘之模,用展景行之志”。乾隆二十年(1755)爲平定準噶爾大功告成并爲太后晋徽號,派遣太常寺卿熊學鵬御祭黄帝、周文王、周武王、唐太宗曰:“玆以平定準噶爾大功告成,加上皇太后徽號。神人洽慶,中外蒙庥。敬遣專官,用申禋祀,伏惟鑒格。”乾隆二十五年(1760)因西歸克捷,回部蕩平,特派遣都察院左副都御史赫慶祭祀軒轅黄帝、周文王曰:“玆以西歸克捷,回部蕩平。緬駿烈於前型,敷奏其勇;遠徂征於絶域,遹觀厥成。中外騰歡,神人協慶。專官肅祀,昭鑒惟歆。”乾隆四十一年(1776)御祭黄帝、周文王是因爲兩金川大功全成,逆黨全俘,派遣内閣學士塘古泰御祭黄帝曰:“玆以兩金川大功全蕆,逆黨咸俘。殄遺孽於番陬,戢武協求寧之志;緬豐功於前代,慶成覘耆定之庥。特遣專官,肅將禋祀,惟冀鑒歆。”

總之,皇帝登基,皇室大事,天災人禍,戰事獲勝等,是當朝皇帝御祭天地祖先,從而産生御祭碑之緣由。

三

御祭,是國家主權的象徵,御祭的目的也是爲了“經國家,定社稷,序民人,利後嗣”[①]。陕西存藏清代刊刻的御祭碑,目的正在於此。其主要功用有:

(一)爲昭示君權神授,展現皇權浩蕩

如順治八年御祭周文王、周武王文記:“自古帝王奉天明命,繼道統而新制統……朕誕膺天眷,紹贊丕基”,表明繼皇位是稟天之命,皇權是神祇所授,屬明命正統。康熙七年御祭周康王文曰:“帝王繼天立極,功德并隆。維天眷命,紹纘丕基。庶政方親,前徽是景。”

① 《左傳・隱公十一年》,《十三經注疏》,第1736頁。

是説康熙皇帝親政是繼天之命,受天眷顧,浩蕩皇權,是天所授。

(二)爲凝聚民心,企望皇圖永固

康熙四十二年御祭黄帝、周文王、周武王是由於康熙皇帝“適届五旬”,又因“黄淮告成”,“睹民志之歡欣,滋朕心之軫恤”,“用遣專官,敬修祀典,冀默贊郅隆之治,益弘仁壽之休”。康熙五十二年御祭黄帝、周文王、周武王,是由於康熙帝“兹御極五十餘年,適當六旬初届,所幸四方寧謐,百姓乂和;稼穡歲登,風雨時若”,“特遣專官,式循舊典,冀益贊雍熙之運,尚永貽仁壽之休”。祈求黄帝、周文王、周武王給予國民更大的護佑,給予上天賜予皇權的皇帝萬壽無疆而使民心凝聚,皇圖永固。雍正元年(1723)因雍正帝登基伊始,特昭告于黄帝、周文王、周武王及華山之神,并“冀時和歲稔,物阜民安,淳風遍洽乎寰區,厚德常敷於率土”,希望神祇保民安民,天下和洽。同治十二年(1873)御祭周文王、周武王陵,目的就是請神祇“福兹億兆”,護佑生民,以圖皇圖永固。對於太后的聖誕萬壽進行祝壽,對於太皇太后、先帝先后配享圜丘或升祔太廟所進行的大禮,都是爲了向國民展示其孝道。以儒家孝爲先的理念治理國家,亦是爲了其統治長治久安,永遠永恒。

(三)爲治國經邦,祈神保駕護佑

康熙二十五年(1686)御祭周公墓碑曰:“伏惟神鑒,佑啓後昆。”康熙二十八年(1689)御祭黄帝陵曰:“肅荷帝命,祇薦馨香。民用乂安,雞豚無擾。父老子弟思其德而追頌之。”乾隆二十七年(1762)因“慈闈萬壽,懋舉鴻儀,敬晋徽稱,神人慶洽”,故遣專官御祭于周文王,冀“展尊親之義,思克紹夫前型;廣錫類之仁,期永綏夫後禄”,“俾膺多福”。乾隆三十七年(1772)又因“慈闈萬壽,懋舉鴻儀,敬晋徽稱,神人洽慶”,御祭于軒轅黄帝、周文王,冀“永綏厚福”。嘉慶元年(1796)爲慶祝乾隆皇帝執政六十周甲,及嘉慶紀元伊始,特遣西安副都統花尚阿御祭周文王陵,“冀佑郅隆之運,長貽仁壽之庥”。嘉慶五年(1800)因“恭奉高宗法天隆運至誠先覺體元立極敷文奮武孝慈神聖純皇帝主配享圜丘禮成,特遣專官虔申昭告”,惟冀神祇“孚佑皞熙之運,益昭安阜之風”。道光九年(1829)御祭黄帝曰:“兹以凶酋翦滅,疆土盂安。昭耆定于極邊,共覘一道同風之盛;緬聲靈於列代,益著萬方向化之庥。敬薦馨香,伏祈昭鑒。”

陝西存藏清代御祭碑,反映了清代傳承中國古代的祭祀儀式,保存了大量的歷史資料,對於研究陝西歷史遺迹、研究清代皇室家國歷史真實、研究中國古代祭祀制度都具有非常重要的文獻價值和學術研究價值。

附録釋文

1. 順治八年(1651)御祭周文武二王碑:

大清」御製遣祭文武二王陵文」

順治八年歲次辛卯四月丁未朔越七日癸丑」,皇帝謹遣太子太保、禮部尚書、管左侍郎事王鐸致祭于」周文王周武王,曰:自古帝王奉」天明命,繼道統而新制統,聖賢代起,先後一揆,功德在籍」,炳如日星」。朕誕膺」天眷,紹贊丕基,景慕前徽,圖追芳躅。明禋大典,亟宜肇隆」。敬遣耑官,代將牲帛,爰修殷薦之誠,用展儀型之志。伏」惟格歆,尚其鑒享」。

咸陽縣知縣臣江山秀沐手書」

2. 清康熙七年(1668)御祭周康王碑:

維康熙七年歲次戊申五月戊午朔越壬子日」,皇帝謹遣工部右侍郎加二級楊運昌致祭於」周康王,曰:自古歷代」帝王繼」天立極,功德并隆,治統道統,昭垂奕世。朕受」天眷命,紹纘丕基,庶政方親,前徽是景,明禋大典」,亟宜肇修。敬遣」耑官,代將牲帛,爰昭殷薦之忱,聿備欽崇之禮」。伏惟」格歆,尚其」鑒享」。

鄠縣知縣劉文藻立石」

教諭□餘□」

典史莊□文」

3. 康熙十五年(1676)御祭周文王碑:

維」康熙十五年歲次丙辰二月癸丑朔越有七日己未」,皇帝謹遣内閣侍讀學士加四級王敷政致祭於」周文王,曰:自古歷代」帝王繼」天立極,功德并隆,治統道統,昭垂宇宙。朕受」天眷命,撫御鴻圖,懋建元儲,前徽是景,明禋大典,亟宜舉行。敬」遣專官,代將牲帛,爰昭殷薦之忱,聿備欽崇之禮。伏惟」格歆,尚其」鑒享」。

咸陽縣知縣孔之儁立石」

4. 康熙二十一年(1682)御祭黄帝碑:

(碑陽)

維」康熙二十一年歲次壬戌三月己酉朔越十六日甲子」,皇帝謹遣工部右侍郎加一級蘇拜致祭於」黄帝軒轅氏,曰:自古帝王受」天顯命,繼道統而新治統,聖賢代起,先後一揆,成功盛德,炳如日星。朕誕膺」眷祐,臨制萬方。掃滅凶殘,廓清區宇。告功古后,殷禮肇稱。敬遣專官,代將牲帛,爰修禋祀之誠,用展景行之志。仰企」明靈,尚其」鑒享」。

陪祀官督理陝西等處地方糧儲道副使加四級李國亮」

(碑陰)

欽差禮部儀制司掌香帛官來寶」

延安府知府毛文埜」

鄜州知州甯可棟」

洛川縣知縣胡□紹」

中部縣知縣金蘭芝」

宜君縣知縣秦鉅倫」

5. 康熙二十一年(1682)御祭周成王碑:

維」康熙二十一年歲次壬戌三月己酉朔越二十三日辛未」,皇帝謹遣工部右侍郎加一級蘇拜致祭於」周成王,曰:自古帝王受」天顯命,繼道統而新治統,聖賢代起,先後一揆。成功感德,炳如日星。朕誕膺」眷祐,臨制萬方,掃滅凶殘,廓清區宇。告功古后,殷禮肇稱。敬遣耑官,代將牲帛,爰修禋祀之誠,用展景行之志。仰企」明靈,尚其」鑒享」。

陪祭官陝西等處督理糧儲道副使加四級李國亮」

欽差禮部儀制司掌香帛官來寶」

西安府知府加九級阿而親

盩厔縣知縣加六級章泰」

(11 行滿文略)

6. 康熙二十七年(1688)御祭黄帝碑:

(碑陽)

維康熙二十七年歲次戊辰十二月乙丑朔越有十七日」丙辰」,皇帝遣鴻臚寺卿劉楷致祭于」黄帝軒轅氏之陵,曰:自古帝王受」天明命,御曆膺圖。時代雖殊,而繼治同道,後先一揆。朕承」眷佑,臨制萬方,稽古禮文,肅修祀事。兹以」皇祖妣孝莊仁宣誠憲恭懿翊天啓聖文皇后神主升祔」太廟禮成,特遣專官,代將牲帛,虔修禋祀之典,用抒景行之忱」。仰冀」明靈」,鑒兹誠悃」。

(碑陰)

主祭官」欽差鴻臚寺正卿劉楷」

陪祭官」延安府知府張偉」

鄜州知州胡公著」

洛川縣知縣許廷佐」

中部縣知縣李暄」

宜君縣知縣謝載秩」

儒學訓導閻仕」

典史葛珙」

祝生鄭鋐」

禮生王熹、劉越、張鳳翋、劉允泰」

7. 康熙二十七年(1688)御祭周文武二王碑:

維康熙二十七年歲次戊辰十二月乙丑朔越有十七日丙辰」,皇帝遣鴻臚寺卿劉楷致祭於」周文王周武王之陵,曰:自古帝王受」天明命,御曆膺圖。時代雖殊,而繼治同道,後先一揆。朕承」眷佑,臨制萬方,稽古禮文,肅修祀事。兹以」皇祖妣孝莊仁宣誠憲恭懿翊天啓」聖文皇」后神主升祔」太廟禮成,特遣專官,代將牲帛,虔修禋祀之典,用抒景行之忱。仰冀」明靈」,監兹誠悃」。

咸陽縣知縣周世賢」

縣丞黄登閣」

典史周尚賢」

儒學教諭白璿」

儒學訓導劉懷瑜」

驛丞劉廷瓚」

(11 行滿文略)

8. 康熙二十八年(1689)御祭黄帝碑:

維康熙二十七年歲次戊辰孟冬之吉」,文太皇太后升祔」太廟禮成」,皇帝命大鴻臚劉公、禮部筆帖式馬公禋祀我中部」軒轅黄帝之陵。於二十八年正月二十三日辛卯致祭」,肅荷」帝命,祇薦馨香。民用乂安,雞豚無擾。父老子弟思其德而追頌之。頌曰:

於皇」大清,繼大紹祚。孝治克允,明命諟顧。惟」文太后,肇膺曆數。功德懋隆」,三朝永固」。龍馭忽遐,普天孺慕。歲在戊辰,孟冬升祔。命大鴻臚,光我中部。明明」黄帝,陟降在天。卬彼橋畤,俎豆萬年。劉公至止,肅事孔淵。筮吉辛卯,迺祓迺蠲。將」愉穆穆,神歆告虔。是日之吉,和風載軿。金支翠旂,愔安連蜷。猗欤劉公,邦」之司直。哀我人斯,亦孔之棘。肅肅邕邕,籩豆是飭。惟不擾民,民懷其德。聿光」大典,翼我黍稷。清風戒途,迴相」恭默。勒之貞珉,與天無極」。

中部闔邑紳衿耆庶公立」

9. 康熙三十五年(1696)御祭黄帝碑:

維」康熙叁拾伍年歲次丙子叁月丁巳朔越拾伍日辛未」,皇帝遣都察院協理院事左僉都御史常翼聖致祭於」皇帝軒轅氏,曰:自古」帝王繼」天出治,道法兼隆。莫不慈惠嘉師,覃恩遐邇。朕勤恤民依,永期殷」阜。邇年以來,郡縣水旱間告,年穀歉登,蚤夜孜孜,深切軫」念。用是專官秩祀,爲民祈福。冀靈爽之默贊,溥樂利於群」生。尚」鑒精忱,俯垂歆格」。

10. 康熙三十五年(1696)御祭唐太宗碑:

維」康熙三十五年歲次丙子正月戊午朔越二十七日甲申」,皇帝遣都察院左僉都御史常翼聖致祭於」唐太宗陵,曰:自古」帝王繼」天出治,道法兼隆。莫不慈惠嘉師,覃恩遐邇。朕勤恤民依,永期」殷阜。邇年以來,郡縣水旱間告,年穀歉登,蚤夜孜孜,深切」軫念。用是專官秩祀,爲民祈福。冀靈爽之默贊,溥樂利於」群生。尚」鑒精忱,俯垂歆格」。

醴泉縣知縣加八級張鳴遠勒石」

11. 康熙三十六年(1697)御祭唐太宗碑:

維」康熙三十六年歲次丁丑八月戊申朔越三日庚戌」,皇帝遣内閣學士兼禮部侍郎加三級顧藻致祭於」唐太祖陵,曰:自古帝王受」天景命,制治綏猷。必禁暴除殘,以乂安黎庶。緬懷往烈,(下闕)」符。朕欽承」帝祉,臨御九圍。玆以狡寇跳梁,親征漠北,蕩滌寇氛,廓清(下闕)」永清兵革,以興普天率土樂育太和。敬遣耑官,代將(下闕)」昭告古先」哲后,虔修禋祀,式彰安攘之模,用展景行之志。仰企」明靈,俯垂」鑒饗」。

掌香帛官筆帖式王檜楫」

陪祭官涇陽縣知縣劉桂(下闕)」

醴泉縣知縣嚴鑒(下闕)」

12. 康熙四十二年(1703)御祭黄帝碑:

(碑陽)

維」康熙四十二年歲次癸未五月乙巳朔越十三日丁巳」,皇帝遣大理寺少卿莫音代致祭於」黄帝軒轅氏之陵,曰:自古帝王繼」天立極,出震承乾,莫不道洽寰區,仁周遐邇。朕欽承丕緒,撫馭兆」民,思致時雍,常殷惕勵。歷兹四十餘載,今歲適屆五旬,宵旰」兢兢,無敢暇逸。漸致民生康阜,世運昇平。頃因黄淮告成,親」行巡歷,再授方略,善後是期。覩民志之歡欣,滋朕心之軫恤」。遄回鑾馭,大沛恩膏。用遣專官,敬修祀典,冀默贊郅隆之治」,益弘仁壽之庥。尚」鑒精忱,俯垂昭格」。

(碑陰)

欽差大理寺少卿莫音代」

□八品筆帖式劉□」

陪祭官延安府知府吴存禮」

鄜州知州高怡」

洛川縣知縣蕭長祚」

宜君縣知縣盧兆鯤」

中部縣知縣黄觀光

典史孫時鉉」

儒學訓導閆仕」

聖主厥(下闕)邁五登三,與天爲則」,□□」名卿,邦之司直。肅雝告虔,令儀令色。既光祀典,復恤民力。猗歟」風清,念我孔棘。緬劉使君,同心洽德。惠此蒼生,并躋壽域。於皇」聖主,萬壽無極」。

延安府中部闔邑士民叩頌」

13. 康熙四十二年(1703)御祭周文武王碑:

維康熙四十二年歲次癸未五月己巳朔越二十六日庚午」,皇帝遣大理寺少卿莫音代致祭於」周文王周武王之陵,曰:自古帝王繼」天立極,出震承乾,莫不道洽寰區,仁周遐邇。朕欽承丕緒,撫馭兆民,思致時雍」,常殷惕勵,歷兹四十餘年。今歲適届五旬,宵旰兢兢,無敢暇逸,漸致民」生康阜,世運昇平。頃因黄淮告成,親行巡歷,再授方略,善後是期。睹民」志之歡欣,朕心之軫恤,遄回鑾馭,大沛恩膏。用遣專官,敬備祀典。冀默」贊郅隆之治,益弘仁壽之庥」。尚」鑒精忱,俯垂昭格」。

陪祭官西安府清軍同知程奕

咸陽縣知縣加二級蔣天麟」

儒學教諭張拱辰

儒學訓導劉象鼎」

縣丞孫昌銓

典史張□昌」

驛丞□隆裕」

14. 康熙四十八年(1709)御祭華山之神碑:

維」康熙四十八年歲次己丑五月庚午朔初二日壬申」,皇帝遣内閣學士兼禮部侍郎孫柱致祭於」西嶽華山之神,曰:惟」神氣鍾西顥,德稟金精,玉井流甘,蓮峰挺秀。朕仰荷」天庥,撫臨海宇,建立元良,歷三十餘載。不意忽見暴戾狂易之疾,深惟」祖宗洪業及萬邦民生所係至重,不得已而有退廢之舉。嗣後漸次體驗,當有此大事。時性生奸惡之」徒,各庇邪黨,借端搆釁。朕覺其日後必成亂階,隨不時究察,窮極始末,因而確知病原皆由鎮壓」,亟爲除治。幸賴」上天鑒佑,平復如初。朕比因此事耗損心神,致成劇疾。皇太子晨夕左右,憂形於色,藥餌必親,寢膳必」視,惟誠惟謹,歷久不渝。令德益昭,丕基克荷。用是復正儲位,永固國本。特遣專官,敬申」殷薦,惟」神鑒焉」。

華陰縣知縣胡岑齡立石」

15. 康熙四十八年(1709)御祭黄帝碑:

(碑陽)

維」康熙四十八年歲次己丑八月己亥朔越二十六日甲子」,皇帝遣户部右侍郎加二級張世爵致祭於」黄帝軒轅氏,曰:朕惟自古帝王正位臨民,代有令德。是以享祀千秋,用昭」鉅典。朕仰荷」天庥,撫臨海宇,建立元良,歷三十餘載。不意忽見暴戾狂易之疾,深惟」祖宗洪業及萬邦民生所係至重,不得已而有退廢之舉。嗣後漸次體驗」,當有此大事。時性生奸惡之徒,各庇邪黨,借端搆釁。朕覺其日後必」成其亂階,隨不時究察,窮極始末,因而確知病原,皆由鎮壓,亟爲除」治。幸賴」上天鑒佑,平復如初。朕比因此事耗損心神,致成劇疾。皇太子晨夕左右」,憂形於色,藥餌必親,寢膳必視,惟誠惟謹,歷久不渝。令德益昭,丕基」克荷。用是復正儲位,永固國本。特遣專官,敬申殷薦,尚祈」歆格」。

陪祭官延安府知府加一級孫川」

(碑陰)

賫香帛官禮部筆帖式趙」

從祀官鄜州知州高怡」

洛川縣知縣蕭長祚」

宜君縣知縣李之汴」

中部縣知縣祝文彬」

儒學訓導黄國憲」

典史孫時鉉」

16. 康熙五十二年(1713)御祭周文王碑:

維」康熙五十二年歲次癸巳閏五月丁未朔越二十二日戊辰」,皇帝遣内閣學士兼禮部侍郎蔡升元致祭於」周文王之陵,曰:自古帝王繼」天出治,建極綏猷,莫不澤被生民,仁周寰宇。朕躬膺寶曆,仰紹前徽,夙夜孜孜,不遑暇逸。兹御」極五十餘年,適當六旬初届,所幸四方寧謐,百姓乂和;稼穡歲登,風雨時若。維庶徵之」協應,爰群祀之虔修。特遣專官,式循舊典,冀益贊雍熙之治」,尚永貽仁壽之休」。俯鑒精忱,用垂歆格」。

賜進士及第通議大夫内閣學士兼禮部侍郎蔡升元」

内閣撰文中書舍人加一級拉色」

禮部八品筆帖式加一級常鼐」

咸陽縣知縣加一級李有光立石」

17. 康熙五十二年(1713)御祭周武王碑:

維」康熙五十二年歲次癸巳閏五月丁未朔越二十二日戊辰」,皇帝遣内閣學士兼禮部侍郎蔡升元致祭於」周武王之陵,曰:自古帝王繼」天出治,建極綏猷,莫不澤被生民,仁周寰宇。朕躬膺寶曆,仰紹前徽,夙夜孜孜,不遑暇逸。兹御」極五十餘年,適當六旬初届,所幸四方寧謐,百姓乂和;稼穡歲登,風雨時若。維庶徵之」協應,爰群祀之虔修。特遣專官,式循舊典,冀益贊雍熙之治」,尚永貽仁壽之休」。俯鑒精忱,用垂歆格」。

賜進士及第通議大夫内閣學士兼禮部侍郎蔡升元」

内閣撰文中書舍人加一級拉色」

禮部八品筆帖式加一級常鼐」

咸陽縣知縣加一級李有光立石」

18. 康熙五十二年(1713)御祭華山之神碑:

維」康熙五十二年歲次癸巳五月丁丑朔越二十八日甲辰」,皇帝遣内閣侍讀學士查弼納致祭於」西嶽華山之神,曰:惟」神少昊儲精,崑崙競秀,祥流仙掌,澤布靈池。朕纘受鴻圖,撫臨區宇,殫思上理,夙夜勤求,惟日孜孜,不」遑暇逸。兹御極五十餘年,適當六旬初届,所幸四方寧謐,百姓乂和;稼穡歲登,風雨時若。維庶徵之」協應,爰群祀之虔修。特遣專官,式循舊典,冀益贊雍熙之運,尚永貽仁壽之休」。俯鑒精忱,用垂歆格」。

華陰縣知縣加一級簡廷佐立石」

19. 康熙五十二年(1713)御祭黄帝碑:

(碑陽)

維」康熙五十二年歲次癸巳七月丙午朔越祭日己酉」,皇帝遣内閣學士兼禮部侍郎蔡升元致祭於」軒轅黄帝之陵,曰:自古帝王繼」天出治,建極綏猷,莫不澤被生民,仁周寰宇。朕躬膺寶曆,仰紹前徽,夙夜孜孜,不遑」暇逸。兹御極五十餘年,適當六旬初届,所幸四方寧謐,百姓乂和;稼穡歲登,風」雨時若。維庶徵之協應,爰群祀之虔修。特遣專官,式循舊典,冀益贊雍熙之運」,尚永貽仁壽之休」。俯鑒精忱,用垂歆格」。

賫香帛官内閣撰文中書承德郎加一級拉色」

禮部文林郎加一級常鼐」

陪祭官延安府知府加二級孫川」

(碑陰)

從祀官鄜州知州加一級功加紀録二次張雲鶴」

洛川縣知縣加一級向兆麟」

宜君縣知縣加一級李良模」

中部縣知縣加一級郜衡」

儒學教官黄國憲」

宜君縣典史署中部縣典史趙秀整」

20. 康熙五十八年(1719)御祭黄帝碑:

(碑陽)

維」康熙五十八年歲次己亥三月戊辰朔越十有七日庚寅」,皇帝遣左春坊左贊善兼翰林院檢討臣吴孝登致祭於」黄帝軒轅氏之陵,曰:自古帝王受」天景命,建極綏猷。垂萬世之經常,備一朝之典禮。朕欽承」帝祉,臨御九圍,夙夜惟寅,敬將祀典。兹以」皇妣孝惠仁憲端懿純德順天翼聖章皇后神主升祔」太廟禮成,特遣專官,代將牲帛,用展苾芬之敬,聿昭禋祀之虔。仰冀」明靈,尚其」歆享」。

賫香帛禮部筆帖式加一級塞欽」

陪祀官署延安府事西延捕盗同知加五級楊宗澤立」

(碑陰)

鄜州知州加一級功加紀録二次張雲鶴」

洛川縣知縣加一級軍功紀録一次向兆麟」

署宜君縣事盩厔縣糧廳加一級張坦徵」

中部縣知縣加一級杜喬」

儒學訓導張迪翕」

典史賈臣」

21. 雍正元年(1723)御祭周文武王碑:

維」雍正元年歲次癸卯二月辛亥朔越初六日丙辰」,皇帝遣通政使司右通政錢以塏致祭於」周文王周武王之陵,曰:自古帝王繼」天出治,建極綏猷,莫不澤被生民,仁周海宇。惟我」皇考峻德鴻勳,媲美前古;顯謨承烈,垂裕後昆。朕以眇躬,纘膺大寶。當兹嗣」位之始,宜修享祀之儀。特遣專官,虔申昭告。惟冀時和歲稔,物阜民安」,淳風遍洽乎寰區,厚德常敷於率土。尚其」歆格,鑒此精誠」。

賫香帛禮部八品筆帖式加一級伊蘭泰」

陪祭官西安府清軍同知加四級楊俊傑」

雍正拾年貳月貳拾捌日」

咸陽縣知縣杜賚生捐俸鎸立」

縣丞龔志遂」

教諭劉蘭」

典史高慤」

駐防把總武述臣」

22. 雍正元年(1723)御祭黄帝碑:

維雍正元年歲次癸卯二月辛亥朔越十五日丙寅」,皇帝遣通政使司右通政錢以塏致祭於」皇帝軒轅氏,曰:自古帝王繼」天出治,建極綏猷,莫不澤被生民,仁周海宇。惟我」皇考峻德鴻勳,媲美前古;顯謨承烈,垂裕後昆。朕以渺躬,纘膺」大寶。當兹嗣位之始,宜修享祀之儀。特遣專官,虔申昭告」。惟冀時和歲稔,物阜民安,淳風遍洽乎寰區,厚德常敷於」率土。尚其」歆格,鑒此精誠」。

陪祭官西安府通判蘇世□」

捧香帛官禮部筆帖式伊蘭泰」

宜君縣知縣署中部縣事王仕□」

23. 雍正元年(1723)御祭華山之神碑:

維」雍正元年歲次癸卯二月辛亥朔日」,皇帝遣内閣侍讀學士田文鏡致祭於」西嶽華山之神,曰:惟」神少昊儲精,崑崙競秀,祥流仙掌,澤布靈池。朕纘受丕基,新承景命。竊念」皇考膺圖以來,百靈效順,四海從風,坐享昇平六十一載。兹當嗣位之始,宜隆祀享之儀,特遣專官」,虔申昭告。惟冀時和歲稔,物阜民安。淳風遍洽乎寰區,厚德長敷於率土。尚其」歆格,鑒此精誠」。

陪祭官陝西分巡漢興道按察司副使尤汶」

陝西西安府華陰縣知縣薛文輝立石」

24. 雍正二年(1724)御祭黄帝碑:

(碑陽)

維」雍正二年歲次甲辰正月丙子朔越二十二日丁酉」,皇帝遣都察院左副都御史江球致祭於」黄帝軒轅氏,曰:自古帝王體天立極,表正萬邦,愷澤遍於寰區,仁風及於奕祀」。朕丕承大統,遥契曩徽。兹於雍正元年十一月二十五日,恭奉」聖祖合天弘運文武睿哲恭儉寬裕孝敬誠信功德大成」仁皇帝主配享圜丘禮成,特遣耑官,虔申昭告。永贊修和之治,益昭安阜之庥」。鑒此精誠,尚其」歆格」。

賫香帛官禮部八品筆帖式加一級馬西泰」

陪祭官整飭榆林中西二路兼分巡道陝西按察使司布政司參議朱曙蓀」

(碑陰)

從祀官延安府正堂加三級紀録二十五次沈廷正」

鄜州正堂加一級孔毓銓」

署膚施縣正堂加一級徐珩」

甘泉縣正堂杜琅」

洛川縣正堂劉曾毅」

宜君縣正堂張虞熙」

中部縣正堂因秉彝」

中部縣儒學訓導張迪翕」

典史沈應麒」

25. 雍正十三年(1735)御祭黄帝碑:

(碑陽)

維」大清雍正十三年歲次乙卯丙寅朔越祭日丁亥吉時」,皇帝遣太僕寺少卿魯國華致祭於」黄帝軒轅氏陵,曰:禮崇典祀,光俎豆於前徽;念切景行,薦馨香於往哲。維」黄帝軒轅氏繼」天建極,撫世誠民,豐功焜耀於簡編,駿烈昭垂於宇宙,溯典型於在昔,凛」法監之長存。朕以藐躬,繼登大寶。屬膺圖之伊始,宜展祀以告虔。特遣專」官,祗遵彝典。苾芬在列,備三獻之隆儀」,靈爽式憑,仰千秋之明德。尚其」歆格,永錫鴻禧。謹告」。

(碑陰)

賫香帛官禮部筆帖式延禧」

從祀官直隸鄜州知州李如沆」

洛川縣知縣張輅」

中部縣知縣何任」

宜君縣知縣許克家」

鄜州學正雷豫」

鄜州吏目裘文琳」

洛川縣儒學教諭裴世賢」

中部縣儒學訓導武烈」

中部縣典史張大潢」

宜君縣典史沈仕廷立石」

26. 乾隆元年(1736)御祭周武王碑:

維」乾隆元年歲次丙辰正月丙申朔越祭日己未吉」,皇帝遣太僕寺少卿魯國華致祭於」周武王陵,曰:禮崇典祀,光俎豆於前徽;念切景行,薦馨香於往哲。維」周武王繼」天建極,撫世誠民。豐功焜耀於簡編,駿烈昭垂於宇宙。溯典型於在昔,凛法監之常存。朕以藐躬,繼」登大寶。屬膺圖之伊始,宜展祀以告虔。特遣專官,祗遵彝典。苾芬在列,備三獻之隆儀」;靈爽式憑,仰千秋之明德。尚其」歆格,永錫鴻禧。謹告」。

香帛官禮部筆帖式延禧」

陪祭官西安府清軍同知楊廷相」

咸陽縣知縣馮運楝立石」

縣丞龔志遂」

教諭劉蘭」

典史楊祐元」

27. 乾隆二年(1737)御祭黄帝碑:

維」乾隆貳年歲次丁巳戊申月丁亥朔越辛亥日」,皇帝遣翰林院侍讀學士世臣致祭於」軒轅帝王,曰:自古帝王憲天出治,建極綏猷。德澤洽於萬方,軌範昭於百世。朕纘承鴻緒,景仰前徽,兹」於乾隆貳年肆月拾陸日」,世宗憲天昌運建中表正文武英明寬仁信毅大孝」至誠憲皇帝主配饗圜丘」禮成,特遣專官,虔申昭告。維冀永佑雍熙之盛,益昭安阜之隆。庶鑒精誠,尚其」歆格」。

日講官起居注翰林院侍讀學士加三級紀録二次世臣」

禮部文林郎加一級那通

直隸鄜州知州加三級李如沆

署直隸鄜州同州府通判加三級商兆麒

洛川縣知縣加二級張輅

署宜君縣知縣加一級劉士夫

署中部縣知縣加一級吴敦儆

中部縣儒學訓導加一級武烈」

宜君縣典史加一級沈仕廷」

中部縣典史加一級張大濆」

28. 乾隆二年(1737)御祭周文王碑:

維」乾隆貳年歲次丁巳捌月丁巳朔越祭日辛巳」,皇帝遣日講官起居注翰林院侍讀學士加二級紀録二次世臣致祭於」周文王之陵,曰:自古帝王憲天出治,建極綏猷。德澤洽於萬方,軌範昭於百世。朕纘承鴻」緒,景仰前徽。兹於乾隆貳年肆月拾陸日,恭奉」世宗敬天昌運建中表正文武英明寬仁信毅大孝至誠憲皇帝主配饗」圜丘禮成,特遣專官,虔申昭告。惟冀永佑雍熙之盛,益昭安阜之隆。庶鑒精誠,尚其」歆格」。

賫香帛禮部文林郎加一級那通」

陪祭官署西安府清軍鹽捕同知加一級高豫」

咸陽縣知縣加一級馮運棟立石」

縣丞加一級龔志遂」

教諭加一級劉蘭」

訓導南荷」

典史楊祐元」

29. 乾隆十三年(1748)御祭華山之神碑:

維」乾隆十三年歲次戊辰五月甲申朔越二十有七日庚戌」,皇帝遣陝西潼商道李肖筠致祭於」西嶽華山之神,曰:維」神清涵灝氣,夙鎮西陲,蘊結金精,凝成萬寶。朕仰承丕緒,時建」省方,載舉舊章,專官秩祀」,神其」鑒焉」。

陪祭官華陰縣知縣姚遠翿勒石」

30. 乾隆十四年(1749)御祭黄帝碑:

乾隆十四年歲次己巳六月丁丑朔越二十有三日己亥」,皇帝遣太常寺少卿鍾衡致祭於」黄帝軒轅氏,曰:惟」帝王繼」天建極,撫世綏猷,教孝莫先於事親,治内必兼於安外。典型在望,緬懷至德要道」之歸;景慕維殷,心希武烈文謨之盛。兹以邊徼敉寧,中宫攝位」,慈寧晋號,慶洽神人。敬遣專官,用申殷薦。仰惟」歆格,永錫鴻禧」。

陪祭官分巡鳳邠鹽驛道按察使司副使永敏」

賫香帛官禮部筆帖式鄂賫」

從祀官同州府通判署直隸鄜州事趙銓」

雒川縣知縣方楚正、雒川縣儒學教諭雷臨泰」

中部縣知縣楊必名、中部縣儒學訓導王運會」

宜君縣知縣許治、署中部縣典史事雒川縣典史張涵」

31. 乾隆十四年(1749)御祭周文王碑:

維」乾隆拾肆年歲次己巳柒月丁未朔越祭日庚午」,皇帝遣太常寺少卿紀録二次鍾衡致祭於」周文王之陵,曰:惟」帝王繼」天建極,撫世綏猷。教孝莫先於事親,治内必兼於安外。典型在望,緬懷至德要道之」歸;景慕惟殷,心希武烈文謨之盛。兹以邊徼敉寧,中宫攝位」,慈寧晋號,慶洽神人。敬遣專官,用伸殷薦。仰惟」歆格,永錫鴻禧」。

差送香帛官禮部文林郎戊午科繙譯舉人加一級鄂賫」

陪祭官西安府清軍鹽捕同知加二級紀録二次董朝鼎」

咸陽縣知縣加一級紀録二次臧應桐立石」

縣丞席紹莘」

教諭徐有經」

訓導俄旗錫」

典史吴澐」

32. 乾隆十四年(1749)御祭唐太宗碑:

維」乾隆十四年歲次己巳七月丁未朔越二十有一日丁卯」,皇帝遣太常寺少卿紀録二次鍾衡致祭於」唐太宗,曰:惟」帝王繼」天建極,撫世綏猷。教孝莫先於事親,治内必兼於安外。典型在望,緬」懷至德要道之歸;景慕維殷,心希武烈文謨之盛。兹以邊徼」敉寧,中宫攝位」,慈寧晋號,慶洽神人。敬遣專官,用申殷薦。仰惟」歆格,永錫鴻禧」。

主祭官太常寺少卿紀録二次鍾衡」

賫香帛官禮部文林郎戊午科繙譯舉人加一級鄂賫」

陪祭官陝西西安府清軍鹽捕同知加三級董朝鼎」

陪祭官醴泉縣知縣宫曜亮立石」

儒學教諭李條揚」

儒學訓導馬□□」

33. 乾隆十五年(1750)御祭華山之神碑:

維」乾隆十五年歲次庚午十月庚午朔越四日癸酉」,皇帝遣内閣侍讀學士額爾登布致祭於」西嶽華山之神,曰:惟」神秀聳蓮花,氣涵清灝,金天應位,功茂西成。兹以正位」中宫,鴻儀懋舉」,慈寧晋號,慶洽神人。敬遣專官,用申殷薦」。神其鑒焉」。

陪祭官潼商兵備道張坦」

華陰縣知縣姚遠翿」

34. 乾隆十七年(1752)御祭華山之神碑:

維」乾隆十七年歲次壬申正月癸亥朔越二十二日甲申」,皇帝遣翰林院侍讀學士周長發致祭於」西嶽華山之神,曰:惟」神秀聳蓮華,氣涵清灝,金天應位,功茂西成。兹以」慈寧萬壽,懋舉鴻儀,敬晋」徽稱,神人慶洽。爰申殷鑒,特遣專官」。神其鑒焉」。

香帛官禮部署主事鄂賫」

陪祭官潼商兵備道張坦」

華陰縣知縣姚遠翿」

35. 乾隆十七年(1752)御祭黄帝碑:

維乾隆十七年歲次壬申二月初一日癸巳朔越日」,皇帝遣太常寺少卿涂逢震致祭於」黄帝軒轅氏之陵,曰:惟」帝王憲」天依極,受籙承庥。教孝莫先於事親,斂福用光乎繼治。是彝是」訓,緬維」至德要道之歸;壽國壽人,允懷錫類推」恩之盛。兹以」慈寧萬壽,懋舉鴻儀;敬晋」徽稱,神人慶洽。爰申殷薦,特遣專官。冀」鑒兹忱,永綏多福」。

賫香帛官禮部筆帖式柏福」

從祀官同州府鹽捕通判加一級趙銓」

陪祭官鄜州直隸知州加三級武敬」

洛川縣知縣勞爾昌」

署宜君縣知縣朱家濂」

中部縣知縣王綱」

中部縣儒學訓導王運會」

中部縣典史信廷爕」

36. 乾隆十七年(1752)御祭周文王碑:

維」乾隆十七年歲次壬申二月癸巳朔越二十日壬子」,皇帝遣太常寺少卿涂逢震致祭於」周文王之陵,曰:惟」帝王憲」天作極,受籙承庥。教孝莫先於事親,斂福用光乎繼治。是彝是訓,緬惟至德要道之歸」;壽國壽人,允懷錫類推恩之盛。兹以」慈寧萬壽,懋舉鴻儀,敬晋」徽稱,神人慶洽。爰申殷薦,特遣耑官。冀」鑒兹忱,永綏多福」。

賫香帛官禮部筆帖式加一級栢福」

陪祭官同州府通判鹽捕分府加三級趙銓」

咸陽縣知縣加二級紀録四次臧應桐」

縣丞席紹苹」

教諭慕文然」

訓導佽旗錫」

典史吴澐」

37. 乾隆二十年(1755)御祭黄帝碑:

維」乾隆二十年歲次乙亥八月壬寅朔越二十有一日己巳」,皇帝遣太常寺卿熊學鵬致祭」皇帝軒轅氏,曰:朕惟」帝王建極乘時,綏猷馭世。制臨無外,德威之服遠者神;教化有原,孝道以」尊親爲大。景典型於在昔,寔天經地義之丕昭;宏佑啓於方來,惟文」治武功之交凛。兹以平定准噶爾大功告成,加上」皇太后徽號,神人洽慶,中外蒙庥。敬遣專官,用申禋祀,伏惟」鑒格」。

捧香帛官禮部筆帖式哈清阿」

陪祭官候補知府署鄜州知州雷正」

鄜州直隸州知州紀録十次英德」

洛川縣知縣趙本嶓」

中部縣知縣王綱」

宜君縣知縣彭揆」

中部縣儒學訓導常來鳳」

38. 乾隆二十年(1755)御祭周文王碑:

維乾隆二十年歲次乙亥九月壬申朔越十三日乙酉」,皇帝遣太常寺卿熊學鵬致祭於」周文王,曰:朕惟」帝王建極乘時,綏猷馭世。制臨無外,德威之服遠者神;教化有原,孝」道以尊親爲大。景典型於在昔,實天經地義之丕昭;宏佑啓於方」來,惟文治武功之交凜。兹以平定準噶爾大功告成,加上」皇太后徽號,神人洽慶,中外蒙庥。敬遣專官,用申禋祀。伏惟」鑒格」。

賫香帛禮部筆帖式加三級紀録二次喀青阿」

陪祀西安水利通判李彦」

咸陽縣署知縣劉度昭立石」

39. 乾隆二十年(1755)御祭周武王碑:

維乾隆二十年歲次乙亥九月壬申朔越十四日丙戌」,皇帝遣太常寺卿熊學鵬致祭於」周武王,曰:朕惟」帝王建極乘時,綏猷馭世。制臨無外,德威之服遠者神;教化有原,孝」道以尊親爲大。景典型於在昔,實天經地義之丕昭;宏佑啓於方」來,惟文治武功之交凜。兹以平定準噶爾大功告成,加上」皇太后徽號,神人洽慶,中外蒙庥。敬遣專官,用申禋祀。伏惟」鑒格」。

賫香帛禮部筆帖式加三級紀録二次喀青阿」

陪祀西安水利通判李彦」

咸陽縣署知縣劉度昭立石」

40. 乾隆二十年(1755)御祭唐太宗碑:

維」乾隆二十年歲次乙亥九月壬申朔越卜有三口(下闕)」,皇帝遣太常寺卿熊學鵬致祭於」唐太宗文皇帝,曰:朕惟」帝王建極乘時,綏猷馭世。制臨無外,德威之服遠者神(下闕)」親爲大。景典型於在昔,實天經地義之丕昭;宏佑(下闕)」功之交凜。兹以平定準噶爾大功告成,加上」皇太后徽號,神人洽慶,中外蒙庥。敬遣專官,用申禋祀。伏(下闕)」鑒格」。

主祭官太常寺(下闕)」

賫香帛官禮部筆(下闕)」

41. 乾隆二十五年(1760)御祭黄帝碑:

維乾隆二十五年歲次庚辰正月丁未朔越初八日甲寅」,皇帝遣都察院左副都御史赫慶致祭于」黄帝軒轅氏,曰:惟」帝王建極綏猷,經文緯武。誕敷德教,仁义備其漸摩;克詰戎兵，聲靈彰」其赫濯。惟恩威之兼濟先後，道本同符；斯命討之昭垂今古，功歸一」軌。兹以西歸克捷，回部蕩平。緬駿烈於前型，敷奏其勇；遠徂征于絶」域，遹觀厥成。中外騰歡」，神人協慶。專官肅祀」，昭鑒惟歆」。

捧香帛禮部筆帖式伊克精阿」

陪祭官直隸鄜州知州高麟勳」

洛川縣知縣趙本嶓」

中部縣知縣鞏敬緒」

宜君縣知縣侯於薊」

中部縣儒學訓導李鳳岡」

中部縣典史袁嘉譽」

42. 乾隆二十五年(1760)御祭周文王碑：

維」乾隆貳拾伍年歲次庚辰正月丁未朔越祭日貳拾丙寅」，皇帝遣都察院左副都御史赫慶致祭於」周文王，曰：朕惟」帝王建極綏猷，經文緯武。誕敷德教，仁義備其漸摩；克詰戎兵，聲靈彰其赫濯。惟恩」威之兼濟先後，道本同符；斯命討之昭垂今古，功歸一軌。兹以西師克捷，回部」蕩平。緬駿烈於前型，敷奏其勇；遠徂征於絶域，遹觀厥成。中外騰歡，神人協慶」。專官肅祀」，昭鑒惟歆」。

賫送香帛官禮部筆帖式額爾登布」

陪祭官西安清軍鹽捕同知加五級紀録五次萬以襄」

咸陽縣知縣林恭範立石」

署縣丞蘇邦憲」

教諭鄧五常」

署訓導王弘修」

典史范立本」

43. 乾隆二十五年(1760)御祭華山之神碑：

維」乾隆二十五年歲次庚辰正月丁未朔越三日己酉」，皇帝遣尚書房行走内閣侍讀學士兼佐領世襲恩騎尉加五級紀録九次瑪璘致」祭於」西嶽華山之神，曰：惟」神□□□靈，金天秉德。凜秋行之嚴肅，司寇峩冠；運神力於鴻濛，巨靈分掌。九曲」之河流□赴，三條之地絡中開。兹以逆回蕩平，大功底定。喜通天之有路，享王」并仰」神功；慶歸馬之成群，遐邇胥蒙」福佑。敬舉告功之典，用申秩祀之文。式薦馨香，伏惟」□□」。

陪祭官潼商兵備道屠用中」

同州府知府李星曜」

華陰縣知縣顧馨」

44. 乾隆二十七年(1762)御祭周文王碑:

維」乾隆貳拾柒年歲次壬午貳月乙丑朔越貳拾貳日丙戌」,皇帝遣宗人府府丞儲麟趾致祭於」周文王,曰:惟」帝王本仁祖義,明物察倫。修人紀以綏猷,則天經而立極。緬羹墻其可接,先後攸」同;奉俎豆以常新,楷模斯在。兹以」慈闈萬壽,懋舉鴻儀,敬晋」徽稱,神人慶洽。展尊」親之義,思克紹夫前型;廣錫類之仁,期永綏夫後禄。爰申祀告,式薦馨香。尚」鑒悃忱,俾膺多福」。

賫送香帛官禮部筆帖式梁珙」

陪祭官西安清軍鹽捕同知黄邦寧」

咸陽縣知縣林恭範立石」

署縣丞陳其樑」

教諭楊迎鶴」

訓導高杰」

典史范立本」

45. 乾隆二十七年(1762)御祭華山之神碑:

維」乾隆二十七年歲次壬午正月乙未朔越二十四日戊午」,皇帝遣宗人府府丞儲麟趾致祭於」西嶽華山之神,曰:惟」神功成商律,位正金方。蓮花開十丈之祥,石壁表三峰之秀。流沙重譯,遥」瞻碧落於星壇;渭水長安,盡識晨光於仙掌。兹」慈闈萬壽,懋舉鴻儀,敬晋」徽稱,神人慶洽。仰」靈祇於西嶽,瑞應瑤池;奉秩祀於名山,芳騰雕俎。寅請載飭」,鑒格惟歆」。

香帛官禮部筆帖式梁珙」

陪祭官潼商兵備道屠用中」

同州府知府李星曜」

華陰縣知縣顧馨」

46. 乾隆三十七年(1772)御祭黄帝碑:

維乾隆三十七年歲次壬辰正月丁酉朔越祭日戊午」,皇帝遣宗人府府丞李友棠致祭於」黄帝軒轅氏陵,曰:惟」帝王體元則大,撫世誠民,勳被寰區,德昭往古。羹牆匪隔,累朝之統緒相承;俎豆維新」,百代之英靈如在。兹以」慈闈萬壽,懋舉鴻儀;敬晋」徽稱,神人洽慶。孝道以尊親爲大,式仰前型」;母儀之錫類者宏,永綏厚福。彝章載舉,祀典斯崇。布肸蠁以告虔,庶靈明之來格」。

捧香帛禮部筆帖式德恒」

陪祀官鄜州知州阿林」

鄜州分州吴廷試」

洛川縣知縣温崧曾」

中部縣知縣董延楷」

宜君縣知縣袁維豐」

鄜州儒學訓導李如紳」

洛川縣儒學教諭雷惟」

洛川縣典史錢作霖」

中部縣典史袁嘉譽」

47. 乾隆三十七年(1772)御祭周文王碑：

維乾隆三十七年歲次壬辰二月丙寅朔越祭日戊辰」,皇帝遣宗人府府丞李友棠致祭於」周文王陵,曰：惟」帝王體元則大,撫世誠民,勳被寰區,德昭往古。羹墻匪隔,累朝之統緒相承;俎豆」維新,百代之英靈如在。兹以」慈闈萬壽,懋舉鴻儀,敬晋」徽稱,神人洽慶。孝道以尊親爲大,式仰前型」;母儀之錫類者宏,永綏厚福。彝章載舉,祀典斯崇。布肸蠁以告虔,庶靈明之來格」。

賫送香帛官禮部筆帖式德恒」

陪祭官巡撫内院署西安理事分府加三級紀録三次德文」

署咸陽縣知縣加三級紀録三次王朝爵」

署縣丞張國楠」

教諭白子憲」

訓導楊倬」

典史何泰雲」

48. 乾隆四十一年(1776)御祭黄帝碑：

維乾隆四十一年歲次丙申七月庚午朔越十四日癸未」,皇帝遣内閣學士塘古泰致祭於」黄帝軒轅氏陵,曰：朕惟」帝王德洽恩威,義嚴彰癉。鋤奸禁暴,昭命討之無私;輯遠綏荒,振聲靈之有赫。兹以」兩金川大功全蕆,逆黨咸俘。殄遺孽於番陬,戢武協求寧之志;緬豐功於前代」,慶成覘耆定之庥。特遣專官,肅將禋祀,惟冀」鑒歆」!

捧香帛官禮部筆帖式熾昌」

陪祀官候補直隸州署鄜州加三級紀録五次林恭範」

洛川縣知縣加三級紀録五次温崧曾」

中部縣知縣加三級紀録五次董延楷」

署宜君縣知縣加三級紀録三次任重」

中部縣儒學訓導江自嵐」

署中部縣典史何鳳颾」

49. 乾隆四十一年(1776)御祭周文王碑:

維乾隆四十一年歲次丙申七月庚午朔越二十九戊戌日」,皇帝遣内閣學士塘古泰致祭於」周文王陵,曰:朕惟」帝王德洽恩威,義嚴彰癉。鋤奸禁暴,昭命討之無私;輯遠綏荒,振聲靈之有」赫。兹以兩金川大功全蕆,逆黨咸俘。殄遺孽於番陬,戢武協求寧之志」;緬豐功於前代,慶成覘耆定之庥。特遣專官,肅將禋祀。惟冀」鑒歆」。

賫送香帛官禮部筆帖式武熾」

陪祭官署西安理事分府英安」

咸陽縣知縣孫景燧」

署縣丞試用吏目王文度」

教諭陳帝典」

訓導張雲舉」

典史何泰雲」

50. 乾隆四十五年(1780)御祭黄帝碑:

維乾隆四十五年歲次庚子三月庚辰朔越十四日癸巳」,皇帝遣内閣學士錢載致祭於」黄帝軒轅氏之陵,曰:維」帝體元贊化,建極綏猷,澤被生民,勳垂奕世。簡編明備,累朝之治法相傳;弓劍留藏,千載之英靈如在」。兹以朕七旬展慶,九有騰歡,懋舉崇儀,特申昭告。緬當日之膺圖受籙,每深景仰之忱;撫此時之」集嘏凝禧,彌切祇寅之念。冀佑郅隆之運,永貽仁壽之庥。式薦精禋,惟祈」鑒格!」

捧香帛官禮部筆帖式芳桂」

陪祀官鄜州知州加五級紀録五次吴棐龍」

洛川縣知縣加三級紀録三次黄煇」

中部縣知縣加五級紀録五次董延楷」

宜君縣知縣加三級紀録三次徐雲騰」

教諭管中部縣儒學訓導江自嵐」

中部縣典史王象周」

51. 乾隆四十五年(1780)御祭周文王碑:

維乾隆四十五年歲次庚子三月庚辰朔越二十四日癸卯」,皇帝遣内閣學士錢載致祭於」周文王之陵,曰:惟」帝王體元贊化,建極綏猷,澤被生民,勳垂奕世。簡編明備,累朝之治法相傳;弓」劍留藏,千載之英靈如在。兹以朕七旬展慶,九有臚歡,懋舉崇儀,特申昭」告。緬當日之膺圖受籙,每深景仰之忱;撫此時之集嘏凝禧,彌切祇寅之」念。冀佑郅隆之運,永貽仁壽之庥。式薦精禋,惟祈」鑒格」。

賫送香帛官禮部筆帖式芳桂」

陪祭官署西安清軍分府臧榮青」

署咸陽縣事洋縣知縣崔象豫」

署縣丞蔡廷柱」

教諭陳帝典」

署訓導史藻」

署典史李璣」

52. 乾隆五十年(1785)御祭華山之神碑:

維」乾隆五十年歲次乙巳三月庚戌朔越四日癸丑宜祀之辰」,皇帝遣署理内閣學士胡高望致祭於」西嶽華山之神,曰:惟」神位崇西顥,德協金天。峻壁峙乎中條,竇洞標乎太極。石池應瑞」,祥蓮舒十丈之花;雲棧凌虚,高掌挹三峰之秀。兹當鴻圖錫羡」,鳳紀增綿,懋舉崇儀,特申昭告。播物華而成化,嘉惠洪敷;符山」壽以延釐,綏祺永固」。神其鑒格」,式是居歆」。

香帛官筆帖式舒山」

陪祭官陝西分守潼商兵備道額樂春」

華陰縣知縣張曾埣立石」

53. 乾隆五十年(1785)御祭周文王碑:

維」乾隆五十年歲次乙巳三月庚戌朔越二十有六日乙亥宜祀之辰」,皇帝遣署理内閣學士胡高望致祭於」周文王之陵寢,曰:惟」帝王體元贊化,建極綏猷,澤被生民,勳垂奕世。簡編明備,累朝之治法相傳;弓劍」留藏,千載之英靈如在。兹當鴻圖錫羡,鳳紀增綿,懋舉崇儀,特申昭告。緬」當日之膺圖受籙,每深景仰之忱;撫此時之集嘏凝禧,彌切祇寅之念。冀」佑郅隆之運,永貽仁壽之庥。式薦精禋,惟祈」鑒格」。

賫送香帛官禮部筆帖式舒山」

陪祭官留壩同知李帶雙」

咸陽縣知縣張廷杰」

縣丞潘沛然」

教諭兼署訓導事宋之楠」

典史何泰雲」

54. 嘉慶元年(1796)御祭周文王碑:

維」嘉慶元年歲次丙辰四月丙子朔越十四日己丑」,皇帝遣西安副都統花尚阿致祭於」周文王陵寢,曰:惟」帝王體元贊化,建極綏猷,澤被生民,勳垂奕世。簡編明備,累朝之治法相」傳;弓劍留藏,千載之英靈如在。兹以乾隆周甲,嘉慶紀元,懋舉崇儀」,特申昭告。緬當日之膺圖受籙,每深景仰之忱;撫此時之集嘏凝禧」,彌切祇寅之念。冀佑郅隆之運,長貽仁壽之庥。式薦精禋,惟祈」鑒格」。

陪祭官署咸陽縣知縣事漢陰通判莊炘」

署縣丞靳天培」

教諭馬士元」

訓導張瑞」

典史劉崙」

55. 嘉慶五年(1800)御祭華山之神碑:

維」嘉慶五年歲次庚申二月朔甲申十三日丙申」,皇帝遣户部右侍郎周興岱致祭於」西嶽華山之神,曰:惟」神德應金天,化參白帝。翕河呈瑞,分高掌於巨靈;壽穀貽庥,仰開華於玉井」。華言爲獲,地靈司萬寶之登;西方者秋,坤絡聳中條之秀。朕寅成鴻典,懋」舉崇儀。兹以嘉慶四年十一月二十六日,恭奉」高宗法天隆運至誠先覺體元立極敷文奮武孝慈神聖純皇帝主配享」圜丘禮成,特遣專官,虔申昭告。惟冀顥氣常涵,滋群生以滲漉;欃氛永淨,鎮西極」以清寧。薦此苾芬,庶其歆格」。

香帛官禮部筆帖式保昌」

陪祭官潼商兵備道吴沂」

同州府知府陳文駿」

華陰縣知縣孟正笏」

56. 嘉慶五年(1800)御祭周文武王碑:

嘉慶五年歲次庚申三月癸丑朔越初六日戊午」,皇帝遣户部右侍郎周興岱致祭於」周文武王之靈,曰:自古帝王受籙膺圖,乘時御宇,罔不憲天立極,宥密單心。故能澤□」萬方,範昭百世。朕寅成鴻典,景仰前徽。兹以嘉慶四年十一月二十六日,恭奉」高宗法天隆運至誠先覺體元立極敷文奮武孝慈神聖純皇帝主配享」圜丘禮成,特遣專官,虔申昭告。惟冀孚佑皞熙之運,益昭安阜之風」。鑒此精禋,尚其歆格」。

賫送香帛官禮部筆帖式保昌」

陪祭官候補直隸州知州蕭光浩」

咸陽縣知縣軍功以知府陞用高珦」

署縣丞余春溥」

教諭馬士元」

訓導劉元猷」

典史劉崙」

57. 嘉慶十四年(1809)御祭周文王陵碑:

維嘉慶十四年歲次己巳四月庚寅朔越祭日乙未」,皇帝遣内閣學士兼禮部侍郎陳霞蔚告祭於」周文王陵寢,曰:握符御宇,微一心一德之傳;建極宜民,差百世百王之□。維」帝王肇開鼎祚,遞席蘿圖。統元會以循環,書典謨而合揆。溯」高廟寅承」祖志」,睿吟窺升降之源;撫朕躬式纘丕基,治法契登咸之藴。兹以陳疇錫慶,合宇臚歡。際」重熙累洽之期,大衍之數五十;緬駿德豐功之辟,古史之紀廿三。昔年象展南薫,聞見本通」乎禮樂;此日心齋左个,馨香佇洽乎人天。用薦景蕃,特申昭告。山陵不遠,尊俎宜歆」。

賫送香帛官禮部筆帖式覺羅錫寧」

陪祭官西安府清軍鹽捕同知虞友光」

咸陽縣知縣候補知州張占」

執事官署縣丞候補知縣馬鈐」

署理長安縣縣丞葉承謨」

教諭竇端」

訓導李廷獻」

典史蘇璠」

58. 嘉慶二十四年(1819)御祭黄帝碑:

維嘉慶二十四年歲次己卯三月朔越祭日丁未」,皇帝遣都察院左副都御史和桂致祭於」黄帝軒轅氏之神,曰:維」帝肇握乾符,遞承泰筴。制禮作樂,垂明備於簡編;騰茂蜚英,留聲靈於弓劍。兹以朕慶逢六」袠,歡洽萬方,周甲籙以提鰲,萃任林而錫福。知其政,知其德,迄今欽治統之隆;作之君」,作之師,稽古荷心傳之賜。憶五旬之介祉,曾薦維馨;閲十載以升香,用昭有恪。伏祈」歆格,虔奉精禋」。

賫香帛禮部筆帖式台靈阿」

陪祭官鄜州直隸州知州鄂山」

中部縣知縣恒亮」

執事官中部縣訓導朱體元」

宜君縣馬欄鎮巡檢劉詢」

中部縣典史曹昌齡」

宜君縣典史張政」

59. 嘉慶二十四年(1819)御祭周文王碑:

維」嘉慶二十四年歲次己卯四月壬戌朔越三日甲子」,皇帝遣都察院左副都御史和桂致祭於」周文王之神,曰:維」王肇握乾符,遞承泰筴。制禮作樂,垂明備於簡編;騰茂蜚英,留聲靈於弓劍。玆以朕慶逢六」袠,歡洽萬方,周甲籙以提釐,萃壬林而錫福。知其政,知其德,迄今欽治統之隆;作之君」,作之師,稽古荷心傳之賜。憶五旬之介祉,曾薦維馨;閲十載以升香,用昭有恪。伏祈」歆格,虔奉精禋」。

賫送香帛官禮部筆帖式台靈阿」

陪祭官西安府知府鄧廷楨」

咸陽縣知縣吴鳴捷」

執事官縣丞王麟孫」

教諭李文羆」

訓導劉濟」

典史鄭泰和」

60. 道光元年(1821)御祭黄帝碑:

維道光元年歲次辛巳七月己酉朔越十有五日癸亥」,皇帝遣陝西西安副都統哈興阿致祭」黄帝軒轅氏之神,曰:心源遞衍,球圖燦御世之模;祀典常昭,俎豆肅侑神之禮。惟致治莫先稽古,斯」率初宜重升香。朕纘紹丕基,尊崇」先烈。廿五載」神功聖德,聿符峻極於」瑤壇;四千年」帝緒王猷,遥企遺徽於玉檢。玆以道光元年四月初六日,恭奉」仁宗受天興運敷化綏猷崇文經武孝恭勤儉端敏英哲睿皇帝主配享」圜丘禮成,特遣專官,敬申昭告。累葉睎松楸之蔭,往蹟殷懷;兩楹薦黍稷之馨,懋儀載舉。式攄誠悃,庶」格精禋」。

賫香帛官西安筆帖式喜常阿

陪祭官署鄜州直隸州知州碩慶

宜君縣知縣鄧培綬

署中部縣知縣車礌

署洛川縣訓導馬金管」

執事官中部縣訓導趙炳」

中部縣典史韓廷楷」

分汛中部經制外委戴君禮」

61. 道光九年(1829)御祭華山之神碑:

維」道光九年歲次己丑正月丙申朔越十六日辛亥」,皇帝遣西安副都統福桑阿致祭於」

西嶽華山之神,曰:惟」神坤維載厚,兑景居尊。萬仞高寒,位應金方之肅;三峰秀峭,躔分井絡之精。稽書則」歸馬斯徵,蕆績而奉牲以告。兹以回疆耆定,逆裔伏誅。揚太白之威鋩,氛銷霧市」;望巨靈之遠蹠,典焕星壇。爰展精禋,伏惟」歆鑒」。

陪祭官知同州府徐名紱」

知州銜署華陰縣事魏駿猷謹立」

62. 道光九年(1829)御祭黄帝碑:

維道光九年歲次己丑正月丙申朔越二十七日壬戌」,皇帝遣西安副都統福桑阿致祭於」黄帝軒轅氏之神位前,曰:維」帝王治奉三無,功彰九伐。詰戎兵而肆武,駿烈綏戡;揚弧矢以宣威,鴻猷震疊。兹以凶酋翦滅」,疆土盂安。昭耆定於極邊,共覘一道同風之盛;緬聲靈於列代,益著萬方嚮化之庥。敬薦」馨香,伏祈」昭鑒。

賫香帛西安筆帖式哈明阿」

陪祭官鄜州直隸州知州吴鳴捷」

署宜君縣事即補知州彭衍墀」

中部縣知縣李登螭」

執事官鄜州直隸州州同譚瑀」

鄜州直隸州州判沈蓮啓」

代理中部縣訓導鄜州訓導徐效陵」

中部縣典史舒志相」

分防中部汛經制外委朱魁」

63. 道光十六年(1836)御祭黄帝碑:

維道光十六年歲次丙申二月甲寅朔越九日壬戌」,皇帝遣陝西延榆綏鎮總兵官郭繼昌告祭於」黄帝軒轅氏陵前,曰:惟」帝王膺圖御宇,握鏡臨宸。澤被黄輿,勳垂青史。羹牆不遠,仰皇煌帝諦之模;俎豆」常新,昭崇德報功之典。兹以」慈宫萬壽,懋舉上儀,敬晋」徽稱,神人慶洽。天經地義,紹百王至治之馨香;日升月恒,申億載無疆之頌祝。彝章」式敘,祀事攸隆。致蠲潔以明虔,庶神靈之歆格」!

陪祭官鄜州直隸州知州吴鳴捷」

署中部縣事候補知縣余炳燾」

執事官中部縣訓導張雲瑞」

中部縣典史毛詩」

前署中部縣典史趙洙」

中部汛經制外委朱魁」

64. 咸豐二年(1852)御祭華山之神碑：

維」咸豐二年歲次壬子八月二十一日」，皇帝遣陝西西安右翼副都統雙成致祭」西嶽之神，曰：維」神位崇豫鎮，契協金天。分太白之光華，上捫星漢；秉少陰之精粹，遠接崑崙。蓮葉峰疏，挺靈根於玉井」；桃林塞隱，挹顥氣於瑤池。朕肅舉崇儀，恪將秩祀。兹以咸豐二年四月初二日，恭奉」宣宗效天符運立中體正至文聖武智勇仁慈儉勤孝敏成皇帝主配饗」圜丘禮成，特遣專官，敬申昭告。惟冀翕河呈瑞，三條居坤絡之中；維翰貽休，萬寶告秋成之始。虔臚庶品，允」錫蕃釐」。

陪祭官潼商兵備道朱慶祺」

知華陰縣事倪印垣敬書」

代理華陰縣事封錫蒲立石」

65. 同治十二年(1873)御祭周文武王碑：

維」同治十二年歲次癸酉十月」，皇帝遣西安副都統圖明額致祭」周文王周武王神位前，曰：寶籙斟元，奉三無以出治；璇璣協瑞，禕千聖以同符。維」帝王保泰垂模，乘乾握紀。在昔顯庸創制，早啓後人祖述之思；於今」偉烈豐功，猶隆明德馨香之報。朕藐躬嗣統，庶政親裁。惕艱大之遺投，奉典謨爲法守。一二」日事幾兢業，方廑繼序於當躬；億萬年治法欽承，尚冀傳薪於」先哲。爰稽彝典，肅奉精禋。道契羹墻，彌切憲章之念；儀陳鼎俎，用伸昭告之誠，惟冀」來歆，福兹億兆」。

承祭官欽差大臣西安左翼副都統圖明額」

捧祝官藍翎西安印務章京綽勒霍春」

藍翎西安筆帖式英瑞」

陪祭官西安理事同知德克繼」

藍翎知府用即補直隸州咸陽縣知縣馬毓華」

執事官五品銜補用知縣咸陽縣縣丞王鶴年」

光禄寺署正銜咸陽縣教諭王效績」

光禄寺署正銜咸陽縣訓導胡師舜」

藍翎六品銜咸陽縣典史曹復□」

【作者簡介】吴敏霞，女，1959年生，歷史文獻學碩士，陝西省社會科學院古籍整理研究所研究員，主要從事中古碑刻文獻和典籍文獻研究。

西晋十六國時期的政局與鄭玄《論語注》在北地的傳衍*

丁紅旗

鄭玄故居在北海國高密縣，正毗鄰青州、兗州、魯州，鄭玄一直在故鄉高密授徒，這是鄭玄影響最直接、持久，也是徒衆最多的區域。鄭玄《論語注》在北地的流傳，正依靠後來成爲北方一流高門的崔琰、盧植等弟子，也因此帶有較濃厚的古文經學特色。但鄭《注》的上升并非一帆風順，而是有較多的坎坷，即與曹魏時的王肅義要一争高下。到了一代大儒徐遵明時期，則有了長足發展。徐遵明在河北廣爲教授，徒衆甚多，"二十餘年，海内莫不宗仰"，而使得鄭注在北土廣爲傳播，也在實際上形成了北朝的主流習經風尚。這一儒士人才的流播，對北魏的漢化進程起到了一定的推進作用。

如果説，鄭玄廣泛求學、注經的經歷，某種程度上順應了當日今文經漸衰、古文經日漸興盛的趨勢，成了融貫今古文的大家；那麽，鄭玄學成以後，其廣爲授徒的史實亦頗堪注意，因爲它直接關涉鄭學的接受地域，及其此後在魏晋、十六國、北朝的流傳和衍變。今細考之，又有分别：

> 玄質於辭訓，通人頗譏其繁。至於經傳洽孰，稱爲純儒，齊、魯間宗之。其門人山陽郗慮至御史大夫，東萊王基、清河崔琰著名於世。又樂安國淵、任嘏[裴注：慮字鴻豫。基字伯輿，魏鎮南將軍安樂鄉侯。琰字季珪，魏東（西）曹掾，遷中尉。淵字子尼，魏司空掾，遷太僕。嘏字昭光，魏黄門侍郎也]，時并童幼，玄稱淵爲國器，嘏有道德，其餘亦多所鑒拔，皆如其言。①
>
> 樂安孫叔然（即孫嚴），受學鄭玄之門，人稱東州大儒。征爲秘書監，不就。（王）肅集《聖證論》以譏短玄，叔然駁而釋之，及作《周易》《春秋例》《毛詩》《禮記》《春秋三

* 本文爲2018年度國家後期資助項目"漢唐《〈論語〉學史"（18FZS030）階段性成果。

① 《後漢書》卷三五《鄭玄傳》，第五册，北京：中華書局，1973年，第1212頁。

傳》《國語》《爾雅》諸注，又注書十餘篇。[①]

程秉，字德樞，汝南南頓人也。後逮事鄭玄，後避亂交州，與劉熙考論大義，遂博通五經。[②]

先帝（指劉備）亦言吾周旋陳元方、鄭康成間。[③]

又，據《鄭志》《鄭記》[④]，能考知的鄭玄門人有冷剛、張逸、孫晧（一作顥）、劉琰（一作炎）、炅（一作靈）模、田瓊、王瓚、焦氏、崇精、王權、鮑遺、任厥、氾閣、崇翱、劉德、陳鑠（一作鏗）、桓翱等。此可見其門人的確衆多。只不過，這些弟子的史實大多都已無考了。

鄭玄故居在北海國高密縣，正毗鄰青州、兖州、魯州，鄭玄一直在故鄉高密授徒，宜其本傳稱"齊、魯間宗之"，這是鄭玄影響最直接、持久也是徒衆最多的區域。職由此故，鄭玄卒時，才能"縗絰赴會千餘人"。[⑤] 至於本傳所列諸人，郗慮，山陽高平人，屬兖州。建安十三年（208）八月，獨攬大權的曹操拜郗慮爲御史大夫，權重一時。這一支脈，到其玄孫郗鑒，則發揚光大，成了東晉初期名重一時的宰執大臣。王基，字伯輿，東萊曲城人，屬青州。《三國志》卷二七有傳。王基與司馬懿、司馬師、司馬昭等交好，在平定毌丘儉、文欽之亂中立下汗馬功勞，也爲此赢得了執政高層的信任，封安樂鄉侯。傳載"王肅著諸經傳解及論定朝儀，改易鄭玄舊説，而基據持（鄭）玄義，常與抗衡"，即爲維護師尊之見而敢於駁斥王肅的論説。《隋書》卷三三《經籍志》載"《毛詩駁》一卷，魏司空王基撰"，可能就是駁斥王肅《毛詩義駁》八卷、《毛詩奏事》一卷的產物。《經義考》卷一〇一在著録王基《毛詩駁》時舉了一例，即對《毛詩·國風》中的《芣苢》篇[⑥]，王肅引《周書》"芣苢如李，出於西戎"作注，王基則駁曰"遠國异物，非周夫人所得采"，强調夷夏之别的正統觀念，正針鋒相對。國淵，字子尼，樂安郡蓋縣人，屬青州。《三國志》卷一一有傳。曹操辟爲司空掾屬，後遷魏郡太守。任嘏，樂安博昌人。《三國志》卷二七有傳。世爲著姓，魏文帝時累遷東郡、趙郡、河東太守。《隋書》卷三四《經籍志》載"《任子道論》十卷，魏河東太守任嘏撰"。這些人都屬齊、魯之地。因此，本傳言"齊、魯間宗之"，確係實情，由此可窺見鄭學興盛的地域。例外的是清

① 陳壽《三國志》卷一三《王肅傳》，北京：中華書局，1982 年，第 419—420 頁。

② 《三國志》卷五三《程秉傳》，第 1248 頁。

③ 《三國志》卷三三《後主劉禪傳》裴注引《華陽國志》載諸葛亮言，第 903 頁。

④ 今均佚。皮錫瑞曾據袁鈞《鄭書遺書》本作《鄭志疏證》八卷，附《鄭記考證》一卷。《四庫提要》謂"《鄭志》皆玄與門人問答之詞，《鄭記》皆其門人互相問答之詞"。今有輯佚的《鄭志（兩種）》（見《叢書集成初編》，中華書局 1985 年）。

⑤ 鄭玄卒後，最初葬於劇東（今山東益都境内），後又歸葬於高密縣西北五十里劉宗山下的厲阜。今此地仍存有唐代墓碑和鄭玄祠廟。

⑥ 《山海經》《周書·王會》載"芣苢，木也，實似李，食之宜子。出於西戎"。

河崔琰。崔琰,字季珪,《三國志》卷一二有傳。曹魏時曾任尚書、中尉。崔琰有二子:崔諒、崔欽。這一支脈到了十六國、北魏時期,漸趨成爲北方的一流士族,如崔諒曾任晋中書令,諒子崔遇爲後趙特進;崔遇之子崔瑜,爲黄門郎;崔瑜之之子崔逞,曾任前秦齊郡太守、北魏御史中丞等職。崔琰的從兄弟崔林的七世孫即是赫赫有名的北魏權臣崔浩。又可想見,《鄭玄傳》所載,必是鄭門高足或位高權重之人,這些人對鄭學的傳播當然會起到重要的作用。還能説明的是,涿郡盧植,曾與鄭玄同事扶風馬融,并相友善[①]。據《後漢書》卷六四本傳,其"通古今學,好研精而不守章句",學成後歸鄉教授,在河北一帶影響很大,"名著海内,學爲儒宗,士之楷模,國之楨幹"。盧植曾著《尚書章句》《三禮解詁》[②]。子盧毓,仕魏至侍中、吏部尚書,而盧毓子盧欽"清虚淡泊,動脩禮典"[③],欽子盧浮後任晋國子博士,遷祭酒,可見均能傳承其家學。後來,這一支脈在北朝世代以儒業顯,成了一流的高門,如盧偃、盧邈"皆以儒雅稱",盧伯源"敦尚學業",盧道將"涉獵經史,頗有文才,爲一家後來之冠",其子盧思道是北魏著名的文人。盧道虔"好《禮》學,難齊尚書令王儉《喪服集記》七十餘條"。盧景裕曾注《周易》《尚書》《孝經》《論語》《禮記》《老子》等,是一代大儒。周文帝以盧誕"儒宗學府,爲當世所推,乃拜國子祭酒"。爲此,傳論范陽盧氏"子孫繼迹,爲世盛門",之所以見重於時,聲高冠帶,是因其"德業儒素有過人者"[④],也道出了儒業傳家的事實。或者能説,北朝經學的傳承,正是端賴鄭玄的門人弟子(不管其門人弟子如何流移播遷,總之基本上在今山東、河南北部、河北一帶傳習),以及一流盛族清河崔氏、范陽盧氏等,也爲此帶有較濃厚的古文經學特色,即重名物典制、語詞的解釋,因爲他們的初師馬融本就是古文經學大師,鄭玄、盧植都精於此道。《鄭玄傳》就載"初,中興之後,范升、陳元、李育、賈逵之徒争論古今學,後馬融答北地太守劉瓌及(鄭)玄答何休,義據通深,由是古學遂明";《盧植傳》亦載其自言,"臣少從通儒故南郡太守馬融受古學,頗知今之《禮記》特多回冗",而冀州一帶,"人性多敦厚,務在農桑,好尚儒學,而傷於遲重"[⑤],無疑又直接强化了固守漢魏經學傳統的傾向。

當然,鄭注地位的上升也有一個曲折的歷史進程。太武帝拓跋燾時,"常非馬融、鄭玄解經失旨,志在著述《五經》"的儒生陳奇,受到了"贊扶馬、鄭"時任秘書監游雅的責難,不

① 《三國志》卷二二《盧毓傳》裴注引盧植與"鄭玄同門相友",第 650 頁。

② 《三國志》卷二二《盧毓傳》作"《禮記解詁》",第 650 頁。

③ 《三國志》卷二二《盧毓傳》裴注引,第 653 頁。

④ 均見李延壽《北史》卷三〇《盧玄等傳》,第四册,北京:中華書局,1974 年,分别爲第 1071、1073、1074、1078、1109、1109、1110 頁。

⑤ 魏徵、令狐德棻《隋書》卷三〇《地理志中》"冀州"條,北京:中華書局,1973 年,第 859 頁。

僅不敘用，甚至還憑藉一己的職權，因告京師後生不要再聽陳奇的傳講[①]。這種激烈的衝突雖然不免夾雜有個人的好惡和恩怨，但也正説明了非議馬融、鄭玄解經儒士的存在。還有一儒者張吾貴，"兼讀杜、服，隱括兩家，异同悉舉"，但這種"義例無窮，皆多新异"——即頗多新意的解經方式，實際上也是不被時人認可，張吾貴傳經的最後結局是"業不久傳"[②]。這種頗多新意的解經方式，實際上與魏晋的新學有較多的相似。相形之下，能承兩漢遺風，或者説古學的解經方式，多能獲得士人的普遍認可，如劉蘭"推經、傳之由，本注者之意，參以緯候及先儒舊事，甚爲精悉"，"學徒前後數千，成業者衆"[③]。所謂的"經、傳之由"是指經、傳的本源，這衹能推源到先秦和兩漢；"注者之意"指漢儒注釋的意旨，即字詞的訓詁；"參以緯候"，更是漢儒解經的一個特色，因讖緯的興盛，多好引用緯書以解經。至於"先儒舊事"，衹能是較爲久遠一些的兩漢故實。學徒衆多、成業者衆也進一步説明這種傳經方式的興盛實有廣泛的社會基礎。

鄭義與王肅"新義"還在朝堂上有過一些公開的争議。太和十三年(489)五月，詔群臣議禘、祫即宗廟祭祀之禮，尚書、中書等各據鄭玄、王肅義論争，最後由孝文帝裁决，因各有精當之處，分别取之，"今互取鄭、王二義。禘祫并爲一名，從王；禘是祭圓丘大祭之名，上下同用，從鄭"[④]。但此事還没有終結，景明二年(501)六月，秘書丞孫惠蔚上書，又提到了此事。其據《禮記・王制》鄭玄注中祫、禘分祭義，提出"取鄭舍王"，以代替王肅的祫、禘合一[⑤]。這一建議，後經八坐、五省、太常、國子等衆議，得到了認可。這也是王肅義漸趨被排斥出實際執政的一個具體例證。不僅如此，還有一件事能看出鄭、王之學的論争。延昌二年(513)春，偏將軍乙龍虎喪父，給假二十七月。乙龍虎并數閏月，詣府求仕。元珍據鄭注"二十七月而禫(除去孝服時舉行的祭祀)"，認爲其未盡三年之喪，違制應刑。崔鴻則據王(肅)、杜(預)之義辯駁，認爲并不違制。不過，多次辯駁後，某種程度上，崔鴻也不得不認可鄭義，"喪事尚遠日，誠如鄭義。龍虎未盡二十七月而請宿衛，實爲忽忽，於戚之理，合在情責"[⑥]。雖然，史書并未明言争辯的結局，但鄭義明顯占了上風。當然，這種論辯的背後可能還有人事的影子。據《魏書》卷六三《王肅傳》，太和十七年(493)，王肅(此非三國時王肅)自建業來奔。王肅景明二年七月薨於壽春，年三十八(月份據《魏書》卷八《宣武帝紀》)。而王肅因孝文帝等"器重禮遇，日有加焉"，甚至有"猶玄德之遇孔明"的譬喻，以及

① 魏收《魏書》卷八四《儒林・陳奇傳》，北京：中華書局，1974年，第1846—1847頁。
② 《魏書》卷八四《儒林・張吾貴傳》，第1851頁。
③ 《魏書》卷八四《儒林・劉蘭傳》，第1851頁。
④ 《魏書》卷一〇八之一《禮志一》，第2743頁。
⑤ 《魏書》卷一〇八之二《禮志二》，第2760頁。
⑥ 《魏書》卷一〇八之四《禮志四》，第2798頁。

本人“明練舊事”,諳習典儀,使得“朝儀國典,咸自肅出”[①]。雖時間不長,但因在孝文帝大力推行漢化時期,且本人官居高位,而影響甚大。[②] 就奔魏的王肅來看,史書載其“自謂《禮》《易》爲長”,雖“亦未能通其大義”,但因來自南方,受南方學術氛圍的薰陶,也自必會青睞、傾心於維護曹魏時王肅的新義,更何況還是同一名字呢,不排除惺惺相惜的可能。據《三國志》卷一三《王肅傳》,其“爲《尚書》《詩》《論語》《三禮》《左氏》解、及撰定父朗所作《易傳》,皆列於學官。其所論駁朝廷典制、郊祀、宗廟、喪紀、輕重,凡百餘篇”,確實擅長禮制。王肅不好鄭氏,每爲此駁斥,也是學人熟知的史實。所以,一時間王肅義得到了彰顯,如太和十九年五月,太子行冠禮。事後,孝文帝認爲有“三失”,其依據之一就是王肅所編的《孔子家語·冠頌篇》,且言“《家語》雖非正經,孔子之言與經何异”[③],即推尊《孔子家語》。但好景不長,隨着景明二年(南方次年即爲梁天監元年)七月王肅的逝世,曹魏時的王肅義,甚且王肅本人也黯然失色了。《魏書》卷六五《邢巒傳》載,“少爲《三禮》鄭氏學,明經有文思”的邢虬,在孝文帝駕崩時,對尚書令王肅的“多用新儀”,就加以駁斥,“往往折以五經正禮”。

當然,這隻是一個過渡階段,一段波瀾。到了一代大儒徐遵明時期,則有了長足發展。徐遵明在河北教授,講説鄭玄注《周易》《尚書》《論語》《三禮》等[④],因其徒衆甚多,“束脩受業,編録將逾萬人”,“學徒至今,浸以成俗。遵明講學於外,二十餘年,海内莫不宗仰”[⑤],而使得鄭注在北土廣爲傳播,也在實際上形成了北朝的主流習經風尚。[⑥]《北齊書》卷四四《儒林傳序》就明言“凡是經學諸生,多出自魏末大儒徐遵明門下”(北朝的習經風尚參下一節)。

《魏書》卷八四《儒林傳序》載:

> 漢世鄭玄并爲衆經注解,服虔、何休各有所説。玄《易》《書》《詩》《禮》《論語》《孝經》,虔《左氏春秋》,休《公羊傳》,大行於河北。王肅《易》亦間行焉。晉世杜預注《左氏》,預玄孫坦、坦弟驥於劉義隆世并爲青州刺史,傳其家業,故齊地多習之。

---

① 《北史》卷四二《王肅傳》,第 1540 頁。

② 説明:上所言關涉鄭、王義的論争,是指曹魏時的王肅,非此際奔魏的王肅。這是兩個不同時代的人。

③ 《魏書》卷一〇八之四《禮志四》,第 2810 頁。

④ 其弟子通直散騎常侍李業興上表亦言其“擬高蹤於北海(指鄭玄)”,見《魏書》卷八四《儒林·徐遵明傳》,第 1856 頁。

⑤ 《魏書》卷八四《儒林·徐遵明傳》,分别爲第 1856、1855 頁。

⑥ 據《魏書》本傳,徐遵明永安二年(529)卒,時五十五歲,前推“二十餘年”,正在太和(477—499)末年到景明(500—504)初年,即王肅卒後,在北土趙魏一帶廣爲傳播。

《北史》卷八一《儒林傳序》亦載：

> 大抵南北所爲章句，好尚互有不同。江左，《周易》則王輔嗣，《尚書》則孔安國，《左傳》則杜元凱。河洛，《左傳》則服子慎，《尚書》《周易》則鄭康成。《詩》則并主於毛公，《禮》則同遵於鄭氏。南人約簡，得其英華；北學深蕪，窮其枝葉。（《隋書》卷七五《儒林傳序》所載同）

服虔《左傳》注，據《世説新語》卷上《文學》第二條，鄭玄在客舍邊聽服虔論《左傳》意，因與己意暗合，遂拱手相讓一己的成果，“今當盡以所注與君”，“遂爲服氏注”。即北人所遵守，實主鄭玄注。鄭玄注能“大行於河北”，固然與其博學多師、兼采今文以附益古文，宏通博大，甚且無所不包，便於讀習等因素有關；但衆多弟子的廣爲傳播，也無疑有甚大的作用。問題是，這些本在齊魯地域的鄭玄門人，在流血、紛爭的十六國、北魏時期又是如何流轉、傳播到整個北方，進而成了北方經學的主導或權威注釋？這與此一時期士人的流徙有很大關聯。《晋書》卷一〇八《慕容廆載記》載：

> 時，二京傾覆，幽、冀淪陷，廆刑政脩明，虚懷引納，流亡士庶多襁負歸之。廆乃立郡以統流人，冀州人爲冀陽郡，豫州人爲成周郡，青州人爲營丘郡，并州人爲唐國郡。於是推舉賢才，委以庶政，以河東裴嶷、代郡魯昌、北平陽耽爲謀主；北海逄羡、廣平游邃、北平西方虔、渤海封抽、西河宋奭、河東裴開爲股肱；渤海封弈、平原宋該、安定皇甫岌、蘭陵繆愷以文章才俊任居樞要；會稽朱左車、太山胡毋翼、魯國孔纂以舊德清重引爲賓友，平原劉贊儒學該通，引爲東庠祭酒，其世子皝率國胄束脩受業焉。廆覽政之暇，親臨聽之。於是，路有頌聲，禮讓興矣。

永興元年（304），匈奴貴族劉淵起兵於離石（今屬山西省）。永嘉四年（310），劉淵死，子劉聰繼立。次年四月，其將石勒於苦縣寧平城（今河南鹿邑）盡殲西晋軍主力十餘萬人，并俘殺太尉王衍等人。同年又遣呼延晏攻洛陽，屢敗晋軍。六月，呼延晏到達洛陽，與劉曜會合，攻破洛陽，史稱“永嘉之亂”。大難來臨，整體而言，士人避難流徙的方向，主要有三：即東北方向，托庇於鮮卑慕容氏；西北方向，歸依凉州的張軌；江南方向，僑居於孫吴故壤，依附後來的司馬睿政權。八王之亂的末期，齊、魯一帶，處在東海王司馬越的掌控之下。擁護司馬越的幽州刺史王浚，以及并州刺史劉琨也都在興晋的旗號下進行不屈不饒的抗争。由此，在早期階段，因地域的毗鄰，齊、魯一帶的士人多有投奔劉琨或王浚的，魏

郡黄泓就是一個典型的例證:

永嘉之亂,(黄泓)與渤海高瞻避地幽州,説瞻曰:"王浚昏暴,終必無成,宜思去就,以圖久安。慕容廆法政脩明,虚懷引納,且讖言真人出東北,儻或是乎?宜相與歸之,同建事業。"瞻不從。泓乃率宗族歸廆,廆待以客禮,引爲參軍,軍國之務動輒訪之。泓指説成敗,事皆如言。廆常曰:"黄參軍,孤之仲翔(指三國時政治家、經學家虞翻,字仲翔)也。"①

魏郡,今河北磁縣,屬司州;渤海郡,今河北滄州,屬冀州,均毗鄰幽州,宜其與渤海高瞻避地近鄰的幽州,即投奔擁晋的王浚。但王浚"昏暴",因此不得不謀議投奔更遠一些的已在遼東、遼西一帶日漸興起、思賢若渴的鮮卑慕容氏。而建興二年(314)王浚被石勒殺害,太興元年(318),劉琨亦被段匹磾所殺。因此,先前投奔劉琨或王浚的士人就多走趨慕容氏了。正是這個原因,慕容氏集聚了大量的士人,而不得不别立郡縣來治理流人,東晋元帝敕封慕容廆"都督遼左雜夷流人諸軍事"②,從職銜中"流人"一語,也不難看出在遼東地區流人激增的史實,史載"流人之多舊土十倍有餘"③。還能説明的是,《宋書》卷三五《州郡志》"南徐州刺史"條載"晋永嘉大亂,幽、冀、青、并、兖州及徐州之淮北流民,相率過淮,亦有過江在晋陵郡界者",即仍有大量的士人選擇南奔,渡過淮河,最終抵達江左。但這一部分人,更多的是瑯琊王導一系,因爲在司馬越的早期規劃中,一旦失利,便可憑藉由在江東的司馬睿以及徐州的王衍、王導等構築的兩道防綫逃生,即徐州一道,再后撤,就是在冷兵器時代能憑藉長江天險的江左一綫。後來的事實——即"王與馬,共天下"的政治偏安格局也證實了司馬越的遠見卓識。史籍中如黄泓般避難於遼東者,還能找到一顯例:

天下大亂,聞公孫度令行於海外,(管寧)遂與(邴)原及平原王烈等至於遼東。度虚館以候之。既往見度,乃廬於山谷。時避難者多居郡南,而寧居北,示無遷志,後漸來從之。④

管寧,北海人,原指邴原,與管寧同縣,都在齊、魯之地。"避難者多居郡南",除了表明

① 房玄齡等《晋書》卷九五《藝術·黄泓傳》,北京:中華書局,2003年,第2492—2493頁。
② 《晋書》卷一〇八《慕容廆載記》,第2805頁。
③ 《晋書》卷一〇九《慕容皝載記》,第2823頁。
④ 《三國志》卷一一《管寧傳》,第354頁。

流人多之外，也説明了流移之人多懷故土之望，并無長久定居遼東的打算，祇是暫懷苟且，一旦遇到合適的機遇就會重返故里。公孫度割據遼東的時間（190 年爲遼東太守，204 年病逝）比慕容氏遷居遼西、漸趨稱雄的時間（慕容廆，307 年自稱鮮卑大單于，321 年都督幽、平二州東夷諸軍事）要早八九十年。這也説明流民移居遼西已持續了較長的時間，甚且有一個傳統。

至於"泓乃率宗族歸廆"，也道出了另一個事實，即千里奔波，面對時刻遠不能逆料的各種危險，祇有聚族遷徙，才有可能到達目的地；而且，要想在寄居之地的政權獲得相應的地位，也惟有藉助大規模的宗族勢力才能獲得，"王與馬，共天下"之所以能形成，瑯邪國（今山東臨沂）毗鄰江東、族人在永嘉亂前已大量過江也是一個重要因素。高平郗鑒也是這樣。據《晋書》卷六七《郗鑒傳》，元帝初鎮江左，任郗鑒兖州刺史，後因其"衆至數萬"，形成了一支遠不可忽略的軍事力量，而拜其都督兖州諸軍事，鎮合肥。之後，郗鑒便往來於合肥、建康之間。之所以如此，就是因郗鑒爲流民帥，朝廷要羈縻、籠絡；而郗鑒本人要維持一己的政治地位，也自不可喪失其可依恃的部曲實力（能最終抵達江南，一般皆爲身强力壯之人，也就是謝玄整編京口的流民爲北府兵的力量憑藉與真實原因），而需頻繁聯繫。郗鑒是流民帥，《真誥》卷一五《闡幽微第一》注言郗鑒"永昌元年（322）率諸流民來渡江東"，其所率部曲，就是在"推（郗）鑒爲主，舉千餘家俱避難於魯之嶧山"的基礎上形成的。黄泓是一介儒士，從父黄沈受業，"精妙逾深，兼博覽經史，尤明《禮》《易》。性忠勤，非禮不動"。

再從上引《慕容廆載記》所言的士人地域看，河東郡、廣平郡屬司州，代郡、北平郡屬幽州，渤海郡、平原國屬冀州，西河國屬并州，北海郡屬青州，太山郡、魯國屬兖州；這都是今山東、河北一帶的地域。慕容廆所任用的這些人，基本上都是當地的高門，如河東裴氏，據《晋書》卷三五《裴秀傳》，裴秀的祖父裴茂，漢尚書令。父裴潛，魏尚書令。裴秀晋武帝時任司空。其子裴頠更盛名一時，亦任尚書左僕射，侍中。高位一直蟬聯不斷，裴氏盛名於魏晋之世，爲此時人曾以"八裴"方於"八王"（指一流高門瑯琊王氏）。安定朝那皇甫氏，據《後漢書》卷七一《皇甫嵩傳》，皇甫嵩，度遼將軍規之兄子。父節，雁門太守。皇甫嵩靈帝時任北地太守，後因平定黄巾起義而聲名鵲起，時人曾爲歌贊譽，"天下大亂兮市爲墟，母不保子兮妻失夫，賴得皇甫兮安居"。這也奠定了安定皇甫氏的家族地位。會稽的土著高門，一直有顧、陸、朱、張之稱。從《載記》中以"文章才俊任居樞要"，"舊德清重引爲賓友"，"儒學該通，引爲東庠祭酒"等來看，儒生、文士受到了慕容氏的高度重視，這實際上也開始了鮮卑慕容氏的漢化進程。它可溯源到慕容廆之子慕容皝，"賜其大臣子弟爲官學生者號高門生，立東庠於舊宫，以行鄉射之禮，每月臨觀，考試優劣。皝雅好文籍，勤於講授，學徒甚盛,至千餘人。親造《太上章》以代《急就》,又著《典誡》十五篇,以教胄子"[①],即開始了鮮卑慕容氏上層全面漢化的歷程。可以想見,隨着前燕的第二任皇帝慕容儁入據中原、移都鄴城,也就普及了原居齊、魯一帶的文化士族的影響。不過,好景不長,395 年參合陂一役,北魏俘虜慕容氏大軍數萬步騎,以及"文武將吏數千人,器甲輜重、軍資雜財十餘萬計"[②],又於俘虜之中,拔擢有才識者賈彝、賈閏、晁崇等與參謀議。這實際上也是楚才晋用,慕容氏所依恃的儒士轉而到了北魏政權[③],對北魏的漢化進程起到了一定的推進作用。

【作者簡介】丁紅旗,男,1973 年生,河南信陽人,文學博士,華東師範大學中文系古籍所副研究員,主要從事漢魏六朝唐宋文獻學、文學研究。

① 《晋書》卷一〇九《慕容皝載記》,第 2826 頁。

② 《魏書》卷二《道武帝拓跋珪紀》,第 27 頁。

③ 關於青齊地區的士族,唐長孺先生在《北魏的青齊士民》一文中有詳細的論述,載於《魏晋南北朝史論拾遺》(中華書局,1983 年)。近年來,有許多學者在這一基礎上有進一步的解釋,比較有代表的是韓樹峰《南北朝時期淮漢迤北的邊境豪族》(社會科學文獻出版社,2003 年)。

《彭成興墓志》及相關問題

党　斌

《彭成興墓志》，20 世紀 70 年代出土于寶雞麟游縣丈八鄉，現藏麟游縣博物館。此系磚銘墓志，共兩方，尺寸相同，長 0.32 米，寬 0.15 米，厚 0.05 米。《新中國出土墓志・陝西三》收録此志，名爲《北魏征西將軍領護六夷校尉武威太守東宫舍人盧水統酋彭成興墓志》。[①] 以下對磚銘墓志的産生演變、陝西出土磚銘墓志情况及《彭成興墓志》所涉問題略作考察。

墓志是石刻文獻的重要類型之一，它刊載墓主姓名、籍貫、家族世系、生平事蹟和悼念性的銘辭，具有較高的史料價值。20 世紀後半期，伴隨着各類基礎設施工程建設和考古事業的飛速發展，大量墓志得以出土，爲相關領域的研究提供了重要的實物和文獻資料。

關於墓志的出現和起源問題，衆説紛紜，儘管已有多位學者進行了考察和論述[②]，但關於此問題學界尚無定論。毛遠明先生指出：墓志的形成應當經歷了從“志墓”到到“墓志”的長期發展和演變，漢代刑徒磚爲其濫觴，而未成定制却已有其實的墓志當産生在東漢，成爲定制的墓志至遲不會晚于晋代。[③] 顧春軍在綜合考察前人研究基礎上也認爲“把墓志出現之間定爲東漢初期，既符合歷史事實，也符合歷史發展規律”。[④]

較之磚質墓志，銘文磚的出現時間要早得多。在陝西境内，咸陽秦故都、秦始皇陵等遺址周邊均出土了一定數量的銘文磚，記載官署名稱、工匠姓名和地名等基本信息。如：秦始皇陵“右卯廿六”“甲百八”“秦右東十八”銘文磚等。[⑤] 袁仲一先生認爲，這些銘文磚

---

① 陝西省古籍整理辦公室編《新中國出土墓志・陝西三》，北京：文物出版社，2016 年，上册第 4 頁、下册第 1 頁。

② 除趙超先生的論述之外，主要有：熊基權《墓志起源新説》，《文物春秋》1994 年第 1 期；吴煒《墓志銘起源初探》，《東南文化》1999 年第 3 期；賴非《有關墓志起源問題的辨析》，《中國書法》2001 年第 10 期；李永明《中國古代墓志銘的源流》，《山東圖書館季刊》2003 年第 1 期；程章燦《墓志文體起源新論》，《學術研究》2005 年第 6 期；朱智武《中國古代墓志起源新論》，《安徽史學》2008 年第 3 期；孟國棟《墓志的起源與墓志體的成立》，《浙江大學學報（社科版）》2013 年第 5 期；顧濤《墓志源流考辨》，《湖北社會科學》2013 年第 7 期；顧春軍《墓志源流考論》，《民俗研究》2015 年第 6 期。

③ 毛遠明《碑刻文獻學通論》，北京：中華書局，2009 年，第 108、111 頁。

④ 顧春軍《墓志源流重要考論》，《民俗研究》2015 年第 6 期，第 75 頁。

⑤ 楊希哲《臨潼碑石》，西安：三秦出版社，2006 年，第 51—53 頁。

從刻文方式、文字數量等方面均與同時期的瓦文、陶器銘文相類,應當歸入"陶文"之列。[①]而已發現的各類漢代墓葬畫像磚、紀年磚、紀年刻石在内容和功能方面與磚質墓志也存在很大的差异。[②] 故這些時代較早的秦漢時期銘文磚雖然出土於墓葬之中,且與後代磚銘墓志類似,却不能看作墓志。而漢代刑徒磚則在内容、形制、功能等方面均具備了早期墓志的特徵。

毛遠明先生所説的漢代刑徒磚應當是早期墓志的重要類型之一,其時代屬東漢時期,集中發現於河南洛陽地區。東漢時期,政府曾調動大量罪犯在洛陽及其周邊地區從事勞役,罪犯死後集中葬於附近,并刻墓磚記載罪犯姓名、卒日、服刑地等基本信息,一同置於墓中。後世稱其爲"東漢洛陽刑徒磚"。東漢洛陽刑徒磚早在清代末年已經有少量出土,但其集中出土則是在 1958 和 1964 年兩次針對東漢洛陽刑徒墓地的大規模考古發掘中。[③]此後亦有零星墓磚出土。目前,該地區出土的刑徒磚總數達近千塊之多。

東漢以降,與刑徒磚類似的磚銘墓志開始廣泛使用,這一點從目前全國範圍内磚銘墓志的出土情况可以得到印證。黄展岳先生認爲:"由於東漢盛行墓前立碑、建祠堂,所以當時埋入墓中碑形石刻并不多,較常見的是在畫像石墓内題字。魏晋時期嚴禁墓前立碑、建祠堂,畫像石墓消失,於是埋入墓中的碑形石刻數量大增,磚刻也明顯增多。[④] 歷經魏晋南北朝隋唐數百年間,儘管石質墓志數量最多,爲墓志之主流。但磚銘墓志由於工序簡易,仍然成爲中下層百姓喪葬的重要内容之一,構成了中古時期墓志的重要類型。故趙冠群稱:"在秦漢、魏晋甚至到民國,這一載體的銘文都未曾間斷。"[⑤]

從目前已刊布的各類考古發掘資料來看,全國各省多有磚銘墓志發現。陝西境内出土的磚銘墓志集中發現於關中地區西安、咸陽兩地。從時代上來看,則魏晋至隋唐時期均有涉及。下表僅列數種陝西出土之唐前磚銘墓志:

	名稱	年代	尺寸	書體行字	存藏信息	正文
1	趙定磚志[⑥]	西晋元康元年(291)	長 0.36 米,寬 0.18 米,厚 0.09 米。	隸書,正面 2 行 14 字,右側 1 行 6 字。	2006 年出土于西安市漢長安城遺址。	元年五月三日,巴郡趙定,年八十二。元康元年□□。

① 參見袁仲一《秦代陶文》,西安:三秦出版社,1987 年,第 9 頁。

② 關於陝西漢代墓葬畫像磚、紀年磚和紀年刻石資料,以陝北地區較爲集中,參見李林等《陝北漢代畫像石》,西安:陝西人民出版社,1995 年。

③ 按:東漢洛陽刑徒墓位於河南洛陽市與偃師市交界處,共發掘清理墓葬 522 座。

④ 黄展岳《早期墓志的一些問題》,《文物》1995 年第 12 期,第 52 頁。

⑤ 趙冠群《與古爲徒——漢晋磚銘略術(上)》,《藝術品》2015 年第 7 期,第 57 頁。

⑥ 李朝陽《陝西關中出土的西晋十六國時期磚志考述》,《文博》2012 年第 6 期,第 18 頁。

續表

	名稱	年代	尺寸	書體行字	存藏信息	正文
2	王銀瑣磚志①	西晋年間(281—316)	長 0.37 米,寬 0.17 米,厚 0.07 米。	隸書 1 行 7 字。	2006 年出土,地點不詳,現爲私人收藏。	田僧允妻王銀瑣。
3	崔氏磚志②	前秦建元十三年(377)	長 0.34 米,寬 0.17 米。	隸書 3 行 29 字。	1987 年出土於户縣東關朱雀傢俱公司院内,現藏户縣秦渡鎮羅漢寺。	秦建元十三年三月己未朔二日,京兆户東鄉臨利裏崔氏□□□□興甫。
4	張氏女磚志③	前秦建元十四年(378)	尺寸不詳。	隸書 2 行 16 字。	1999 年出土於咸陽市文林路,現爲咸陽市文物考古研究所。	建元十四年二月十二日,張氏女,朱圮婦。
5	龐元慶磚志④	後秦弘始十七年(415)	尺寸不詳。	隸書 2 行 16 字。	2006 年出土於户縣東鄉,現爲私人收藏。	弘始十七年九月十三日,南安龐元慶銘
6	韋鮮玉磚志⑤	北魏永安二年(529)	長 0.37 米,寬 0.18 米,厚 0.06 米。	楷書 4 行 37 字。	2007 年出土于西安市長安區清京社區基建工地,現藏陝西省考古研究院。	雍州主簿韋敬元長女鮮玉之墓,魏永安二年歲次己酉十二月戊申朔十四日丁酉,即玆玄壤。
7	謝婆仁磚志⑥	西魏大統十六年(550)	長 0.33 米,寬 0.16 米,厚 0.07 米。	隸書 3 行 18 字。	1991 年出土于咸陽市文林北陝西省郵電學校基建工地,現藏咸陽市文物考古研究所。	大統十六年七月九日,謝婆仁銘,住在謝營中。
8	王氏妻宋氏磚志⑦	北周天和元年(566)	尺寸不詳。	隸書 3 行 15 字。	2009 年出土於咸陽市機場基建工地,現藏咸陽市文物考古研究所。	天和元年十一月廿五日,王氏妻宋銘。
9	趙悦磚志⑧	西魏廢帝元欽三年(553)	邊長 0.34 米,厚 0.07 米。	楷書 16 行,滿行 16 字。	1994 年出土于户縣大王鎮兆倫村磚廠,現藏户縣文物管理委員會。	志題"故雍州杜縣令趙君墓志銘"。

① 《陝西關中出土的西晋十六國時期磚志考述》,第 17 頁。
② 陝西省古籍整理辦公室編《户縣碑刻》,西安:三秦出版社,2005 年,第 4 頁。
③ 《陝西關中出土的西晋十六國時期磚志考述》,第 20 頁。
④ 《陝西關中出土的西晋十六國時期磚志考述》,第 18 頁。
⑤ 段毅《北朝兩方韋氏墓志釋解》,《碑林集刊(二十一)》,西安:三秦出版社,2015 年,第 5 頁。
⑥ 劉衛鵬《咸陽西魏謝婆仁墓清理簡報》,《考古與文物》2003 年第 6 期,第 10—11 頁。
⑦ 《陝西關中出土的西晋十六國時期磚志考述》,第 20 頁。
⑧ 陝西省古籍整理辦公室編《新中國出土墓志・陝西三》,北京:文物出版社,2015 年,第 5 頁。

續表

	名稱	年代	尺寸	書體行字	存藏信息	正文
10	郁久閭伏仁磚志①	隋開皇六年(586)	邊長 0.33 米。	楷書 16 行,行 17—24 字不等。	早年出土于西安市長安區,現藏西安碑林博物館。	志文志石泐蝕嚴重。志文略。
11	梁龕磚志②	隋開皇十四年(594)	長 0.34 米,寬 0.18 米。	楷書 4 行,滿行 12 字。	出土時間、地點不詳,現藏西安碑林博物館。	大隋開皇十四年歲次甲寅乙丑十五日己卯,大興縣安道鄉常樂坊民梁龕銘記。十五日入壙。
12	趙長述磚志③	隋開皇十七年(597)	長 0.35 米,寬 0.17 米。	志文楷書 3 行,滿行 8—12 字不等。	1955 年出土於西安市西郊,現藏西安碑林博物館。	開皇十七年四月十九日,雍州長安縣修仁鄉故民趙長述銘,住在懷遠坊。
13	楊士貴磚志④	隋仁壽元年(601)	長 0.30 米,寬 0.17 米。	楷書 3 行,滿行 8—12 字不等。	1955 年出土於西安市西郊,現藏西安碑林博物館。	仁壽元年正月廿六日,長安縣禮成鄉洽恩裏住居德坊民故楊士貴銘記。
14	李文都磚志⑤	隋大業元年(605)	共 2 塊,均長 0.35 米,寬 0.18 米。	楷書共 6 行 47 字。	1954 年出土於西安市東郊郭家灘,現藏西安碑林博物館。	雍州大興縣安盛鄉民李文都記;唯大隋大業元年歲次乙丑二月壬戍朔六日丁卯,雍州大興縣安盛鄉民李文都銘記。
15	吕曇磚志⑥	隋大業三年(607)	長 0.24 米,寬 0.18 米。	楷書 4 行,行殘存 9 字。	1955 年出土於西安市東郊韓森寨,現藏西安碑林博物館。	殘存"維大業三年十一月"、"郡大興縣大明鄉"、"伏波將軍通議"、"令寺丞吕曇"等字。
16	尹君妻王氏磚志⑦	隋大業十二年(616)	長 0.32 米,寬 0.16 米。	楷書 3 行 32 字。	1955 年出土於西安市東郊郭家灘,現藏西安碑林博物館。	隋大業十二年正月二十日,大興縣永寧鄉住在安邑裏民尹氏故人婦女王銘記。

在上表所列出土之唐前磚志中,西魏《趙悦磚志》和隋《郁久閭伏仁志》兩志與其他略有不同。

① 王其禕、周曉薇《隋代墓志銘匯考(一)》,北京:綫裝書局,2007 年,第 192 頁。
② 高峽《西安碑林全集》卷六十七,廣州:廣東經濟出版社,1999 年,第 1175 頁。
③ 王其禕、周曉薇《隋代墓志銘匯考(二)》,北京:綫裝書局,2007 年,第 238 頁。
④ 《隋代墓志銘匯考(二)》,第 359 頁。
⑤ 羅新、葉煒《新出魏晋南北朝墓志疏證》,北京:中華書局,2016 年,第 472 頁。
⑥⑦ 陝西省古籍整理辦公室編《新中國出土墓志・陝西貳》,北京:文物出版社,2003 年,第 434 頁。

《趙悦磚志》云“祖黄始，祖親馮氏。父雙奴，馮翊□守，母馮氏。君諱悦[1]，字祖慶，京兆鄠縣人也……大統十四年，詔授雍州杜縣令。”杜縣，《魏書・地形志》載：“杜，二漢、晋屬。二漢曰杜陵，晋曰杜城，後改。”[2]另據《隋書・地理志》所載，則杜縣在隋代并入大興縣，爲京畿要地。志末載趙悦長子云“長息僧顯兼中給□庭令”，趙氏家世在當時雖非顯赫望族，但也并非普通鄉人，故其磚志文字較多。

《郁久閭伏仁志》云“君諱伏仁，本姓茹茹”，即正史屢見之“蠕蠕”“芮芮”“蝚蠕”等，均爲柔然部族之代稱，後柔然隨鮮卑拓跋部南下，即其志文所載之“太和之時，值魏南徙，始爲河南洛陽人也。改姓郁久閭氏”。《魏書》載：“蠕蠕，東胡之苗裔也，姓郁久閭氏。始神元之末，掠騎有得一奴，發始齊眉，忘本姓名，其主字之曰木骨閭。‘木骨閭’者，首秃也。木骨閭與郁久閭聲相近，故後子孫因以爲氏。木骨閭既壯，免奴爲騎卒。穆帝時，坐後期當斬，亡匿廣漠溪穀間，收合逋逃得百餘人，依純突鄰部。木骨閭死，子車鹿會雄健，始有部衆，自號柔然，而役屬於國。後世祖以其無知，狀類於蟲，故改其號爲蠕蠕。”[3]隋唐以後，郁久閭多改作其他姓氏，故其後正史不見郁久閭氏之記載。但在唐前，《魏書》《北齊書》《北史》均有郁久閭氏家族成員之記載，歷代亦有少量碑志出土。[4] 從《郁久閭伏仁志》所在其家族成員信息以及郁久閭伏仁幼年即得授官等情況來看，其在北朝及隋初仍有一定的地位，故其墓志亦不同於普通百姓。

除《趙悦磚志》和《郁久閭伏仁志》文字篇幅較長之外，上表中其他墓志則多數“使用廢棄的舊磚或現成的建材用磚”[5]，形制較小、内容單一、文字較少，僅記載志主名諱、親屬關係、安葬時間、地點等基本信息，在内容和形式上均與東漢洛陽刑徒磚存在承繼關係。結合這些磚志記載的内容，與同時期出土之墓志進行比較，其志主多爲普通百姓。《試論北魏碑志關系的轉化與墓志形制演變》一文認爲：目前所見北魏遷洛以前墓志形態則以磚質爲主，遷洛後磚質基本爲石質所取代。[6] 根據考古發掘資料來看，此類磚志確實數量已經較少，而其在唐代中期仍然在使用，僅西安碑林博物館即收藏有貞觀二十一年(647)《張氏磚志》、永徽三年(652)《劉氏妻磚志》、永徽五年(654)《安萬通磚志》、天寶二年(743)《史曜磚志》等數方形制類似的磚志。此外，陜西省考古研究院編《長安高陽原新出土隋唐墓志》

---

① “悦”：《户縣碑刻》釋作“忼”。參見《户縣碑刻》，第290頁。忼有“貪”之意，少作人名，志又云其“字祖慶”，故《新中國出土墓志》釋作“悦”。

② 魏收《魏書》卷一〇六《地形志二下》，北京：中華書局，1974年，頁2607。

③ 《魏書》卷一〇三《蠕蠕傳》，頁2289。《北史・蠕蠕傳》所載略同。

④ 郁久閭氏相關碑志考述，參見《隋代墓志銘匯考(一)》，綫裝書局，2007年，頁194。

⑤ 《陜西關中出土的西晋十六國時期磚志考述》，第21頁。

⑥ 馬立軍《試論北魏碑志關系的轉化與墓志形制演變》，《史林》2008年第2期，第95—96頁。

亦收顯慶二年(658)《摯開緒妻陳氏墓志》、龍朔二年(662)《李元會墓志》長安四年(704)《薛某妻費氏墓志》。[①] 再結合這些磚志的出土地來看,較爲集中的地區相當於今西安市灞橋區滻河東岸、白鹿原西麓和未央區三橋、杈楊村一帶。這兩個區域應當是北朝至隋代下層平民墓葬的集中區域,此葬區的使用時間可延續至唐代中期。

至宋、元、明三代,陝西境内仍有磚銘墓志的使用現象,但志文内容增多,形式亦趨於多樣化,包括磚銘墓志、買地券,如:1960 年在岐山縣出土的大觀元年(1107)漏澤園磚志;[②]2004 年在彬縣縣城劉家灣出土的 3 方宋崇寧、大觀年間漏澤園磚志;[③]清代出土於寶雞虢縣的僞齊阜昌八年(1191)《朱近買地券》;[④]1997 年出土於铜川市耀州区的明昌四年(1194)《郄震買地券》;[⑤]2014 年在西安市出土的金正大三年(1226)《李居柔買地券》;[⑥]現藏西安碑林博物館的元至元十七年(1280)《輔昌磚志》;[⑦]現藏户縣文管會的明洪武十五年(1382)《梁守壹地莂》[⑧]等。

與上文提及的數方磚銘墓志相比,北魏永平二年(509)《彭成興墓志》的形制尺寸等均較爲接近,但志主彭成興并非普通百姓,而是北方少數民族盧水胡族成員,其族屬情況文獻記載較少,該族成員墓志亦爲稀見。

《彭成興墓志》共兩方,志文隸書,有界格。第一方正面 6 行,滿行 12 字,側面 2 行,行 14 至 20 字不等。第二方正面 7 行,滿行 14 字,側面無文字。釋文如下:

第一方正面:

大代魏帝孝文時,使持節、大都督清、徐、交、廣四州諸軍事、振武大將軍、歸趙王安定彭王虎孫成興,帝授沼爵征西將軍,領護六夷校尉,武威太守,東宫赦人,盧水統酋。

---

① 李明、劉呆運、李舉綱等《長安高陽原新出土隋唐墓志》,文物出版社,2016 年,第 63、71、139 頁。按:唐代出土的磚志有兩類,其一爲形制較小的長方形墓磚,即上述所舉數方;其二則爲正方形磚志,且多有蓋磚,其除材質并非石質外,形制、行文等均與通行墓志無異。此正方形磚志在北朝也有發現,但數量很少,隋唐以來漸多。

② 張勳燎《從漏澤園看所謂"太平盛世"》,《四川大學學報(哲學社會科學版)》1975 年第 4 期,第 75 頁。

③ 彬縣漏澤園磚志均爲楷書書寫,部分文字受損,每方約存 19 字。第一方銘文可見"生字型大小崇寧四年二月十二日/彭民將亡/留/屍首葬埋";第二方銘文可見"祥符三年二月/坊在吉阿爹往幹明院取到大觀/初九日埋訖";第三方銘文可見"感字型大小無立骨殖/大觀元年三月初九日/幹明院取"等。

④ 韓鋭《語石校注》,北京:今日中國出版社,1995 年,第 90 頁。

⑤ 銅川市考古研究所《陝西耀縣董家河金墓清理簡報》,《文博》1998 年第 1 期。

⑥ 陝西省考古研究院《陝西西安金代李居柔墓發掘簡報》,《考古與文物》2017 年第 2 期,第 49 頁。

⑦ 傅清音《碑林藏兩方〈元輔昌墓志〉釋讀》,《文博》2016 年第 2 期,第 92 頁。

⑧ 《户縣碑刻》,第 59 頁。

第一方側面：

永平二年太歲在己丑三月戊寅朔廿九日丁未，趙平郡鶉觚縣彭成興。

第二方正面：

永平二年歲次己丑正月己卯朔廿九日丁未，趙平郡鶉觚縣彭成興以此日福盡命終。大代魏帝孝文時，使持節、大都督清、徐、交、廣四州諸軍事，振武將軍，歸趙王安定彭王虎孫成興，帝授溍爵征西將軍，領護六夷校尉，武威太守，東宫赦人，盧水統酋。

此志志文中有幾處文字异寫、通假現象和干支之誤，如："帝授溍爵征西將軍"的"溍"，當作"襲"；"東宫赦人"當作"東宫舍人"。志載之時間"永平二年太歲在己丑三月戊寅朔廿九日丁未"，"丁未"當作"丙午"。《新中國出土墓志・陝西三》已作説明。此僅就與墓志形式、志文記載之"領護六夷校尉""盧水統酋"等官職略作敘述。

《彭成興墓志》共有兩方，尺寸相同，文字内容略有差异。同一志主有兩方磚志，且側面刻文的現象并不稀見。晋代之後已經出現墓志蓋，以保護墓志。目前可知的最早志蓋爲北魏正始三年《寇臻墓志》，即公元 506 年。《彭成興墓志》時間爲永平二年(509)，時間略晚，其出土之詳情雖不得而知，亦未有明確的"志蓋"等字，但從其内容推測，其中的一方在形式上可視作志蓋之用。

彭城興不見於史料文獻記載，志文稱其曾爲領護六夷校尉、盧水統酋，兩官職亦未見正史記載。

《後漢書・烏桓傳》有"護烏桓校尉"之名，稱："烏桓自爲冒頓所破，衆遂孤弱，常臣伏匈奴，歲輸牛、馬、羊皮，過時不具，輒没其妻子。及武帝遣驃騎將軍霍去病擊破匈奴左地，因徙烏桓于上谷、漁陽、右北平、遼西、遼東五郡塞外，爲漢偵察匈奴動静。其大人歲一朝見，於是始置護烏桓校尉，秩二千石，擁節監領之，使不得與匈奴交通。"[①]魏晋南北朝時期，匈奴、鮮卑、羌等多個少數民族不斷向南侵襲，《陳書》即有"六夷貪狡，争侵中國"之語，"六夷"是中原王朝對當時北方少數民族的泛稱。據此推測，"護六夷校尉"與護烏桓校尉、護羌校尉、領護西戎校尉類似，爲北朝所設處理少數民族事務之武官。

目前出土的北朝少數民族墓志數量雖多，但志主多系柔然、鮮卑或與之關係密切的少數民族。《彭成興墓志》明確載其爲盧水胡族，其祖父彭虎爲安定彭王。盧水胡是十分古老的北方少數民族之一，起源於殷商時期。兩漢魏晋南北朝時期十分活躍，其族源構成則

① 范曄《後漢書》卷九十《烏桓傳》，北京：中華書局，1965 年，第 2981 頁。

十分複雜,融合了匈奴、羯、氐、羌以及漢族等多個部族,文獻多有記載。[①] 相較而言,盧水胡在北朝少數民族中是人數較少的一個民族。北朝時期,依其活動區域則大致可以分爲陝甘寧交界涇渭流域的安定盧水胡、甘肅河西走廊的臨松盧水胡和青海河湟谷地的湟中盧水胡。其中安定盧水胡在涇渭流域與當地土著彭人部族經歷了商周兩代長時間的融合,形成了“彭盧戎族”。彭盧族人長期在該地區繁衍,并與漢族及其它民族融合,遂以“彭”爲姓。

另據《皇甫驎墓志》所載:“延興中,涇土夷民一萬餘家,詣京申訴,請君(皇甫驎)爲統酋。然戎華理隔,本不相豫,朝議不可。”[②]“統酋”即爲統轄管理夷人之首領,當多以其族人充任。故“盧水統酋”當爲北朝時期盧水胡人後裔部族的統領。

《彭成興墓志》的文字較普通百姓磚志要多,當與其身份有關,這一點與前文提及的《趙悦磚志》和《郁久閭伏仁志》相類。但《趙悦磚志》和《郁久閭伏仁志》兩志均有志題,正文敘先祖名諱、記志主生平、官爵、姻親、卒年、葬地等信息,且有部分骈文,特别是《郁久閭伏仁志》文或有銘辭[③],與隋唐以來通行墓志形式幾無差别。在從行文格式這一點上,《彭成興墓志》則又與兩者明顯不同。反映了當時墓志尚未定型,仍處於變化發展階段,而少數民族在與漢民族交流融合的過程中,其葬俗亦在發生變化,這在少數民族高層人員中表現的更爲明顯。彭成興所屬的盧水胡一支因其主要活動區域相對偏遠,該族勢力亦不及鮮卑等族强大,與中原漢文化接觸較少,故漢化程度相對較低。

磚質墓志自東漢刑徒磚出現,歷經魏晉南北朝及隋唐時期的演變,儘管内容和形式方面有所變化,但一直爲部分下層百姓喪葬之用。對於下層百姓來説,限於財力、物力,無法以石質墓志隨葬,而憑藉區區磚銘墓志告慰逝者、寄托哀思成爲中古時期的一種特殊社會現象。當然,此種磚銘墓志即使在廣大平民百姓中亦不多見,這更加從側面反映出他們在當時的社會地位和生存狀況。此類磚銘雖然文字較少,但仍然是重要的歷史文獻資料。與此同時,將磚銘與其出土地、墓葬形制等相結合,對於研究特定時期的喪葬習俗等也有重要的參考價值。因此,磚銘墓志兼具歷史文獻、歷史行爲的雙重研究價值。

在陝西出土的歷代磚銘墓志中,北魏《彭成興墓志》時代較早,其有别於同時期磚志之

① 關於盧水胡的族源、演變及其與北方其他少數民族的關係等問題,參見肖化《略談盧水胡的族源》,《西北師大學報(社會科學版)》1983年第2期,第118—120頁;沈騫《河西小月氏、盧水胡與河東羯胡關係探源》,《敦煌學輯刊》2015年第4期,第132—142頁。

② 趙超《漢魏南北朝墓志彙編》,天津:天津古籍出版社,1992年,第81頁。

③ 《郁久閭伏仁墓志》文末云“乃爲銘曰”,但未見銘辭,故趙萬里先生稱:“此志文義不完,疑有銘辭在志陰,安得見原石一證之。”參見趙萬里《漢魏南北朝墓志集釋(上)》,《石刻史料新編(第三輯第三册)》,臺北:新文豐出版公司,第267頁。

處在於其關於志主彭成興所任職官的記載，爲研究南北朝時期少數民族職官和管理制度提供了重要的實物和文獻資料。同時，志文與傳世典籍文獻記載相結合，對於研究安定盧水胡的遷徙經過，其在涇渭流域與當地土著彭人部族的融合等問題，均有一定的意義。

【作者簡介】党斌，男，1981 年生，歷史學博士，陝西省社會科學院古籍整理研究所副所長、副研究員，主要從事中古石刻文獻、中韓文獻研究。

明清陝西三原文人稀見著述敘録*

周喜存

明清時期，三原縣是關中之壯邑，爲陝西重要的經濟重鎮和文化重鎮，素有“小長安”“關中道上白菜心”之美譽。這一時期，三原縣湧現出了一批文化名人，也撰寫了數量可觀、質量頗佳的著述。近年來，筆者以明清三原籍文人群體及其著述爲研究對象，考索了三原縣149位文人的408部著述的情況。兹擷取其中二十五部版本稀見之著述，各爲敘録一篇，以就教於大方之家。

一、《歷代人鑒便覽》五卷，雒于仁撰，明萬曆二十六年(1598)刻本。每半頁十行，行二十一字，白口，單魚尾，四周雙邊。是書前有雒于仁自序，謂“余爲此編，非敢自謂握珠輜銖，全史令人忽完傳而不視，但以物有微而毗著，事有瑣而助益……萬曆戊戌年孟春谷旦，松筠園道人承涇雒于仁撰”。卷首題“關輔承涇雒于仁編”。卷一漢至魏，卷二西晋至唐太宗，卷三唐高宗至後周，卷四宋太祖至宋欽宗(附金)，卷五宋孝宗至元末明初，主要收録著名歷史人物及其史事，間有雒于仁的評論，其中不乏真知灼見。是集爲作者日常讀史所得，旨在使當政者“盱衡而思齊”“芒背而思易轍”，實現鑒往知來、資治當世之初衷，與司馬光《資治通鑑》“鑒於往事，有資於治道”有類似作用。國家圖書館、華東師範大學圖書館各收藏一部，《中國古籍總目》著録。

二、《代警編》二卷，雒于仁撰，明萬曆二十六年(1598)刻本。每半頁十行，行十九字，白口，單魚尾，陰文。《中國古籍總目》著録，僅重慶圖書館收藏一部，已入選國家第三批珍貴古籍名録。前有雒于仁自序，卷首和卷末均鈐“重慶市圖書館藏善本”“李文衡贈”朱印。按，雒序：“余特於明農之暇授生徒，間日編次此書，積久成帙”，是書當爲雒于仁辭官歸鄉後編寫的一本講義，主要用於給生徒們授課，兼有自警之義。是書共收録短文240篇，皆爲雒于仁對儒家經典或史書的感悟心得。文章短小精悍，語言文雅整飭，見解深邃獨特，多用對偶、排比等手法，對於研究關學思想和三原學派具有一定的參考價值。

---

* 本文爲陝西省社會科學基金項目“《雒于仁集》點校”(立項號：2019GJ003)階段性成果。

三、《四箴封事録》不分卷，雒于仁撰，明萬曆寫刻本。每半頁十行，行二十字，白口，單魚尾，四周雙邊。是集收録《四箴封事録》《萬曆庚寅元旦召對録》《請告呈》《請告疏》《考語》《名公贈言》等奏議、詩文多篇，當爲雒于仁晚年所編纂。雒于仁冒死上疏"四箴"，直諫明神宗消極怠政的原因"在酒色財氣者也"，是萬曆年間一個著名的歷史事件。是書保留了一些學界尚未關注到的珍貴史料，爲客觀公允評價這一事件提供了第一手文獻。國家圖書館、上海圖書館各收藏一部，《中國古籍總目》《中國古籍善本書目》著録。

四、《利器解》不分卷，温編撰，明萬曆二十八年(1600)刻本。按，黄裳《來燕榭書跋》著録"《利器解》一卷，萬曆刊大方册本。九行，十八字。白口，單欄。板心下有刻工姓名。前圖後説。後有總解，附軍中救急各方。書前有萬曆壬寅泰和郭子章序，萬曆庚子陝西西安前衛指揮僉事温編刻書引。收藏有《小李山房圖籍》白文大方印。"[①]是書介紹了威遠炮、迅雷炮等十六种器械，并有仿製方法及插圖等。《澹生堂藏書目》著録"《利器解》一卷，一册，温編撰"[②]。温自知《明故特進光禄大夫柱國太子太保都察院掌院事左都御史贈少保謚恭毅先考府君行實》記載温純所著書籍有"《利器解》一卷、《齊民要書》一卷、《杜律一得》二卷行於世"[③]，將《利器解》的作者歸爲温純，當誤。《千頃堂書目》著録"温綸，《利器解》"[④]，亦誤。是書存世數量極少，僅私人藏書家黄裳收藏一部。《來燕榭書跋》"利器解"條記曰"他日當景印流傳，與讀者共之"，冀早日促成此事，嘉惠學林。

五、《耦園圖詠》不分卷，來復輯，明天啓二年(1622)刻本。白口，單魚尾，四周單邊，"恒"字缺末筆。刻工有蘇養正、馬騰林、肖重望三人。前有温日知《題耦園圖》序文一篇。卷首題"耦園主人來復陽伯"。按，賀瑞麟《三原縣新志》載："耦園，布政司來復及弟臨游息所也，在縣西北十餘里，今廢。"[⑤]耦園當爲來復私家園林。來復根據友人所繪《耦園八景圖》，作《題胡含素寄所繪小園山景八副引》。此外，還收録了徐爾恒、温日知、温自知等三十餘人所作的唱和詩，匯爲《和耦園圖詠》，書末爲郭士元所作《耦園賦》。是集公私書目皆未著録，國家圖書館收藏一部。

六、《醯鷄吟》十三卷，李廷訓撰，明天啓三年(1623)刻本。每半頁八行，行十七字，白口，單魚尾，四周雙邊。前有《醯鷄吟自敘》，署"天啓三年癸亥午月上浣之吉，關中六盤山人李廷訓書於瓮園二益堂"，又有《醯鷄吟紀年》《醯鷄吟小引》。卷首題"關中李廷訓孔教甫著"。在自敘中，作者對書名進行了解釋，"得若干首存之稿笥。兒夢鶴輒匯爲一帙，曰

① 黄裳《來燕榭書跋》，瀋陽：遼寧教育出版社，2011年，第192—193頁。

② 祁承㸁《澹生堂藏書目》，清宋氏漫堂鈔本。

③ 温自知《海印樓集》卷七，清康熙二十六年刻本。

④ 黄虞稷撰、瞿鳳起等整理《千頃堂書目》，上海：上海古籍出版社，2011年，第355頁。

⑤ 賀瑞麟《三原縣新志》卷一，清光緒六年刻本。

《對聖軒草》,余謂不然。作者無論全唐即近代,海内諸騷人墨客慮無不軼駕前人者,視拙作何啻醯鷄?夫醯鷄,繄豈無聲,第渺乎小耳,余吟似之,故名"。該書爲詩歌集,内容按年編排,始於萬曆戊申(1608),迄於天啓癸未(1623),共收録李廷訓詩歌700餘首,其中組詩約占一半。是書體裁多樣,内容豐富,韻律整飭,具有較高藝術價值。美國國會圖書館現收藏一部。

七、《東游二記》不分卷,温自知撰,明崇禎五年(1632)刻本。每半頁八行,行十六字,白口,四周單邊。卷首題"西京温自知著"。前有陳應元《東游二記序》、劉敕《登岱記序》兩篇序文,後有温日知跋文。此集收録了温自知《登岱記》和《游闕里》兩篇游記。邑人韓詩曾贊譽温自知《東游二記》爲"不朽名筆"。此書存世數量甚少,西安碑林博物館收藏一部。《陝西古籍總目・西安碑林博物館分册》著録。

八、《學古堂詩》一卷《文》一卷,韓詩撰,明崇禎十一年(1638)刻本。是書每半頁九行,行二十字,白口,單魚尾,四周單邊,版心鎸"學古堂"。前有張玄、馮延年、俞時篤、劉湘客序。卷端題:"西京韓詩聖秋父著,西湖張玄天生父選。"書末墨筆題寫"後學温禄綬讀本",當爲邑人温禄綬所藏。詩歌部分有温禄綬的墨筆評點,文章部分版心底鎸文章名及頁數,天頭部分偶有小字評語。《中國古籍總目》《清人别集總目》《明别集版本志》著録,國家圖書館收藏。《陝西通志》著録韓詩:"著有《學古集》《明文西》行世。"[①]張玄序文記載韓詩"一日手一編示余曰:'此余三四年來歎時道古、或笑或悲,綿延歷落而成。'"俞時篤序云"韓子聖秋其爲文也,無遺學、無假辭"。

九、《御風閣集》十卷,來臨撰,明崇禎刻本。每半頁九行,行十八字,白口,四周單邊。卷端題"西京來臨馭仲著"。前有文翔鳳《來馭仲集序》,方大任《來馭仲詩引》,後有林雲風《來仲公詩集後敘》,劉一清跋和來復《馭仲集序》。刘一清跋曰:"先生著述甚富,文爲十卷,尚未板行,至詩已板行者,有《叢筀》《御風》二集。"是集刊刻於崇禎元年(1628)至崇禎六年(1633)之間,前後版式差异較大,當爲多次刊刻而成。《中國古籍總目》《明别集版本志》著録,山西大學圖書館收藏一部。是書共收録來臨詩歌六百餘首,内容多抒懷、贈答之類,尤與其兄來復之間的賡和詩最多,約占全書的三分之一。

一〇、《雲起閣詩集》十八卷,來鑒撰,清刻本。是集每半頁九行,行十九字,白口,單魚尾,四周單邊,版心鎸"雲起閣"。是書字體疏朗,刻印精美。前有李承尹、陳肇曾序,卷首題"關中來鑒宜公著"。每册封面及每卷前後均鈐"耦園"朱印,屬來復家藏本。全書收録樂府、四言古詩、五言古詩、七言古詩、五言律詩、七言律詩、五言排律、七言排律、五言絶

---

① 劉於義等修、沈青崖等纂《陝西通志》卷六十三,清文淵閣四庫全書本。

句、七言絶句、雜著等多种體裁的詩歌，語詞省淨雅潔，文氣鏗鏘暢達，具有較高的文學價值。李承尹在《雲起閣詩集序》中評價來鑒詩“古體則如蘇、如李、如陶，五七律則如沈、如宋、如杜，絶句則如高、如王、如李，樂府則獨劍而神采四照，如《易水》《垓下》，不知其何自而來……其風流跌宕，凌轢古今”。陳肇曾《序》中則認爲“讀之兩腋習習風生，一种清芬澹遠之气襲人；聲如擲地金石，恍若身在磬玉石樓”。首都圖書館收藏一部，《中國古籍總目》、劉紹攽《三原縣志》著録。

一一、《焦山山人焦次虞歲寒集》十卷，焦之夏撰，清稿本。每半頁八行，行二十字。卷首有“焦山山人焦次虞歲寒集，三原頑石焦之夏大夏父著”。是書收録五言古詩、七言古詩、五言律詩、七言律詩、五言排律、五言絶句、七言絶句、賦、詩餘等。西安碑林博物館、天水市圖書館各收藏一部。西安碑林博物館藏本有少量朱筆和墨筆修改處，無序文。天水市圖書館藏本前有序文，紅格紙抄録，已入選甘肅省第一批珍貴古籍名録。是集爲詩歌集，語言古樸天然，題材廣泛，具有一定文學價值。

一二、《温欒與先生詩集》不分卷，温啓知撰，清刻本。每半頁八行，行二十字，白口，四周單邊。版心鎸“温欒與詩集”，無序跋。封面鈐“有斐齋”“簡■居本”朱印兩方。卷端題“關中温啓知欒與著，東吴門人蔣先庚震青校”。是書收録温啓知詩作 62 首，以七言律詩、七言絶句、五言律詩居多，内容多酬唱、游記、述懷等。詩歌整體呈現出憂鬱感傷的格調，古木、白草、悲雁、哀鳩等意象較多。公私書目皆未著録，現藏於陝西省圖書館。

一三、《瓠園詩集》十一卷，岳暎斗撰，清順治五年(1648)魏環極刻本。是集每半頁九行，行十八字，白口，四周單邊。卷首題“京兆岳暎斗匡六甫著”。前有王鐸《瓠園集序》、郝璧敘文、岳暎斗《自記》。岳暎斗自記曰：“年來奉覺斯先生之教……簡笥得諸体詩一牘，强半出先生所評騭，環極見而悦之，遂災梨棗。”郝璧敘文曰：“社友魏環極及門康成也，清森粤古如同一氣，喜而梓之。”《中國古籍總目》《清人別集總目》《明別集版本志》等著録，北京故宫博物院收藏一部。岳暎斗，字匡六，歷官秘書院侍讀學士。徐世昌《晚晴簃詩匯》記載：“順治丙戌，以前癸未進士補選庶常者凡七人，王敬哉尚書居首，而匡六殿焉。……匡六散館後，遷除亦無從考證。詩命題撰句，力求新异，殆猶是竟陵遺派。”①

一四、《海印樓文集》七卷，又名《海印樓集》，温自知撰，清康熙二十六年(1687)刻本。是集每半頁九行，行二十字，白口，單魚尾，四周雙邊，卷首題“渭北温自知與亨著”。前有許孫荃、陸啓浤、韓詩序言。《中國古籍總目》著録，中國社科院歷史所、扶風縣圖書館、西安市文物保護考古所各收藏一部。是集内容包括賦 1 篇、序文 30 篇、記文 9 篇，疏、引、跋

① 徐世昌《晚晴簃詩匯》卷二十三，北京：中華書局，1990 年，第 750—751 頁。

等46篇,卷四闕文。温自知在明末清初被尊爲關中文壇領袖,尤長於詩文創作,時人贊譽甚高。韓詩《敘》稱其"爲文博雅淹貫,偉丽渾雄,如入細柳,按轡徐行,而超逸之致復行於筆墨之外"。[1]

一五、《海印樓詩集》二十八卷,又名《海印樓獲音》《獲音》,温自知撰,清康熙二十六年刻本,其版式與《海印樓文集》相同,《中國古籍總目》著録,中國社會科學院歷史研究所收藏一部,與《海印樓文集》合函存放。是集收録初刻十卷(存九卷),二刻十卷,三刻八卷。初刻前有文翔鳳、錢天錫序;二刻前有錢陸燦、朱廷璟、岳暎斗序,另有李因篤評語數條。是集收録温自知四言古詩、五言古詩、七言古詩、五言絶句、六言絶句、七言絶句、五言律詩、七言律詩、五言排律、七言排律、詩餘等,共計600餘首作品。詩歌語言典雅流麗,征引豐富貼切,頗得陶淵明、杜甫之遺風。武新立《明清稀見史籍敘録》記載"海印樓集七卷獲音十卷獲音二刻十卷獲音三刻八卷,刻本"[2]。

一六、《申質堂夫子全稿》四卷,申廷鑾撰,清康熙四十五年(1706)鶴軒氏研經草堂鈔本。每半頁八行,行二十三字,紅格紙抄録,圈點删改處較多。封面有"庚子歲鈔,鶴軒氏録於研經草堂",鈐"王■鏞印"。卷一为五言律詩,卷二为七言律詩、五言古詩,卷三为五言古詩、七言古詩,卷四为七言古詩、補遺,共收録詩歌四百餘首。内容多寫景、抒懷、唱和,尤以七言律詩、七言古詩質量最高。《陝西省志·著述志》著録,陝西省圖書館收藏。

一七、《痘瘡經驗良方》六卷,董鳳翀撰,清康熙五十三年(1788)董漢杰刻本。是集每半頁九行,行二十二字,白口,單魚尾,四周雙邊。卷首題"三原董鳳翀君靈氏纂著,男漢杰謹梓"。董鳳翀爲一代名醫,尤擅長治療兒科痘瘡,是書以其數十年行醫實踐爲基礎,采摭群書編集而成,收録了大量董氏所創治療痘瘡的經驗良方。《中國古籍總目》著録,中國中醫科學院圖書館、陝西省圖書館各收藏一部。

一八、《周易觀象》(存上、下卷)[3],劉紹攽撰,清乾隆十二年(1747)稿本。每半頁九行,行十八字,鈐"徐氏鼎一讀過""乙齋"兩方朱印,署"乾隆十二年歲次丁卯秋九月朔五日九畹劉紹攽識"。前有劉紹攽所撰《凡例》,云:"《易》之所重,辭、象、變、占。近世如《周易折中》《周易觀象》《周易通論》,所以玩辭者無遺藴矣。惟略於言象,故余是編,專主觀象,期於羽翼《观象》諸書。"又云:"此書專以明象,凡十翼之無關於象者,概不復舉。"

① 温自知《海印樓文集》卷首,清康熙二十六年刻本。

② 武新立《明清稀見史籍敘録》,南京:江蘇古籍出版社,2000年,第321頁。

③ 徐鼎一:《跋清乾隆十二年劉紹攽稿本〈周易觀象二卷〉後》,網址:http://blog.sina.com.cn/s/blog_460a299f010006vg.html,2020/2/29。

是書專門考釋六十四卦之“象”，熔鑄古今，頗多發明。公私目録皆未著録，現爲私人藏書家徐鼎一所有。

一九、《詩逆志》，卷數不詳，劉紹攽撰，清稿本。每半頁十行，行二十二字。卷首題“三原劉紹攽學”，書中内頁朱筆修改之迹斑斑，鈐“陝西省圖書館珍藏”朱印一方。書名疑源自《孟子・萬章上》“故説詩者，不以文害辭，不以辭害志；以意逆志，是爲得之”[①]。是書前有《凡例》，尤推崇王信芳《音韻闡微》，主張“信經不信傳”。陝西省圖書館收藏前八卷，其中卷一國風，卷二邶風，卷三鄘風，卷四衛風，卷五王風、鄭風，卷六齊風，卷七唐風，卷八陳風，對研究《詩經》具有一定參考價值。是書殘缺不全，《陝西省志・著述志》著録。另按《陝西古籍總目・三原分册》著録“《詩逆志》卷數不詳〔清〕劉紹攽撰，清抄本，存二册，存卷7—8、13—17”[②]，三原縣圖書館亦收藏部分殘卷。

二〇、《戒亭詩草》六卷《補遺》一卷《詩草》二卷，劉壬撰，清乾隆内省齋刻本。是書每半頁九行，行十八字，白口，單魚尾，四周雙邊，版心底鎸“内省齋”。卷首鎸“三原劉壬一名廷揚源深稿”。劉紹攽《二南遺音》著録“劉壬，源深，三原國子生，有《戒亭詩草》。”[③]是集前有王鳴盛、王杏舒、吴鎮、梁履中序。全書收録五言絶句、五言律詩、七言絶句、七言律詩、古體詩等400餘首，内容多游歷、抒懷、贈送、悼亡、詠史等。邑人梁履中認爲其詩“情深而摯，意淡而遠，心穆而静……字裹行間不失赤子之心”。細讀是集，作者工拙樸鈍的詩歌風格躍然紙上，具有一定的文學價值。是集初刻成書後，又經過數次補刻。與原版相比，補刻字體較肥，版心文字由“戒亭詩草”更改爲“戒亭詩集”。陝西省圖書館收藏其初刻本，墨筆修改之迹較多。國家圖書館收藏補刻後的上册定本，筆者偶得其下册定本。山西省圖書館亦收藏一部全本。

二一、《戒亭續集》四卷，劉壬撰，清乾隆四十五年(1780)内省齋刻本。版式與《戒亭詩草》相同。卷首題“戒亭詩草，三原劉壬一名廷扬源深稿”。是書共收録五言、六言、七言、古體等詩歌200餘首，風格與《戒亭詩草》類似。前有王杏舒序言，與《戒亭詩草》收録王序内容相同。王序認爲，劉壬詩歌“源本性靈，不求雕繪，不事剽襲，敦厚深長，性情獨摯，可謂得詩之本者”。首都圖書館、陝西省圖書館各收藏一部。

二二、《戒亭管窺》不分卷，劉壬撰，清乾隆四十六年(1781)稿本。每半頁九行，行二十四字。卷首鈐“陝西省圖書館藏書”朱印一方。前有程日鵬序、後有黨金錫《鏡心閒話序》。是書由劉壬平日讀經史的體會裒集而成，多爲隨感，篇幅短小。程日鵬認爲其“抉幽

① 阮元《十三經注疏》，北京：中華書局，1980年，第2735頁。

② 吴敏霞、廉鵬《陝西古籍總目・三原分册》，西安：三秦出版社，2014年，第31頁。

③ 劉紹攽《二南遺音》卷四，清同治十二年刻本。

闡微,發前人所未發"。黨金錫評價其"能參漢儒之經注,不厭宋賢之談理"。書中保留了時賢墨筆評點十餘條。

二三、《近天樓前集》六卷,李瑛撰,清稿本。每半頁九行,行十九字。前有王蘭生序、孫紹芳序。卷首題"《近天樓前集》卷之一 石臺李瑛著",有"長林古澧閱,慈溪馮遠棟點,滄州孫紹芳、中表姪劉紹攽仝評點,仲弟璋校"。封簽題"蘭澤林館近天樓前集",鈐"李瑛之印""石臺""陝西省博物館藏書印"等。是書共收録五言律詩、七言絶句、七言古詩、五言絶句、五言古詩等 700 餘首。現藏於西安碑林博物館,《陝西古籍總目・西安碑林博物館分册》著録。王蘭生序評價李瑛"余見其清微淡蕩,吻合風人之旨,以爲是知詩者也"。孫紹芳序認爲李瑛的詩歌"瀟散舒徐,清微間曠,獨有天然之趣"。賀瑞麟《三原縣新志》"李瑛"條記載,孝廉李世祥認爲"其詩有瀟灑出塵之致"①。

二四、《楊秀芝詩稿》不分卷,楊秀芝撰,清稿本。是書每半頁九行,行二十二至二十五字不等。封面墨筆書寫"濟南周樂拜讀數過""靖遠王家督拜讀"字樣,鈐"周樂""二南""家督製印""石稿居士"朱印。書中有"楊秀芝印""閒存誠印""陝西省圖書館珍藏"等朱印多方。卷端有朱色"選""存""删"和墨色"選"等字樣。卷中有多處墨筆、朱筆評點和圈點,另有"長至日濟南周二南樂拜讀一過""重陽前四日雨中二南閱"等多條批注。第 6 册末有"甲寅閏七夕同門愚弟劉世奇拜識",第 11 册首有"時丁巳春望前三日鄭谷書於柏齋之南窗",第 16 册首有"三原楊秀芝玫圃氏手稿",部分册封面有手寫"宣統元年二月二十一日世愚侄朱先照初次加筆"字樣。按書中識語,評點人有周樂、馮樵雲、劉世奇等,皆對楊秀芝詩作進行了評點和修改。是書部分册中夾有若干散頁,亦爲楊秀芝手稿。是書共收録其詩作數千首、文十餘篇。語言明白曉暢,音韻鏗鏘有力,佳句迭出,且數量可觀,具有一定文學價值。《陝西省志・著述志》著録,陝西省圖書館收藏。

二五、《同治丁卯日程》不分卷,賀瑞麟撰,清同治六年(1867)稿本。每半頁十行,每行字數不等。卷首題"同治丁卯日程,復齋",鈐"陝西師範大學圖書館珍善本"朱印。每行上記日期,下記當日感悟,墨筆題寫,内頁增删、修改處歷歷可見。《陝西古籍總目・陝西師範大學圖書館分册》著録。是書主要記録了賀瑞麟在同治六年正月至十二月之间的讀書心得、人生體悟、經歷事件等。其中警言妙語迭出,如"變氣質、養性情,學之要也。若於此處全無功夫,雖讀萬卷何益","得天下以得民心爲本,正天下以正人心爲本","浮躁淺露之人,斷不可與共大事"等,頗似一位慈祥長者的諄諄教誨。清同治年間爆發了"花門之變",三原縣是衝突激烈的地區之一。是書保存了關於此事的一些記載,如"賊仍搶掠縣

① 賀瑞麟《三原縣新志》卷六(中),清光緒六年刻本。

北,夜上城”“賊復東竄,盤踞南權家一帶,東至大程鎮”等,是鮮活的一手史料。從此書當中,我們能够看出,儘管身處亂世,但賀瑞麟仍然堅持會講不輟,悉心培養書院學子,體現了一代關學大儒的崇高風範。

【作者簡介】周喜存,男,1981 年生,文學博士,西北大學文學院講師。主要從事明清陝西地方文獻整理、明清文學研究。

“恤刑”之困*

——論明代中後期“恤刑書”的編著

張本照

明武宗正德後，因爲經濟的發展，市場購書需求增多，再加上雕板印刷技術的成熟和出版家的努力，出版事業空前繁榮。① 法律類文獻大量湧現。這些文獻很多以“恤刑”爲主題，這并未被先行的相關研究所關注。② 筆者將這些文獻統稱爲“恤刑書”。③

“恤刑”二字出自《尚書·舜典》“欽哉，欽哉，惟刑之恤哉”。對“恤”字的理解，南宋朱熹之前，存有争議。朱熹認爲，“恤”如果理解爲“寬恤”，即寬恤有罪之人，那麽已死的被害人便得不到償命，這顯得不公平。用刑之人不僅應該使有罪之人得不到幸免，也應該使無罪的人不得濫刑。這樣，既不失入，也不失出。所以，“恤”應該理解爲“欽恤”。④ 即有罪之人和被害人俱應該得到欽恤。朱熹强調“欽恤”被害人的觀點，雖然多被元、明、清諸家采用⑤，但在後來具體的司法實踐中，“恤刑”仍然主要針對有罪之人。通俗地説，在中國古代，“恤刑”不僅體現在斷獄方面，也體現在對獄囚、刑徒的管理等方面。“恤刑”强調官

---

* 本文國家社科基金后期資助項目《清代取保候审研究》相關成果，項目編號 18FFX008。

① 繆詠禾《中國出版通史》(明代卷)“導語”，北京：中國書籍出版社，2008 年，第 10—11 頁。

② 何勤華教授統計明代所出版的法律書籍數量共計 101 部，其中亦包括了本文所研究的“恤刑書”。他以《明史·藝文志二》爲基礎的統計，亦承認了其中有些已亡佚的事實，所以其 101 部法律類書籍并非全部爲現存(見何勤華《中國法學史》(第二卷·修訂本)，北京：法律出版社，2008 年，第 230 至 235 頁)。黄虞稷《千頃堂書目》是《明史·藝文志》的底本，後者對前者多所删削。既然能以《明史·藝文志》爲基礎進行統計，那麽，爲什麽不能以收書更多的各種書目爲基礎進行統計呢？基於此，筆者統計出的僅明代“恤刑書”的數量便很可觀。所以，以書目爲基礎的統計，必然會衝擊已有的一些研究結論。如日本學者濱島敦俊和滋賀秀三等人俱認爲明代的判牘不多見(濱島敦俊《明代之判牘》，《中國史研究》1996 年第 1 期)。本文的研究證明事實并非如此。

③ 爲免紛歧，本文將某書是否歸爲“恤刑書”的依據爲該書書名。這些書的書名常含有“恤刑”“慎刑”“求生”等語。

④ 黎靖德編、王星賢點校《朱子語類》卷七八《尚書一·舜典》，北京：中華書局，1988 年，第 2002 頁。

⑤ 尤韶華：《象刑歧義考》，楊一凡主編：《中國法制史考證》(甲編第一卷)，北京：中國社會科學出版社，2003 年，第 32—33 頁。

員斷獄要平允，對獄囚要多加體恤，要平反冤獄等。[①]

在儒家經典的影響下，中國古代素有重視恤刑的傳統。尤其漢武帝“罷黜百家，獨尊儒術”後，利用《春秋》等儒家經典决獄之風日盛，儒家思想逐漸廣泛滲透進司法實踐中，加上現實中報應思想的影響[②]，出現了諸如“于公斷獄無私，辟高門以待封”等大量的恤刑事例。早在唐代白居易《白氏六帖事類集》等書中便開始有意識地集中收集這些恤刑事例。單獨集中收集恤刑事例的“恤刑書”至遲出現於五代。歷仕五代後晋、後漢等朝的和凝於“亂離之際”，以疑獄存心，搜集古今聽訟斷獄、辨雪冤枉等事，編有《疑獄集》一書。其子和𡾋繼承父志，對該書又有所增訂。[③] 在南宋，以宋慈《洗冤集録》爲代表，有關法醫鑒定和斷獄方面的“恤刑書”集中出現。元代“恤刑書”以王與《無冤録》《欽恤集》爲代表，數量明顯少於宋代。

一、明代中後期“恤刑書”編著之風

現在雖然很難準確統計明、清兩代的“恤刑書”數量，但據筆者對上百種明、清各種書目和序跋的整理，明代“恤刑書”的數量[④]超過了宋代和清代（清代不足 30 種，且以司法鑒定方面爲主）。[⑤] 吴訥《祥刑要覽》爲筆者所見明代成書時間最早的“恤刑書”，該書至遲形成于英宗正統後。明代“恤刑書”大多産生于武宗正德之後。除孟思《神明録》外，其作者基本爲各級官員。這些“恤刑書”亦基本爲私刻。

① 邱澎生先生對“祥刑”的含意進行了詳細的分析。他概括道，“祥刑”即是對案件審判要“詳細”，對良善百姓要抱持“慈祥”心態來保障與護衛其身家安全，對罪犯則要以不偏不倚的“中道”心態來施刑與判罪（見邱澎生《法學中的“信仰”：試析工肯堂的律例注釋學》，2004 年第十届明史國際學術討論會論文）。其實際意義與“恤刑”并無區别。“慎刑”亦是如此（孫光妍、隋麗麗《“慎刑”新釋》，《北方論叢》2008 年第 6 期）。相對于“祥刑”“慎刑”等詞，“恤刑”一詞在中國古代的司法實踐和文獻中更爲常見。明代中後期以“恤刑”爲書名關鍵字的要遠遠多於“祥刑”和“慎刑”，故本文將此類文獻統稱爲“恤刑書”。

② 霍存福《復仇・報復刑・報應説：中國人法律觀念的文化解説》，長春：吉林人民出版社，2005 年，第 202—249 頁。

③ 光緒《江西通志》卷一三〇《宦績録九》。

④ 根據各種書目和序跋，除了那些由恤刑使者、大理寺官員所編判牘外，筆者還找到了 33 種。除了本文指出的由巡按御史和推官所編“恤刑書”外，還有吴訥《祥刑要覽》和《棠陰比事補編》、李裕《山東雪冤録》、黄仲芳《琴堂平恕録》、盧雍《祥刑集覽》、王鵬《洗冤敘述録》、顧夢圭《服念録》、孟思《神明録》、王圻《洗冤録》（與《洗冤集覽》應爲同一部書）、殷士儋、李春芳《仕途監懲録》（又名《監懲録》）、竇子偁《敬由編》、翁汝進《明刑録》、汪冀夔《辨冤録》、余懋學《仁獄類編》、楊鎬《求生編》、李天麟《聽斷衡鑒》和《淑問彙編》、何熊祥《平刑八議》、成勇《李署烱鑒録》、佚名《明刑哀鑒》、某按察司副使《洗冤録》、任智志《增補疑獄集》。

⑤ 各方志藝文志所著録的書，可能會有一些虚擬的著述（見杜澤遜《史志目録的編纂方法及其面臨的困惑——以〈清人著述總目〉爲例》，《圖書與情報》2006 年第 6 期）。鑒於此，筆者將方志藝文志（著録的書有序跋的除外）排除在外（下同）。如果只比較方志藝文志中著録的明、清“恤刑書”數量，明代亦遠多於清代。

他們可以分爲三類:其一爲書名含有"恤刑"等字樣的各種判牘彙編。其二爲以司法鑒定爲代表的側重于實用的"恤刑書"。其三爲羅列有關恤刑的經典大訓、先哲議論和歷史上恤刑等事的"恤刑書"。當然,這三類"恤刑書"并非界限分明。如王士翹《慎刑録》一書便含有司法鑒定和歷史上恤刑事例等内容。

第一類"恤刑書"最爲常見。在這些判牘中,根據書名便可直接歸爲"恤刑書"的占了相當比重。其中尤以恤刑使者所編數量最多。憲宗成化時確定了每五年差官審録之制。① 奉使審録之人在當時常被稱爲恤刑使者。他們絶大多數來自刑部,其餘來自大理寺。恤刑使者在審録完畢返京後,出於考核的需要,必將其行事編録成書,納于文淵閣書庫。② 恤刑使者孫燧、夏道南、盧漸所編"恤刑書"因藏於寧波天一閣而被保存下來。③ 由恤刑使者所編"恤刑書"絶大多數未保存下來,即使清代書目也多不著録。

其次爲巡按御史和推官所編。在明代,巡按御史代天子巡狩,其"按臨所至,必先審録罪囚,吊刷案卷,有故出入者,理辯之。"④所以,巡按也負恤刑職責。由各種書目和序跋可知,明確由巡按御史所編"恤刑書"有張景《補疑獄集》、王士翹《慎刑録》、李栻《盡心録》、赫瀛《敬刑録》、李日宣《按豫勿喜録》、《江西慎讞録》(佚名)、《山西求生録》(佚名)和《求生録》(佚名)。此外,有巡按御史經歷的李天麟、何熊祥俱編有"恤刑書"。

推官又名司理,爲府一級理刑官,非掌印官,處理知府送來及上司批下的官司、案件。⑤ 由各種書目和序跋可知,明確由推官所編"恤刑書"有閻世科《敬刑録》、熊尚文《天中明刑録》、成勇《李署炯鑒録》及《平反録》(佚名)。當然,并非恤刑使者、推官等與司法有關的官員所編"恤刑書"俱爲自己所處理的判牘彙編。如明末成勇曾任數地推官,其所編《李署炯鑒録》主要内容爲古今慈吏和酷吏之事。⑥

此外,按察使司官員(包括按察使、副使)、州縣官也編著了較多的恤刑書。這僅是筆者對明代書名含有"恤刑""慎刑""祥刑"等字樣判牘的簡單總結。此外,尚有很多判牘雖然書名與"恤刑"無關,但其實際亦可歸爲"恤刑書"。由各種書目可知,明代大理寺官員編著了至少 7 種判牘,其中僅水佳允《棘寺祥刑》可直接被判斷爲"恤刑書"。其它判牘多以

① 張廷玉等《明史·刑法二》,北京:中華書局,1974 年,第 2310 頁。

② 朱彝尊《曝書亭集》九《史館上總裁第二書》,上海:上海古籍出版社,1987 年,景印《文淵閣四庫全書》,第 1318 册,第 12 頁。

③ 這三種"恤刑書"作爲《天一閣藏明代珍本政書叢刊》的一部分,於 2010 年由綫裝書局出版社整理出版。

④ 張廷玉等《明史·職官二》,第 1768 頁。

⑤ 林希元《林次崖文集》卷一二《雜著》,《四庫全書存目叢書》,濟南:齊魯書社,1997 年,景印清乾隆十八年陳臚聲詒燕堂刻本,集部第 76 册,第 674 頁。

⑥ 民國《續修廣饒縣志》卷二三《藝文志》。"李署"即"司理"的别稱,該書收集古今慈吏和酷吏之事,以達到使司理"炯鑒"、明慎用刑的目的,故該書亦可被歸爲"恤刑書"之列。

《大理(棘台)駁稿》命名。[①] 在明代,大理寺負責審録各處問擬死罪人犯,如果招狀未明,擬罪不當,則駁回復問。在三法司的功能設計上,大理寺主讞獄平反,其本質上是一個恤刑機關(唐高宗時期,大理寺曾短暫被改名爲"詳刑寺")。雖然大理寺官員所編大部分判牘書名并未有"恤刑"等字樣,但其書名多帶有"駁"字,這本身便説明了這些判牘的恤刑意味。董應舉萬曆末曾任職大理寺,其在《初刻駁語序》中説道,自己并不樂於駁,其駁者皆自己不得已。即使自己冒行駁之,委曲自己以伸其直,亦問心無愧。[②] 這反映了董應舉任職大理寺,恪盡職守,努力恤刑,積極爲百姓伸冤的個性。其《初刻駁語》和衆多類似的大理寺官員判牘應被歸爲"恤刑書"。

在明代,那些側重於實用的"恤刑書",以有關司法檢驗方面的最爲常見。明代單獨成書的有關司法檢驗方面的文獻相對較爲少見,更爲常見的情况是將司法檢驗方面的知識收於日用類書等文獻中。無論如何,這些知識基本直接翻刻自南宋宋慈《洗冤録》、元代王與《無冤録》等書。總之,明代在司法檢驗方面無甚進展。[③] 除司法檢驗之書外,明代尚有其它種側重實用的"恤刑書",其中以鄒元標所刻吕坤《祥刑要語》的影響最大。該書中吕坤垂戒當官不打、禁打等條,不僅被當時同官"皆揭諸座右"[④],亦被後人反復轉載、引用。

相對於判牘類"恤刑書",那些羅列先哲議論和歷史上有關恤刑等事的"恤刑書"在明代不多見。這類"恤刑書"的作者不限於與司法有關官員。如殷士儋於嘉靖、隆慶年間歷任翰林院庶吉士、大學士等職,見酷吏武健刻深等現象,著有《監懲録》和《讀法須知》兩種。前書内容爲古往寬仁獲福和蝮鷙遇禍的事例,後書内容爲"大明律令笞杖問擬之法"。[⑤] 同樣未有刑官任職經歷的李春芳,穆宗隆慶時期曾任内閣首輔,對《監懲録》又有所增輯。收集先哲有關恤刑的議論和歷史上有關恤刑等事的做法從唐至清各代俱有,明代這類"恤刑書"總體上并無創新。這類"恤刑書"以吴訥《祥刑要覽》影響最大。

何勤華教授等人認爲,明代中期以後,《大明律》私家注釋經由各種途徑刊刻,出現繁榮的態勢。[⑥] 何勤華教授收集的這類書的數量亦明顯不及本文所收"恤刑書"的數量。至

---

① 其它6種的作者分别爲:張綸、熊桂、魏有本、戴時宗、王樵、王概、李祐。

② 董應舉《崇相集》卷五《初刻駁語序》,《四庫禁毁書叢刊》,北京:北京出版社,1997年,景印明崇禎間刻本,集部第102册,第268—269頁。

③ 何勤華《中國法學史》(第二卷・修訂本),第441頁。

④ 陳有年《陳恭介公文集》卷五《再推鄒元標疏》,《續修四庫全書》,上海:上海古籍出版社,2002年,景印天津圖書館藏明萬曆陳啓孫刻本,第1352册,第706頁。

⑤ 于慎行《穀城山館文集》卷二八,《四庫全書存目叢書》,濟南:齊魯書社,1997年,景印明萬曆間于緯刻本,集部第148册,第83—84頁。

⑥ 何勤華《中國法學史》(第二卷・修訂本),第230—235頁;懷效鋒《中國傳統律學述要》,《華東政法學院學報》1998年創刊號;吴豔紅《國家政策與明代的律注實踐》,《史學月刊》2013年第1期。

少從數量上來看,説明明代中後期官場編著"恤刑書"形成風氣并不爲過。當然,不僅親自編著,亦常見將他人所編"恤刑書"重刊、增輯者,吴訥《祥刑要覽》即爲典型。[①] 此外,明代不僅出現了數量衆多的單行"恤刑書",在那些内容涵蓋面較廣的文獻中,也常專設有恤刑方面内容。如丘濬《大學衍義補》、婁性《皇明政要》、張萱《西園聞見録》、彭大翼《山堂肆考》、朱睦㮮《聖典》和潘游龍《康濟譜》等。這些文獻中的恤刑部分或側重闡發經典,或側重匯輯前朝史實,或側重收集本朝往事,或兼而有之。其中,尤以丘濬《大學衍義補》"慎刑憲"最具影響。

二、明代官方對恤刑的重視

就出版環境來説,明代中後期優於前期,包括"恤刑書"在内的文獻的數量中後期多於前期并不爲怪。但清代的出版環境優於明代[②],清代"恤刑書"的數量却明顯少於明代。故不能僅靠出版環境來解釋明代中後期"恤刑書"數量之多。中國古代素有重視恤刑的傳統,恤刑在明代的政治生活中尤其受到重視,這是明代中後期官場編著了大量的"恤刑書"的基礎。明代官方對恤刑的重視主要體現在以下三個方面:

首先,明代皇帝多重視恤刑。從明太祖朱元璋起,明代皇帝多慎重刑獄,關注人命。朱元璋建立明朝後,認爲其時正當亂世,爲了鞏固統治,用刑不得不重,故屢興大獄。在其統治基礎穩固後,他又多有寬恤舉措。如命焚錦衣衛非法獄具,將其所繫囚犯悉送刑部、都察院審理等。正如清代著名學者趙翼所言,明太祖"初以重典爲整頓之術,繼以忠厚立久遠之規"。[③] 建文皇帝"用刑尤平恕"。成祖初期雖多刑戮,但後期文網稍寬,對刑獄多所矜恤。[④] 仁宗在位未滿一年,平反了許多冤獄,死後廟號爲"仁",這概括了其爲政"仁恩該洽"的特點。宣宗時,每年都會頒下恤刑之詔,并曾著帝訓五十五篇,其中一篇爲"恤刑"。[⑤]

雖然英宗、憲宗後欽恤之意有所減輕,但國家仍常行恤刑之典。如每年霜降後審録重囚之制,創立于英宗天順年間。憲宗成化時確定五年恤刑之制。這些制度此後基本奉行

① 見吴訥《祥刑要覽》的各篇序文,楊一凡編《古代折獄要覽》第一册,北京:中國社會科學文獻出版社,2015 年,第 5—23 頁。

② 黄鎮偉《中國編輯出版史》(第 2 版),蘇州:蘇州大學出版社,2014 年,第 238 頁。

③ 趙翼著、王樹民校證《廿二史劄記校證》,北京:中華書局,2013 年,第 784 頁。

④ 傅維鱗《明書》卷七三,《刑法志》,《四庫全書存目叢書》,濟南:齊魯書社,1997 年,景印清康熙三十四年本誠堂刻本,史部第 38 册,第 751 頁。

⑤ 嵇璜《續文獻通考》卷一四〇《刑考》。

不輟。雖然武宗後諸皇帝多不如前,但大多對恤刑仍很重視。如嘉靖皇帝便曾連歲因災免刑。[①] 皇帝的重視不僅直接促進了各項恤刑制度的發展和完善,對官員的司法活動也是一種督促和壓力。

其二,明代重視恤刑的官員很多。這些官員不僅深受儒家恤刑傳統的影響,也受到了佛教因果報應思想的影響。尤其一些正直的官員耳聞目睹明代中後期的各種刑獄弊端,更常以恤刑爲懷。

以明末著名東林黨領袖之一鄒元標爲例。鄒元標在萬曆年間曾家居三十年之久。在此期間的一次赴鄰縣的旅途中,他隨身便帶着吴訥《祥刑要覽》一書。[②] 在任南京刑部員外郎等職期間,他將《祥刑要覽》寄給羅萬程,後者又將其刊刻,“以告回心者”。[③] 他長期擔任刑官,“留意職業”,曾刻吕坤《祥刑要語》一書,該書對當時和後世均産生了重要影響。這些事例充分體現了鄒元標對恤刑的重視。明代中後期像鄒元標這樣的官員不在少數,吕坤、丘濬、袁黄(了凡)等很多官員都很重視恤刑。

其三,明代設置了較多的直接負有恤刑職責的官員。在中央,大理寺爲最主要的恤刑機關。中央其他官員也有機會參與朝審等恤刑活動。在地方上,設置了更多有恤刑職責的官員。在省一級,除了平時巡按御史和按察使負有恤刑職責外[④],成化時又確定了每五年由刑部、大理寺派出官員赴外省審録罪囚的制度。在府一級,由推官負責恤刑。在省級與府級機關之間,朝廷擔心省級按察使管轄範圍過大,不能周至,復分數道,令其佐貳官(即巡道)以時出巡,審理冤枉。[⑤] 這些官員不是擺設,他們在現實的恤刑中確實發揮了一定的作用。比如由大理寺官員編著了較多的判牘,即爲明代大理寺實際發揮作用的直接證據。

在官方的重視下,明代各項恤刑制度運轉良好。經朝審後,在絶大多數年份中,都有斬、絞人犯活了下來。恤刑使者到達地方後,多所放遣,“所生全者益多矣”。[⑥] 熱審、大審等會審之制即使在皇帝怠政的萬曆時期亦常舉行。除此之外,朝廷尚常舉行春審、寒審。經會審後,人犯的刑罰或多或少都會得到減免。

也許僅説明一個朝代的情況,其結論缺乏説服力。筆者所知清代“恤刑書”的數量僅

---

① 張廷玉等《明史·刑法二》,第 2325 頁。

② 鄒元標《願學集》卷五下《彭澤艤舟記》,上海:上海古籍出版社,1987 年,景印《文淵閣四庫全書》,第 1294 册,第 215—216 頁。

③ 同治《廣昌縣志》卷九,羅萬程《祥刑要覽跋》。

④ 張廷玉等《明史·職官四》載:按察使掌一省刑名按劾之事,糾官邪,戢奸暴,平獄訟,雪冤抑。見《明史·職官二》,第 1840 頁。

⑤ 《明英宗實録》卷一一五,正統九年四月己酉,臺北:中研院史語所 1962 年校勘本,第 2331 頁。

⑥ 張廷玉等《明史·刑法二》,第 2311 頁。

次于明代。以官員的設置爲例,通過與清代的簡單對比可以更清晰地瞭解到恤刑在明代的政治生活中受到的重視程度。在清代的三法司中,刑部權特重,大理寺素稱閑曹。[①] 大理寺的恤刑功能較明代已大爲降低。[②] 順治十七年(1660)罷恤刑使者。康熙初罷巡按御史和推官,原巡按御史事務盡屬巡撫,原推官事務歸知府。依靠恤刑使者、巡按御史、推官恤刑的機制被取消後,清廷并未建立起另一套類似的機制。

武宗正德後,雖然吏治愈加敗壞,貪污成風,但各種恤刑之制的舉行并未受到明顯影響。這一方面與明廷重視恤刑的傳統有直接關係,另一方面也與當時的災害頻繁有關。據相關學者研究,中國古代的自然災害,特别是大的自然災害明顯集中在少數幾個時期。20 世紀 80 年代後,一批學者提出了"明清災害群發期""明清宇宙期"等概念。"明清宇宙期"這一概念目前已經得到了學界的認同。這一週期一般認爲是 200 年左右,大致相當於公元 1500 年到 1700 年這一時段,也就是説明朝和清初分别占了 150 年和 50 年左右。[③] 其開始的時間約在武宗正德皇帝(1506—1521 年在位)即位前後。如果説明代災害之繁爲曠古未有的記録[④],那麽,正德後災害之頻繁更是不言而喻的事實了。

經西漢董仲舒整理、提出的"天譴災异説"對後世影響深遠,明人也接受了這一學説。他們習慣於用"人事"來解釋災异的發生,并力圖通過改良"人事"來尋求弭災招祥之道。在諸多的"人事"舉措中,恤刑是最常見的舉措之一。正德後愈加頻繁的災害更加促使明廷力圖通過恤刑等舉措達到弭災招祥的效果。即使消極怠政的萬曆皇帝也常因災修省,主動降旨停刑。在明代中後期,官員因災恤刑的奏請不斷。災害頻發更易引起人們關注、重視恤刑。

三、明代中後期的"恤刑"之困

雖然明代官方重視恤刑,恤刑在國家的政治生活中受到重視,但這并不能掩蓋明代中後期存在大量不恤刑獄現象的事實。穆宗隆慶時刑部尚書毛愷將當時的刑獄弊端概括爲"六濫"。"六濫"即濫詞、濫拘、濫禁、濫刑、濫擬和濫罰。簡言之,正印官、佐貳官濫准詞訟,是爲濫詞;將被株連之人盡行拘傳,是爲濫拘;將人拘到後又不速審,概行監羈,是爲濫

① 徐世虹主編《沈家本全集》第二卷《奏摺》,北京:中國政法大學出版社,2010 年,第 443 頁。

② 明代刑部官員所編判牘僅有劉廷諫《白雲牘》、王樵《西曹判事》和陳瑋《比部招擬》等少數幾種,數量明顯少於大理寺官員所編判牘。清代刑部官員所編判牘筆者所知至少十余種,筆者目前尚未見到由清代大理寺官員所編判牘。這是清代大理寺恤刑功能弱化的直接例證。

③ 朱鳳祥《中國災害通史》(清代卷),鄭州:鄭州大學出版社,2009 年,第 40—45 頁。

④ 鄧雲特《中國救荒史》,上海:上海書店,1984 年,第 30 頁。

禁;刑具酷列,是爲濫刑;添情合律,摘例比情,是爲濫擬;巧名科征,是爲濫罰。[①] 限於篇幅,筆者不可能將"六濫"逐一詳細討論。因爲這些現象直接或間接與酷吏有關,筆者在此重點討論明代的酷吏問題。

明代酷吏最主要的表現是,在問案時,易將百姓杖斃。明代廷杖尤爲人所知,被認爲"公卿之辱,前此未有"[②]。上行下效,地方官亦常杖責百姓,即使上級官員杖責下級官員之事亦時有發生。仁宗洪熙年間大理寺少卿戈謙便有"今内外諸司率用大棍掠人,蓋欲使人畏懼,得以遂其奸貪"之語。[③] 可見至遲在仁宗時,酷吏問題便比較突出了。憲宗成化年間黄景隆在任吉安同知時,知府許聰因死于獄者達五十餘人而被處决。在黄景隆任知府的兩年時間裏,因無罪而故勘故入或淹禁以致死者超過百人。[④] 在兩人短短五年知府任期内因酷刑、淹禁致死百姓數量衆多,充分説明了明代酷吏之酷。這在明代并非個案,又如穆宗隆慶四年(1570)刑部尚書葛守禮稱,在外有司凡有訊鞫,不論輕重,動用酷刑,有問一事未竟而已斃一、二命,任官未滿一年而拷死十人者,輕視人命如草芥。如汾州知州齊宗堯三年致死五十人,榮河知縣吴朝一年致死十七人。[⑤]

可以説,歷史上每個朝代都有酷吏,但與其它相對平穩的歷史時期相比,明代酷吏之普遍、酷吏之凶狠却是罕見的。在此同樣以清代爲比較對象,即使在同樣號稱吏治敗壞的晚清,如果上級發現知府、知縣酷刑將百姓致死,知府、知縣不僅會被革職,還會受到刑法制裁。[⑥] 雖然在晚清,地方知府、知縣亦時有刑斃百姓之事,但在具體個案中致死百姓的數量明顯不及明代中後期,明代中後期酷吏更爲常見。

官員貪污常伴隨着苛酷,"酷以濟貪",以刑罰嚴酷來實現其貪污目的。正如熹宗天啓三年(1623)吏部尚書趙南星所言,當前有司官員貪已成風,"貪則多酷"。[⑦] 明代中後期官員貪腐成風,已是學界公認的事實。隨着貪腐問題的日趨嚴重,酷吏也愈來愈多。至世宗嘉靖八年(1529)時,詹事霍韜便有"今酷吏填滿天下"之語。[⑧] 酷吏淫刑以逞,無辜百姓被

① 毛愷《禁刑獄之濫疏》,見賀復徵:《文章辨體匯選》卷一一四,上海:上海古籍出版社,1987年,景印《文淵閣四庫全書》,第1403册,第321—323頁。

② 《明史·刑法三》,第2330頁。

③ 戈謙《恤民疏》,見陳子龍輯《明經世文編》卷五八,北京:中華書局,1962年,第455頁。

④ 《明憲宗實録》卷九七,成化七年冬十月壬申,臺北:中研院史語所1962年校勘本,第1840—1842頁;卷一八三,成化十四年冬十月壬子,第5頁。

⑤ 嵇璜《續通典》卷一一二《刑六·雜議四》。

⑥ 如咸豐六年(1856),山西祁縣知縣王錦因杖斃二命被革職、提省嚴辦(見《清文宗實録》卷二〇九,咸豐六年十月辛卯)。

⑦ 《明熹宗實録》卷四〇,天啓三年十月辛亥,臺北:中研院史語所1962年校勘本,第2096—2098頁。

⑧ 霍韜《謹天戒疏》,見陳子龍輯《明經世文編》卷一八六,第1918頁。

斃杖下,傷天地之和,召災害民。對酷吏的懲治得到了明廷的持續重視。

據《大明律・刑律・斷獄》"故禁故勘平人"和"决罰不如法"門的規定,如果因仇挾私將人致死,謂之故勘,官員應抵命;如果因公事如法責打,邂逅致死,謂之"因公",官員不用承擔責任。針對現實中酷吏之多,在憲宗成化七年(1471)八月刑科給事中白昂和成化十一年(1475)二月國子監祭酒周洪謨等人的奏請下,經刑部等衙門議准,如果酷刑官員非法用刑將人致死者,將其發原籍爲民,只傷人不致死者,奏請降調。[①] 孝宗弘治初年刑部尚書何喬新等人認爲,内外官司因公事决打致死人民,問刑衙門現在一概議作酷刑,將其罷黜爲民,這與《大明律》和問刑條例的規定不符。建議在問刑條例上又加上如果因公事拷訊笞杖臂腿地方致死者,依律科斷,不在降調之例的内容。[②] 獲得批准。經修改後的問刑條例被修入弘治《問刑條例》中。[③] 雖然之前亦有以"因公"獲輕罰的事例,但何喬新等人的建議無疑使"因公"的藉口公開化。其後,官員酷暴率以"因公"自解。只要酷吏的行爲被認定爲"因公",即使致死多命,對酷吏亦無影響。於是,"棰人重者爲能吏,殺人多者爲好官"。"習俗相承,日以彌甚"。[④] 雖然萬曆九年(1581)都察院題准,若文官致死三命以上,發附近充軍[⑤],加重了對酷吏的處罰。但這并未解决問題。據《明史》記載:"天啓中,酷刑多"。[⑥] 突出的酷吏問題是明代中後期諸多不恤刑獄現象的重要表現之一。對這些不恤刑獄問題的治理亦如懲治酷吏,均不成功。

弘治年間李東陽、嘉靖年間霍韜等人的奏疏一再説明懲治酷吏失敗的原因不在於律例,而在于掌握立法權和司法權的各級官員。州縣官雖然爲親民官,但明代中後期"賦斂煩苛",對百姓暴征不已。百姓交錢不如額,"挺而立斃者不知凡幾"。[⑦] 即使寬恤之旨屢下,亦無如之何。憲宗成化後資格和考選興,導致嘉靖、隆慶皇帝後科甲出身的官員日益受到重視。[⑧] 在考察中,對科甲出身的官員,"多存寬恕",即使貪酷顯著,"亦曲爲庇留"。[⑨]

---

① 《明憲宗實録》卷九四,成化七年八月己巳,第 1812—1813 頁;卷一三八,成化十一年二月甲申,第 2584—2585 頁。

② 何喬新《陳修省議刑罰疏》,見孫旬:《皇明疏鈔》卷六四《刑獄一》,《續修四庫全書》,上海:上海古籍出版社,2002 年,景印上圖藏明萬曆十二年自刻本,第 464 册,第 703 頁。

③ 《問刑條例》,見楊一凡點校《皇明制書》,北京:社會科學文獻出版社,2013 年,第 1566 頁。

④ 李東陽《懷麓堂集》卷三九《應詔陳言奏》,上海:上海古籍出版社,1987 年,景印《文淵閣四庫全書》,第 1250 册,第 426—427 頁。

⑤ 《(萬曆)大明會典》卷一七五,明萬曆十五年刻本。

⑥ 張廷玉等《明史・刑法二》,第 2326 頁。

⑦ 陸世儀《復社紀略》卷三,《續修四庫全書》,上海:上海古籍出版社,2002 年,景印湖南省圖書館藏清抄本,第 438 册,第 525 頁。

⑧ 張廷玉等《明史・循吏傳序》,第 7185 頁。

⑨ 《明世宗實録》卷二三九,嘉靖十九年七月己未,臺北:中研院史語所 1962 年校勘本,第 4862 頁。

撫按亦狃於因循,拘於資格,貪酷有司不循拿問之例。[①] 晚明考選與直接導致監察自廢,官員之間形成朋黨,吏治自然加速敗壞。[②] 各級官員不守法、鑽法律漏洞,在當時官場貪腐成風的大背景下,欲酷吏得到盡法懲治,刑獄不濫,是不可能的任務。

在官方重視恤刑與不恤刑獄現象普遍存在之間,形成了“恤刑”之困。隨着明末吏治的日益敗壞,這種困境愈加明顯,部分正直官員的擔憂日甚。當時注重現實問題“實學”思潮影響很大,“實學”思潮的代表人物吕坤、丘浚同時也是“恤刑書”的作者。在各朝實録、個人文集、奏議中有關恤刑的奏請舉目可見。無論是像顏俊彦《盟水齋存牘》那樣的判牘類文獻,還是如王肯堂《律例箋釋》那樣的律解類文獻,其序文俱常强調作者本人的“恤刑”之意。[③] 該“恤刑”之意與當時的貪酷之風形成鮮明的對照。正如王肯堂在其《律例箋釋》自序中所言,今之爲官者多不知好生之德,招權納賄,無所不至,鍛煉以爲能,鉤距以示察,草菅人命,冤抑不平之氣上干天和,從而導致水旱災害的發生。在此情形下,問刑官安得無陰譴哉![④] 王肯堂又自稱其欽恤之意在其《律例箋釋》三十卷中“時隱時見”。可以説,對當時吏治貪酷之風的深切憂慮是其《律例箋釋》一書形成的直接原因。通過著書彰顯自己的恤刑之意是其《律例箋釋》一書的主旨。其著《律例箋釋》遠非簡單的講明律意。

“恤刑”無疑成爲了明代中後期法律類文獻的主題。出現了很多像袁黄(了凡)那樣既著有有關恤刑方面的文章,又將自己的恤刑理念付之實踐的官員。[⑤] 也有很多官員以編著、刊刻“恤刑書”的形式,或勸誡、警示他人[⑥],或以自勵[⑦],或爲表明自己用刑明允,以獲取良好的名聲[⑧],或在官場、朋友應酬時以書相贈。[⑨] 總之,明代中後期“恤刑書”的大量編

---

① 《明神宗實録》卷三九,萬曆三年六月戊寅,臺北:中研院史語所1962年校勘本,第906—907頁。

② 任昉《明代的吏治》,《文史知識》1995年第2期。

③ 如在《盟水齋存牘》“自序”中,顏俊彦對讞獄之難深有認識,案牘爲人之生死攸繫,所以顏俊彦自稱對其案牘重一字出入。陸鏊稱其“有一案不求生路否?”(見顏俊彦《盟水齋存牘》“自序”“陸鏊序”,中國政法大學法律古籍整理研究所整理標點《盟水齋存牘》,北京:中國政法大學出版社,2002年,第7、2頁)。

④ 王肯堂《王儀部先生箋釋》)“箋釋原序”,《四庫未收書輯刊》,北京:北京出版社,2000年,景印清康熙三十年顧鼎刻本,史部第1輯,第25册,第266页。

⑤ 陸成本《續監懲録》“附編”,見楊一凡編:《古代折獄要覽》第一册,第482—484頁。

⑥ 勸誡、警示的對象與作者的地位并無必然關係。以巡按御史爲例。某湖北巡按和某四川巡按在期滿將回京接受考核,其下屬俱將其判牘刊刻出版。前者的目的爲“詔有位”,即警示、勸誡在官之人,在官之人不一定爲其下屬(王圻《王侍御類稿》卷九《跋全楚祥刑記略》,《四庫全書存目叢書》,濟南:齊魯書社,1997年,景印明萬曆四十八年王思義刻本,集部第140册,第299—300頁);後者的目的爲警示、勸誡後來的巡按,使其對“刑”亦知所敬(嘉慶《浚縣志》卷二〇,赫瀛《敬刑録》四川巡撫徐元太序)。

⑦ 光緒《湘陰縣圖志》卷三一《名宦傳》。這應該受到了袁黄《當官功過格》等善書的影響。

⑧ 焦源溥《逆旅集》卷一二《求生録序》,《四庫未收書輯刊》,北京:北京出版社,2000年,景印清道光十九年宏道書院刻本,集部第6輯,第30册,第189—190頁。

⑨ 湯來賀《内省齋文集》卷一五《仕途監懲録序》,《四庫全書存目叢書》,濟南:齊魯書社,1997年,景印清康熙間書林五車楼刻本,集部第199册,第389頁。

著并非偶然,這是當時官場"恤刑"之困的直接表現。

四、結　語

雖然明代中後期官場編著了大量的"恤刑書",但它們很少保存至今。從清初黄虞稷的《千頃堂書目》至晚清的各種私撰書目,著録的明代"恤刑書"的數量明顯減少。明代"恤刑書"流傳不遠的原因,除了保存不當之外,它們大多内容同質,現實影響有限,即使裝訂精美,亦難逃後世湮没無存的命運。① 很多"恤刑書"僅在各種書目中留下有限的資訊,以致今人在整理、研究明代判牘等法律類書籍時,對其多有忽略。雖然如此,"恤刑書"畢竟在明代中後期的現實中大量存在過,作爲當時的一個突出現象,這本身便具有重要的研究價值,理應引起學界的重視。雖然現存"恤刑書"不多,但它們保留了很多當時的案件,這些案件是當時法律和社會的直接反映。我們可以以這些現存的"恤刑書"爲基礎,對明代法律、社會進行更深入、細緻的研究。② 另外,明代"恤刑書"數量之多,足以修正明代的判牘不多見等類似的主流觀點。

【作者簡介】張本照,男,1980 年生,歷史學博士,哈爾濱師範大學法學院教師,主要從事清代法律文獻、法律史研究。

---

① 如天啓時,丘兆麟在任河南巡按御史期滿回京時,其行李絶重者爲"祥刑之書",用棉紙書寫,"高與身等"(同治《臨川縣志》卷四九《藝文志》)。該書并不爲後人所知。

② 如恤刑使者孫燧、夏道南、盧漸均"恤刑書"是趙克生教授《明代"淹禁"述論》(《中國史研究》2013 年 2 期)一文的主要史料之一。

《道德經》研讀札記三則

高雲飛

范應元集注本《老子道德經》向稱善本，此書《道藏》失收，焦竑《老子翼》亦未見徵引，可謂道家之佚典。[①] 2017 年 3 月，國家圖書館出版社將其影印出版，爲我們瞭解研讀《道德經》提供了便利。此書曾經過黄曙輝先生的整理，收入《歷代文史要籍注釋選刊》老子卷中。筆者近來結合國圖影印范應元集注本，讀《道德經》略有發現，寫成札記三則，分爲"物壯則老"解詁、范應元本"治大國者若亨小鱗"异文考辨、黄曙輝整理本中的幾個問題，以求正於方家。

一、"物壯則老"解詁

"物壯則老"一句出現在《道德經》第三十章及第五十五章，全録如次：

以道佐人主者，不以兵强天下，其事好還。師之所處，荆棘生焉。大軍之後，必有凶年。善有果而矣，不敢以取强。果而勿矜，果而勿伐，果而勿驕，果而不得已，果而勿强。物壯則老，是謂不道，不道早已。（三十章）[②]

含德之厚，比於赤子。蜂蠆虺蛇不螫，猛獸不據，攫鳥不搏。骨弱筋柔而握固，未知牝牡之合而全作，精之至也。終日號而不嗄，和之至也。知和曰常，知常曰明，益生曰祥，心使氣曰强。物壯則老，謂之不道，不道早已。（五十五章）[③]

古代諸家注《老》，牽涉此句者皆在第三十章中，故以下所選録注解，皆在第三十章原

① 見范應元《宋本老子道德經》南江濤序，北京：國家圖書館出版社，2017 年。
② 樓宇烈《老子道德經校釋》，北京：中華書局，2008 年，第 78 頁。
③ 《老子道德經校釋》，第 146 頁。

文之下。此外,還需要略作説明的是:姚鼐以爲,第三十章中“物壯則老”一句爲衍文,因其原在第五十五章“心使氣曰强”之下,故誦者誤入此“勿强”句之下。[①] 按,此説高明先生早有辨證,其檢長沙馬王堆三號漢墓出土帛書《老子》甲乙本,均有此句,所以斷定姚説非是而高氏判斷是準確的。[②]

以下爲諸家注解:

(一)(漢)河上公注①

物壯則老。草木壯極則枯落,人壯極則衰老也。言强者不可以壯。是謂不道。枯老者坐不行道也。不道早已。不行道者早死。[③]

(二)(魏)王弼注②

壯,武力暴興,喻以兵强於天下者也。飄風不終朝,驟雨不終日,故暴興必不道,早已也。[④]

(三)(唐)張君相(沿襲河上公注進一步做疏證)③

物壯則老。【注】草木壯極則枯落,人壯極則衰老也。言强者不可久。【疏】炎極則凉,理之恒數,物壯則老,其義必然。是謂不道。【注】枯老者坐不行道也。

不道早已。【注】不行道者早已。已,死也。【疏】物壯則老,兵强則衰,既不謙柔,故非真道,應須止息而勿行也。[⑤]

(四)(宋)蘇轍注④

壯之必老,物無不然者。唯有道者,成而若缺,盈而若冲,未嘗壯,故未嘗老、未嘗死。以兵强天下,壯亦甚矣,而能無老乎?[⑥]

(五)(宋)范應元注⑤

凡物之壯者必老,爲道則無壯無老。苟不體道,而久恃兵爲壯,得無老乎?知壯極則老,能早止兵,則庶幾於道矣。[⑦]

(六)(明)李贄注⑥

物壯則老,此天道也。惟知强壯之可恃,不知老敗之將至,是謂不道。不道之事

---

① 姚鼐《老子章義》,《續修四庫全書》第954册,上海:上海古籍出版社,2002年,第637頁。

② 高明《帛書老子校注》,北京:中華書局,1996年,第386頁。

③ 河上公《老子河上公注》老子道經上儉武第三十,《四部叢刊》初編第532册,上海:上海書店,1989年,第45頁。

④ 《老子道德經校釋》,第78頁。

⑤ 張君相《道德真經集解》卷三,清嘉慶宛委别藏本。

⑥ 蘇轍《老子解》卷上,影印《文淵閣四庫全書》本第1055册,臺北:商務印書館,1986年,第209頁。

⑦ 《宋本老子道德經》,第129頁。

不可以不早已夫。[①]

(七)(清)徐大椿注⑦

凡物壯盛之極則必趨於衰老,與道體之常存不息者异矣。與道體异,則必早自滅絶,不足以自强而適足以自敗也。然則爲國者,國可阻兵而强取哉?[②]

以下爲今人翻譯,亦迻録如次,以作參考:

(一) 任繼愈譯⑧

只追求强大,必然會走向衰敗。這就不合於"道",不合於"道",就會很快死亡。[③]

(二) 陳鼓應譯⑨

凡氣勢壯盛的就會趨於衰敗,這是不合於道的,不合於道很快就會消逝。[④]

現將諸家解釋略分爲三類:(一) 事物壯極就會趨於衰敗,這是自然之理。衰老的人就不能行道,不能行道,就會早亡。(①③)(二) 武力暴興就是無道,無道就會趨於衰亡;只知道逞强,不知道老敗將至,這是不道,不道就應該早些停止(或就會衰亡。)(②⑥⑧)(三) 事物壯極就會趨於衰老,這不符合道,不符合道就會早早衰亡。(④⑤⑦⑨)

另,筆者在初讀范注本《道德經》時又有一解釋,亦附於此:(四) 事物壯盛反而衰老,這不符合道,不符合道,就應早些停止。(按,《左傳》曰:"師直曰壯,曲則老。"[⑤]又《道德經》曲則全章中"則"釋爲"反而"。)

若就句義求,似乎(一)(二)(四)於義可通。然細繹之,則(三)達古書之義。何也?《道德經》言"穀神不死"又言"天長地久";蘇注云:"道未嘗壯,未嘗老";范注曰:"爲道則無壯無老";又徐注:"道體常存不息"。故"物壯則老"一句當釋爲:事物壯極就會趨於衰老,(而道却是無壯無老的,所以)這不符合道,不符合道就會早早衰亡。

---

① 焦竑撰,黄曙輝点校《老子翼》,上海,華東師範大學出版社,2011年,第78頁。

② 徐大椿《道德經注》卷上以道佐人主章第三十,影印《文淵閣四庫全書》本,第1055册,臺北:商務印書館,1986年,第531頁。

③ 任繼愈《老子今譯》,北京:文學古籍出版社,1956年,第23頁。

④ 陳鼓應《老子注譯及評介》,北京:中華書局,1984年,第190頁。

⑤ 楊伯峻《春秋左傳注》僖公二十八年,北京:中華書局,1981年,第500頁。

二、范應元本"治大國者若亨小鱗"异文考辨

范本原文:【經】治大國者,若亨(普庚切)小鱗。【注】鱗,總括魚之屬也。傅奕、孫登同古本。小鱗,小魚也。治大國者,譬若亨小鱗。夫亨小鱗者不可擾,擾之則魚爛。治大國者當無爲,爲之則民傷,蓋天下神器,不可爲也。(治大國章第六十)[①]

范本"亨"讀作"烹",王弼本作"烹",檢帛書本作"亨"。高明先生此句注引《詩聲類》"亨"下注曰:"案'亨''烹''享'三字,後人所别,古人皆只作'亨'字,而隨義用之,其讀似只有'亨'音。"則王本當據讀音改,范本合老子古義。范本"鱗"字,通行本多作"鮮",敦煌辛本作"腥"。朱謙之曰:"腥有臭義。《楚辭·涉江》'腥臭并御',注:'臭也。'又'肉則麇腥',疏:'生肉也,又爲鮏。'《通俗文》:'魚臭曰腥。'作'腥'義短,仍從碑本作'亨小鮮'爲是。"[②]朱説是。"鮮"字,河上公注曰:"鮮,魚。"[③]"鱗",范注曰:"鱗,總括魚之属也。"二者皆有魚之義。此處帛書本作"鮮";《淮南子》引作"治大國若烹小鮮";[④]《韓非子》引作"治大國者若烹小鮮";[⑤]李賢注《後漢書》引作"理大國者若亨小鮮"。[⑥] 據以上所引似以"鮮"字爲妥。按,范注云:"傅奕、孫登同古本。" 當有所本;朱謙之云:"鱗、神同韻,於義可通。"[⑦]傅增湘《藏園群書經眼録》載沈曾植語曰:"卷中'治大國若烹小鮮'此本作'小鱗',注,小鱗者小魚也,其義新而確。"[⑧]又,段玉裁《説文解字注》"鱻"下曰:"其字蓋皆本作'鱻'。凡鮮明、鮮新字皆當作'鱻'。自漢人始以'鮮'代'鱻'。如《周禮經》作'鱻',注作'鮮'是其證。"[⑨]《初學記》漁第十一"亦昔必因小鱗而後明三异之規"句,"因小鱗"嚴陸校作"因小鮮"[⑩];王念孫《讀書雜志》餘編《後漢書》"胆完羝捣介鮮"條下云:"介鮮二字,亦爲不類,'鮮'當爲'鱗',凡隸書從粦之字,或作'米',故'鱗'字或作'鮝',形與'鮮'相近,因譌爲'鮮'。"[⑪]則范本"鱗"字,似更近古書原貌。

---

① 《宋本老子道德經》,第 240 頁。
② 朱謙之《老子校釋》,北京:中華書局,2017 年,第 254 頁。
③ 《老子河上公注》老子道經上儉武第三十,第 73 頁。
④ 劉文典撰,馮逸、喬華點校《淮南鴻列集解》卷十一,北京:中華書局,2013 年,第 365 頁。
⑤ 王先慎著,鍾哲點校《韓非子集解》卷六,北京:中華書局,2016 年,第 151 頁。
⑥ 范曄撰,李賢等注《後漢書》卷七十六,北京:中華書局,1965 年,第 2483 頁。
⑦ 《老子校釋》,第 255 頁。
⑧ 傅增湘《藏園群書經眼録》卷十,北京:中華書局,2009 年,第 752 頁。
⑨ 段玉裁《説文解字注》,北京:中華書局,2013 年,第 587 頁。
⑩ 徐堅《初學記》卷二十二,北京:中華書局,2004 年,第 22001 頁。
⑪ 王念孫《讀書雜志》(下册),北京:中國書店,1985 年,第 9 頁。

三、黄曙輝整理本中的幾個問題

范應元《老子道德經古本集注》傳本稀少應屬事實。今所見諸本，據弓曉敏考察，從館藏地而言，主要有兩種版本：1. 宋刻本，收入《中華再造善本》，今藏於中國國家圖書館；2. 宋刻本，收入《續古逸叢書》，今藏於上海涵芬樓。[①] 今檢國圖藏本，半頁十行，每行十七字，白口，左右雙邊，卷首署"前玉隆萬壽宮掌教，南岳壽寧觀長講，果山范應元集注直解"，卷中所采諸家注及人姓名皆陰文。卷末有范應元序及繆荃孫、楊守敬、鄧邦述、王闓運等人題跋。原書下卷首尾頁已缺，今見當爲後人補抄。又核《續古逸叢書》本《老子道德經古本集注》，除卷首稱"據江安傅氏雙鑒樓藏書本影印"外，其行款、版式、下卷所補頁，及卷末序跋皆與國圖本同。可以斷定二者當爲同一版本。

黄曙輝整理本(以下簡稱"黄本")前有弁言及目録，後附有傅增湘跋語，正文豎排繁體加以新式標點并有校記。《弁言》稱："據宋本點校。"(按：即指國圖藏本)

其書優勢較多，但瑕疵亦不能避免，兹略舉數端於下：

(一) 誤字問題

黄本"勇於敢"章第七十三"默然而善謀，天網恢恢，疏而不失。"下注："'默'字，傅奕同古本，河上公并開无御注本作'繟'，王弼、梁王尚、孫登、張嗣作'坦'，今依古本。"[②]檢國圖本《宋本老子道德經》勇於敢章"開无御注本"作"開元御注本"；[③]黄本書末所附傅增湘跋語亦作"開元御注"；[④]《新唐書·藝文志》有《玄宗注道德經》二卷，下有"又疏八卷，天寶中加號《玄通道德經》，世不稱之"；[⑤]又，《金石録》卷六有《唐御注道德經》下有："明皇注并御書，諸王書額。開元二十四年八月，懷州本。"[⑥]原"開无御注本"誤，當做"開元御注本"。

黄本"民不畏威"章第七十二，原文有"是以聖人自知不自見(音現)，自愛而不自貴，故去(去聲)彼取此"[⑦]。核國圖本《宋本老子道德經》，"現"作"晛"[⑧]，按，《詩經·角弓》有"雨

① 詳見弓曉敏《范應元〈老子道德經古本集注〉研究》，武漢：華中師範大學碩士論文，2009年。
② 黄曙輝《老子道德經古本集注》，上海：華東師範大學出版社，2010年，第126頁。
③ 《宋本老子道德經》，第285頁。
④ 《老子道德經古本集注》，第141頁。
⑤ 歐陽修、宋祁撰《新唐書》卷五十九，北京：中華書局1975年，第1517頁。
⑥ 趙明誠著，劉曉東、崔燕南點校《金石録》卷六，濟南：齊魯書社，2009年，第50頁。
⑦ 《老子道德經古本集注》，第124頁。
⑧ 《宋本老子道德經》，第281頁。

雪瀌瀌,見晛曰消"[①]。范氏以"晛"注"現",蓋《詩經》爲當時士子必讀之書,讀者當能識之。黄本改"晛"爲"現",非。

(二) 校勘問題

校勘記訂誤二則

1. 原文:大率此道,仁者見之謂之仁,智者見之謂之智,更〔二〕在後之君子不以人爲輕重,審其是而已矣。(將欲翕之章第三十六)

【黄校】:〔二〕更,疑當作要。[②]

按,"更在"指"等到",表示期待。《説文解字注》:"更訓改,亦訓繼,不改爲繼,改之亦爲繼。"[③]又,周煇《清波雜志》卷二有"陳亦自謂:'國敢以私意斷其是非,更在後之君子審辯而已。'故《神宗實録》後亦多采《日録》中語增修。"[④]原文"更在"一句,意與此同。黄氏改"更"爲"要",失其義。

2. 原文:何况酷吏非泛〔一〕誅求,視天之民反不如豬狗。吏餘珍饈,民乏糟糠,怨氣冲天,禍亂斯作。殊不知民不難治,至於難治者,由上之人有爲多欲,而民亦化上,是以難治也。漢文帝盡滅民租,恭儉清淨,而天下大治,其效著矣。蘇曰:"上以有爲導民,民以有爲應之,故多事而難治。"(民之饑章第七十五)

【黄校】:〔一〕泛,當作法。[⑤]

按,"非泛"指"不按常度,過分"的意思。李心傳《建炎以來繫年要録》卷一百九十三有:"諸軍緊急,非泛支費,申奏朝廷不及。"[⑥]李燾《續資治通鑑長編》卷四百九載:"其元祐元年十二月已前,已未封樁錢物,除已得旨合支用外,今後遇有非泛支使,并三省、樞密院

---

① 程俊英、蔣見元《詩經注析》,北京:中華書局,1991年,第713頁。
② 《老子道德經古本集注》,第65頁。
③ 《説文解字注》,第125頁。
④ 周煇撰,劉永翔校注《清波雜志》卷二,北京:中華書局,1994年,第84頁。
⑤ 《老子道德經古本集注》,第129頁。
⑥ 李心傳《建炎以來系年要録》卷一百九十三,北京:中華書局,1988年,第3243頁。

取旨施行。"[①]又,《宋史全文》卷二十九上云:"初,孝宗創封樁庫。其法非奉親非軍需不支。至是,一季之間所撥金銀錢計直二百五十萬緡,蓋多非泛支用故爾。"[②]據此,原文"非泛"無誤,且其爲宋人習見用法。黄氏誤改"泛"爲"法",亦屬校補不當而失其本真。

校勘記獻疑一則

原文:倪,吐活切,輕倪也。傅奕云:"别本作'脱',消肉臞〔一〕也。"《韻略》訓骨去肉也。(將欲翕之章第三十六)

【黄校】:〔一〕臞,原作"癯",據《説文》改。[③]

按,《説文》釋"脱"曰:"消肉臞也"。[④] 確作"臞",然《釋文》云:"'臞'字又作'癯'。"又,《文選注》:"'臞'與'癯'同。"[⑤]故,黄氏據《説文》徑改似不妥,此處若出异文校或更優。

(三)標點問題

1. 黄本原文:王侯若能守道而虛静恬淡,則無爲矣,萬物將自化其虛静恬淡,則是無不爲矣。化者雖有氣質昏隔、躁動多欲者,亦將不待教令,自然變而化成虛静恬淡矣。是何故邪?在上者無爲無欲也。(道常無爲章第三十七)[⑥]

按,"王侯"句與"萬物"句對舉,"萬物將自化"一句意爲"萬物將自然變化","其虛静恬淡"一句中有代詞"其","則是無不爲"一句有判斷詞"是",又末句言"是何故邪?在上者無爲無欲也"。則此句當斷爲:"萬物將自化,其虛静恬淡,則是無不爲矣。"爲妥。

2. 黄本原文:不言之教,柔弱也。無爲之益,虛通也。蓋柔弱虛通者,大道不言之教,無爲之益也,故人當體之。而天下之人蔽于物欲好尚,强梁有爲,自生障礙,是以罕有及此道者矣。(天下之至柔章第四十三)[⑦]

① 李燾《續資治通鑑長編》卷四百九,北京:中華書局,2004年,第9974頁。
② 汪聖鐸點校《宋史全文》卷二十九,北京:中華書局,2016年,第2470頁。
③ 《老子道德經古本集注》,第64頁。
④ 許慎《説文解字》,北京:中華書局,2015年,第83頁。
⑤ 郝懿行著,吴慶峰等點校《爾雅義疏》,濟南:齊魯書社,2010年,第2995頁。
⑥ 《老子道德經古本集注》,第65頁。
⑦ 《老子道德經古本集注》,第79頁。

據此句上下文語氣求之,"好尚"此處當爲動詞,猶"頗涉書史,好尚功名"[①](《魏書》卷四十四列傳第三十二費穆)之"好尚"。故"而天下之人"一句當斷爲:而天下之人蔽於物欲,好尚强梁有爲,自生障礙,是以罕有及此道者矣。

3. 黄本原文:老氏仙蹤,見之《道藏》《史記》,聖賢紀載,但降生示現,人或夢之。歲月日時,記异先後,至於諸家雜説,未易殫舉。[②]

按,《隋書·經籍志》載:"《先聖本紀》十卷,劉縚撰。"[③]姚振宗《隋書經籍志考證》云:"《梁書·文學·劉昭傳》:'昭子縚,亦好學,通三禮。大同中,爲尚書祠部郎,尋去職,不復仕。'《南史·文學傳》:'著《先聖本紀》十卷行於世。'《唐書·經籍志》:'《先聖本紀》十卷,劉滔撰。'《唐書·藝文志》:'劉滔,《先聖本紀》十卷。'章氏考證《太平預覽·人事部》引伊尹、許由各一事。《文選·王文憲集序》《竟陵王行狀》注并引子産一事,或題《先聖本紀》,或題《聖賢本紀》。"[④]則原文"老氏"一句當標點爲:老氏仙蹤,見之《道藏》《史記》《聖賢紀》載。但降生示現,人或夢之,歲月日時,記异先後。

(四)异體字的處理問題

整理古籍,目的是便於今人閲讀和研究。异體字的處理,在整理古籍的過程中是一個比較麻煩的問題。一般認爲,在一組异體字中,只有一個字是正字,其餘都是俗體、古體、或體之類的异體,在文字使用過程中應該一律統一成規範的正字。如果有些字大量出現(如"于"和"於"),爲尊重底本不做改動的,需在凡例中説明。黄氏在整理的過程中,有的字徑改(如"脉"改爲"脈";"劒"改爲"劍"等)有的又全不改,現將應改而未改者略舉數例:

以下訂正據程毅中先生《古籍中常見异體字簡表(徵求意見稿)》:

1. 蘇子由曰:"莫非道也,而可道者不可常,惟不可道而後可常尒。(道可道章第

① 魏收《魏書》卷四十四,北京:中華書局,1974年,第1003頁。
② 《老子道德經古本集注》,第137頁。
③ 魏徵等《隋書》卷三十三,北京:中華書局,1973年,第962頁。
④ 姚振宗《隋書經籍志考證》卷十三,《二十五史補編》第4册,上海:開明書店,1936年,第5285頁。

一)〖“尒”當改爲“尔”〗[1]

2. 人能用道以挫情欲之鋭,解事物之紛瑩,心鑑而不炫其明,混濁世而不汙真,则道常湛兮,似乎或在也。(道冲章第四)[2]〖“汙”當改爲“污”〗

3. 營魄,寬魄也。《内觀經》曰:“動以營身之謂寬,静以鎮形之謂魄。”河上公曰:“營魄,寬魄也。”寬屬陽,魄屬陰。一者,道之一也。謂身載寬魄,抱道之一,頃刻無離,人能之乎?(載營魄章第十)[3]〖“寬”當改爲“魂”〗

4. 河上公曰:万物中皆有元氣,得以和柔,若胷中有臟,骨中有髓,草木中空虚与氣通,故得久生也。(道生一章第四十二)[4]〖“胷”當改爲“胸”〗

5. 祥,妖恠也,又福也,善也。此指妖恠之義。(含德之厚章第五十五)[5]〖“恠”當改爲“怪”〗

【作者簡介】高雲飛,男,1994 年生,西北大學文學院碩士研究生,主要從事唐代文學及文獻研究。

---

① 《老子道德經古本集注》,第 2 頁。
② 《老子道德經古本集注》,第 9 頁。
③ 《老子道德經古本集注》,第 16 頁。
④ 《老子道德經古本集注》,第 77 頁。
⑤ 《老子道德經古本集注》,第 98 頁。

唐于濆詩校釋

郭殿忱

中國社會科學院文學研究所編《唐詩選》載:"于濆,字子漪,唐懿宗咸通二年(861)進士,做過泗州判官。他是晚唐的一位現實主義詩人,曾寫過不少短小精悍、剛健樸質的作品,自稱之爲'逸詩',全都是古體。……像于濆這樣的詩人,在當時既不爲人所重視,在後世也幾乎湮没無聞,這是很可惜的。"①

其中,"做過泗州判官"一句,可能引自《唐詩紀事》(以下省稱《紀事》)。北京大學已故教授周紹良在箋證《唐才子傳》(以下省稱《才子》)時稱:"唐制,州、縣無判官,祗觀察使、團練使、防禦使下設判官一人,泗州刺史例兼團練使,于濆蓋任團練使判官。"②

又,"在當時既不爲人所重視,在後世也幾乎湮没無聞"之説,與史實不符。晚唐韋莊繼姚合《極玄集》後,編《又玄集》時收録于濆詩三首。不久,韋縠編《才調集》亦將此三首録入,這表明在當時已受到重視。今依《又玄集》編次,予以校釋。

古宴曲

雉扇合蓬萊,朝車迴紫陌。
重門集嘶馬,言宴金張宅。
燕娥奉卮酒,低鬟若無力。
十户手胼胝,鳳凰釵一隻。
高樓齊下視,日照綺羅色。
笑指負薪人,不信生中國。③

詩題,名爲"古宴曲",詩中也寫到了漢代的金日磾、張安世兩貴族世家。但首句"雉扇

---

① 中國社會科院文學研究所編《唐詩選》,北京:人民文學出版社,1984,第319頁。
② 辛文房撰,周紹良箋證《唐才子傳箋證》,北京:中華書局,2010年,第1892頁。
③ 傅璇琮等編《唐人選唐詩新編(增訂本)》,北京:中華書局,2014年,第854頁。

合蓬萊”——野雞長尾羽所製成的宫扇，掩映的宫殿乃是唐高宗時所修建的蓬萊宫。唐人愛用漢代故實説事情，此詩借古諷今，亦沿用此手法。

“迴”，《才調集》作“回”。[①] 今按：“回”爲本字，“迴”爲後起字，在退朝後沿着京城大道回府宴集的意義上“迴、回”一義，故兩可。而舉凡兩可之字、詞均應依從早出之書或版本。

“綺羅”，《才調集》作“羅衣”。詩中極力描寫貴族生活的奢華，説這并非一般的羅衣，而是華麗的羅衣。“綺”應理解爲形容詞，而非名詞。

“負薪”，《紀事》原誤作“負心”。今本校記稱：“據汲古閣本及《全唐詩》改。”[②]以常理思之：從高樓往下望只能見到背柴人，不會透視其是否爲負心漢。又竊思，何以見到背柴人就懷疑不是在中國呢？可能是受到孟子理想社會“頒白者不負戴于道路”的影響，食古不化地認爲中國之内不會有背柴之人，此詩辛辣諷刺封建官吏不關心民瘼的冷漠現象。

聞一多《唐詩大系》收録此詩，并推斷詩人生於公元832年。[③] 依《才子》載于濆爲“咸通二年(861)裴延魯(狀元)榜進士”，則及第年齡爲三十歲。并不像周紹良《箋證》所説“應已年近半百”；或孟二冬補正《登科記考》所云：“其於科場蹉跎幾近二十年。”[④]周、孟二位所據爲會昌五年正月于濆所撰《唐故河中府永樂縣丞韋府君妻隴西李夫人墓志銘并序》中自稱“鄉貢進士”(未及第)而來。此文，《全唐文》未收，周先生據《唐代墓志匯編・會昌〇四一》轉録。實際情況究竟如何？有待進一步考證。

思歸引

不耕南畝田，誤愛東堂桂。
身同樹上花，一落又經歲。
交親日相薄，知己恩潜潜。
日開十二門，自是無歸計。[⑤]

“誤”，《才調集》《全唐詩》均作“爲”。[⑥] 今按：“誤”字引領下文的“樹上花”等感慨，較“爲”字佳。

“潜”，《才調集》《紀事》《全唐詩》皆作“替”，是。疑“潜、替”爲“魯魚亥豕”類手民之誤。

---

① 《唐人選唐詩新編(增訂本)》，第1165頁。
② 計有功輯《唐詩紀事》，上海：上海古籍出版社，2008年，第931頁。
③ 聞一多《聞一多全集》，北京：三聯書店，1982年，第425頁。
④ 徐松、孟二冬補正《登科記考補正》，北京：燕山出版社，2003年，第937頁。
⑤ 《唐人選唐詩新編(增訂本)》，第854頁。
⑥ 彭定求等修纂《全唐詩》，上海：上海古籍出版社，1986年，第1523頁。

辛苦吟

壟上扶犁兒,手種腹長饑。
窗下擲梭女,手織身無衣。
我願燕趙姝,化爲嫫女姿。
一笑不值錢,自然家國肥。①

詩題,《才調集》《全唐詩》皆作"苦辛吟"。二詞一義,故兩可。

"擲梭",《全唐詩》作"拋梭",實在欠佳。因"拋"字一般將物件扔得高遠,或棄之不用了。而擲梭,只是織女織布時的一個連續性動作。

"值錢",《才調集》作"直錢"。《紀事》《全唐詩》注皆作"值金"。今按:於此語言環境,"值、直"相通。而在現代漢語中,只用"值",不再用"直"。又"值錢",文從字順;"值金"拗口。此詩題旨:倘燕趙美女變成醜婆,君王就不會爲其一笑而擲千金,那時家國富足,百姓便衣食無憂了。

此首爲五言古詩,"饑、姿"押上古音"脂部","衣、肥"在"微部",爲"脂、微"兩部合韻。與今音大不相同。

宋代郭茂倩編《樂府詩集》(以下簡稱《樂府》)較《紀事》又多收四首,計七首。

巫山高

何山無朝雲? 彼雲亦悠揚。
何山無暮雨? 彼雨亦蒼茫。
宋玉恃才者,憑雲構高堂。
自重文賦名,荒淫歸楚襄。
峨峨十二峰,永作妖鬼鄉。②

楚人宋玉所作《高唐賦》言襄王與巫山神女幽會交合之事,後世便將"巫山雲雨"指代男女合歡。《樂府》鼓吹曲辭卷收録自南齊虞羲,迄唐代僧人齊己詩,計二十人二十二首。

"蒼茫",《唐詩品匯》(以下簡稱《品匯》)作"滄茫"。③ 今按:雨落在草木蔥蘢的巫山上,還是用"蒼茫"爲好。

---

① 《唐人選唐詩新編(增訂本)》,第855頁。
② 郭茂倩編《樂府詩集》,北京:中華書局,1979年,第242頁。
③ 高棅編選《唐詩品彙》,上海:上海古籍出版社,1988年,第249頁。

"憑雲",《品匯》《全唐詩·于濆卷》均作"憑虚"。巫山神女與襄王陽臺幽合之事本係神話傳説。《全唐詩·樂府卷》(系重出之詩)則同《樂府》作"憑雲",欠佳。

"自重",《品匯》《全唐詩·于濆卷》俱作"自垂"。今按:兩相比較,還是"自重"不易産生歧義。

隴頭水

借問隴頭水,終年恨何事?
深疑嗚咽聲,中有征人淚。
昨日上山下,達曙不能寐。
何處接長波,東流入清渭。①

詩題,《全唐詩·于濆卷》作"隴頭吟"。② 今按:《樂府古題要解》稱:"《隴頭吟》,一作《隴頭水》。"又,《全唐詩·横吹曲辭》詩後注:"集本(指《于濆集》)前四句與羅隱詩全同。"今按:應作意思相同,詞句略有差异,如"終年"作"年年","深疑"作"全疑"。《全唐詩稿本·凡例》云:"有一詩而互見數集者,止於題下注:'一作某詩。'若確有考據可以定其爲何人者,如司空曙樂府誤入崔櫓集之類,則删彼歸此,不必互見。"③對此類重出、互見之詩早有學者撰寫《全唐詩所收杜牧、許渾二家雷同詩》之類文章。但于濆、羅隱此詩之歸屬尚待考論。

又,後四句《全唐詩·于濆卷》作:"自古藴長策,况我非才智。無計謝潺湲,一宵空不寐。"似各有長短。另,此卷尚有一首《樂府》未收的《隴頭水》:

隴頭水

行人何彷徨? 隴頭水嗚咽。
寒沙戰鬼愁,白骨風霜切。
薄日曚朧秋,怨氣陰雲結。
殺成邊將名,名著生靈滅。④

① 《樂府詩集》,第315頁。
② 《全唐詩》,第1523頁。
③ 錢謙益輯《全唐詩稿本》,臺北:臺灣聯經出版事業公司,1976年,第6頁。
④ 《全唐詩》,第1523頁。

令人想起“可憐無定河邊骨,猶是深閨夢裏人”,以及“一將功成萬骨枯”等精警名句。

宫　怨

妾家望江口,少年家財厚。
臨江起珠樓,不賣文君酒。
當年樂貞獨,巢燕時爲友。
父兄未許人,畏妾事姑舅。
西牆鄰宋玉,窺見妾眉宇。
一旦及天聰,恩光生户牖。
謂言入漢宫,富貴可長久。
君王縱有情,不奈陳皇后。
誰憐頰似桃?孰知腰勝柳?
今日在長門,從來不如醜。①

此詩用幾近口頭語的通俗語言,將漢武帝時代阿嬌妬人又被冷落,請司馬相如寫《長門賦》之事,娓娓道來。以富家民女的口吻兼及卓文君當壚賣酒故事,就更切合身世。上文已言唐人好借漢代掌故説事,此詩又爲一明證。

古别離二首

(一)

入室少情意,出門多路岐。
黄鶴有歸日,蕩子無還時。
人誰無分命?妾身何太奇!
君爲東南風,妾作西北枝。
青樓鄰里婦,終年畫長眉。
自倚對良匹,笑妾空羅幃。②

《樂府》題下有注云:“《楚辭》曰:‘悲莫悲兮生别離。’《古詩》曰:‘行行重行行,與君生

① 《樂府詩集》,第633頁。
② 《樂府詩集》,第1018頁。

別離。相去萬餘里,各在天一涯。'後蘇武使匈奴,李陵與之詩曰:'良時不可再,離別在須臾。'故後人擬之爲《古別離》。梁簡文帝又爲《生別離》,宋吴邁遠有《長別離》,唐李白有《遠別離》,亦皆類此。"

"歧",《全唐詩》作"岐"。今按:古代漢語中,在指代路口時,"歧、岐"相通。然而"岐"尚有山名之義,故現代漢語指代"路口"時,只用"歧"而不再用"岐"。

(二)

郎本東家兒,妾本西家女。
對門中道間,終謂無離阻。
豈知中道間,遣作空閨主。
自是愛封侯,非關備胡虜。
知子去從軍,何處無良人?[①]

此女,非"悔教夫婿覓封侯"的那位"不知愁"的少婦(見王昌齡《閨怨》),幾乎近於反其意而用之。

青樓曲

青樓臨大道,一上一回老。
所思終不來,極目傷春草。[②]

此詩,宋人洪邁、明人高棅,均視爲五言絶句。前者選進《萬首唐人絶句》。[③] 後者編入《品匯》。[④] "春草"使望眼欲穿的"思春"之人黯然神傷!

塞下曲

赤子別父母,犬戎圍邏娑。
戰鼓聲未齊,烏鳶已相賀。
燕然山上雲,半是離鄉魂。

① 《樂府詩集》,第 1018 頁。
② 《樂府詩集》,第 1279 頁。
③ 洪邁《萬首唐人絶句》,北京:書目文獻出版社,1983 年,第 152 頁。
④ 《唐詩品彙》,第 420 頁。

衛霍待富貴,不知誰與論?[①]

首二句,《品匯》作“紫塞曉屯兵,黄沙披甲卧”。[②]《全唐詩》同此。“塞”字,點題。句意又與“黄沙百戰穿金甲”前賢詩句一脈相承。甚佳!

“待”,《品彙》《全唐詩》注均作“徒”。今按:衛青、霍去病等人封土列侯,非“徒然”也!“待”字佳。

末句,《品匯》作“豈能清乾坤”,較原句爲好。又,竇憲燕然山勒石刻功之事亦在後漢,此詩又爲唐人好借兩漢之事發喟歎,再提供一實例。

又,此詩前四句用“娑(或卧)、賀”之“歌部”韻;後四句用“雲、魂、論(或坤)”之“文部”韻,既可理解爲古體詩的“合韻”,亦可理解爲樂府詩常見的“换韻”。

時序降至元代,仰慕唐代詩人劉長卿,以其表字爲名的辛文房撰《才子》一書,爲于濆立傳。明代高棅編撰《品彙》,在“詩人爵里詳節”中稱“于濆,字子漪,堯山人。咸通進士”。[③] 堯山人一説,可能據其《富農》詩小序“濆寓居堯山南六十里”而來。此既非于氏郡望,亦非鄉貫。周紹良先生據上文所引《唐故河中府永樂縣丞韋府君妻隴西李夫人墓志銘并序》,斷定其爲京兆人是正確的。因爲于氏自題“鄉貢進士京兆于濆”,毋庸置疑。

另有楊士弘編選《唐音》,選録于濆詩二首。除上引《青樓曲》之外,另一首爲:

山村曉思

開門省禾黍,鄰翁水頭住。
今朝南澗波,夜來西山雨。
牧童披短蓑,腰笛期煙渚。
不管水邊人,騎牛望山去。[④]

“西山”,《品匯》《全唐詩》均作“西川”。今按:前二句已有水、波,此句言西山夜雨,意境更佳。

“不管”,上引二書皆作“不問”,是。牧童自是當地人,無需問路也。

“望山去”,上二書作“傍山去”。今按:“望山去”,是説距離山較遠;“傍山去”,則是沿

① 《樂府詩集》,第1300頁。
② 《唐詩品彙》,第249頁。
③ 《唐诗品彙》,第39頁。
④ 楊士弘編選《唐音》,保定:河北大學出版社,2010年,第798頁。

山路而行。各有特色，似兩可。

及至明代，高棅廣選全唐一代之詩，諸體皆備，各時期的重要作家與作品大致網羅在内，基本上反映了被近代大學者王國維所稱“唐詩爲一代文學”之全貌。其中收録于濆詩十二首，不可謂不重視。其中《塞下曲》《巫山高》《山村曉思》《青樓曲》已見上文，其餘八首，現逐一校釋之。

織素謡

貧女苦筋力，繰絲夜夜織。
萬梭爲一素，世重韓娥色。
五侯初買笑，建章方落籍。
一曲古凉州，六親長血食。[①]

“韓娥”句，典出《列子・湯問》，言其善歌，曼妙之音繞梁三日不去。唱首《凉州曲》，即讓“六親”長享“血食”之祭。這與辛辛苦苦創造物質財富的貧家織女形成鮮明對比。

“五侯”，典出《漢書》：成帝一日之内封其舅王譚、王商、王立、王根、王逄五人爲侯。

“建章”，亦爲漢宫名，武帝太初元年建，位置在未央宫西。唐人賈至亦有詩云：“百囀流鶯繞建章。”

又，“血食”後，《全唐詩》多出二句“勸爾畫長眉，學歌飽親戚”，含義豐富，不禁令人扼腕長歎也！

馬嵬驛

常經馬嵬驛，見説坡前客。
一從屠貴妃，生女愁傾國。
是日芙蓉花，不如秋草色。
當時嫁匹夫，不妨得白頭。[②]

幾近白話，無須説解。在衆多吟詠“馬嵬驛”詩中，此詩以語言通俗、平實爲一大特色。

①② 《唐詩品彙》，第249頁。

戍客南歸

北别黄榆塞,南歸白雲鄉。
孤舟下彭蠡,楚月沈滄浪。
爲子惜功業,滿身刀箭瘡。
莫渡汨羅水,回君忠孝腸。①

自古忠孝難兩全。此戍邊之人能全身返鄉侍親,實屬幸運者。

"彭蠡",作爲湖名,即鄱陽湖,在今江西;"汨羅水",即屈原殉國之汨羅江,在今湖南。均與詩題中的"南歸"呼應。

"沈",在古代漢語中,與"浮沉"之"沉"通用。由於讀 shěn 時爲姓氏,今又爲"瀋水、瀋陽"之"瀋"的簡化字,故在現代漢語中,"浮沉"之"沉"不再寫作"沈"。

旅館秋思

旅館坐孤寂,出門成苦吟。
何事覺歸晚? 黄花秋意深。
寒蝶戀衰草,軫我離鄉心。
更見庭前樹,南枝巢宿禽。②

"黄花"即菊花,秋菊惹起游子的鄉思。結句,讓人聯想到古詩"胡馬依北風,越鳥巢南枝"。此爲描述行旅之人鄉愁的"比、興"之辭。

村居晏起

村舍少聞事,日高猶閉關。
起來花滿地,戴勝鳴桑間。
居安即永業,何者爲故山?
朱門與蓬户,六十頭盡班。③

古代詞書《埤雅》言:"戴勝"這種戴頭飾的鳥,有依冠羽取勝之意。《爾雅》則云:古代婦女的頭飾,特别是插羽毛的那種,是從戴勝那裏學來的。《禮記·月令》載:暮春三月,戴

①②③ 《唐詩品彙》,第 249 頁。

勝飛落桑樹間。賈島《題戴勝》詩將此漂亮鳥的形象、習性都十分逼真地表現出來:“星點花冠道士衣,紫陽宫女化身飛。能傳上界春消息,若到蓬山莫放歸。”

又“班”,《全唐詩》作“斑”。今按:在雜色的意義上,古代汉语“班、斑”相通。形容六十歲頭髮花白,一般用“斑白”。唐人獨孤及有詩云:“方知秋興作,非惜二毛斑。”

邊游録戍卒言

二十屬盧龍,三十防沙漠。
平生愛功業,不覺從軍惡。
今來容髮改,知學彎弓錯。
赤肉痛金瘡,他人成衛霍。
目斷望君門,君門苦寥廓。[1]

“髮”,《全唐詩》作“鬢”。於此語境,似兩可。

沙場夜

城上更聲發,城下杵聲歇。
征人燒斷蓬,對泣沙中月。
耕牛朝輓車,戰馬夜銜鐵。
士卒浣戎衣,交河水流血。
輕裘兩都客,洞房愁宿別。
何况遠辭家,生死猶未决。[2]

“戰馬、戎衣、流血、生死未决”呼應題中“沙場”。“更聲發,杵聲歇”,暗指“夜”;而“夜銜鐵”則直接點題。

“輓車”,《全唐詩》作“輓甲”,誤。耕牛是拉犁的,現在用來拉車,已説明戰况不容樂觀。讓牛披鎧甲是不可能之事。語法亦欠通。

“流血”,上書作“爲血”。今按:句意爲戰士的戎衣沾滿鮮血,放到交河中冲洗,河水也一片殷紅。“流”字佳。

①② 《唐詩品彙》,第 250 頁。

南越謡

迢迢東南天,巨浸無津壖。
雄風卷昏霧,干戈滿樓船。
此時尉佗心,兒童待幽燕。
三寸陸賈舌,萬里漢山川。
苦令交趾貨,盡生虞芮田。
天意苟如此,遐人誰更憐?[①]

此詩記叙秦、漢統一中國的重要史實,包括我國中央政府兩千多年前領有"巨浸"——南海主權的鐵證。事詳《史記・南越列傳》:"南越王尉佗者,真定人也,姓趙氏。秦時已并天下,略定楊越,置桂林、南海、象郡,以謫徙民,與越雜處十三歲。佗,秦時用爲南海龍川令。至二世時南海尉任囂病且死,召龍川令趙佗語曰……即被佗書,行南海尉事。……高帝已定天下……十一年,遣陸賈因立佗爲南越王,與剖符通使,和集百越……及孝文帝元年……陸賈至南越,王甚恐,爲書謝,稱曰:'蠻夷大長老臣佗……豈敢以聞天王哉!'乃頓首謝,願長爲藩臣,奉貢職。"[②]

"苦",《全唐詩》作"若",是。這是個假設複句,句意爲:如果讓"交趾"(又作交阯,西漢置郡,領有五嶺以南的廣大地域)豐饒物産,能生長於春秋時代的虞國(治所在今山西平陸)、芮國(治所在今陝西大荔),那該有多好!

"誰更憐",《全唐詩》作"誰肯憐"。今按:變前句的疑問,成後句的祈使,似稍佳。

清代康熙朝修纂御製《全唐詩》,録入于濆詩一卷四十六首。較上文引自唐代迄於明代的十九首還多出二十七首。

進入現當代,聞一多先生不愧名家,在所撰《唐詩大系》中,除上文已引用的《古宴曲》之外,餘二首爲清代之前上述諸家所未選。現予校釋:

寒　食

二月野中芳,凡花亦能香。
素娥哭新塚,樵柯鳴柔桑。
田父引黄犬,尋狐上高岡。

① 《唐詩品彙》,第250頁。
② 司馬遷《史記》,北京:中華書局,1959年,第2967頁。

墳前呼犬歸，不知頭是霜。[1]

寒食節有二解：一爲自然節令，在清明前一或二日。南朝梁宗懍撰《荆楚歲時記》稱："去冬節一百五日，即有疾風甚雨，謂之寒食，禁火三日，造餳大麥粥。"一爲文化節日，傳説春秋時晋人介子推忠心耿耿，追隨流亡在外十九年的公子重耳。待到重耳在秦國幫助下回國繼位爲文公後，大賞有功之人，獨漏掉介子推。子推背老母隱居山中，文公屢召不出，便以放火燒山的辦法逼其出來，怎奈子推堅决不仕，竟死在山上。人們爲了紀念他，命此山爲介山，此地名介休，其殉難日禁煙，只吃冷食。漢劉向著《别録》指出：禁火爲姬周王朝舊制，與介子推無關。但山西乃至更廣大地區，仍以紀念介子推爲寒食禁火之風俗。

此詩警句爲"凡花亦能香"，不必强調牡丹的國色天香。

早　發

緑野含曙光，東北雲如茜。
棲鴉林際起，落月水中見。
此身何自苦？日日凌霜霰。
流蘇帳裏人，猶在陽臺畔。[2]

"流蘇帳"，是用"流蘇"裝飾的華美帳幕。而"流蘇"則是五彩羽毛或絲綫製成的穗子。

"陽臺"，即男女合歡的代詞。楚襄王與巫山神女陽臺幽會之事，已見上文《巫山高》之校釋。

上世紀五十年代迄今，于濆確實鮮入選家法眼。本文開篇所引《唐詩選》録其五首，除《古宴曲》外，其餘四首均未與上引詩重復，現予校釋：

里中女

吾聞池中魚，不識海水深。
吾聞桑下女，不識華堂陰。
貧窗苦機杼，富家鳴杵砧。
天與雙明眸，只教識蒿簪。

---

[1][2] 《聞一多全集》，第 426 頁。

徒惜越娃貌,亦藴韓娥音。
珠玉不到眼,遂無奢侈心。
豈知趙飛燕,滿髻釵黄金。①

今按:唐代户籍制度,百户爲一里。詩題之"里",指貧民居住區。

"越娃貌",指西施一般的美貌。"韓娥音",已見上文。此二譬喻,形容"里中女"的天姿超群。

"珠玉"二句,頗富哲理。又,結句"釵"字用如動詞。是説漢成帝皇后趙飛燕之類的頂級貴婦,頭上插滿金釵。

山村叟

古鑿岩居人,一廛稱有産。
雖沾巾覆形,不及貴門犬。
驅牛耕白石,課女經黄繭。
歲暮霜霰濃,畫樓人飽暖。②

全詩言:穴居的老人,破衣爛衫,男耕女織,尚不得飽暖。封建社會貧富差距之大,赫然呈現在古今讀者之眼前!

戍卒傷春

連年戍邊塞,過却芳菲節。
東風氣力盡,不減陰山雪。
蕭條柳一株,南枝葉微發。
爲帶故鄉情,依依藉攀折。
晚風吹磧沙,夜淚啼鄉月。
凌烟閣上人,未必皆忠烈!③

邊塞春來晚,戍邊之人思鄉情切。楊柳初發緑,便任邊卒攀折。吃盡苦頭的士兵懷疑

① 中國社會科院文學研究所編《唐詩選》,北京:人民文學出版社,1984 年,第 319 頁。
② 《唐詩選》,第 320 頁。
③ 《唐詩選》,第 321 頁。

那些憑藉邊功升官晋爵之人,未必是真正的英雄。

"凌烟閣"爲唐太宗所建,其上圖繪長孫無忌、李孝恭、房玄齡、杜如晦等二十位功臣。詩人借指一般建立邊功之臣。

田翁歎

手植千樹桑,文杏作中梁。
頻年徭役重,盡屬富家郎。
富家田業廣,用此買金章。
昨日門前過,軒車滿垂楊。
歸來説向家,兒孫竟諮嗟。
不見千樹桑,一浦芙蓉花。[1]

詩題下,《全唐詩》注云:"一本下有'桑'字。"從全詩内容看,有"桑"字爲好。詩人借田翁之口,控訴因連年徭役太重,而將千株桑樹與文杏樹賣給富貴人家。結果文杏伐作中梁,千株桑田變成了荷塘。富貴人家買官(金章),官府鬻爵,田翁兒孫只能興歎而已。

至此,上文校釋之詩已達二十三首,正合《全唐詩》所收之半數,基本上反映出詩作關心民生的現實主義風格。

還值得一説的是,由賀新輝主編、中國婦女出版社出版的《唐詩名篇賞析》,獨具慧眼地將于濆《苦辛吟》《古宴曲》作爲晚唐名篇選録。稍感遺憾的是,《苦辛吟》竟屬"于汧"名下。[2] 不知何據。于汧其人,不見經傳。筆者淺陋,寓目之書,特别是搜羅宏富的《中國人名大辭典》(臧勵龢等編,商務印書館出版)以及專書《全唐詩重篇索引》(河南大學唐詩研究室編,河南大學出版社出版)均未見收録。

【作者簡介】郭殿忱,男,1940 年生,遼寧瀋陽人,北華大學文學院教授,主要從事古籍整理與研究工作。

① 《唐詩選》,第 323 頁。
② 賀新輝主編《唐詩名篇賞析》,北京:中國婦女出版社,2007 年,第 710 頁。

《南史》劉宋部分校點拾補

李德輝

《南史》爲研治我國六朝史的重要史籍，目前最通行的版本是中華書局 1975 年點校本，自這個本子問世以來，校訂成果已出了不少。這些成果普遍重視版本的對校，工作做得比較到位，而對本校法和他校法則相對重視不够，仍有一定的拓展空間，若取《南史》紀、傳互勘，并取其他相關文獻與《南史》互校，不僅能校出某些文字的譌奪衍倒，找到有價值的异文，還能發現和指正原文標點的某些失當。若將這些問題揭出，并作適當的校訂，對於《南史》最新整理本品質的提高，對於大家更好地利用此書，都是有益的。本着這一考慮，筆者近年來，取相關史籍與《南史》劉宋部分做了較爲細緻的校讀，發現了不少問題，現在一併寫出，求教學界。

(沈)勃時居喪在廬，帝望見之。便投鋌，不中(卷三《宋本紀下》，第 89 頁)

“鋌”，《宋書》卷九《後廢帝紀》(第 189 頁)[①]、《建康實録》卷十四《後廢帝紀》(第 519 頁)、《通志》卷十一均作“鋋”，《宋書》全句云“杜延載、沈勃、杜幼文、孫超，皆躬運矛鋋，手自臠割”，即指此事，“鋌”當爲“鋋”之譌。

又於蠻岡賭跳(卷三《宋本紀下》，第 89 頁)

“蠻岡”，《資治通鑑》卷一三四(第 4196 頁)作“臺岡”。《資治通鑑考异》卷六“七月蒼梧王於臺岡賭跳”條釋曰：“(臺岡)《南史》作蠻岡，今從《宋書》。”《通鑑》本條胡注亦釋云：“臺岡，意即臺城之來岡也。”説明司馬光和胡三省所見之《南史》《宋書》，原文均作“臺岡”，不作“蠻岡”，當從。

---

① 本文引書，凡未特别注明版本而又標明頁碼者，均據中華書局點校本，特此説明。

二年春正月辛亥，領軍將軍蕭賾加尚書右僕射(卷三《宋本紀下》，第 92 頁)

“尚書右僕射”，《宋書》卷十《順帝紀》(第 198—199 頁)、《南齊書》卷三《武帝紀》(第 44 頁)、《資治通鑑》卷一三五(第 4222 頁)均作“尚書僕射”，無“右”字，《南史》“右”字疑衍。

葬以宋禮。后父僧朗，别有傳(卷十一《后妃傳上》，第 326 頁)

“葬以宋禮。后父僧朗”，此爲倒誤之文，《宋書》卷四一《后妃傳》(第 1296 頁)作“葬以宋后禮。父僧朗”，從行文看；似當以《宋書》爲是。

元嘉元年，封竟陵王，都督、南兖州刺史(卷十三《宋宗室及諸王傳上》，第 374 頁)

初讀這幾句，似封竟陵王，都督、南兖州刺史都是元嘉元年發生之事，然校以《宋書》卷六八《武二王傳》(第 1798 頁)，劉義宣封竟陵王，事在元嘉元年；遷使持節、都督徐兖青冀幽五州諸軍事，則在元嘉七年；八年，方改任都督南兖、兖州刺史。《南史》將三年發生之事混書在一年之内，似乎前後相承，頗爲失當，“都督”上或脱“八年加”三字。

副隊高禽執之(卷十四《宋宗室及諸王傳下》，第 392 頁)

“副隊”，《宋書》卷九九《二凶傳》(第 2434 頁)、《資治通鑑》卷一二七(第 4003 頁)、《通志》卷八一均作“隊副”，《南史》“副隊”爲“隊副”之倒，當據諸書乙正。

勒與俱自歸，命於馬上斬首(卷十四《宋宗室及諸王傳下》，第 392 頁)

“與俱自歸”，《宋書》卷九九《二凶傳》(第 2435 頁)、《資治通鑑》卷一二七(第 4004 頁)作“與俱歸”，無“自”字，此“自”字疑係承上之“俱”字而衍，當據《宋書》《通鑑》删。

多聚材力之士實之。第内精甲利器，莫非上品(卷十四《宋宗室及諸王傳下》，第 397 頁)

按,此句這麽標點疑係對原文之誤讀,據文意,當標點作"多聚材力之士,實之第内。精甲利器,莫非上品"。本句有兩層意思,一層謂劉誕聚材力之士充實府第,應變自保,將其暗藏第内,不令外露;另一層則謂其府内多有精甲利器,令皇帝疑憚。兩層意思各异,當以句號隔開,隔開的分界處就在"第内"二字,故當在"第内"處點斷,使其單獨爲句。

誕執録二十餘日乃殺(卷十四《宋宗室及諸王傳下》,第399頁)

"乃殺",《宋書》卷七九《文五王傳》(第2037頁)、《册府元龜》卷九五〇均作"乃赦",知《南史》"殺"爲"赦"之譌,當據《宋書》《册府》校正。

南平王鑠薨,子敬深婚,禕視之,白孝武借伎。孝武答曰:"婚禮既不舉樂,且敬深孤苦,伎非宜也。"(卷十四《宋宗室及諸王傳下》,第402頁)

"伎非宜也",《宋書》卷七九《文五王傳》(第2039頁)、《通志》卷八一作"倍非宜也"。從文情看,似作"倍"是,蓋劉敬深舉行婚禮,依禮并不須舉樂,又值其父去世,處境孤苦,召伎舉樂,加倍"非宜"。

七年,進號車騎大將軍、開府儀同三司(卷十四《宋宗室及諸王傳下》,第413頁)

"車騎大將軍",《宋書》卷八十《孝武十四王傳》(第2058頁)作"車騎將軍"。《宋書》卷六《孝武帝紀》(第132頁)亦云,大明七年"五月乙亥,揚州刺史豫章王子尚進號車騎將軍",無"大"字,《南史》"大"字疑衍。

遣左右朱景送藥賜子勳死(卷十四《宋宗室及諸王傳下》,第413頁)

"朱景",《宋書》卷八十《宋宗室及諸王傳下》(第2060頁)、《資治通鑑》卷一三〇(第4086頁)、《資治通鑑考异》卷五均作"朱景雲",知《南史》"景"下奪"雲"字,當據諸書校補。

明帝即位,進督雍州(卷十四《宋宗室及諸王傳下》,第414頁)

"進督雍州",《宋書》卷八十《孝武十四王傳》(第2062頁)、《册府元龜》卷二七九作"解督雍州”，意思恰好相反，究其原因，實是《南史》省文過當。《宋書》《册府》先言“明帝即位，解督雍州，以爲鎮軍將軍、丹陽尹”，接下來纔説“尋留本任，進督雍州”，過程清晰，不致誤解。《南史》中，似此等因作者删節原文而導致的叙事失實，校書時亦應適當指出。

忠績未究，遠邇悼心（卷十五《劉穆之傳》，第 426 頁）

“忠績”，《宋書》卷四二《劉穆之傳》（第 1307 頁）、《文選》卷三八《爲宋公求加贈劉前軍表》（上海古籍出版社 1986 年版，第 1728 頁）均作“志績”，“忠”或爲“志”之譌，二字含義有較大差异，即使不校改，亦當出校异文。

周因其病，發掘地生埋之（卷十五《徐羡之傳》，第 432 頁）

據文意，本句似當標點作“周因其病發，掘地生埋之”，“發”應屬上讀。

（何勗、孟靈休）并名奢豪，與湛之以肴膳器服車馬相尚（卷十五《徐湛之傳》，第 436 頁）

“名豪奢”，《宋書》卷七一《徐湛之傳》（第 1845 頁）、《建康實録》卷十四《徐湛之傳》（第 524 頁）、《册府元龜》卷三〇六、卷五九五均作“各奢豪”，指何勗、孟靈休、徐湛之等人，并以權貴子弟，豪奢相競，争勝一時，作“各”是，《南史》“名”當爲“各”之譌。

敕臣入相伴慰，慇懃异意（卷十五《徐湛之傳》，第 436 頁）

“慇懃”，《宋書》卷七一《徐湛之傳》（第 1846 頁）、《册府元龜》卷二〇九作“懟容”。按，懟容即怨恨之容，這裏是徐湛之揭發劉義康之語，指其改授都督江州、南出之後，即心生逆謀，表情狠戾，怨恨文帝，這種情況比較符合當時實際。若依《南史》作“慇懃”，則無解，二字或爲“懟容”之誤。

祕書郎中尊等八人并誅（卷十五《檀道濟傳》，第 446 頁）

“尊”，《宋書》卷四三《檀道濟傳》（第 1344 頁）、《册府元龜》卷九五〇、《通志》卷一三一均作“遵”,知《南史》“尊”爲“遵”之譌,當據諸書校改。

田子退屯劉因堡(卷十六《王鎮惡傳》,第 456 頁)

“劉因堡”,《宋書》卷四五《王鎮惡傳》(第 1370 頁)作“劉回堡”,《晋書》卷一三〇《赫連勃勃載記》(第 3208 頁)、《資治通鑑》卷一一八(第 3716 頁)作“劉迴堡”,“迴”通“回”,知《南史》“因”爲“回”之譌,當據《宋書》《晋書》《通鑑》校正。

齡石斬之,掩其家,悉殺其兄弟,由是一部得清(卷十六《朱齡石傳》,第 457 頁)

“一部得清”,《宋書》卷四八《朱齡石傳》(第 1422 頁)、《册府元龜》卷七〇五作“一郡得清”。按,這裏是記地方平盜,與軍隊無關;事件的主持者朱齡石時任武康令,治民,不在軍中,自當以作“一郡”爲是,《南史》“部”疑爲“郡”之譌。

脩之政在寬簡,士庶悦附(卷十六《朱脩之傳》,第 463 頁)

“政在寬簡”,《宋書》卷七六《朱脩之傳》(第 1970 頁)作“在政寬簡”,即居官之時爲政寬簡,疑是,《南史》“政在”或爲“在政”之倒。

有餉皆受,得輒與佐史賭之(卷十六《朱脩之傳》,第 463 頁)

“佐史”,《宋書》卷七六《朱脩之傳》(第 1970 頁)、《通志》卷一三一作“佐吏”,疑是。

脩之曰:“此是貧家好食,進之致飽。”(卷十六《朱脩之傳》,第 463 頁)

按,據文意,“此是貧家好食”是脩之回答他姊妹的話,“進之致飽”則是説完話後接下來完成的動作和發生的事實,非脩之之語,當從引號中分出,作爲叙述語言,纔合原意。依此,全句當標點作:脩之曰:“此是貧家好食。”進之致飽。

懷慎弟懷默,江夏内史。子孫登,武陵内史(卷十七《劉懷肅傳》,第 479 頁)

"子孫登",據《宋書》卷四五《劉懷慎傳》(第1377頁),懷慎弟懷默,懷默子道球,道球弟孫登,是則孫登爲懷默之猶子,非子,《南史》"孫登"上或脱"猶"字,或脱"懷默"。

(盧)循平,(懷玉)封陽豐縣男,位江州刺史、南中郎將。卒官。無子,國除(卷十七《孟懷玉傳》,第486頁)

"卒官。無子,國除",《宋書》卷四七《孟懷玉傳》(第1407頁)作"其年卒官,時年三十一。追贈平南將軍。子元卒,無子,國除"。原來,至其子孟元這一代纔因無子而國除,"無子,國除"的不是孟懷玉,而是其子孟元,《南史》"無子"上脱去"子元卒"三字,導致事實錯誤,當據《宋書》校補。

豈得沿流二千,虚館三月(卷十九《謝晦傳》,第524頁)

"沿流二千",《宋書》卷四四《謝晦傳》(第1357頁)、《資治通鑑》卷一二〇(第3781頁)作"泝流三千",是,當據改。謝晦文中的"泝流三千",指景平二年七月少帝被廢以後,傅亮等率行臺自京城泝流西上,至江陵奉迎太祖一事(參見《宋書》第1337頁),"三千"指沿江西上、自建康西至江陵之航程,《資治通鑑》卷一二〇"豈得泝流三千里"條胡三省注(第3781頁)即云:"自建康至江陵,泝流而上凡三千里。"知作"泝流三千"是。謝晦這裏重提這件舊事,是希望文帝要記取他當年翼贊擁戴的好處和功勞,寬恕他,不要加害他,若作"沿流二千",則不知所云矣。

及臨豫州,諷中正以爲迎主簿,甚被器遇(卷十九《謝裕傳》,第531頁)

"迎主簿",古無此官,亦無"以爲迎主簿"之説法,其中必有譌誤,此句《宋書》卷五二《謝裕傳》(第1495頁)作"諷中正以述爲主簿",疑"以爲迎"乃"以述爲"之倒譌。

因購方明甚急(卷十九《謝方明傳》,第535頁)

"因購",《宋書》卷五三《謝方明傳》(第1522頁)、《册府元龜》卷九四八作"恩購求","恩"指孫恩,是。《南史》此處"因"字當爲"恩"之譌奪,原爲人名,後譌奪爲"因"。

時晉陵郡送故主簿弘季咸(卷十九《謝方明傳》,第 536 頁)

“弘季咸”,《宋書》卷五三《謝方明傳》(第 1523 頁)、《册府元龜》卷六八〇作“弘季盛”,疑《南史》此處“咸”爲“盛”之譌奪。

五官朱干期(卷十九《謝方明傳》,第 536 頁)

“朱干期”,《宋書》卷五三《謝方明傳》(第 1524 頁)、《册府元龜》卷六八〇、《太平御覽》卷六四二均作“朱千期”,知《南史》此處“干”爲“千”之誤。

岩嶂數十重,莫不備盡(卷十九《謝靈運傳》,第 540 頁)

“數十重”,《宋書》卷六七《謝靈運傳》(第 1775 頁)作“千重”,疑是,蓋作“數十重”并不足以形容謝靈運的山水之好與游歷之多,“千重”則足盡此意。《册府元龜》卷八五五作“數千里”,亦可證作“千”爲是。

在會稽亦多從衆(卷十九《謝靈運傳》,第 540 頁)

“從衆”,《宋書》卷六七《謝靈運傳》(第 1775 頁)、《通志》卷一三二、《太平御覽》卷六五一、《册府元龜》卷八五五均作“徒衆”,知《南史》此處“從”爲“徒”之譌。

昔爲烏衣游,戚戚皆親姓(卷二十《謝弘微傳》,第 550 頁)

“親姓”,《宋書》卷五八《謝弘微傳》(第 1590 頁)、《册府元龜》卷八六八均作“親姪”,《景定建康志》卷十六作“子姪”[①],更可證作“姪”是。從文情看,謝混此詩是敘宗親同居里巷、宴處游樂之美,自當以作“親姪”者爲是,《南史》“親姓”疑爲“親姪”之譌。

孝建元年,遷左將軍(卷二十《謝莊傳》,第 554 頁)

① 中華書局《宋元方志叢刊》,第 2 册,第 1533 頁,上欄。

“左將軍”,《宋書》卷八五《謝莊傳》(第 2169 頁)、《太平御覽》卷三九〇作“左衛將軍”,《通典》卷十四《選舉二》(第 334 頁)亦作“左衛將軍”,《南史》“左將軍”當爲“左衛將軍”之奪。查《宋書・百官志上》(第 1226 頁),左右前後將軍均武職,居外任,左右衛將軍則掌宿衛營兵,在内廷,莊所居應是左衛將軍,《南史》奪“衛”字。

今之所止,唯在小閤(卷二十《謝莊傳》,第 556 頁)

此句《宋書》卷八五《謝莊傳》(第 2171 頁)作“今之所希,唯在小閑”,《册府元龜》卷四六三作“今之所希,唯是小閒”,疑是。《南史》“止”“閤”疑爲“希”“閒”之誤。

父廞,太子中庶子、司徒右長史(卷二三《王華傳》,第 625 頁)

“右長史”,《宋書》卷六三《王華傳》(第 1675 頁)作“左長史”。按,《晋書》卷二三《樂志下》(第 717 頁)、卷八四《王恭傳》(第 2185 頁)、《宋書》卷十九《樂志一》(第 550 頁)、《魏書》卷九六《僭晋司馬叡傳》(第 2105 頁)、《資治通鑑》卷一〇九(第 3453 頁)均作“司徒左長史王廞”,知《南史》“右”爲“左”之誤,當據改。

後拜侍中、領射聲校尉、左衛將軍(卷二三《王彧傳》,第 633 頁)

“左衛將軍”,《宋書》卷八五《王景文傳》(第 2179 頁)作“右衛將軍”,《宋書》下文接着説“加給事中,太子中庶子,右衛如故”,即依舊兼任右衛將軍,説明王景文原任爲右衛將軍,非左衛。《南史・王景文傳》下文(第 663 頁)亦云“明帝即位,加領左衛將軍”,既是加領,則爲新職,説明原來所領本非左衛,乃右衛,《宋書》作“右”是,當據改。

大明之世,巢、徐二戴位不過執戟(卷二三《王彧傳》,第 634 頁)

按,本句標點不當,據句意,當標點作“大明之世,巢、徐、二戴,位不過執戟。”

卿今雖作揚州、太子太傅,位雖貴而不關朝政(卷二三《王彧傳》,第 634 頁)

按,據《南史》上文(第 633 頁),王景文時本官爲中書監,領太子太傅、常侍、揚州,其中,中書監、揚州刺史均爲朝官(劉宋揚州刺史例由宰相兼),大關朝政,决非“不關朝政”,“不關朝政”者唯有太子太傅,屬東宫官體系,非朝官,故此處應標點作“卿今雖作揚州,太子太傅位雖貴而不關朝政”,係太宗規勸王景文之語,勸其安心作揚州刺史,不要請辭,因景文本爲求解揚州之任而上書太宗,若依《南史》標點,則屬對史文之誤讀。

敬弘形狀短而起坐端方,桓玄謂之“彈棊發八勢”(卷二四《王裕之傳》,第650頁)

“彈棊發八勢”,《宋書》卷六六《王敬弘傳》(第1732頁)、《册府元龜》卷七九四均作“彈棊八勢”,無“發”字,是。

阮萬齡辭事就閑,纂戎先業(卷二四《王弘之傳》,第656頁)

“纂戎先業”,《宋書》卷九三《王弘之傳》(第2282頁)、《通志》卷一三三作“纂成先業”。從文理看,“纂成”指纂述續成其先輩未竟之業,“纂戎”則不知所云,《南史》“戎”當爲“成”之譌。

王准之字元魯(卷二四《王准之傳》,第663頁)

“元魯”,《宋書》卷六十《王准之傳》、《太平廣記》卷九九引《冥祥記》(第659頁)、《法苑珠林》卷七九[①]、《會稽志》卷三均作“元曾”,是。

今日投草莽,則同匹夫(卷二五《王懿傳》,第672頁)

“今日投草莽”,《宋書》卷四六《王懿傳》(第1392頁)、《册府元龜》卷七一七作“今自投草間”,《通志》卷一三三作“自投草莽”,均可證“日”爲“自”之譌。

賊據上流,兵張地勝(卷二五《張興世傳》,第690頁)

“兵張地勝”,《宋書》卷五十《張興世傳》(第1453頁)、《資治通鑑》卷一三一(第4116

① 周叔迦、蘇晋仁《法苑珠林校注》卷七九,中華書局2003年版,第2316頁。

頁)、《册府元龜》卷三六三均作"兵强地勝",疑是。

文帝即位,以后父贈侍中,以左光禄大夫,開府儀同三司(卷二六《袁湛傳》,第697—698頁)

"以后父贈侍中,以左光禄大夫,開府儀同三司",句中"左光禄大夫"上之"以"字當係承上文而衍,《宋書》卷五二《袁湛傳》(第1498頁)即無此字,當據《宋書》删。本句標點亦不當,當作"以后父,贈侍中、左光禄大夫、開府儀同三司","以后父"是贈官的原因,此三字與下面幾句的關係是因果關係,當以逗號隔開;侍中、左光禄大夫、開府儀同三司則都是贈官,屬同一性質,中間當加頓號隔開,不當用逗號點作單句。

今日之行,本願生出虎口(卷二六《袁顗傳》,第700頁)

"今日",《宋書》卷八四《袁顗傳》(第2150頁)、《資治通鑑》卷一三〇(第4079頁)、《建康實録》卷十四《袁顗傳》(第539頁)均作"今者",知《南史》"今日"爲"今者"之誤。

後至尋陽(卷二六《袁顗傳》,第700頁)

"後至",《宋書》卷八四《袁顗傳》(第2150頁)、《資治通鑑》卷一三〇(第4080頁)、《建康實録》卷十四《袁顗傳》(第539頁)均作"行至",疑是。

歷吏部尚書,侍中,驍衛將軍(卷二六《袁粲傳》,第703頁)

"驍衛將軍",《宋書》卷八九《袁粲傳》(第2230頁)作"驍騎將軍"。按,驍衛將軍,漢置,魏承之,晋宋後省,劉宋官制已無驍衛將軍,而有驍騎將軍(詳見《宋書》卷四十《百官志下》,第1248頁;參見《通典·職官十》,第785頁),且此官漢代制置以來,即分左右,無單稱驍衛將軍者,此處"衛"或爲"騎"之誤。

遷尚書左僕射,固讓(卷二七《孔靖傳》,第726頁)

"尚書左僕射",《宋書》卷五四《孔季恭傳》(第1532頁)作"遷尚書右僕射,固讓……十年,復爲尚書右僕射,加散騎常侍,又讓不拜"。據此,則所遷新官實爲尚書右僕射,《南史》"左"爲"右"之譌,當據《宋書》改正。

(孔靖)子靈符(卷二七《孔靖傳》,第 726 頁)

"子靈符",《宋書》卷五四《孔季恭傳》(第 1532 頁)作"子山士……弟靈符",《宋書》卷五二《褚叔度傳》(第 1504 頁)、《南史》卷二八《褚裕之傳》(第 746 頁)亦云"左光禄大夫孔季恭子山士",據此,則《南史》"子靈符"中,"子"爲"弟"之誤,當據《宋書》及《南史·褚裕之傳》校正。

與張永等於晉陵九里曲結營(卷二七《孔覬傳》,第 737 頁)

"九里曲",《宋書》卷八四《孔覬傳》(第 2158—2159 頁)、《資治通鑑》卷一三一(第 4104 頁)、《通志》卷一三三均作"九里西",《通鑑》第 4102 頁本條胡注且云:"其地在晉陵西北九里,因以爲名。"知"九里"爲地名,"九里曲"則非地名,《南史》此處譌"西"爲"曲",當據《宋書》《通鑑》《通志》校正。

衆叛都盡,門生載以小船,竄於山脊村(卷二七《孔覬傳》,第 737 頁)

"山脊村",《宋書》卷八四《孔覬傳》(第 2162 頁)、《建康實録》卷十四《袁顗傳》(第 539 頁)均作"脊山村",《宋書·孔覬傳》本頁下文(第 2162 頁)亦云:"脊山民縛覬送詣晏。"《資治通鑑》卷一三一(第 4105 頁)亦云:"覬逃奔脊山。"《通鑑》本條胡注引《南史》(第 4105 頁)亦云:"覬門生載覬以小船,竄於脊山村。"知《南史》"山脊"爲"脊山"之倒,當據《宋書》《通鑑》正文及胡注乙正。

及將收湛之日,景仁便拂拭衣冠(卷二七《殷景仁傳》,第 739 頁)

"使",《宋書》卷六三《殷景仁傳》(第 1683 頁)、《册府元龜》卷九三二、卷九五二、《資治通鑑》卷一二三(第 3886 頁)均作"使",疑是。

於是孫法先自號冠軍大將軍(卷二八《褚裕之傳》,第 746 頁)

“孫法先”,《宋書》卷五二《褚叔度傳》(第 1503 頁)、《會稽志》卷十、卷十一均作“孫法亮”,疑是。

若謂安都晚過微人,本宜裁抑(卷二九《蔡興宗傳》,第 767 頁)

“晚過”,《宋書》卷五七《蔡興宗傳》(第 1576 頁)作“晚達”。按,蔡興宗説這番話的起因是因爲他領選,授薛安都爲左衛將軍、散騎常侍如故,執政的太宰却認爲所授過多,應當裁抑,興宗因此對他解釋説,安都所歷官職都屬正常除授,不是晚達,因此不必裁抑,故這裏還是以《宋書》作“晚達”爲是,《南史》“過”或爲“達”之譌。

遺命薄葬,奉還封爵(卷二九《蔡興宗傳》,第 773 頁)

“奉還”,《宋書》卷五七《蔡興宗傳》(第 1584 頁)、《册府元龜》卷八一四均作“奏還”。按,封爵既爲帝王所賜授,不是想辭去就可以辭去的,還得履行一番手續,上呈奏章説明理由,自以作“奏還”者爲是,《南史》此處“奉”當爲“奏”之譌,當據《宋書》校正。

二十二年,爲尚書左僕射(卷三十《何尚之傳》,第 783 頁)

“尚書左僕射”,《宋書》卷六六《何尚之傳》(第 1734 頁)作“尚書右僕射”,《宋書》卷五《文帝紀》(第 93 頁)謂,元嘉二十二年“秋七月己未,以尚書僕射孟顗爲尚書左僕射,中護軍何尚之爲尚書右僕射”,《南史》卷二《宋本紀中》(第 49 頁)、《資治通鑑》卷一二四(第 3912 頁)同,知時爲左僕射者乃孟顗,非何尚之,《南史》此處“左”爲“右”之譌。《宋書》該傳下文(第 1736 頁)又云“二十五年,遷左僕射”,《宋書》卷五《文帝紀》(第 96 頁)亦載二十五年“九月辛未,以尚書右僕射何尚之爲尚書左僕射”。《南史》卷二《宋本紀中》(第 51 頁)、《資治通鑑》卷一二四(第 3934 頁)、《建康實録》卷十二(第 447 頁)同,更可證《南史》此處“左”爲“右”之譌,當據上述材料校正。

尚之又諫,上不許,曰:“小人常日曝背,此不足爲勞。”(卷三十《何尚之傳》,第 783 頁)

“日曝背”,《宋書》卷六六《何尚之傳》(第 1734 頁)作“自暴背”,《通志》卷一三四作“自曝背”,疑是。這裏,宋文帝硬把冒暑勞作的工人役夫光着膀子勞作説成是“常自暴背”,言下之意,不是我在逼迫他們,而是他們在遵從平日生活習慣,自己曬背,他們的勞作其實并不辛苦,欲以此來拒諫飾非,從文情、事理看,均以作“自曝”者爲是,頗疑《南史》此處“日”爲“自”之譌變。

帝求諸簿最,應時即至,怪問其速(卷三二《張邵傳》,第824頁)

“簿最”,《宋書》卷四六《張邵傳》(第1394頁)作“簿署”。按此處所記,皇帝所問皆行軍之事,與賬目出納文書之簿最無關,自當以作“簿署”爲是,《南史》“最”或爲“署”之譌。

九年,坐在雍州營私畜取贓貨二百四十五萬(卷三二《張邵傳》,第825頁)

按“畜取”并不成詞,《資治通鑑》卷一二二(第3833頁)作“蓄聚”,疑是。原句過長,中間未加標點,當作:“九年,坐在雍州營私,畜取贓貨二百四十五萬。”

義恭就文帝求一學義沙門,會敷赴假還江陵,入辭,文帝令以後車載沙門往(卷三二《張敷傳》,第826頁)

“後車”,《宋書》卷六二《張敷傳》(第1663頁)、《册府元龜》卷九一六作“後艑”。按,自劉宋都城建康赴江陵,取水路西上,自應以作“後艑”者爲是,《南史》作“車”疑誤。

遷黄門侍郎,始興王濬後將軍司徒左長史(卷三二《張敷傳》,第826頁)

“後將軍”,《宋書》卷六二《張敷傳》(第1664頁)作“後軍左長史”。按,這句是記其自黄門侍郎出爲始興王濬軍府僚佐。後將軍爲晋宋時中朝武官,非幕府僚佐;軍府職僚中却有左右前後軍長史。《宋書》中記有很多同類例子,均作“後軍”,不作“後將軍”,如王微爲始興王濬後軍功曹記室參軍(卷六二《王微傳》,第1664頁),范曄爲始興王濬後軍長史(卷六九《范曄傳》,第1820頁),顔延之爲始興王濬後軍諮議參軍(卷七三,第1902頁),以此例求之,亦可推知《南史》此處“後將軍”當爲“後軍”之衍,下又奪去“長史”二字,遂致官稱錯譌不可解,當據《宋書》删補。

既被横禍，乃進第秩，加贈蘭陵，又轉江夏(卷三三《荀伯子傳》，第 856 頁)

“加贈蘭陵，又轉江夏”，《宋書》卷六十《荀伯子傳》(第 1627 頁)作“始贈蘭陵，又轉江夏”，《晋書》卷三四《羊祜傳》(第 1024 頁)引荀伯子此文，亦作“始贈蘭陵，又轉江夏”。查《晋書》卷三六《衛瓘傳》(第 1061 頁)，蘭陵郡公爲其被害後始贈之爵，“又轉江夏”則指後來又追贈江夏郡公，作“始”是，《南史》“加”當爲“始”之譌，當據《宋書》《晋書》校正。

太常上言博士劉嘉等議(卷三三《荀伯子傳》，第 857 頁)

“劉嘉”，《宋書》卷六十《荀伯子傳》(第 1629 頁)作“劉憙”，《晋書》卷三七《高陽王睦傳》(第 1112 頁)亦有“博士祭酒劉憙”，當即此人，其議禮制之事又見《册府元龜》卷五七五，均作“憙”，知“嘉”當爲“憙”之誤，當據《宋書》《晋書》《册府》校正。

南郡王義宣、臧質等反，以竣兼領右將軍(卷三四《顔竣傳》，第 882 頁)

“兼領右將軍”，《宋書》卷七五《顔竣傳》(第 1960 頁)作“兼領軍”。領軍即領軍將軍，宋置一人，掌内軍；右將軍則主征伐，爲外任(見《宋書》卷四十《百官志下》，第 1247—1248 頁)。竣時本官爲吏部尚書，在京，不曾外任，其前所領之驍騎將軍亦掌内軍，是則從官制看，亦當以《宋書》作“領軍”者爲是，《南史》此處之“領右將軍”文字疑有增誤。

竣議曰：“今云開署放鑄，誠所欲同……”(卷三四《顔竣傳》，第 883 頁)

“誠所欲同”，《宋書》卷七五《顔竣傳》(第 1962 頁)、《册府元龜》卷五百均作“誠所欣同”，知《南史》“欲”爲“欣”之譌，當據《宋書》《册府》校改。

空曰嚴禁，而利深難絶(卷三四《顔竣傳》，第 883 頁)

“空曰”，《宋書》卷七五《顔竣傳》(第 1963 頁)、《通典》卷九《食貨九》(第 188 頁)、《文獻通考》卷八(第 87 頁)均作“空立”，《資治通鑑》卷一二八(第 4029 頁)作“嚴立”，爲“立嚴”之倒，知《南史》“曰”確爲“立”之譌，當據《宋書》《通鑑》《通典》校改。

復代謝莊爲吏部尚書,領太子右衛率(卷三四《顔竣傳》,第 884 頁)

"太子右衛率",《宋書》卷七五《顔竣傳》(第 1964 頁)、《册府元龜》卷八六二均作"太子左衛率",疑是。

(沈懷文)遷别駕從事史。及江夏王義恭遷西陽王子尚爲揚州,居職如故(卷三四《沈懷文傳》,第 888 頁)

按,"江夏王義恭遷",指劉義恭遷任新官,此一事;"西陽王子尚爲揚州",指子尚接替義恭出任揚州刺史,此又一事。義恭與子尚同爲諸王,并無"遷子尚爲揚州"的權力。查《宋書》卷六一《武三王傳》(第 1649 頁)、《南史》卷十三《宋宗室及諸王傳上》(第 373 頁),實際情况是"時西陽王子尚有盛寵,義恭解揚州以避之,乃進位太宰,領司徒"。子尚爲孝武帝次子,義恭時居揚州,掌重權,常慮爲孝武所疑,故主動請求遷任新職,把揚州刺史之官位讓給有盛寵的子尚,以此自保,孝武帝從之,義恭進位太保、領司徒。所謂"義恭遷"者,即此二官。《南史》不加點斷,混二事爲一,使人易生誤解,以爲是劉義恭在遷劉子尚爲揚州。據此,後面一句當標點作"及江夏王義恭遷,西陽王子尚爲揚州,居職如故",即沈懷文還是在擔任别駕從事史。

時游幸無度,太后六宫常乘副車在後。懷文與王景文每諫不宜亟出,後因從坐松樹下,風雨甚驟。景文曰:"卿可以言矣。"(卷三四《沈懷文傳》,第 890 頁)

"因從坐",《宋書》卷八二《沈懷文傳》(第 2105 頁)、《太平御覽》卷一二八、卷四五三均作"同從坐",指沈懷文與王景文一同跟從孝武帝車駕出游,避雨同坐松樹下,知《南史》"因"爲"同"之譌。

父準,西中郎將、荆州刺史(卷三五《庾悦傳》,第 910 頁)

"荆州刺史",《晋書》卷七三《庾亮傳》(第 1925 頁)、《宋書》卷五二《庾悦傳》(第 1489 頁)、《通志》卷一二七均作"豫州刺史",疑是。

考事原心,非在忍害,謂宜哀矜(卷三五《顧覬之傳》,第 921 頁)

“非在忍害”,《宋書》卷八一《顧覬之傳》(第 2080 頁)、《通典》卷一六七(第 4315 頁)作“非存忍害”,《太平御覽》卷六四〇亦作“存”,疑是,《南史》“在”或爲“存”之譌。

無兼衣餘食,嘗爲上所召,遇澣衣,稱疾經日,衣成然後起(卷三六《江湛傳》,第 941 頁)

“衣成然後起”,《宋書》卷七一《江湛傳》(第 1849 頁)、《太平御覽》卷二一四、卷四八五均作“衣成然後赴”,指江湛由於家貧無餘衣,要等衣服晾乾後纔能出門赴皇帝之召,疑是,《南史》“起”或爲“赴”之譌。

及誅何邁,慮慶之不同,量其必至,乃開青溪諸橋以絶之(卷三七《沈慶之傳》,第 959 頁)

“開”,《宋書》卷七七《沈慶之傳》(第 2004 頁)、《資治通鑑》卷一三〇(第 4083 頁)均作“閉”。從文理看,若明知對方將會由此路經過,還去開青溪諸橋,就達不到斷絶交通、阻其入諫的目的;只有關閉了青溪諸橋,對方纔無法覲見,自當以作“閉”爲是,《南史》“開”必爲“閉”之譌,當據《宋書》《通鑑》校改。

巴口建義,授南中郎府板長兼行參軍(卷三七《沈攸之傳》,第 964 頁)

按,依劉宋官制,參軍事、行參軍雖同爲公府職僚,而除授方式却各有不同,其差别是“除拜則爲參軍事,府板則爲行參軍”[①],沈攸之時隸南中郎將府,依制當由板授。“授南中郎府板長兼行參軍”語序錯亂,其中必有倒誤,此句《宋書》卷七四《沈攸之傳》(第 1927 頁)作“南中郎府板長史兼行參軍”,不誤。據此,本句當校改作“南中郎府板授長兼行參軍”。

攸之素畜士馬,資用豐積,至是戰士十萬,鐵馬三千(卷三七《沈攸之傳》,第 968 頁)

“鐵馬三千”,《宋書》卷七四《沈攸之傳》(第 1933 頁)、《太平寰宇記》卷一一二(第 2275 頁)均作“鐵馬二千”,《南齊書》卷一《高帝紀上》(第 11 頁)作“養馬至二千餘匹”,知

① 《宋書》卷三九《百官志上》,中華書局,1974 年,第 1224 頁。

《南史》"三"爲"二"之譌,當據《宋書》《南齊書》及《寰宇記》校正。

> 六年,進司空,侍中、令、中正如故。又固讓。乃授侍中、驃騎大將軍、南兖州刺史,留衛都下(卷三八《柳元景傳》,第981頁)

"驃騎大將軍",《宋書》卷七七《柳元景傳》(第1989頁)作"驃騎將軍"。據《宋書》卷六《孝武帝紀》,大明七年正月己丑,方"以尚書令柳元景爲驃騎大將軍"(第130頁),《宋書》卷七七《柳元景傳》(第1991頁)亦於"太宗即位"後,書曰"故侍中、尚書令、驃騎大將軍……柳元景",據此,元景似是大明六年先授驃騎將軍,大明七年正月方進位驃騎大將軍,《南史》若不是混二事爲一事,則是在傳刻過程中衍"大"字,此處紀元景歷官,仍當以《宋書》爲正。

> 以秀爲右將軍,使攻新亭(卷四十《魯爽傳》,第1020頁)

"右將軍",《宋書》卷七四《魯爽傳》(第1925頁)、《通志》卷一三六作"右軍將軍"。《宋書》本頁(第1925頁)下文云"世祖即位,以爲左軍將軍",更可側面證明其所歷前官爲右軍將軍。劉宋以左軍將軍、右軍將軍直閣,掌宿衛營兵,左右將軍則不當此任,知作"右軍將軍"是,《南史》"右"下或奪"軍"字。

> 轉太子右衛率(卷四十《薛安都傳》,第1022頁)

"右衛率",《宋書》卷八八《薛安都傳》(第1022頁)作"左衛率",《宋書》本頁下文(第1022頁)且云"爲太子左衛率十年,終世祖世不轉",説明所任爲太子左衛率,非右衛率,《南史》"右"爲"左"之譌,當據《宋書》校正。

> 泰始二年正月七日,即位於尋陽城。改景和三年爲義嘉元年(卷四十《鄧琬傳》,第1025頁)

"景和三年",《宋書》卷八四《鄧琬傳》(第2134頁)作"景和二年",是。查《宋書》各本紀可知,景和元年即泰始元年,泰始二年即景和二年,《南史》"三年"爲"二年"之誤,當從《宋書》改作"二"。

令左右伏甲戒之，若聞索酒便出(卷四十《鄧琬傳》，第1027頁)

這句寫張悦設計誘斬鄧琬，《南史》對本句的標點則係誤解原意。其實，"若聞索酒便出"乃張悦舉事前告誡部屬、相約齊舉之語，當標點作："令左右伏甲，戒之：'若聞索酒，便出。'"

竟陵郡丞陳懷直(卷四十《鄧琬傳》，第1027頁)

"陳懷直"，《宋書》卷八四《鄧琬傳》(第2144頁)、《册府元龜》卷四五一作"陳懷真"，知《南史》"直"爲"真"之譌，當據上述二書校改。

追論前功，封范陽縣子(卷四十《宗越傳》，第1029頁)

"范陽縣子"，《宋書》卷八三《宗越傳》(第2110頁)作"築陽縣子"，是。《宋書》卷三七《州郡志三》(第1140頁)："築陽令，漢舊縣，屬南陽，又屬順陽。大明土斷至此。"宗越南陽人，築陽爲漢代南陽郡之屬縣，正其故鄉，因作封邑，若是范陽，則與宗越無關，且不在劉宋疆域之内，無從行封受賞，知《南史》"范"爲"築"之譌，當據《宋書》校正。

越等武人粗强，識不及遠，感一往意氣，皆無復二心(卷四十《宗越傳》，第1029頁)

"感"，《宋書》卷八三《宗越傳》(第2111頁)作"咸"，指宗越、譚金等人爲前廢帝所信用，出於感激之心，全都對他忠誠不貳，"咸"是總括之辭，《南史》"感"或爲"咸"之譌誤。

委任如初，啓免回以領隨身隊統，知宅及江西墅事(卷四十《黄回傳》，第1032頁)

按，本句係對史文之誤讀，依句意，似當標點作"委任如初，啓免回，以領隨身隊，統知宅及江西墅事"。劉宋無隊統之職，只有隊主、軍主，"統"當屬下讀，作"統知"，即統一掌握，全面主管。府宅與江西墅，分屬兩處，其事原各有主管，現在則交給黄回一人來掌管。

翰省訖，語令且去，明可更呈(卷七十《吉翰傳》，第1698頁)

"語令且去,明可更呈",《宋書》卷六五《吉翰傳》(第1718頁)作"語:'今且去,明可便呈。'"細玩文意,吉翰的意思是,此事我已知道,你現在可暫且退去,明天再因便呈來。"明"與"今"相對,"便呈"指因便上呈,《南史》"令"或爲"今"之誤,"更"爲"便"之奪。經校改,本句當標點作"翰省訖,語:'今且去,明可便呈'"。

遣長史江攸奉表獻捷(卷七十《循吏傳》,第1703頁)

"江攸",《宋書》卷九二《良吏傳》(第2264頁)、《册府元龜》卷四三四、卷九八四均作"江悠",疑是。

阮長之,字景茂(卷七十《循吏傳》,第1703頁)

"景茂",《宋書》卷九二《良吏傳》(第2268頁)、《建康實録》庫本卷十四《阮長之傳》作"茂景",疑是。

督郵無禮鞭之,去職(卷七十《循吏傳》,第1704頁)

按,細玩文意,此處似是説阮長之憤於督郵無禮,怒而鞭之,然後去職,被鞭的是督郵,而不是阮長之。長之知道自已怒鞭督郵惹下事端,於是主動去職。若依《南史》標點,則被鞭者是阮長之,如此,則上文"督郵無禮"便無着落,實誤,當標點作"督郵無禮,鞭之,去職"。

母亡,葬畢不勝憂卒(卷七十《循吏傳》,第1704頁)

按,葬母畢,此一事;不勝憂,又一事;憂而卒,又一事。一句叙三事而不加點斷,殊爲不當。故此句當標點作"母亡,葬畢,不勝憂,卒"。

(郭世道)子原平,字長恭(卷七三《孝義傳上》,第1800頁)

"長恭",《宋書》卷九一《孝義傳》(第2244頁)、《册府元龜》卷七五二、《會稽志》卷十四均作"長泰",疑是。

隊將張弘之(卷七三《孝義傳上》,第 1809 頁)

"張弘之",《南史》卷九一《孝義傳》(第 2253 頁)、《資治通鑑》卷一二七(第 3990 頁、4005 頁)、《册府元龜》卷二一〇、卷六二七均作"張泓之",知《南史》"弘"爲"泓"之奪,當據上述諸書校改。

長城吴慶恩殺同郡錢仲期(卷七三《孫棘傳》,第 1812 頁)

"吴慶恩",《宋書》卷九一《孫棘傳》(第 2257 頁)、《册府元龜》卷八九六作"奚慶思",疑是。

籍注失實,實未及養(卷七三《何子平傳》,第 1812 頁)

"實未及養",《宋書》卷九一《何子平傳》(第 2257 頁)作"年未及養",疑是,《南史》"實"或係承上文"籍注失實"之"實"及下文之"實未及養"(見《宋書》2258 頁)致誤。

問續之《禮記》"慠不可長"、"與我九齡"、"射於矍圃"之義(卷七五《周續之傳》,第 1865 頁)

"之義",《宋書》卷九三《周續之傳》(第 2281 頁)、《册府元龜》卷二〇六、卷五九九、卷六〇一均作"三義"。《南史》卷三四《顔延之傳》(第 877—878 頁)亦載:"武帝受命,補太子舍人。雁門周續之隱廬山,儒學著稱。永初中,征詣都下,開館以居之。武帝親幸,朝彦畢至。延之宫官列卑,引升上席。上使問續之三義,續之雅仗辭辯,延之每以簡要連挫續之。"《宋書》卷七三《顔延之傳》(第 1892 頁)略同,所記皆同一事,而均作"三義",知《南史》此處"之"爲"三"之譌,當據上述史料校正。

勃疾,患醫藥不給(卷七五《戴顒傳》,第 1866 頁)

按,根據這樣的標點,似乎是説戴勃生病了,擔心醫藥不給,實則不然,而是説戴勃生病,家貧,醫藥不能及時供給;記述的是貧苦無醫這樣一種狀態,而不是在寫戴勃病中擔憂家貧無藥的心態,故當標點作"勃疾患,醫藥不給"。"患"與"疾"連用,强調病情較重。

元嘉十二年,轉南臺御史(卷七七《恩倖傳》,第 1918 頁)

"南臺御史",《宋書》卷九四《恩倖傳》(第 2306 頁)作"南臺侍御史"。按,南臺侍御史在劉宋,一直爲近侍新貴所居之官,《宋書·恩倖傳》《資治通鑑》卷一二八記載,戴法興、阮佃夫、王道隆、戴明寶、蔡閑諸人,均在初仕承寵階段担任此官,徐爰亦屬此類恩幸人士,依理亦不當例外,其所遷官當爲南臺侍御史,非南臺御史。

幼泰始初爲外監配衣,諸軍征討,有濟辦之能(卷七七《阮佃夫傳》,第 1923 頁)

"配衣",《宋書》卷九四《阮佃夫傳》(第 2315 頁)作"配張永",疑是。"配衣"一詞,《資治通鑑》卷一四一(4426 頁)有胡注,云:"配,分給也。衣,於既翻,分給袍甲以衣被之。"外監即出外監軍,其職與配衣無關,《南史》"衣"當爲"張永"二字之譌奪,當據《宋書》改補。

攻區粟城不剋,乃引還……乃遣大帥范扶龍戍其北界區栗城(卷七八《夷貊傳上》,第 1950 頁)

"區粟城",《宋書》卷九七《夷蠻傳》(第 2377 頁)、《資治通鑑》卷一二四(第 3922 頁)、《水經注》卷三六[①]、《通典》卷一六一(第 4141 頁)、《册府元龜》卷三五一、卷三六三均作"區粟城",《宋書·夷蠻傳》下文(第 2378 頁)亦作"區粟",知《南史》此處"區栗"爲"區粟"之譌,當據《宋書》《水經注》《通典》《通鑑》《册府》校正。下之"區栗城"同。

大明中,外國沙門摩訶衍苦節有精理,於都下出新經《勝鬘經》,尤見重内學(卷七八《夷貊傳上》,第 1964 頁)

按,"於都下出新經《勝鬘經》,尤見重内學"一句標點有誤。這段話是説,外國沙門摩訶衍在都城從事佛經翻譯,頻頻譯出新經,其中所譯《勝鬘經》尤見重内學。據此,原文當標點作"於都下出新經,《勝鬘經》尤見重内學","勝鬘經"三字當屬下讀。《勝鬘經》僅當時所譯衆經之一,若依《南史》標點,則所譯者僅《勝鬘經》一書,顯然不合原意。

---

① 陳橋驛《水經注校證》,北京:中華書局 2007 年版,第 833—834 頁。

結党連郡，動有數百千人（卷七九《夷貊傳下》，第 1980 頁）

“結党連郡”，《宋書》卷九七《夷蠻傳》（第 2396 頁）、《通典》卷一八七（第 5046 頁）、《册府元龜》卷一千、《太平寰宇記》卷一七八（第 3400 頁）均作“結党連群”，知《南史》“郡”爲“群”之譌，當據上述諸書校改。

荊州刺史衡陽王義季遣行參軍曾孫念討破之（卷七九《夷貊傳下》，第 1981 頁）

“曾孫念”，《宋書》卷九七《夷蠻傳》（第 2396 頁）、《資治通鑑》卷一二三（第 3893 頁）均作“曹孫念”，《南史》“曾”爲“曹”之誤，當據《宋書》《通鑑》校改。

二十年，南郡臨沮、當陽蠻反，縛臨沮令傅僧驥。荊州刺史南譙王義宣遣中兵參軍王諶討破之（卷七九《夷貊傳下》，第 1981 頁）

“二十年”，《宋書》卷九七《夷蠻傳》（第 2396 頁）作“二十四年”。按據《宋書》卷六八《南郡王義宣傳》（第 1798 頁），義宣元嘉二十一年方出爲荊州刺史，二十年尚在南徐州，自不可能去遣王諶討破遠在南郡的群蠻，故以《宋書》之“二十四年”爲是，《南史》“二十”下奪“四”字，當據《宋書》補。

【作者簡介】李德輝，男，1965 年生，湖南汨羅人，文學博士，湖南科技大學中國古代文學與社會文化研究基地教授，主要從事漢唐兩宋文學文獻整理與研究。

《明史》校勘札記

王　勇

《明史》自清康熙十八年(1679)開明史館進行纂修,徐乾學、熊賜履、王鴻緒等歷主此役,但皆未修成。雍正時,又再度開館纂修,至乾隆元年(1736)告成,交由武英殿刊刻。乾隆四年(1739)刻竣,張廷玉上表進呈,是爲殿本《明史》,今中華書局本《明史》即以殿本爲底本進行整理。《明史》纂修問題較多,就校勘實踐來看,存世纂修諸稿中,大致以初稿徐乾學所延萬斯同所修《明史》最佳,其後王鴻緒本《明史稿》錯訛滋生甚多,張廷玉殿本《明史》又多承王本而來,故王本所誤,殿本《明史》亦率多因誤。中華書局本《明史》每卷下雖作出不少校勘,但遺留錯誤尚多。黄雲眉先生曾著《明史考證》,中有一些校勘,中華書局本亦未及收録。中華書局《明史》出版以來,見諸各刊物之校勘文字約略有數十篇,但未校之誤依然甚多。今校以《明實録》、萬斯同《明史》、王鴻緒《明史稿》及《明史》初修時湯斌等人所存底稿等,校訂中華書局本《明史》十五條。

1. 卷一五六《吴允誠傳》:"克忠下馬射,矢竭,猶殺數人。"①

案:"數人"當作"數十人"。《明英宗實録》卷一八一、正統十四年(1449)八月:"克忠猶下馬跪射。矢盡,賊圍之。克忠以槍殺數十人而死。"②萬斯同《明史・吴允誠傳》:"克忠下馬射,矢竭,猶斬殺數十人。"③以上并不誤。至王鴻緒《明史稿・吴允誠傳》,乃作"克忠下馬射,矢竭,猶殺數人"④,遂誤。殿本《明史》即沿此而來。

2. 卷一五七《劉中敷傳》:"(正統)三年,諷給事御史劾中敷與左侍郎吴璽等,下

---

① 張廷玉等《明史》,北京:中華書局,1974年,第4270頁。以下各條後均徑注頁碼。

② 《明英宗實録》,臺灣"中央研究院"歷史語言研究所校印本,第3498頁。下引諸朝實録皆用此本。

③ 萬斯同《明史》,《續修四庫全書》第327册,上海:上海古籍出版社,1995年,第546頁。

④ 王鴻緒《明史稿(三)》,臺北:文海出版社,1962年,第358頁。

獄,釋還職。”(第 4295 頁)

案:“左侍郎”當作“右侍郎”。萬斯同《明史・劉中敷傳》①、王鴻緒《明史稿・劉中敷傳》②均誤作“左侍郎”。考《明英宗實録》卷四四、正統三年(1438)七月:“下行在户部尚書劉中敷、右侍郎吴璽等於獄。先是,官軍俸糧俱於通州支給,至是中敷等令於京倉支給。於是中官諷給事中、御史交章劾之,故有是命。”③明焦竑《國朝獻徵録》卷三〇載王直《户部右侍郎吴公璽墓志銘》:“宣德庚戌,陞行在户部右侍郎。”④下叙至病亡,未見官職變動,故志銘亦題“右侍郎”。是其并以後正統三年亦爲右侍郎,未陞左職。則吴璽爲“右侍郎”甚明。

3. 卷一五七《翁世資傳》:“以右副都御史巡撫山東。歲饑,發倉儲五十餘萬石以賑,撫流亡百六十二萬人。召爲户部右侍郎。”(第 4300 頁)

案:“户部右侍郎”當作“户部左侍郎”。萬斯同《明史・翁世資傳》⑤、王鴻緒《明史稿・翁世資傳》⑥均言其“召爲户部左侍郎”,猶不誤。《明憲宗實録》卷一〇八、成化八年(1472)九月:“以巡撫山東右副都御史翁世資爲户部左侍郎。”⑦即此事。《明憲宗實録》卷二四一、成化十九年(1483)六月翁世資傳記,亦言“轉都察院右副都御史,巡撫山東。召爲户部左侍郎”⑧。明焦竑《國朝獻徵録》卷二八周洪謨《户部尚書翁公世資墓銘》亦言“遷户部左侍郎”⑨。

4. 卷一五八《顧佐傳》:“佐上章致仕去,賜敕獎慰,賚鈔五十貫。”(第 4312 頁)

案:“五十”當作“五千”。萬斯同《明史・顧佐傳》:“佐即上章致仕去,賜勑奬慰,賚鈔五千貫。命户部復其家。”⑩王鴻緒《明史稿・顧佐傳》亦作“五千貫”⑪。《明英宗實録》卷

① 萬斯同《明史》,《續修四庫全書》第 327 册,第 630 頁。
② 王鴻緒《明史稿(三)》,第 431 頁。
③ 《明英宗實録》,第 854 頁。
④ 焦竑《國朝獻徵録》,《續修四庫全書》第 526 册,第 490 頁。
⑤ 萬斯同《明史》,《續修四庫全書》第 328 册,第 128 頁。
⑥ 王鴻緒《明史稿(三)》,第 437 頁。
⑦ 《明憲宗實録》,第 2111 頁。
⑧ 《明憲宗實録》,第 4073 頁。
⑨ 焦竑《國朝獻徵録》,《續修四庫全書》第 526 册,第 437 頁。
⑩ 萬斯同《明史》,《續修四庫全書》第 327 册,第 578 頁。
⑪ 王鴻緒《明史稿(三)》,第 390 頁。

一八、正統元年(1436)六月:"顧佐引疾乞致仕,從之。且賜敕褒諭,并鈔五千貫,命户部復其家。"[1]知作"五千貫"爲是。

5. 卷一五八《陳勉傳》:"宣德……信豐諸縣盗起,以勉江西人,命撫之,復業者復除三年。勉至,招徠三千六百餘人,亂遂定。"(第4313頁)

案:數字"三千六百",萬斯同《明史·陳勉傳》[2]、王鴻緒《明史稿·陳勉傳》同[3]。《明宣宗實録》卷九八、宣德八年(1433)正月:"遣左副都御史陳勉齎敕撫諭江西贛州府信豐等縣盗賊。"[4]同書卷一〇三、同年六月:"左副都御史陳勉奏:奉敕同江西三司及巡按監察御史往贛州府信豐、會昌等縣招撫作耗賊徐士榮等,及逃民四百九十六户、男婦三千一百二十二人皆復業。"[5]是總數乃"三千一百二十二人"。疑《明史》修撰者誤併户數與口數,遂有"三千六百"之數。

6. 卷一五九《熊概傳》:"熊概字元節,豐城人。幼孤,隨母適胡氏,冒其姓。"(第4329頁)

案:"幼孤",萬斯同《明史·熊概傳》[6]、王鴻緒《明史稿·熊概傳》[7]均同。黄雲眉先生《明史考證》據楊士奇文集《西澗集序》,云:"此謂概'幼孤,隨母適胡氏,冒其姓'。不知何據?考士奇又有《送胡敬方序》,觀其内容,固熊敬方也,則改姓爲胡,必非自概始。"[8]其論是。明徐紘《明名臣琬琰録》卷二三載錢幹《都察院右都御史熊公墓志銘》:"熊氏世爲南昌豐城人。祖達夫,仕元福州録事,卒於官。考敬方,幼無依,母夫人攜以適吉水胡氏,因冒其姓。"[9]則隨母適胡氏冒其姓者爲其父熊敬方,非熊概。此當言"父幼孤",疑《明史》脱"父"字。

7. 卷一五九《賈銓傳》:"乃以爲右副都御史巡撫山東,尋兼撫河南。"(第4337頁)

---

① 《明英宗實録》,第355頁。
② 萬斯同《明史》,第579頁。
③ 王鴻緒《明史稿(三)》,第391頁。
④ 《明宣宗實録》,第2215頁。
⑤ 《明宣宗實録》,第2302頁。
⑥ 萬斯同《明史》,《續修四庫全書》第327册,第591頁。
⑦ 王鴻緒《明史稿(三)》,第398頁。
⑧ 黄雲眉《明史考證》第五册,北京:中華書局,1985年,第1315頁。
⑨ 徐紘《明名臣琬琰録》,《景印文淵閣四庫全書》第453册,臺北:臺灣商務印書館,1986年,第250頁。

案:“右副都御史”,萬斯同《明史·賈銓傳》[①]、王鴻緒《明史稿·賈銓傳》[②]均同。考《明憲宗實録》卷四三、成化三年(1467)六月載“都察院右副都御史賈銓卒”,後附賈銓傳記,亦作:“陞都察院右副都御史,巡撫山東,兼撫河南。”[③]《明史》據是而修,亦可謂有據。然考明焦竑《國朝獻徵録》卷五五所録《都察院左副都御史謚恭靖賈公銓神道碑銘》:“陞都察院左副都御史,巡撫山東。未幾,兼巡撫河南。”[④]《明英宗實録》卷三一二、天順四年(1460)二月:“丙子,陞都察院左副都御史年富爲户部尚書。雲南左布政使賈銓爲都察院左副都御史代富巡撫山東。”[⑤]同書卷三四七、天順六年(1462)十二月:“内閣臣言:‘河南乃中原重地。近年以来,水旱相仍,軍民饑窘。况黄河泛漲,衝開城堤,渰没人民。至今水患未息。宜用人提督修理。今副都御史賈銓,巡撫山東,事情已寧。宜令其兼撫河南。’上從之。”[⑥]《明憲宗實録》卷七、天順八年(1464)七月:“巡按山東河南左副都御史賈銓奏黜兩布政司老、疾、庸、懦、貪、暴官山東五十六員,河南十二員。”[⑦]記載其爲左副都御史甚明,《明史》作“右副都御史”誤。

8. 卷一五九《崔恭傳》:“天順二年……遷右副都御史,代李秉巡撫蘇、松諸府。”(第 4339 頁)

案:“右”當作“左”。萬斯同《明史》卷二二六《崔恭傳》:“天順二年,遷右副都御史,代李秉巡撫蘇、松諸府。”[⑧]亦誤。考《明憲宗實録》卷一九八、成化十五年(1479)十二月崔恭傳記:“天順初,進都察院左副都御史,巡撫蘇、松等府。”[⑨]《明英宗實録》卷二九二、天順二年(1458)六月:“調巡撫山東、户部右侍郎年富爲都察院左副都御史,陞江西布政司左布政使崔恭爲都察院左副都御史,俱支從二品俸。富仍理前事,恭巡撫南直隸,督理糧儲。”[⑩]卷二九五、天順二年九月工部奏折:“其提調官左布政崔恭已陞左副都御史,巡撫南直

① 萬斯同《明史》,《續修四庫全書》第 328 册,第 154 頁。
② 王鴻緒《明史稿(三)》,第 403 頁。
③ 《明憲宗實録》,第 877 頁。
④ 焦竑《國朝獻徵録》,《續修四庫全書》第 528 册,第 69 頁。
⑤ 《明英宗實録》,第 6553 頁。
⑥ 《明英宗實録》,第 6994 頁。
⑦ 《明憲宗實録》,第 175 頁。
⑧ 萬斯同《明史》,《續修四庫全書》第 328 册,第 106 頁。
⑨ 《明憲宗實録》,第 3476 頁。
⑩ 《明英宗實録》,第 6238 頁。

隸。”[①]卷三〇四、天順三年(1459)六月:“命户部移文各處巡撫官,每年八月赴京議事。巡撫山東左副都御史年富、南直隸左副都御史崔恭、南京總督糧儲左都御史軒輗,俱令今年秋。”[②]等等。均可證。

9. 卷一五九《崔恭傳》:“服除,起南京吏部,劾罷諸司不職者數人。”(第 4339 頁)

案:“數人”,萬斯同《明史·崔恭傳》[③]、王鴻緒《明史稿·崔恭傳》[④]并同。考《明憲宗實録》卷一九八、成化十五年(1479)十二月所載崔恭傳記,稱:“服除,改南京吏部。首黜諸司不舉職者數人,以正吏法。”[⑤]《明史》即據此而修,當不誤。然考明過庭訓《本朝分省人物考》卷八《崔恭傳》:“(成化)七年,起南吏部。南京屬官中恃才放恣、交通賄賂者多,乃黜郎中方嵩、門相等十數人,士風爲之一新。”[⑥]明胡維霖《太子少保吏部尚書崔莊敏公恭傳》:“(成化)七年,起南京吏部,乃黜諸司不舉職者十數人,吏治爲之一清。”[⑦]明雷禮《國朝列卿紀》卷二七《南京吏部尚書行實》:“崔恭,字克讓,直隸順德府廣宗縣人。辛卯,起補南京。南京屬官中恃才放恣交通賄賂者多,乃黜其郎中方嵩、門相等十數人,士風爲之一新。”[⑧]“辛卯”即成化七年(1471)。又同書卷五〇《南京兵部尚書行實》載崔恭“(成化)七年,尋起南京。南京屬官中恃才放恣、交通賄賂者多,乃黜其郎中方嵩、門相等十數人,士風一新”[⑨]。既以“交通賄賂者多”,黜落當不止於“數人”,作“十數人”爲近實。

10. 卷一六〇《張鵬傳》:“尋超擢福建按察使。成化四年,以右僉都御史巡撫廣西。”(第 4368 頁)

案:“右僉都御史”當作“左僉都御史”。《明憲宗實録》卷五二、成化四年(1468)三月:“以……巡撫廣東福建按察使張鵬爲左僉都御史,巡撫廣西。”[⑩]《明孝宗實録》卷五二、弘治四

---

① 《明英宗實録》,第 6290 頁。
② 《明英宗實録》,第 6426 頁。
③ 萬斯同《明史》,《續修四庫全書》第 328 册,第 106 頁。
④ 王鴻緒《明史稿(三)》,第 437 頁。
⑤ 《明憲宗實録》,第 3476 頁。
⑥ 過庭訓《本朝分省人物考》,《續修四庫全書》第 533 册,第 191 頁。
⑦ 胡維霖《胡維霖集·冷齋漫評》,《四庫禁燬書叢刊》集部第 164 册,北京:北京出版社,1997 年,第 651 頁。
⑧ 雷禮《國朝列卿紀》,《續修四庫全書》第 522 册,第 445 頁。
⑨ 雷禮《國朝列卿紀》,《續修四庫全書》第 523 册,第 39 頁。
⑩ 《明憲宗實録》,第 1064 頁。

年六月附張鵬傳記:“成化二年,擢福建按察使。四年,左僉都御史,巡撫廣西。”[①]明焦竑《國朝獻徵録》卷三八戴銑《資政大夫太子少保兵部尚書謚懿簡張公鵬傳》:“擢福建按察使。戊子夏,廣西缺官巡撫,擢公都察院左僉都御史以往。”[②]“戊子”即成化四年。以上均可證。

11. 卷一六〇《李裕傳》:“成化初,遷陝西左布政使,入爲順天府尹。”(第4369頁)

案:“左布政使”當作“右布政使”。《明憲宗實録》卷七九、成化六年(1470)五月丁未:“陞河南按察使劉福、山東按察使李裕、山西右參政殷謙、山東左參政董昱、浙江左參政何宜、廣西右參政周鐸,俱爲右布政使。福,浙江。裕,陝西。謙,山西。昱,山東。宜,廣西。鐸,廣東。從在京大臣會舉也。”[③]同書卷八六、成化六年十二月丙寅:“詔陝西右布政使李裕爲順天府府尹。”[④]則“左”字爲“右”字之訛甚明。考湯斌《擬明史稿・李裕傳》初稿已誤作“左”[⑤],萬斯同《明史・李裕傳》[⑥]、王鴻緒《明史稿・李裕傳》[⑦]至殿本《明史》,皆仍之。

12. 卷一六二《楊瑄傳》附《楊源傳》:“迨十月,霾霧時作。源言:‘此衆邪之氣,陰冒於陽,臣欺其君,小人擅權,下將叛上。’引譬甚切。瑾怒,矯旨杖三十,釋之。又上言:‘自正德二年來,占得火星入太微垣帝座前,或東或西,往來不一。乞收攬政柄,思患預防。’蓋專指瑾也。瑾大怒,召而叱之曰:‘若何官,亦學爲忠臣?’源厲聲曰:‘官大小异,忠一也。’又矯旨杖六十,謫戍肅州。行至河陽驛,以創卒。”(第4419頁)

案:劉瑾又矯旨杖楊源之數,湯斌《擬明史稿》[⑧]、萬斯同《明史》[⑨]、王鴻緒《明史稿》[⑩]均同。考《明神宗實録》卷三二六、萬曆二十六年(1598)九月附楊源傳記,言:“瑾又大怒,罵源:‘爾何官,亦學爲忠臣乎?’矯旨又杖三十,謫戍肅州。”[⑪]明郭正域《合併黄離草》卷一

① 《明孝宗實録》,第1032頁。
② 焦竑《國朝獻徵録》,第51頁。
③ 《明憲宗實録》,第1554—1555頁。
④ 《明憲宗實録》,第1676頁。
⑤ 湯斌《潛庵先生擬明史稿》,《四庫未收書輯刊》第陸輯第五册,北京:北京出版社,2000年,第733頁。
⑥ 萬斯同《明史》,《續修四庫全書》第328册,第110頁。
⑦ 王鴻緒《明史稿(三)》,第341頁。
⑧ 湯斌《潛庵先生擬明史稿》,第529頁。
⑨ 萬斯同《明史》,《續修四庫全書》第328册,第41頁。
⑩ 王鴻緒《明史稿(三)》,第387頁。
⑪ 《明神宗實録》,第6048—6049頁。

《議謚書》有楊源傳記,曰:"又杖三十,謫戍肅州。行至懷慶,卒於河陽驛。……已上詳載《實録》《吾學編》及各官書册。應破格補謚。"[①]其亦據《實録》,《實録》所載真實,當無誤字之可能。明雷禮《皇明大政紀》卷一九"劉瑾矯詔,杖欽天監五官監候楊源,謫戍肅州,卒於懷慶"條下,言"遂捏旨,拿送錦衣衛,着實打三十棍,發肅州衛,永遠充軍。差官押送至河南河陽驛,因傷重死焉"[②]。如上,"又矯旨杖六十"當作"又矯旨杖三十"。前已杖三十,故此言"又"字。此傳乃湯斌所修,初稿已誤,後來皆沿此誤。

13. 卷一六四《鄒緝傳》:"是年冬,緝進右庶子,兼侍講。"(第 4438 頁)

案:《明太宗實録》卷二四二、永樂十九年(1421)冬十月:"庚戌,陞翰林院侍講鄒緝爲左春坊左庶子,仍兼侍講。"[③]同書卷二五一、永樂二十年(1422)九月:"庚申,左春坊左庶子兼翰林院侍講鄒緝卒。"[④]其下附鄒緝傳記,亦未言曾任"右庶子"[⑤]。有明官制,以左爲上,其由翰林侍講徑陞爲左職,未歷右職。則其所進職實爲左庶子。明焦竑《國朝獻徵録》卷一九黄佐《左春坊左庶子鄒公緝傳》:"秩滿陞左庶子,仍兼侍講。"[⑥]明余學夔《北軒集》卷五《素庵先生哀辭》:"陞國子助教、翰林侍講,兼左春坊左中允,再轉至左庶子。"[⑦]均同。則"右"爲"左"字之訛甚明。

14. 卷一六四《黄澤傳》:"正統六年黜爲民。初澤奏金華台州户口較洪武時耗減,而歲造弓箭如舊,乞減免。下部議得允,而澤已罷官踰月矣。"(第 4442 頁)

案:"踰月",一般指超過一月,未可多指。黄澤罷官爲民在正統六年(1441)二月。《明英宗實録》卷七六、正統六年二月:"黜浙江左布政使黄澤爲民。"[⑧]下部議得允在正統六年十一月。《明英宗實録》卷八五、正統六年十一月:"減浙江金華、台州二府歲造兵器。先是,浙江左布政使黄澤言,洪武間,金華府七縣,户口二十五萬六千有奇,歲造弓二千,弦一萬,箭萬八千餘。台州府四縣,户口一十八萬八千有奇,歲造弓一千四百,弦七千二百,箭一

① 郭正域《合併黄離草》,《四庫禁燬書叢刊》集部第 13 册,第 405 頁。
② 雷禮《皇明大政紀》,《續修四庫全書》第 354 册,頁 320 頁。
③ 《明太宗實録》,第 2292 頁。
④ 《明太宗實録》,第 2347 頁。
⑤ 《明太宗實録》,第 2348 頁。
⑥ 焦竑《國朝獻徵録》,《續修四庫全書》第 526 册,第 2 頁。
⑦ 余學夔《北軒集》,《四庫未收書輯刊》第伍輯第十七册,第 190 頁。
⑧ 《明英宗實録》,第 1504 頁。

萬三千餘。自宣德迨今，户口金華已耗五之二，台州止存三之一，而歲造之數如舊，民實不堪。乞敕該部如例減省，以甦民困。至是工部覈實以聞，乃命減之。"[①]據此，則稱"踰月"不確。

15. 卷一八八《張欽傳》："嘉靖十七年，以右副都御史巡撫四川。召爲工部左侍郎，被論罷。"（第 5000 頁）

案："工部左侍郎"當作"工部右侍郎"。考《明世宗實録》卷二三五、嘉靖十九年（1540）三月，"巡撫四川、都察院右副都御史李欽爲工部右侍郎"。又卷二四一、嘉靖十九年九月，"甲辰，吏科都給事中邢如默等，河南道監察御史沈越等，以風霾應詔，劾工部右侍郎李欽、原任延綏巡撫副都御史賈啓、南京通政司右參議戴璟、太僕寺少卿費淵、張玩，順天府府丞段麒，各衰鄙不職。得旨，俱令致仕"。此二"李欽"皆"張欽"。《明史·張欽傳》"欽初姓李。既通顯，始復其姓"[②]，故《明實録》中改稱"李欽"。其所任職及其被論罷，皆一一與《明史》合。又明過庭訓《本朝分省人物考》卷二[③]、明劉效祖《四鎮三關志》卷九[④]、《康熙大興縣志》卷五[⑤]、清孫承澤《畿輔人物志》卷六[⑥]，其中所收張欽傳記，均言爲"工部右侍郎"，以上皆可證《明史》記載之誤。考萬斯同《明史·張欽傳》："嘉靖十七年，以右副都御史巡撫四川。召爲工部右侍郎，被論罷。"[⑦]亦作"右侍郎"不誤。至王鴻緒《明史稿·張欽傳》始訛作"左侍郎"[⑧]，《明史》即沿此誤而來。

【作者簡介】王勇，男，1982 年生，山東理工大學齊文化研究院講師，主要從事中國古典文獻學、四庫學研究。

---

① 《明英宗實録》，第 1696—1697 頁。
② 張廷玉等《明史》，第 5000 頁。
③ 過庭訓《本朝分省人物考》，《續修四庫全書》第 533 册，第 52 頁。
④ 劉效祖《四鎮三關志》，《四庫禁燬書叢刊》史部第 10 册，第 504 頁。
⑤ 張茂節《康熙大興縣志》，清康熙二十四年刻本。
⑥ 孫承澤《畿輔人物志》，《續修四庫全書》第 540 册，第 648 頁。
⑦ 萬斯同《明史》，《續修四庫全書》第 328 册，第 459 頁。
⑧ 王鴻緒《明史稿（四）》，第 127 頁。

《蓬遠樓詩話》選刊

劉永翔

學詩自述

余一九四八年戊子生於浙之西鄙龍游，漢高士龍丘萇隱居之地、梁劉彦和作宰之縣也。六齡遷滬，就學茲土，而鄉風不改，雖能操滬語，人一望而知非滬人也。

家君治文論暨古典文學有聲。丁酉之役，蛾眉遭嫉，遂及於禍，棄置達二十三年之久。故懲毖而不欲余繼武，勉以學疇人之事、百工之能，而少小固亦不文，雖家富四部，手蓋未嘗一觸也。爲文則思遲句窳，致家君屢爲之浩歎。

迨禍起丙丁，楹書煨燼。余失學家居，萬念灰冷，夜氣轉清，忽動學詩之念，而前賢吟詠，已無所借資矣。惟情動形言，師心率性，聊以寫幽憂、抒孤憤云爾。平仄則童時已解，家君性喜高吟，聲震屋宇，早深浹肝脾矣。時家中僅剩劫餘《笠翁一家言》七律一册，余終日諷之不厭，愛其吐屬之工、對仗之巧也。家君又爲誦易實甫佳對數聯，揣摩之，遂悟對仗之法，時余李杜韓蘇之集咸未寓目也。詞藻典故皆獵取自借得之《辭海》未定稿。至韻脚，則據自編韻譜——余輯自民國《新字典》者。苦吟數載，不以告人。而篇什終爲家父所見，爲之驚歎，許爲善抒性靈焉。自是遂愈益爲之，且百計借書以讀，冀有裨於永歌。而以作詩而漸窺國故，終得承乏高校，其取徑殊异乎當世諸儒。莊子云：道無所不在；陽明曰：人人有路透長安。其是之謂乎？

在上庠治學授課之餘，仍不廢吟詠。平居不喜作古風，而好爲近體，愛其聲調之諧也，亦才薄思窘所致歟？律詩則不得佳對不作，且守律嚴若申韓，切題不越楚漢，槐聚先生許余“屬對之工、隸事之切”，知言哉！此正余祈向所在也。人有以學人之詩見譽者，豈知味、知音、知己之言哉！余嘗有句云：“走筆但憑才子氣，離經不恤腐儒言。”素不以學人自命也。

懷古詠史詩窠臼

閲史時常不免此想：苟古無是人、古無此事，則世之興衰、國之存亡、人之遭際咸將有异，爲之或喜或悲、或慶或惜，斯雖無謂之思，而實人情之常也。仲尼有“微管仲，吾其被髮左衽矣”之慨（《論语・憲問》）；劉成公有“微禹，吾其魚矣”之歎（《左傳・昭公元年》）；王仲淹有“使諸葛亮而無死，禮樂其有興乎”之憾（《中説・王道篇》）。非惟閲史也，哀樂中年，桑榆晚景，自顧平生，由果推因，衡其得失，或悔或欣，亦何能免此乎？

竊謂以此興懷，未嘗不可；而以此入詩，則以用之者之衆，未免已成窠臼矣。此多見於懷古詠史之什，唐之胡曾，耽用此法，幾於濫矣。如“蜀王不自垂三顧，争得先生出草廬”（《南陽》）；“固存不得田單術，齊國尋成一土丘”（《即墨》）；“當時未入非熊兆，幾向斜陽歎白頭”（《渭濱》）；“朱門不養三千客，誰爲雞鳴得放回”（《函谷關》）；“包胥不動咸陽哭，争得秦兵出武關”（《秦庭》）；“中郎在世無甄别，争得名垂爾許年”（《柯亭》）；“若解聞韶知肉味，朝歌欲到肯回頭”（《朝歌》）；“出門若取靈均語，豈作咸陽一死囚”（《武罐》）。一之猶可，其可再三乎？無怪其詩爲人所薄也。

然平心而論，此即名詩人亦未能免：李義山“玉璽不緣歸日角，錦帆應是到天涯”（《隋宫》）、“當日不來高處舞，可能天下有胡塵”（《華清宫》）；杜牧之“東風不與周郎便，銅雀春深鎖二喬”（《赤壁》）、“江東子弟多才俊，卷土重來未可知”《題烏江亭》，僉其例也，惟不若胡曾之連篇累牘耳。

後世亦不乏祖構者，如元方明敏“子胥不作忠臣死，勾踐終非霸主材”（《登子胥廟觀錢塘江潮》）；清袁子才“只要姚崇還作相，君王妃子共長生”（《再題馬嵬驛》之四）皆是也。

余自檢詩集，見幼所作《讀〈奥賽羅〉》詩有云：“良緣不被姦謀破，壯士佳人共白頭。”少所作《詠劉項》詩亦云：“赤帝雄才安足數，鴻門奇計倘能從。”亦皆沿此格套。今竟以此繩人，古人而有知，無乃有“出乎爾者，反乎爾者”之譏乎？幸中年以後，此想雖心中常有，而筆下則絶無矣。

獨留青冢向黄昏

嚴幾道評杜詩《詠懷古迹》詠昭君一首頷聯“獨留青冢向黄昏”句云：“‘向黄昏’三字非趁韻耶？不見得必用此三字不可移易也。”不禁深惜幾道未領老杜下字琢句之妙也。

夫以青冢而言，自是日往月來，晝夜長在，而獨取黄昏也者，爲暝色起愁，與全詩哀惋之意相合耳。若改“黄昏”爲“朝暾”,雖聲韻俱符,而與全詩情調相鑿枘矣。

余少聞西湖十景之名,即悟取景擇時之要,如“蘇堤春曉”“平湖秋月”“雷峰夕照”“南屏晚鐘”等,“春”也,“曉”也,“秋”也,“夕”也,“晚”也,皆其景最佳之時,爲游觀最宜之刻也。而黄昏之際,則最宜抒恨言愁。老杜詩人,自能妙悟;幾道學士,未能深思焉耳。

壯士拳佳人掌

余少詠桂林獨秀峰,有聯云:“風中卓爾真豪傑,月下嫣然似美人。”家君笑曰:“此謝茂秦所譏以‘壯士拳’對‘佳人掌’者也。工則工矣,一豪一婉,如情調不稱何!”余悟而立時改却。今日思之,此聯之對誠屬未安。然苟不互爲鑿枘,其亦可容乎?但視下筆如何耳,岳武穆所云“運用之妙,存乎一心”者是也。客歲嘗作一律云:

> 此生那得此心安,又覺肝腸陡起瀾。烈士年衰頻撫劍,美人春盡尚憑欄。白駒隙裏難留駐,青鳥瀛涯枉探看。聞道神州有神護,桑田寧變海漫漫?

頷聯之對,上言壯志未遂而老尚不甘,下言明知無望而久之猶待。斯人性之常也,集於一人之身,其誰曰不可哉?烈士、美人,聊資妝點云耳。

程明道《秋日》詩

家君不喜道學詩,嘗言《濂洛風雅》中所選多不足觀,而獨賞程明道《秋日》之作,余少時嘗聆大人高誦此詩,知其於心有戚戚焉。詩云:

> 閒來無事不從容,睡覺東窗日已紅。萬物静觀皆自得,四時佳興與人同。道通天地有形外,思入風雲變態中。富貴不淫貧賤樂,男兒到此是豪雄!

後見蘇丈缽水屢書“萬物静觀皆自得”之句,知其賞心在此,符其閒雲野鶴之性焉。而家君所賞何句,當時未及問,今耄,不能答矣。忖度其心,首聯引出全詩,無甚警策。至頷聯所叙,以家君觀之,物競天擇,滿耳哀鳴,實無“自得”之可觀也。末聯用孟子語及顔子事,亦常談也。會心處其在頸聯乎?家君素具形上之思,此“道通天地有形外”也;又懷世局之慮,此“思入風雲變態中”也。家君不可復問,而余之所賞端在是矣。

詩題雅俗

漁洋山人《香祖筆記》卷七云:"詩題有一二字不古,遂分雅俗,如古人衹有'同韻''和韻',而今人則改作'步韻''武韻'矣。古衹有'絶句',今人則改作'截句'矣。古人贈答,或云'以詩贈之''以詩寄之',今則改'詩以贈之''詩以寄之'矣。此類未易更僕,但取古人集觀之,雅俗自辨,當以三隅反也。"竊謂漁洋以爲俗者,今味之似未必然。而今人製題之俗則别有在也。

如次韻之作,其題每曰"步原玉""次原玉",此風當起於近世。余讀晚清諸名家集,次韻之作多矣,亦惟曰"次原韻""步原韻"而已,未見易"韻"爲"玉"也。檢《申報》光绪十三年正月二十五日載胡悦彭《和崇川驪睡軒主人見贈原韻》詩,其序云:"爰不自揣,謹步原玉。"始作俑者當更早於是也。同報民國二年六月二十三日又載署名醉翁之《題雙璧女士玉照并步原玉七絶》二首。嗣後則報章雜志層見而疊出矣。如民國八年《文友社第二支部月刊》第二十三期載林風《答樊山師見賜之作即步原玉》七律二首。而檢《樊山集》,次韻之作連篇累牘,而其題無一有"次原玉""步原玉"字樣者,同光體諸公之集亦然。疑此稱起於斗方名士,殆以元陰時夫有《韻府群玉》,清謝瑛重輯之曰《增删韻玉定本》,坊本流傳,人手一册,浸假而遂以"玉"代"韻"矣。

兹風始自清末,盛於民國,而沿至今日耳。余絶不用此,亦"劉郎不敢題餻字"意也。

三　癖

余平生有三癖,今則三去其二矣。所去者,考據癖,一也;看公案癖,二也。自科技日新,斯二者俱覺味同嚼蠟矣。何則?典故則於電腦一索即得,無復披沙揀金之樂矣;案犯則憑探頭追蹤即獲,無復曲折離奇之趣矣。

自此遂二癖盡銷,二好俱廢。所幸者,吟哦之癖未爲科技所奪,老來尚堪嘯詠林泉,藉破岑寂也。或云:聞今有製電腦作詩程序者,君此癖之除或亦不免耳。余曰:此則不關吾事,彼作彼詩,吾寫吾口,機心人意,不相爲謀。斯樂吾自得之,豈科技之進所能奪耶?

老改少作

學界研古才士之作,慣分爲早中晚三期,析其風格之變,舉例以證,敷演成文。竊謂此舉甚無謂也。

自來文人少作,晚年必加改易。袁子才詩云:“一詩千改始心安。”其少作《雙柳軒詩文集》中文字,至《小倉山房詩文集》結集,有改至面目全非者。此事吾友陳君正宏論之詳矣。錢公槐聚,晚年亦大改其詩,《詩存》中所録“少作”,毋寧視爲晚作乎? 不獨詩也,其著述皆然。某君謚隨園爲“被粉飾的天才”,而隨園固以其未“粉飾”之少作成名者也。若更以此號改贈“錢文改公”,其可乎哉?

實則作者既入晚年,思慮久而逾密,文章老而更成,回視少作,疵病百出,安能忍而不改乎? 不才即屢改少作者也。故余謂分期而研文人風格之嬗變,無謂甚矣,所可究者,惟其各期之行迹焉爾。

詩文編年

今人理古人詩文每有“編年”之舉,甚者尚擴而爲“編年文學史”之製焉。竊謂“編年”云者,適足以欺外行、惑初學耳。除原有確切繫年者外,無非據作者行迹或與國事關聯者揣度而定之耳。其可深信哉! 孫興公未至天台而遥賦之,苟無李宗翰之注,人將定其作於某年游其山後矣。王摩詰作《李陵詠》,自注“時年十九”,苟無此注,人必據詩中“深衷欲有報,投軀未能死”之句定其爲安史亂後自解之作矣。

錢默存先生《槐聚詩存》,自爲編年,宜若可據矣。而人檢舊日報章,其作之登往往有或早或晚於繫年者。嗚呼! 博聞强記如先生者,於己之作尚忘其歲月如此,而吾輩欲爲千百年前古人之作編年,不免逞臆,豈不自欺欺人也哉!

且今人多視前賢爲地上經營之輩,惟解如實述其所見所歷,不知才士輩固能如陸士衡所言“精騖八極,心游萬仞”(《文賦》),如韓昌黎所云“我願生兩翅,捕逐出八荒”(《調張籍》)也,故向壁虚構者往往而有。

余近取諸身,亦足徵此。少嘗賦《維揚》詩云:

緑楊城郭不纏綿,廿四橋頭起暮煙。爲問嫦娥雙美目,二分青盼阿誰邊?

時實未踐其地也。竹西之游實在中歲。拙詩萬一能傳,苟後人爲之編年,豈不誤置於十餘年之後乎? 又余作詩,多自注年月日,亦有忘而未繫者,今欲結集,覺置於甲年可,乙年亦可,即置於丙年、丁年亦未嘗不可也。己亦遲疑而不能定,而謂他人能之乎?

又嘗賦《落花》詩十章,《蓬山舟影》署爲一九六九年所作,而實非一時所撰也,以所詠同，移置一題之下焉耳。原有九章，編集時欲滿成數，又加吟一章，時已逾知命矣。此事余苟不言，其誰知之？以己度人，想他人亦恐不免。後世編年者。亦惟能姑妄言之、而讀者姑妄聽之耳。

渠儂箇儂

"渠儂""箇儂"皆代詞，猶今言"他（她）"也。爲文之常，必先言其人，然後可用代詞替之。如韓致堯《贈漁者》云："箇儂居處近誅茅，枳棘籬兼用荻梢。""箇儂"，代漁者也。元遺山《論詩絶句》云："華歆一擲金隨重，大是渠儂被眼瞞。""渠儂"，代華歆也。（亦有婦人對人稱夫即曰"箇儂"者，此爲例外。如陳克《漁家傲》寫别情云："晚鏡看來渾似舊，沈吟久，箇儂争得知人瘦？"）

余少見漁洋《浣溪沙》詞云："緑樹横塘第幾家？曲欄干外卓金車，渠儂獨浣越溪紗。""渠儂"前未提所代之人，固不必提也，提即爲贅，真神來之筆也！讀之覺有歐詩風味。吟而愛之，遂效颦於己作。余《落花》詩有句原作"似水春陰底許尋，吴宫空捧美人心"，讀漁洋詞，遂改"美人"爲"箇儂"，讀之自覺更爲醖藉也。

祖孫詠岳王

家君病榻憶往，云先祖維屏先生幼穎悟，九歲詠岳武穆詩云：

碧血丹心著，勤王忘死生。冤哉三字獄，真自壞長城！

翔齡十九，西湖岳墓被毁，以時論詆其忠君而非愛國也。憤而作《哀岳墳》詩云：

風波遺恨已無涯，又見奇冤構岳家。高塚夷平空影迹，斷碑欲認竟泥沙！四姦地下應相賀，三字人間更厲加。從此英雄心合死，誰甘喋血報中華！

先祖爲弔古，於武穆痛其生陷朝廷之冤獄；翔則爲傷今，哀其死成當世之罪人。

句式模擬

陳善《捫蝨新話》下集卷二有云："東坡《藏春塢》詩有'年抛造物甄陶外，春在先生杖履中’之句,其後秦少游作《俞待制輓詩》,遂云:‘風生使者旌旗上,春在將軍俎豆中。’人已謂其依仿太甚。今人只見周美成《蔡相生辰詩》云:‘化行禹貢山川外,人在周公禮樂中。’相傳競以爲佳,不知前輩已疊用之矣。人之易欺,多此類也。”

按蘇詩上聯美刁景純之高壽,下聯點藏春塢之“春”字,切人切物,誠佳製也。陳善之所以鄙秦、周二作者,忖度其意,蓋非止以襲用他人詩意爲剽竊,即取用他人句式亦然也。

此論太苛,夫詩之句式縱多,亦有限焉耳,苟他人已用即不得復用,人將不能出語矣,矧作詩乎?以余觀之,少游一聯於蘇詩生吞活剥,且一無進境,誠不足取;至美成一聯,則用其句式而另出新意,與秦詩不可同年而語也。雖諛詞過實,然應酬之作,縱老杜之聖,所作亦不能免乎此也。

清代用此句式者,龔定庵有“功高拜將成仙外,才盡回腸蕩氣中”,亦名句也。

余不敏,嘗用此句式作一聯自道,云:“名逃禍棗災梨外,心在滋蘭樹蕙中。”上聯爲己著述之少解嘲,下聯則聊述平生菁莪樂育之忱。中拈二成語,不勞改削,恰成工對,此天之助我也。坡老有靈,或不致笑余之壽陵學步乎?

〔附〕

次韻謝戎默仁弟教師節賀詩　二零一六年

平生深慕舞雩風,散淡襟懷與點同。未有經綸規遠大,止耽雕篆愧淹通。名逃禍棗災梨外,心在滋蘭樹蕙中。似此疏頑能刻劃,喜君詩筆漸臻工。

乾隆三大家

余讀有清一代之詩,獨縈心於袁隨園、蔣藏園、趙甌北三家,此余家學所傳,亦性之所近也。三人者,於純皇帝時鼎峙詩壇,聲名相埒,人以“乾隆三大家”號之。而早年咸志懷匡濟,而終以遭逢不偶,俱未能得君行道。“爲天强派作詩人”,此袁之自歎,亦蔣、趙心曲之憾也。

夫生當唐、宋、元、明暨清初諸詩人之後,而能卓立詩壇,與先士争强,爲後賢臧否,蓋戛戛乎其難矣。而三詩人者能之,其故何耶?嘗讀其書、想見其人而略探其故焉。

三家之詩有同者存焉,所謂“乾嘉體”是也,此天時之所賦,不期然而然者,不獨三家之同,四海彌天之同也,未足以傳。其所以能長留天地者,端在其异耳:

隨園所重者在真,所謂“赤子之心”是也;所標舉者性靈,“人居屋中,我來天外”,“入人意中,出人頭地”是也。其詩“凡人心所欲出不能達者,悉爲達之”。原夫性靈之説,明之公安昆仲固嘗倡之矣，而其論不及簡齋之廣大圓融，其才亦不如簡齋之天機活潑也。袁之詩云："争名難到古人前。"而其名實遠居前之三袁之上矣。

藏園雖亦主性情，而其所謂性情者，异乎袁氏之撰，乃"忠孝義烈之心，温柔敦厚之旨"云爾。若使庸才輩爲之，豈非迂夫子之酸吟、講義語録之押韻者乎？而清容爲之，則有海立雲垂、熊咆虎嗥之氣，天性之豪固非名教之軛所能抑也。

甌北則主新求變，"江山代有才人出，各領風騷數百年"，其名句也。而其詩抒感之畢傳胸臆而無礙，對屬之出人意表而至工，句式之割裂文法而彌妙，創闢處有前人所未嘗夢見者。然則三家者皆各有其詩矣，不獨异乎衆，亦互爲殊也。

海子詩

一

海子生前無名，求名不得，憤而卧軌。死後則其名藉甚矣。

余嘗於書店见其全集，翻之，眼前如見東倒西歪、甕牖繩樞之屋也。時小兒尚不足十齡，在旁亦覽，曰："此是詩耶？胡拼亂湊，吾亦能之也。"言出童心，如安徒生《皇帝新衣》中小兒率直之語矣。

余少時亦作新詩，非薄其體者也。後久輟不爲，疑已見已不預流。爲此詢諸新詩界友人，僉笑曰："此小白領之所喜也。"因知新詩人輩亦不以海子之作爲佳也。

聞某上庠有治古文論者好讀海子詩，且撰文表之。未免有染髭鬚以事後生之嫌矣。

二

海子名句云："面朝大海，春暖花開。"常語也，非自出機杼者，而死後傳誦不衰。所夢想者爲一海濱别墅，此正白領輩夢寐以求，"安得眼前突兀現此屋"者也。無怪其愛之之甚。海子死矣，其夢終碎，傷哉！憶馬公一浮臨終詩有云："漚滅全歸海，花開正滿枝。"移以悼海子，不失尺寸，不煩更作輓聯也。

【作者簡介】劉永翔，男，1948年生，華東師範大學教授，主要從事中國古代文學研究。